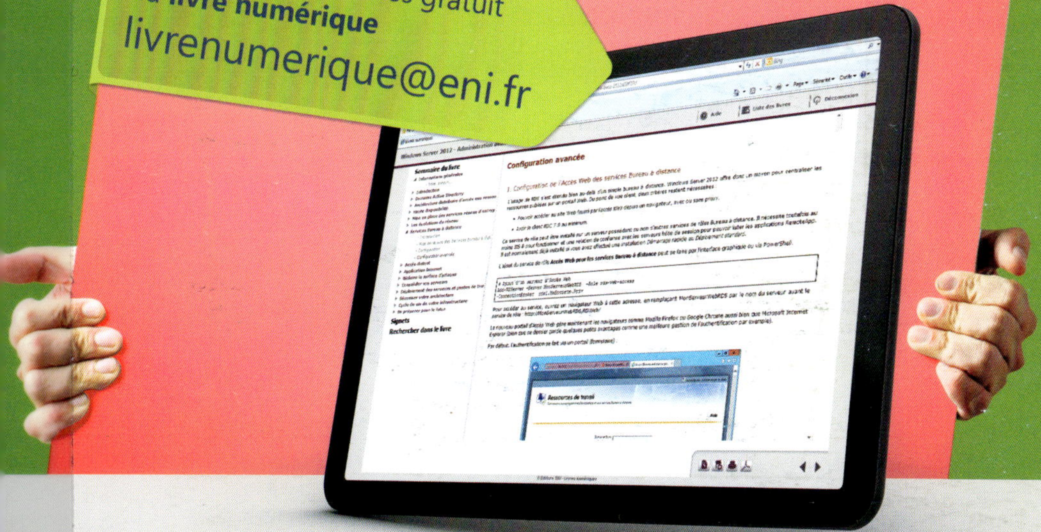

Ressourcesinformatiques

PHP 5.6

Développez un site web dynamique et interactif

ISBN : 978-2-7460-9337-9
Imprimé en France

Editions ENI

ZAC du Moulin Neuf
Rue Benjamin Franklin
44800 St HERBLAIN
Tél. 02.51.80.15.15
Fax 02.51.80.15.16

e-mail : editions@ediENI.com
http://www.editions-eni.com

Auteur : Olivier HEURTEL
Collection **Ressources Informatiques** dirigée par Joëlle MUSSET

Les exemples à télécharger sont disponibles à l'adresse suivante :
http://www.editions-eni.fr
Saisissez la référence ENI de l'ouvrage **RI5.6PHP** dans la zone de recherche et validez. Cliquez sur le titre du livre puis sur le bouton de téléchargement.

Chapitre 3
Variables, constantes, types et tableaux

Chapitre 4
Opérateurs

Chapitre 5
Structures de contrôle

Chapitre 6
Fonctions et classes

Chapitre 7
Gérer les formulaires

Chapitre 8
Accéder aux bases de données

Chapitre 9
Gérer les sessions

Chapitre 11
Gérer les fichiers

Chapitre 12
Gérer les erreurs dans un script PHP

Annexe

Chapitre 1
Introduction

1. Objectif de l'ouvrage

L'objectif de cet ouvrage est d'apprendre à développer un site web dynamique et interactif à l'aide de PHP 5.

Pour répondre à cet objectif, ce livre présente rapidement les fonctionnalités de base du langage PHP avant d'étudier en détail les fonctionnalités nécessaires au développement d'un site web dynamique et interactif :

- Gestion des formulaires.
- Accès aux bases de données, notamment MySQL, Oracle et SQLite.
- Gestion des sessions (authentification, gestion d'un contexte, utilisation des cookies).
- Envoi de courriers électroniques, notamment au format HTML et avec pièce jointe.
- Gestion des fichiers (dont le transfert de fichiers du poste de l'utilisateur vers le serveur "file upload").

Cet ouvrage s'adresse à des chefs de projet, à des concepteurs ou développeurs ayant une connaissance de base de la programmation web en HTML (*HyperText Markup Language*) et quelques notions de SQL (*Structured Query Language* - langage standard d'accès aux bases de données relationnelles) pour le chapitre consacré aux bases de données.

Ce livre aborde la version 5 de PHP, les fonctionnalités nouvelles, spécifiques à cette version, étant clairement indiquées ; il est basé sur la version 5.6.1 sortie en octobre 2014.

2. Bref historique de PHP

Le langage PHP (historiquement *Personal Home Page*, officiellement acronyme récursif de PHP : *Hypertext Preprocessor*) a été conçu en 1994 par Rasmus Lerdorf pour ses besoins personnels, avant d'être rendu public au début de l'année 1995.

Courant 1995, une nouvelle version, complètement réécrite, est publiée sous le nom PHP/FI version 2. Cette version, capable de gérer les formulaires et d'accéder à la base mSQL, permet au langage de se développer rapidement.

En 1997, le développement du langage est pris en charge par une équipe autour de Rasmus Lerdorf et aboutit à la sortie de la version 3.

En 2000, l'analyseur PHP est migré sur le moteur d'analyse Zend afin d'offrir de meilleures performances et de supporter un plus grand nombre d'extensions : c'est la version 4 de PHP.

En 2004, la version 5 voit le jour. Cette nouvelle version, basée sur la version 2 du moteur Zend, apporte plusieurs nouveautés, la plupart concernant le développement orienté objet.

À ce jour, les analystes estiment que PHP est utilisé par plus de 80 % des sites web dans le monde (en nombre de domaines).

3. Où se procurer PHP ?

De nombreux sites web sont consacrés au langage PHP. Ils permettent de télécharger le langage, de consulter des exemples de scripts ou de dialoguer sur des forums :

Adresse	Contenu
www.php.net	Site officiel de PHP qui propose le téléchargement des sources et un manuel de référence en ligne très pratique. Vous pouvez notamment saisir `www.php.net/nom_fonction` pour accéder directement à l'aide en ligne d'une fonction PHP.
www.phpindex.com	Site en français consacré à PHP qui propose des news, des exemples ainsi qu'un forum de discussion... Bref, un site très complet à mettre dans ses favoris.
http://forum.phpfrance.com	Autre site francophone consacré à PHP proposant des rubriques similaires.

Adresse	Contenu
www.easyphp.org	Site francophone qui propose gratuitement un produit installable (Easy PHP) sur plate-forme Windows. Ce produit comprend : un serveur Apache, PHP et MySQL. Vous téléchargez le produit et double cliquez sur l'exécutable qui installe les différents éléments. Cinq minutes après, votre environnement PHP est opérationnel. Ce site est indispensable pour ceux qui souhaitent monter rapidement une configuration opérationnelle complète sur Windows.
www.apachefriends.org/fr/xampp.html	Autre site qui propose un produit installable (XAMPP) sur différentes plates-formes (Linux, Windows, Solaris, Mac OS X). Ce produit comprend lui aussi, entre autres, un serveur Apache, PHP et MySQL. Là encore, l'installation est très simple et très rapide.
www.zend.com/fr	Site officiel du moteur de script Zend qui propose lui aussi les rubriques classiques de téléchargement, d'exemples, de forum...
www.editions-eni.com/	Site des Éditions ENI sur lequel les exemples traités dans cet ouvrage peuvent être téléchargés.

Cette liste est évidemment non exhaustive mais tous les sites présentés proposent de nombreux liens vers d'autres sites. N'hésitez pas à surfer !

4. Conventions d'écriture

La syntaxe des fonctions est décrite de la manière suivante dans cet ouvrage :

`type_retour nom_fonction(type_paramètre nom_paramètre)`

type_retour	Type de retour de la fonction.
nom_fonction	Nom de la fonction.
type_paramètre	Type du paramètre accepté par la fonction.
nom_paramètre	Nom donné au paramètre.

Les types de données possibles seront présentés dans le chapitre Variables, constantes, types et tableaux. Dans le cas où la fonction accepte un paramètre de n'importe quel type et/ou retourne une valeur de n'importe quel type, le terme `mixte` est utilisé.

Si la fonction ne retourne pas de valeur, l'information *type_retour* est omise.

Exemple

```
nom_fonction(type_paramètre nom_paramètre)
```

Si la fonction ne prend aucun paramètre, les informations *type_paramètre* et `nom_paramètre` sont omises.

Exemple

```
type_retour nom_fonction()
```

Les paramètres optionnels sont indiqués entre crochets ([]).

Exemple

```
type_retour nom_fonction([type_paramètre nom_paramètre])
```

Si la fonction accepte plusieurs paramètres, ces derniers sont indiqués, séparés par une virgule, selon la même convention.

Exemple

```
type_retour nom_fonction(type_paramètre_1 nom_paramètre_1,
type_paramètre_2 nom_paramètre_2)
```

Si un paramètre peut être répété un nombre quelconque de fois, il est simplement suivi de la séquence [, ...].

Exemple

```
type_retour nom_fonction(type_paramètre nom_paramètre[, ...])
```

Chapitre 2
Vue d'ensemble de PHP

1. Qu'est-ce que PHP ?

PHP est un langage de script qui s'exécute côté serveur, le code PHP étant inclus dans une page HTML classique. Il peut donc être comparé à d'autres langages de script qui fonctionnent sur le même principe : ASP (*Active Server Pages*), JSP (*Java Server Pages*) ou PL/SQL Server Pages (PSP).

À la différence d'un langage comme le JavaScript, où le code est exécuté côté client (dans le navigateur), le code PHP est exécuté côté serveur. Le résultat de cette exécution est intégré dans la page HTML qui est envoyée au navigateur. Ce dernier n'a aucune connaissance de l'existence du traitement qui s'est déroulé sur le serveur.

Cette technique permet de réaliser des pages web dynamiques dont le contenu peut être complètement ou partiellement généré au moment de l'appel de la page, grâce à des informations récupérées dans un formulaire ou extraites d'une base de données.

Exemple simple de page PHP

```
<!DOCTYPE html PUBLIC "-//W3C//DTD XHTML 1.0 Strict//EN"
  "http://www.w3.org/TR/xhtml1/DTD/xhtml1-strict.dtd">
<html xmlns="http://www.w3.org/1999/xhtml">
  <head>
    <meta http-equiv="content-type"
          content="text/html; charset=utf-8" />
    <title>Exemple de page PHP</title>
  </head>
  <body>
    <?php
```

```
    echo '<p>Bonjour Olivier !</p>';
    ?>
  </body>
</html>
```

La partie en gras est du code PHP inclus dans la page HTML à l'intérieur des balises `<?php` et `?>`. Sur cet exemple simple, le code PHP se contente d'afficher un texte statique "Bonjour Olivier !" grâce à la fonction `echo`. Dans un vrai programme PHP, il est probable que ce texte serait généré dynamiquement en fonction de l'identification de l'utilisateur.

Pour indiquer au serveur web qu'une page HTML contient du code PHP à exécuter, il suffit de donner au fichier une extension particulière : `.php` (sauf configuration particulière du serveur).

Le schéma ci-après explique comment est traité un fichier PHP par le serveur web.

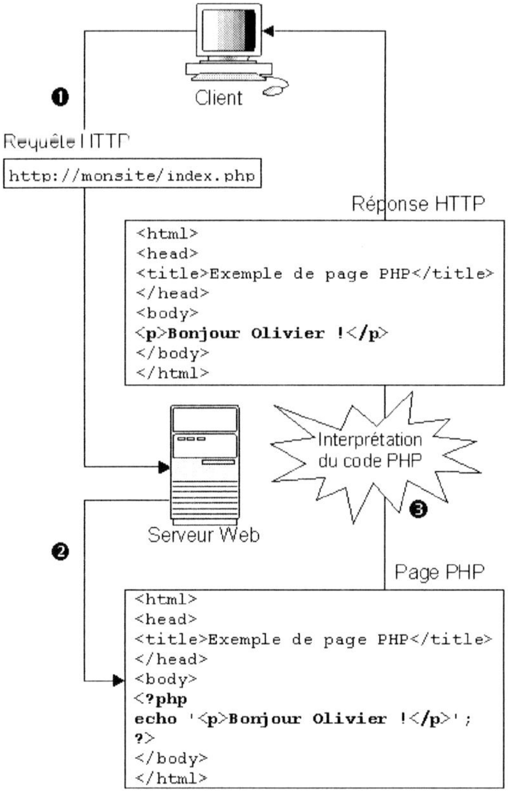

Lorsqu'un fichier PHP est demandé au serveur web, le code PHP inclus dans la page HTML est d'abord exécuté sur le serveur. Le résultat de cette exécution est inséré dans la page à la place du code PHP et la page est renvoyée au navigateur.

D'autres langages, comme le PERL (*Practical Extraction and Report Language*) ou le C, permettent d'écrire des scripts CGI (*Common Gateway Interface*) dans le but d'obtenir le même résultat. Ces langages sont souvent considérés comme moins pratiques et moins lisibles que PHP pour réaliser une page web dynamique. En effet, le programme doit générer l'intégralité de la page HTML alors qu'en PHP, seule la partie réellement dynamique sera codée à l'intérieur de la page.

De plus, PHP a été écrit spécialement pour le Web et possède des fonctionnalités parfaitement adaptées à ce type de développement, ce qui n'est le cas ni de PERL ni du C (qui sont par ailleurs d'excellents langages).

2. Structure de base d'une page PHP

2.1 Les balises PHP

Comme nous l'avons vu précédemment, le code PHP est inclus dans une page HTML à l'intérieur de balises (aussi appelées tags).

PHP accepte quatre syntaxes pour les balises :

- <?php ... ?>
- <script language="php"> ... </script>
- <? ... ?>
- <% ... %>

La première syntaxe est la syntaxe habituelle, recommandée.

La deuxième syntaxe, plus lourde, utilise la balise standard `script` ; elle peut être utile si votre éditeur HTML interprète mal les autres syntaxes.

La troisième syntaxe n'est envisageable que si elle a été autorisée dans le fichier de paramétrage de PHP (`php.ini`) en mettant le paramètre `short_open_tag` à `on`. Il est déconseillé d'utiliser cette syntaxe si votre code doit être déployé sur un serveur dont vous ne maîtrisez pas la configuration et qui ne supporterait pas cette syntaxe.

La quatrième syntaxe permet d'employer la balise ASP mais elle est envisageable uniquement si elle a été autorisée dans le fichier de paramétrage de PHP en mettant le paramètre `asp_tags` à `on`.

2.2 La fonction echo

La fonction `echo` est la fonction de base de toute page PHP. Elle permet d'afficher une ou plusieurs chaînes et donc d'inclure du texte dans la page HTML envoyée au navigateur.

Syntaxe

```
echo(chaîne texte)
echo chaîne texte[,...]
```

`texte` : texte à afficher.

La première syntaxe n'accepte qu'un paramètre alors que la deuxième en accepte plusieurs.

Exemple

```
<!DOCTYPE html PUBLIC "-//W3C//DTD XHTML 1.0 Strict//EN"
  "http://www.w3.org/TR/xhtml1/DTD/xhtml1-strict.dtd">
<html xmlns="http://www.w3.org/1999/xhtml">
  <head>
    <meta http-equiv="content-type"
          content="text/html; charset=utf-8" />
    <title>Exemple de page PHP</title>
  </head>
  <body>
    <p>
    <?php
    echo('Bonjour Olivier !');
    ?>
    <br />
    <?php
    echo 'Bonjour ','Valérie ','!';
    ?>
    </p>
  </body>
</html>
```

Résultat

```
Bonjour Olivier !
Bonjour Valérie !
```

Il n'y pas de saut de ligne automatique dans le résultat de l'exécution du code PHP. En cas de besoin, il est donc nécessaire d'insérer la balise HTML `<br />` qui provoque un saut de ligne dans la page HTML finale (voir l'exemple ci-dessus).

Le texte passé en paramètre à la fonction echo peut être écrit sur plusieurs lignes dans le source mais il est affiché sur une seule dans le résultat :

Exemple

```
<?php
echo 'Bonjour
Olivier ', '!';
?>
```

Résultat

```
Bonjour Olivier !
```

2.3 Le séparateur d'instructions

En PHP, toutes les instructions doivent se terminer par un point-virgule.

Exemple

```
<?php
echo 'Bonjour ';
echo 'Olivier !';
?>
```

Résultat

```
Bonjour Olivier !
```

En cas d'omission, une erreur est générée.

La seule exception concerne l'instruction qui précède la balise de fin pour laquelle le point-virgule peut être omis.

Plusieurs instructions peuvent être écrites sur la même ligne à partir du moment où elles sont séparées par un point-virgule. Néanmoins, cette écriture nuit parfois à la lisibilité du code.

Exemple

```
<?php
echo 'Bonjour '; echo 'Olivier !';
?>
```

Résultat

```
Bonjour Olivier !
```

2.4 Le commentaire

PHP propose deux syntaxes :

- `//` ou `#` pour insérer du commentaire sur une ligne "dédiée" ou à la suite d'une instruction.
- `/* ... */` pour insérer du commentaire sur plusieurs lignes.

Exemple

```
<html>
<?php
// commentaire sur une seule ligne
# commentaire sur une seule ligne
/* commentaire sur
plusieurs lignes */
echo 'Bonjour '; // commentaire jusqu'à la fin de la ligne
echo 'Olivier'; # commentaire jusqu'à la fin de la ligne
?>
</html>
```

Résultat

```
Bonjour Olivier !
```

Remarque

Les commentaires / ... */ ne doivent pas être imbriqués.*

2.5 Mixer du PHP et de l'HTML

Il existe de nombreuses approches pour mixer du PHP et de l'HTML.

Ces différentes approches reposent néanmoins sur deux principes très simples :

- La page peut contenir une ou plusieurs inclusions de code PHP.
- Le code PHP génère du "texte" qui est intégré dans la page HTML envoyée au navigateur. Tout "texte" compréhensible par le navigateur peut donc être généré par le code PHP : du texte simple, du code HTML, du code JavaScript...

Les exemples qui suivent utilisent des variables et des fonctions PHP (récupération de la date et de l'heure). Ces notions sont présentées plus en détail dans le chapitre Variables, constantes, types et tableaux.

Exemple de page contenant du code PHP en plusieurs endroits

```
<?php
// Déclaration de variables qui seront utilisées plus loin.
// Cette section de code PHP ne génère pas de sortie dans la
// page HTML (pas d'appel à echo).
$nom = 'Olivier'; // nom de l'utilisateur
$titre_page = 'Les éditions ENI présentent ...'; // titre de la page
$aujourdhui = date("d/m/Y"); // date du jour
$heure = date("H:i:s"); // heure
?>
<!DOCTYPE html PUBLIC "-//W3C//DTD XHTML 1.0 Strict//EN"
  "http://www.w3.org/TR/xhtml1/DTD/xhtml1-strict.dtd">
<html xmlns="http://www.w3.org/1999/xhtml">
  <head>
    <meta http-equiv="content-type"
          content="text/html; charset=utf-8" />
    <title>
    <?php /* affichage du titre */ echo $titre_page; ?>
    </title>
  </head>
  <body>
    <p>
    <?php
    /* Affichage du nom de l'utilisateur.
    ** Les tags de mise en gras du nom (<b>) et de retour à
    ** la ligne (<br />) sont inclus dans la chaîne envoyée
    ** par le echo.
    */
    echo "Bonjour <b>$nom</b> !<br />";
    // Affichage de la date et de l'heure.
    echo "Nous sommes le $aujourdhui ; il est $heure.";
    ?>
    </p>
  </body>
</html>
```

Résultat

Bonjour **Olivier** !
Nous sommes le 20/10/2014 ; il est 08:17:48.

Source de la page dans le navigateur (les éléments générés par PHP sont en gras)

```
<!DOCTYPE html PUBLIC "-//W3C//DTD XHTML 1.0 Strict//EN"
  "http://www.w3.org/TR/xhtml1/DTD/xhtml1-strict.dtd">
<html xmlns="http://www.w3.org/1999/xhtml">
  <head>
    <meta http-equiv="content-type"
          content="text/html; charset=utf-8" />
    <title>
    Les éditions ENI présentent ...
    </title>
  </head>
  <body>
    <p>
    Bonjour <b>Olivier</b> !<br />Nous sommes le 20/10/2014 ;
il est 08:17:48.
    </p>
  </body>
</html>
```

Exemple de page générée entièrement par du code PHP (suivant le principe CGI)

```
<?php
// Déclaration de variables qui sont utilisées plus loin.
$nom = 'Olivier'; // nom de l'utilisateur
$titre_page = 'Les éditions ENI présentent ...'; // titre de la page
$aujourdhui = date("d/m/Y"); // date du jour
$heure = date("H:i:s"); // heure
// Génération des balises d'ouverture du document HTML.
echo '<!DOCTYPE html PUBLIC "-//W3C//DTD XHTML 1.0 Strict//EN" ',
     '"http://www.w3.org/TR/xhtml1/DTD/xhtml1-strict.dtd">';
echo '<html xmlns="http://www.w3.org/1999/xhtml">';
echo '<head>';
echo '<meta http-equiv="content-type" content="text/html; charset=utf-8" />';
echo "<title>$titre_page</title>";
echo '</head>';
echo '<body>';
echo '<p>';
 /* Affichage du nom de l'utilisateur.
 ** Les tags de mise en gras du nom (<b>) et de retour à la ligne
 ** (<br />) sont inclus dans la chaîne envoyée par le echo.
 */
echo "Bonjour <b>$nom</b> !<br />";
// Affichage de la date et de l'heure.
echo "Nous sommes le $aujourdhui ; il est $heure.";
echo '</p>';
echo '</body>';
echo '</html>';
?>
```

Résultat

```
Bonjour Olivier !
Nous sommes le 20/10/2014 ; il est 08:19:42.
```

Source de la page dans le navigateur (tout est sur une ligne)

```
<!DOCTYPE html PUBLIC "-//W3C//DTD XHTML 1.0 Strict//EN"
"http://www.w3.org/TR/xhtml1/DTD/xhtml1-strict.dtd"><html
xmlns="http://www.w3.org/1999/xhtml"><head><head><meta http-
equiv="content-type" content="text/html; charset=utf-8" /><title>Les
éditions ENI présentent ...</title></head><body><p>Bonjour
<b>Olivier</b> !<br />Nous sommes le 20/10/2014 ; il est
08:19:42.</p></body></html>
```

Il n'y a pas de règle pour mixer du PHP et de l'HTML. Une approche couramment employée par les développeurs consiste à utiliser PHP uniquement pour générer la partie réellement dynamique de la page ; le reste est directement écrit en HTML dans le fichier. Cette technique rend le code moins lourd et permet de voir tout de suite où se trouve la logique applicative.

Le document HTML envoyé au navigateur doit être valide et si possible conforme aux standards HTML ou XHTML du W3C (*World Wide Web Consortium*). Si besoin, n'hésitez pas à utiliser le service de validation du W3C (http://validator.w3.org/).

Dans cet ouvrage, les exemples respectent au maximum la recommandation XHTML 1.0. Néanmoins, pour des raisons de place, les exemples n'intègrent pas systématiquement les déclarations initiales :

```
<!DOCTYPE html PUBLIC "-//W3C//DTD XHTML 1.0 Strict//EN"
 "http://www.w3.org/TR/xhtml1/DTD/xhtml1-strict.dtd">
<html xmlns="http://www.w3.org/1999/xhtml">
  <head>
    <meta http-equiv="content-type" content="text/html; charset=utf-8" />
...
```

Remarque

En ce qui concerne le jeu de caractères, voir aussi la directive de configuration default_charset un peu plus loin dans ce chapitre.

2.6 Règles de nommage

Toute entité PHP nommée (variable, constante, fonction...) doit avoir un nom qui respecte les règles suivantes :

- commencer par une lettre ou un souligné (_).
- comporter ensuite des lettres, des chiffres ou le caractère souligné.

Dans cette définition, une lettre représente toute lettre minuscule ou majuscule comprise entre a et z (a à z et A à Z) ainsi que tout caractère de code ASCII compris entre 127 et 255. Les caractères accentués sont donc autorisés, mais pas les caractères du type #$%& qui ont une signification spéciale dans le langage PHP.

3. Configuration de PHP

3.1 Le fichier de configuration php.ini

Tout au long de cet ouvrage, nous rencontrerons plusieurs directives de configuration utilisables pour modifier le comportement de PHP.

Ces directives de configuration sont saisies dans le fichier de paramétrage de PHP (`php.ini`).

PHP fournit deux exemples de fichiers `php.ini` : `php.ini-development` et `php.ini-production`.

Le fichier `php.ini-development` est un exemple de fichier de configuration, plutôt destiné à être utilisé dans un environnement de développement. À l'inverse, le fichier `php.ini-production` est plutôt destiné à être employé dans un environnement d'exploitation ; il contient des réglages qui rendent PHP plus sécurisé et/ou performant.

Ces deux fichiers présentent beaucoup de commentaires qui expliquent le rôle de chaque directive et donnent des conseils sur leur usage.

Pour utiliser un de ces fichiers, copiez-le à l'emplacement approprié sur votre plateforme et renommez-le en `php.ini`. Le fichier `php.ini` est notamment recherché dans les endroits suivants (dans cet ordre) :

- un endroit spécifique au serveur web (par exemple, la directive `PHPIniDir` d'Apache 2).
- un endroit défini par la variable d'environnement `PHPRC`.
- le dossier `/usr/local/lib` sous Linux/Unix et `c:\windows` ou `c:\winnt` sous Windows.

Avec Apache, il est aussi possible de définir des directives de configuration pour PHP dans un fichier de configuration Apache (par exemple `httpd.conf`) ou dans un fichier `.htaccess`.

Par ailleurs, depuis la version 5.3, PHP permet de définir des directives de configuration par répertoire, mais uniquement en mode CGI ou FastCGI. Pour cela deux méthodes sont disponibles :

- Créer un fichier `.user.ini` dans le répertoire avec les valeurs souhaitées.
- Définir une ou plusieurs sections `[PATH=/chemin/vers/répertoire]` dans le fichier `php.ini`.

Pour obtenir plus d'informations sur la mise en œuvre et les limitations de ces fonctionnalités, consultez la documentation de PHP.

Dans cet ouvrage, et sauf indication contraire, nous supposerons que deux directives relatives à la gestion des erreurs sont positionnées de la manière suivante :

`display_errors = on`	Les erreurs sont affichées.
`error_reporting = E_ALL & ~E_NOTICE`	Toutes les erreurs sont affichées, sauf les erreurs de niveau `E_NOTICE` (simples informations, par exemple lors de l'utilisation d'une variable non initialisée).
`date.timezone = "Europe/Paris"`	Fuseau horaire par défaut.

La gestion des erreurs est traitée en détail dans le chapitre Gérer les erreurs dans un script PHP.

3.2 Informations sur la configuration

PHP propose deux fonctions particulièrement utiles pour obtenir des informations sur la configuration : `phpversion` et `phpinfo`.

La fonction `phpversion` retourne le numéro de version de PHP et la fonction `phpinfo` affiche une grande quantité d'informations sur la configuration de PHP et son environnement. Le numéro de version est aussi disponible via la constante prédéfinie `PHP_VERSION`.

Syntaxe

```
chaîne phpversion([chaîne extension])
booléen phpinfo([entier quoi])
```

Avec

`extension`

Si ce paramètre est spécifié, la fonction retourne la version de l'extension portant ce nom (ou `FALSE` si la version est inconnue ou si l'extension n'est pas disponible).

`quoi`

Nature de l'information désirée. Utiliser une ou plusieurs (somme) des constantes suivantes :

`INFO_GENERAL (1)` : informations générales (version, emplacement du fichier php.ini, système d'exploitation, etc.).

`INFO_CREDITS (2)` : informations sur les auteurs.

`INFO_CONFIGURATION (4)` : informations sur la configuration (valeurs des directives).

`INFO_MODULES (8)` : informations sur les modules chargés, avec leur configuration respective.

`INFO_ENVIRONMENT (16)` : informations sur l'environnement (voir la variable `$_ENV` en annexe).

`INFO_VARIABLES (32)` : valeurs de toutes les variables prédéfinies (voir l'annexe).

`INFO_LICENSE (64)` : informations sur la licence.

`INFO_ALL (-1)` : toutes les informations (valeur par défaut).

`phpinfo` retourne `TRUE` en cas de succès et `FALSE` en cas d'erreur.

Exemple 1

```
<?php
echo phpversion();
?>
```

Résultat

```
5.6.1
```

Exemple 2

```
<?php
// informations générales et informations
// de licence
phpinfo(INFO_GENERAL+INFO_LICENSE);
?>
```

Résultat

PHP Version 5.6.1

System	Linux athena.local 2.6.32-100.26.2.el5 #1 SMP Tue Jan 18 20:11:49 EST 2011 x86_64
Build Date	Oct 13 2014 12:30:53
Configure Command	'./configure' '--with-apxs2=/usr/local/apache2/bin/apxs' '--with-iconv' '--with-gd' '--with-mysqli=mysqlnd' '--with-mysql=mysqlnd' '--with-pdo-mysql=mysqlnd' '--with-oci8=shared,instantclient,/opt/oracle/instantclient_11_2' '--with-pdo-oci=instantclient,/opt/oracle/instantclient_11_2,11.2'
Server API	Apache 2.0 Handler
Virtual Directory Support	disabled
Configuration File (php.ini) Path	/usr/local/lib
Loaded Configuration File	/etc/php.ini
Scan this dir for additional .ini files	(none)
Additional .ini files parsed	(none)
PHP API	20131106
PHP Extension	20131226
Zend Extension	220131226
Zend Extension Build	API220131226,NTS
PHP Extension Build	API20131226,NTS
Debug Build	no
Thread Safety	disabled
Zend Signal Handling	disabled
Zend Memory Manager	enabled
Zend Multibyte Support	disabled
IPv6 Support	enabled
DTrace Support	disabled
Registered PHP Streams	php, file, glob, data, http, ftp, phar
Registered Stream Socket Transports	tcp, udp, unix, udg
Registered Stream Filters	convert.iconv.*, string.rot13, string.toupper, string.tolower, string.strip_tags, convert.*, consumed, dechunk

This program makes use of the Zend Scripting Language Engine:
Zend Engine v2.6.0, Copyright (c) 1998-2014 Zend Technologies

zend engine

Exemple 3

```
<?php
// toutes les informations
phpinfo();
?>
```

Remarque

Voir aussi les fonctions `ini_get_all`, `ini_get` *et* `get_loaded_extensions` *qui permettent d'obtenir des informations sur les directives de compilation et les extensions chargées.*

3.3 Jeu de caractères

Depuis la version 5.6, la directive de configuration `default_charset` est par défaut égale à `UTF-8` et cette valeur est utilisée comme jeu de caractères dans l'en-tête `Content-Type` envoyé par PHP au navigateur (si cet en-tête n'est pas écrasé par un appel de la fonction `header()`).

La valeur par défaut de cette directive vous incite donc fortement à utiliser le jeu de caractères UTF-8 pour votre site, avec notamment :

- L'enregistrement de tous vos scripts en UTF-8 ;
- L'utilisation du jeu de caractères UTF-8 pour les échanges avec les bases de données.

4. Utiliser PHP en ligne de commande

Depuis la version 4.3, PHP peut être utilisé en ligne de commande. Ce mode de fonctionnement ne nécessite pas de serveur web et convient par exemple au développement des scripts d'administration.

Syntaxe simplifiée

```
php [options] [script]
```

Avec

`options`	Options de la ligne de commande (par exemple, `-h` pour obtenir l'aide, `-v` pour la version, etc.).
`script`	Fichier contenant le code PHP à exécuter.

Exemple

```
# php -v
PHP 5.6.1 (cli) (built: Oct 13 2014 12:32:08)
Copyright (c) 1997-2014 The PHP Group
Zend Engine v2.6.0, Copyright (c) 1998-2014 Zend Technologies

## php script.php Olivier
Bonjour Olivier !
```

Contenu du script `script.php` :

```
<?php
// afficher un simple message
// en utilisant le paramètre
// passé sur la ligne de commande
echo "Bonjour $argv[1] !\n";
?>
```

Depuis la version 5.4, PHP en ligne de commande fournit aussi un petit serveur web utilisable pour le développement. Ce serveur web intégré peut être démarré de la manière suivante :

```
php -S serveur:port [-t chemin]
```

`serveur`	Nom ou adresse IP du serveur.
`port`	Port d'écoute.
`chemin`	Répertoire racine des documents (répertoire courant par défaut).

Chapitre 3
Variables, constantes, types et tableaux

1. Constantes

1.1 Définition

La fonction `define` ou le mot-clé `const` (depuis la version 5.3) permettent de définir une constante.

Une constante est une zone mémoire identifiée par un nom qui contient une valeur lisible mais non modifiable dans le programme.

Syntaxe

```
booléen define(chaîne nom, mixte valeur[, booléen sensible_casse)
const nom = valeur
```

`nom`	Nom de la constante (cf. section Structure de base d'une page PHP - Règles de nommage dans le chapitre Vue d'ensemble de PHP).
`valeur`	Valeur de la constante.
`sensible_casse`	Indique si le nom de la constante est sensible à la casse (`TRUE` - valeur par défaut) ou non (`FALSE`).

La fonction `define` retourne `TRUE` en cas de succès et `FALSE` en cas d'erreur.

Tout type de donnée scalaire (cf. section Types de données dans ce chapitre) peut être utilisé comme type de donnée d'une constante.

Le nom d'une constante ne doit pas commencer par un $ car ce préfixe est réservé au nom des variables (cf. section Variables dans ce chapitre). Définir une constante dont le nom commence par un $ ne génère pas d'erreur (`define` retourne `TRUE`). Cependant, à l'utilisation, la constante sera vue comme une variable non initialisée.

Avec la fonction `define`, la valeur de la constante peut être définie à l'aide d'une expression qui utilise des valeurs littérales, des constantes, des variables, des opérateurs ou des appels de fonctions.

Depuis la version 5.6, avec le mot-clé `const`, il est aussi possible de définir la valeur de la constante à l'aide d'une expression, mais qui utilise uniquement des valeurs littérales, des constantes et des opérateurs (pas d'appel de fonction ni de variable).

Une fois créée, une constante n'est plus modifiable, ni par un nouvel appel à `define` (retourne `FALSE` et laisse la valeur de la constante inchangée), ni par une affectation directe (génère une erreur d'analyse du script).

Par ailleurs, depuis la version 5.6, il est possible de définir une constante de type tableau à l'aide du mot-clé `const` mais pas avec la fonction `define` (voir la section Tableaux dans ce chapitre).

Exemple

```
<?php
// Définir une constante (dont le nom est par défaut
// sensible à la casse).
define('CONSTANTE','valeur de CONSTANTE');
// Afficher la valeur de CONSTANTE (=> OK).
echo 'CONSTANTE = ',CONSTANTE,'<br />';
// Afficher la valeur de constante (=> vide)
echo 'constante = ',constante;
echo ' => interprété en littéral<br />';
// Utilisation du mot-clé const (depuis la version 5.3)
const UNE_AUTRE_CONSTANTE = 'PHP 5.6';
echo 'UNE_AUTRE_CONSTANTE = ', UNE_AUTRE_CONSTANTE,'<br />';
// Utilisation d'une expression complexe pour définir la
// valeur d'une constante avec la fonction define.
define('ENCORE_UNE_CONSTANTE',md5(uniqid(rand())));
echo 'ENCORE_UNE_CONSTANTE = ', ENCORE_UNE_CONSTANTE,'<br />';
// Utilisation d'une expression simple pour définir la valeur
// d'une constante avec le mot clé const (depuis la version 5.6).
const UNE_DERNNIERE_CONSTANTE = UNE_AUTRE_CONSTANTE . ' (nouveau)';
echo 'UNE_DERNNIERE_CONSTANTE = ', UNE_DERNNIERE_CONSTANTE;
?>
```

Résultat

```
CONSTANTE = valeur de CONSTANTE
constante = constante => interprété en littéral
UNE_AUTRE_CONSTANTE = PHP 5.6
ENCORE_UNE_CONSTANTE = d19a6851d572335a8a96459823dad0d9
UNE_DERNNIERE_CONSTANTE = PHP 5.6 (nouveau)
```

Traditionnellement, les noms des constantes sont définis en majuscules.

Utiliser une constante non définie (ou une variable non initialisée) ou tenter de redéfinir une constante déjà définie génère une erreur de niveau `E_NOTICE`. Le niveau d'erreur effectivement signalé par PHP dépend de directives de configuration dans le fichier `php.ini` (cf. le chapitre Gérer les erreurs dans un script PHP). Le résultat précédent correspond à une configuration dans laquelle les erreurs de niveau `E_NOTICE` ne sont pas affichées.

1.2 Portée

La portée d'une constante est le script dans lequel elle est définie. Une constante peut donc être définie dans une première section de code PHP et utilisée dans une autre section de code PHP du même script.

Exemple

```
<?php
// Définir une constante.
define('NOM','Olivier');
?>
<html>
<body>
<p>Bonjour <b><?php echo NOM; ?></b> !</p>
</body>
</html>
```

Résultat

```
Bonjour Olivier !
```

1.3 Fonctions utiles

La fonction `defined` permet de savoir si une constante est définie ou non.

Syntaxe

```
booléen defined(chaîne nom)
```

`nom` Nom de la constante.

`defined` retourne `TRUE` si la constante est définie et `FALSE` dans le cas contraire.

Exemple

```
<?php
// Tester si la constante CONSTANTE est définie.
$ok = defined('CONSTANTE');
if ($ok) {
  echo 'CONSTANTE est définie.<br />';
} else {
  echo 'CONSTANTE n\'est pas définie.<br />';
};
// Définir la constante CONSTANTE
define('CONSTANTE','valeur de CONSTANTE');
// Tester si la constante CONSTANTE est définie.
$ok = defined('CONSTANTE');
if ($ok) {
  echo 'CONSTANTE est définie.<br />';
} else {
  echo 'CONSTANTE n\'est pas définie.<br />';
};
?>
```

Résultat

```
CONSTANTE n'est pas définie.
CONSTANTE est définie.
```

Remarque

Cet exemple utilise la structure de contrôle `if` qui permet de tester une condition et d'agir en conséquence (cf. chapitre Structures de contrôle).

La fonction `constant` retourne la valeur d'une constante dont le nom est passé en paramètre.

Syntaxe

```
mixte constant(chaîne nom)
```

Avec

`nom` Nom de la constante.

Cette fonction est pratique pour récupérer la valeur d'une constante dont le nom n'est pas connu a priori.

Exemple

```
<?php
// définir le nom de la constante dans une variable
$nomConstante = 'CONSTANTE';
// définir la valeur de la constante
define($nomConstante,'valeur de CONSTANTE');
// afficher la valeur de la constante
echo $nomConstante,' = ',constant($nomConstante);
?>
```

Résultat

```
CONSTANTE = valeur de CONSTANTE
```

D'autres fonctions permettent de connaître le type d'une constante (cf. section Types de données - Fonctions utiles).

2. Variables

Une variable est une zone mémoire identifiée par un nom qui contient une valeur lisible ou modifiable dans le programme.

2.1 Initialisation et affectation

En PHP, les variables sont identifiées par le préfixe $ suivi d'un nom qui respectent les règles de nommage présentées dans le chapitre Vue d'ensemble de PHP.

Le nom des variables est sensible à la casse : `$nom` et `$Nom` sont vues par PHP comme deux variables différentes. Ce comportement est dangereux car, en cas d'utilisation d'une mauvaise syntaxe, une nouvelle variable vide est créée avec une simple erreur de niveau `E_NOTICE` qui n'est pas forcément affichée (cf. le chapitre Gérer les erreurs dans un script PHP). Il est donc primordial d'adopter une convention de nommage et de la respecter. Quelques suggestions :

- tout en minuscules (`$nom`).
- première lettre en majuscule et le reste en minuscules (`$Nom`).
- première lettre de chaque mot en majuscule et le reste en minuscules (`$NomDeFamille`).

Les variables PHP sont automatiquement définies lors de leur première utilisation. Il n'y a pas d'instruction spécifique pour créer une variable.

Les variables PHP sont typées automatiquement ; lors de chaque affectation d'une valeur à une variable, le type de la variable est automatiquement défini ou redéfini (cf. section Types de données).

Une valeur peut être affectée à une variable grâce à l'opérateur d'affectation "=" (cf. chapitre Opérateurs pour la liste de tous les opérateurs).

Exemple

```
<?php
// Initialiser une variable $nom.
$nom = 'Olivier';
// Afficher la variable $nom.
echo '$nom = ',$nom,'<br />';
// Afficher la variable $Nom.
echo '$<b>N</b>om = ',$Nom;
echo ' => vide (c\'est une autre variable)<br />';
// Modifier la valeur (et le type) de la variable $nom.
$nom = 123;
// Afficher la variable $nom.
echo '$nom = ',$nom,'<br />';
?>
```

Résultat (les erreurs de niveau E_NOTICE ne sont pas affichées)

```
$nom = Olivier
$Nom = => vide (c'est une autre variable)
$nom = 123
```

Remarque

Tout au long de cet ouvrage, nous aurons l'occasion de rencontrer des variables automatiquement définies par PHP et contenant des valeurs relatives à l'environnement, à PHP, aux formulaires, aux cookies...

2.2 Portée et durée de vie

La portée d'une variable est le script dans lequel elle est définie. Une variable peut donc être définie dans une première section de code PHP et utilisée dans une autre section de code PHP du même script.

La durée de vie d'une variable est le temps de l'exécution du script. Lorsque le script se termine, les variables sont supprimées. Si le même script est appelé plus tard, de nouvelles variables sont définies.

Exemple

```
<?php
// Afficher le contenu de la variable $nom.
echo '$nom = ',$nom,'<br />';
// Initialiser la variable $nom.
$nom = 'Olivier';
// Afficher de nouveau le contenu de la variable $nom.
```

```
echo '$nom = ',$nom,'<br />';
?>
```

Résultat du premier appel du script

```
$nom =
$nom = Olivier
```

Résultat du deuxième appel du script

```
$nom =
$nom = Olivier
```

Entre les deux appels, la variable a été supprimée. Au début du deuxième appel, elle ne contient plus la valeur qu'elle possédait à la fin du premier appel (ce n'est plus la même variable).

Remarque

Nous verrons dans le chapitre Gérer les sessions comment conserver la valeur d'une variable au-delà de l'exécution du script ou comment transmettre la valeur d'une variable d'un script à un autre.

2.3 Fonctions utiles

PHP propose un certain nombre de fonctions utiles sur les variables :

Nom	Rôle
`empty`	Indique si une variable est vide ou non.
`isset`	Indique si une variable est définie ou non.
`unset`	Supprime une variable.
`var_dump`	Affiche des informations sur une variable (type et valeur).

empty

La fonction `empty` permet de tester si une variable est vide ou non.

Syntaxe

```
booléen empty(mixte variable)
```

`variable` Variable à tester.

`empty` retourne `TRUE` si la variable est vide et `FALSE` dans le cas contraire.

Une variable est considérée comme vide si elle n'a pas été affectée ou si elle contient une chaîne vide (""), une chaîne égale à 0 ("0"), 0, `NULL` ou `FALSE`.

Depuis la version 5.5, la fonction `empty` peut être utilisée pour tester si une expression est vide ou non.

Exemple

```
<?php
// Test d'une variable non initialisée.
$est_vide = empty($variable);
echo '$variable non initialisé<br />';
if ($est_vide) {
  echo '=> $variable est vide.<br />';
} else {
  echo '=> $variable n\'est pas vide.<br />';
}
// Test d'une variable contenant une chaîne vide.
$variable = '';
$est_vide = empty($variable);
echo '$variable = \'\'<br />';
if ($est_vide) {
  echo '=> $variable est vide.<br />';
} else {
  echo '=> $variable n\'est pas vide.<br />';
}
// Test d'une variable contenant une chaîne égale à 0.
$variable = '0';
$est_vide = empty($variable);
echo '$variable = \'',$variable,'\'<br />';
if ($est_vide) {
  echo '=> $variable est vide.<br />';
} else {
  echo '=> $variable n\'est pas vide.<br />';
}
// Test d'une variable contenant 0.
$variable = 0;
$est_vide = empty($variable);
echo '$variable = ',$variable,'<br />';
if ($est_vide) {
  echo '=> $variable est vide.<br />';
} else {
  echo '=> $variable n\'est pas vide.<br />';
}
// Test d'une variable contenant une chaîne non vide.
$variable = 'x';
$est_vide = empty($variable);
echo '$variable = \'',$variable,'\'<br />';
if ($est_vide) {
  echo '=> $variable est vide.<br />';
```

```
} else {
  echo '=> $variable n\'est pas vide.<br />';
}
?>
```

Résultat

```
$variable non initialisé
=> $variable est vide.
$variable = ''
=> $variable est vide.
$variable = '0'
=> $variable est vide.
$variable = 0
=> $variable est vide.
$variable = 'x'
=> $variable n'est pas vide.
```

isset

La fonction `isset` permet de tester si une variable est définie ou non.

Syntaxe

```
booléen isset(mixte variable[, ...])
```

`variable` Variable à tester (éventuellement plusieurs, séparées par une virgule).

`isset` retourne `TRUE` si la variable est définie et `FALSE` dans le cas contraire.

Si plusieurs paramètres sont fournis, la fonction retourne `TRUE` uniquement si toutes les variables sont définies.

Une variable est considérée comme non définie si elle n'a pas été affectée ou si elle contient `NULL`. À la différence de la fonction `empty`, une variable qui contient une chaîne vide (""), une chaîne égale à 0 ("0"), un 0 ou `FALSE`, n'est pas considérée comme non définie.

Exemple

```
<?php
// Test d'une variable non initialisée.
$est_définie = isset($variable);
echo '$variable non initialisé<br />';
if ($est_définie) {
  echo '=> $variable est définie.<br />';
} else {
  echo '=> $variable n\'est pas définie.<br />';
}
// Test d'une variable contenant une chaîne vide.
$variable = '';
$est_définie = isset($variable);
```

```
echo '$variable = \'\'<br />';
if ($est_définie) {
  echo '=> $variable est définie.<br />';
} else {
  echo '=> $variable n\'est pas définie.<br />';
}
// Test d'une variable contenant une chaîne égale à 0.
$variable = '0';
$est_définie = isset($variable);
echo '$variable = \'',$variable,'\'<br />';
if ($est_définie) {
  echo '=> $variable est définie.<br />';
} else {
  echo '=> $variable n\'est pas définie.<br />';
}
// Test d'une variable contenant 0.
$variable = 0;
$est_définie = isset($variable);
echo '$variable = ',$variable,'<br />';
if ($est_définie) {
  echo '=> $variable est définie.<br />';
} else {
  echo '=> $variable n\'est pas définie.<br />';
}
// Test d'une variable contenant une chaîne non vide.
$variable = 'x';
$est_définie = isset($variable);
echo '$variable = \'',$variable,'\'<br />';
if ($est_définie) {
  echo '=> $variable est définie.<br />';
} else {
  echo '=> $variable n\'est pas définie.<br />';
}
?>
```

Résultat

```
$variable non initialisé
=> $variable n'est pas définie.
$variable = ''
=> $variable est définie.
$variable = '0'
=> $variable est définie.
$variable = 0
=> $variable est définie.
$variable = 'x'
=> $variable est définie.
```

unset

La fonction `unset` permet de supprimer une variable.

Syntaxe

```
unset(mixte variable[, ...])
```

`variable` Variable à supprimer (éventuellement plusieurs, séparées par une virgule).

`unset` accepte une liste de variables.

Après suppression, la variable se trouve dans le même état que si elle n'avait jamais été affectée. L'utilisation de la fonction `isset` sur une variable supprimée retourne `FALSE` notamment.

Exemple

```
<?php
// Définir une variable.
$variable = 1;
// Afficher la variable et tester si elle est définie.
$est_définie = isset($variable);
echo '$variable = ',$variable,'<br />';
if ($est_définie) {
  echo '=> $variable est définie.<br />';
} else {
  echo '=> $variable n\'est pas définie.<br />';
}
// Supprimer la variable.
unset($variable);
// Afficher la variable et tester si elle est définie.
$est_définie = isset($variable);
echo '$variable = ',$variable,'<br />';
if ($est_définie) {
  echo '=> $variable est définie.<br />';
} else {
  echo '=> $variable n\'est pas définie.<br />';
}
?>
```

Résultat

```
$variable = 1
=> $variable est définie.
$variable =
=> $variable n'est pas définie.
```

Remarque

Affecter un 0 ou une chaîne vide à une variable ne la supprime pas.

var_dump

La fonction `var_dump` affiche des informations sur une variable (type et contenu).

Syntaxe

```
var_dump(mixte variable[, ...])
```

`variable` Variable à afficher (éventuellement plusieurs, séparées par une virgule).

La fonction `var_dump` est surtout intéressante lors des phases de mise au point.

Exemple

```
<?php
// afficher les informations sur une variable non initialisée
var_dump($variable);
// initialiser la variable avec un nombre entier
$variable = 10;
// afficher les informations sur la variable
echo '<br />';
var_dump($variable);
// modifier la valeur (et le type) de la variable
$variable = 3.14; // nombre décimal
// afficher les informations sur la variable
echo '<br />';
var_dump($variable);
// modifier la valeur (et le type) de la variable
$variable = 'abc'; // chaîne de caractères
// afficher les informations sur la variable
echo '<br />';
var_dump($variable);
?>
```

Résultat

```
NULL
int(10)
float(3.14)
string(3) "abc"
```

Pour une variable non initialisée, `var_dump` retourne `NULL`. Pour un nombre, `var_dump` indique le type (`int` = entier, `float` = nombre décimal) suivi de la valeur entre parenthèses. Pour une chaîne, `var_dump` indique le type (`string`) suivi de la longueur entre parenthèses, suivie de la valeur entre guillemets.

PHP propose aussi les fonctions `print_r` et `var_export` semblables à la fonction `var_dump`. La fonction `print_r` affiche ou retourne le contenu de la variable sous une forme plus lisible, sans mention du type de données. La fonction `var_export` affiche ou retourne une chaîne donnant un code PHP de définition de la variable ; cette fonction est apparue en version 5.

Remarque

Dans la section Types de données de ce chapitre, nous étudierons d'autres fonctions qui permettent de déterminer le type d'une variable et d'effectuer des conversions de type (nombre en chaîne, chaîne en nombre...).

2.4 Variable dynamique (ou variable variable)

PHP propose une fonctionnalité de variable dynamique (aussi appelée variable variable) utile dans certaines situations.

Le principe consiste à employer une variable qui stocke le nom d'une autre variable et d'y faire référence ensuite avec une notation, du type `$$variable` ou `${$variable}`. Avec cette notation, le `$variable` "intérieur" est remplacé par la valeur de la variable `$variable` (`valeur` par exemple) qui est alors utilisée comme nom de variable par le $ "extérieur" (soit `$valeur` sur notre exemple).

Exemple

```
<?php
$une_variable = 10;
$nom_variable = 'une_variable';
echo '$une_variable = ',$une_variable,'<br />';
echo '$nom_variable = ',$nom_variable,'<br />';
echo '$$nom_variable = ',$$nom_variable,'<br />';
?>
```

Résultat

```
$une_variable = 10
$nom_variable = une_variable
$$nom_variable = 10
```

3. Types de données

3.1 Types disponibles

PHP propose quatre types de données scalaires (ne pouvant contenir qu'une valeur), deux types composés (pouvant contenir plusieurs valeurs) et deux types spéciaux :

- Types scalaires :
  - nombre entier
  - nombre à virgule flottante
  - chaîne de caractères
  - booléen
- Types composés :
  - tableau (cf. section Tableaux dans ce chapitre)
  - objet (cf. chapitre Fonctions et classes)
- Types spéciaux :
  - NULL
  - Ressource

Entier

Le type entier (*integer*) permet de stocker un nombre entier signé sur 32 bits, soit des valeurs comprises entre -2 147 483 648 (-2^{31}) et +2 147 483 647 ($+2^{31}-1$).

En cas de dépassement de capacité dans un calcul, le résultat est automatiquement converti en nombre à virgule flottante.

Nombre à virgule flottante

Le type nombre à virgule flottante (*float*) permet de stocker un nombre décimal sur une plage de valeurs dépendante de la plate-forme (généralement de l'ordre de 10^{-308} à 10^{+308}).

Un tel nombre peut être exprimé en notation décimale x.y (par exemple 123.456) ou en notation scientifique x.yEz ou x.yez (par exemple 1.23456E2).

En cas de conversion d'un nombre à virgule flottante en entier, le nombre est tronqué (pas arrondi) à l'entier le plus proche (1.9 donne 1 par exemple). En cas de dépassement de capacité, aucun message n'est affiché, mais la valeur à l'arrivée est indéfinie (fréquemment 0).

Remarque

Des librairies particulières (aussi appelées Bibliothèques) sont proposées par PHP pour traiter les nombres de grande taille (librairies BC ou GMP).

Chaîne de caractères

Le type chaîne de caractères (*string*) permet de stocker toute séquence de caractères sur un octet (code ASCII compris entre 0 et 255), sans limite de taille.

Une expression littérale de type chaîne de caractères peut être spécifiée entre guillemets (`"ceci est une chaîne"`) ou entre apostrophes (`'ceci aussi est une chaîne'`) avec des différences de comportement très importantes qui sont exposées ci-après.

Les guillemets présents dans une chaîne délimitée par des guillemets ou les apostrophes présents dans une chaîne délimitée par des apostrophes doivent être "échappés", c'est-à-dire précédés du caractère antislash (\). En complément, un antislash présent en fin de chaîne, juste avant le guillemet ou l'apostrophe finaux, doit lui aussi être échappé par un antislash.

Exemple

```
<?php
echo 'C\'est l\'été.<br />';
echo "Je dis \"bonjour\".<br />";
?>
```

Résultat

```
C'est l'été.
Je dis "bonjour".
```

Une chaîne peut être saisie sur plusieurs lignes mais celle-ci est affichée sur une seule ligne dans le navigateur. Pour afficher une chaîne sur plusieurs lignes dans le navigateur, il faut insérer une balise `<br />`.

```
<?php
$chaîne = '<p>Je m\'appelle Olivier
et j\'habite en France.</p>';
echo $chaîne;
$chaîne = '<p>Je m\'appelle Olivier<br />
et j\'habite en France.</p>';
echo $chaîne;
?>
```

Résultat

```
Je m'appelle Olivier et j'habite en France.

Je m'appelle Olivier
et j'habite en France.
```

Lorsqu'une chaîne est délimitée par des guillemets, toute séquence de caractères commençant par le signe $ est interprétée comme une variable et remplacée par la valeur de la variable : c'est le mécanisme de substitution des variables par leur valeur. Cette fonctionnalité, très pratique, ne fonctionne pas avec les chaînes délimitées par des apostrophes (première différence entre les deux types de chaînes).

Exemple

```
<?php
$nom = 'Olivier';
echo "Je m'appelle $nom.<br />";
echo 'Je m\'appelle $nom.<br />'; // ne marche pas
?>
```

Résultat

```
Je m'appelle Olivier.
Je m'appelle $nom.
```

Dans certains cas, ce comportement peut ne pas être désiré. Il suffit d'échapper le signe $ avec l'antislash (\) pour qu'il se comporte comme un $.

Exemple

```
<?php
$nom = 'Olivier';
echo "\$nom = $nom";
?>
```

Résultat

```
$nom = Olivier
```

Dans d'autres cas, le comportement peut être souhaité avec le besoin d'accoler du texte complémentaire derrière le nom de la variable.

Exemple

```
<?php
$fruit = 'pomme';
echo "Une $fruit ne coûte pas cher.<br />";
echo "Deux $fruits coûtent deux fois plus cher.<br />";
?>
```

Résultat

```
Une pomme ne coûte pas cher.
Deux coûtent deux fois plus cher.
```

Sur cet exemple, le "s" du pluriel est interprété par PHP comme appartenant à la séquence de caractères située derrière le $; c'est donc la variable `$fruits` qui est reconnue et remplacée par sa valeur (vide puisque la variable n'a jamais été initialisée).

La solution consiste à délimiter le nom de la variable par des accolades sous la forme `{$variable}` ou `${variable}`. Avant la version 5.1.1, le caractère d'échappement antislash pouvait être utilisé devant la première accolade pour annuler cette interprétation des accolades. Depuis la version 5.1.1, ce caractère d'échappement ne fonctionne plus pour l'accolade, ainsi, à partir de cette version nous utiliserons la notation `{{$fruit}}` à la place de `\{$fruit}` (voir exemple ci-dessous). Quoi qu'il en soit, une accolade qui n'est pas précédée ou suivie d'un $ non échappé est laissée telle quelle.

Exemple

```
<?php
$fruit = 'pomme';
echo "Une $fruit ne coûte pas cher.<br />";
echo "Deux {$fruit}s coûtent deux fois plus cher.<br />";
echo "Trois ${fruit}s coûtent trois fois plus cher.<br />";
echo "{\$fruit} = {{$fruit}}.<br />";
?>
```

Résultat

```
Une pomme ne coûte pas cher.
Deux pommes coûtent deux fois plus cher.
Trois pommes coûtent trois fois plus cher.
{$fruit} = {pomme}.
```

Remarque

Il n'y a pas de mécanisme de substitution équivalent pour les constantes ; c'est une raison valable pour utiliser des variables en lieu et place de vraies constantes.

En complément, d'autres séquences d'échappement peuvent être utilisées dans les chaînes délimitées par des guillemets, mais pas dans celles délimitées par des apostrophes (deuxième différence entre les deux types de chaînes).

Séquence	Valeur
`\n`	Saut de ligne (= LF = code ASCII 10)
`\r`	Retour chariot (= CR = code ASCII 13)
`\t`	Tabulation (= HT = code ASCII 9)
`\v`	Tabulation verticale (= VT = code ASCII 11)
`\e`	Escape (= ESC = code ASCII 27)
`\f`	Page suivante (= FF = code ASCII 12)
`\\`	\ (déjà abordé)

Séquence	Valeur
`\$`	$ (déjà abordé)
`\nnn`	Le caractère désigné par le code ASCII nnn exprimé en octal
`\xnn`	Le caractère désigné par le code ASCII nn exprimé en hexadécimal

Exemple

```
<?php
echo "Je m'appelle Olivier.<br />\n";
echo "Je m'appelle \117\154\151\166\151\145\162.";
?>
```

Résultat

```
Je m'appelle Olivier.
Je m'appelle Olivier.
```

Remarque

Rappel : un saut de ligne dans le source de la page envoyée au navigateur ne provoque pas de saut de ligne dans la page affichée. C'est le cas de la séquence "\n" utilisée dans notre exemple. Ici la balise `<br />` *provoque le retour à la ligne dans la page affichée.*

Il est possible d'accéder au énième caractère d'une chaîne grâce à la notation `$x[i]`, `$x` désignant la variable de type chaîne et `i` le numéro du caractère (le premier caractère portant le numéro `0`). Les accolades peuvent aussi être utilisées.

Exemple

```
<?php
$nom = 'Olivier';
echo $nom[0],$nom{6};
?>
```

Résultat

```
Or
```

PHP est capable de convertir une chaîne en nombre (entier ou décimal) à l'aide des règles suivantes :

- Si le premier caractère non "blanc" (autre que espace, tabulation, LF, CR) n'est ni un chiffre, ni un point ni le signe "moins", la chaîne est évaluée à 0 (entier).

– Dans le cas contraire, PHP va extraire tous les caractères non "blancs" du début de chaîne jusqu'à rencontrer un caractère non numérique (c'est-à-dire non compris entre 1 et 9, différent du point, du signe "moins" et du symbole scientifique "e" ou "E") ; la séquence ainsi obtenue est convertie en entier (pas de point ni de symbole scientifique) ou en décimal (en cas de présence d'un point ou du symbole scientifique).

Exemple

```
<?php
echo '1 + "1" = ',var_dump(1 + "1"),'<br />';
echo '1 + "1.5" = ',var_dump(1 + "1.5"),'<br />';
echo '1 + "1.5E2" = ',var_dump(1 + "1.5E2"),'<br />';
echo '1 + "1e3" = ',var_dump(1 + "1e3"),'<br />';
echo '1 + 1abc = ',var_dump(1 + "1abc"),'<br />';
echo '1 + "1.5abcd" = ',var_dump(1 + "1.5abcd"),'<br />';
echo '1 + "1.5 abcd" = ',var_dump(1 + "1.5 abcd"),'<br />';
echo '1 + ".5" = ',var_dump(1 + ".5"),'<br />';
echo '1 + "-5" = ',var_dump(1 + "-5"),'<br />';
echo '1 + " \t\n\r 5" = ',var_dump(1 + " \t\n\r 5"),'<br />';
echo '1 + "abc1" = ',var_dump(1 + "abc1"),'<br />';
?>
```

Résultat

```
1 + "1" = int(2)
1 + "1.5" = float(2.5)
1 + "1.5E2" = float(151)
1 + "1e3" = float(1001)
1 + 1abc = int(2)
1 + "1.5abcd" = float(2.5)
1 + "1.5 abcd" = float(2.5)
1 + ".5" = float(1.5)
1 + "-5" = int(-4)
1 + " \t\n\r 5" = int(6)
1 + "abc1" = int(1)
```

Le dernier exemple montre qu'une chaîne qui ne commence pas par un caractère numérique est convertie en entier égal à 0.

Ces mécanismes de conversion se révèlent pratiques dans certains cas mais peuvent également conduire à des problèmes difficiles à détecter car PHP refuse peu de chose à la compilation du script !

Booléen

Le type booléen (*boolean*) peut prendre deux valeurs : `TRUE` (ou `true`) et `FALSE` (ou `false`).

Ce type de données est principalement utilisé dans les structures de contrôle pour tester une condition (cf. chapitre Structures de contrôle).

PHP est capable de convertir tout type de donnée en booléen selon les règles suivantes :

Valeur	Résultat Conversion
nombre entier 0 nombre décimal 0.000... chaîne vide ("") chaîne égale à 0 ("0") tableau vide objet vide constante NULL (cf. Le "type" NULL)	FALSE
tout le reste	TRUE

Remarque

Une valeur égale à -1 est convertie en `TRUE` avec PHP.

Inversement, PHP est capable d'opérer les conversions suivantes :

	TRUE	FALSE
Booléen -> Nombre	1	0
Booléen -> Chaîne	"1"	"" (chaîne vide)

Compte tenu de la logique de conversion indiquée précédemment, toute variable peut être testée en tant que booléen (PHP se chargeant de la conversion). Ce fonctionnement est souvent pratique mais peut facilement conduire à des erreurs délicates à déceler.

Le "type" NULL

Ce type, introduit dans PHP 4, est un peu particulier et correspond au type d'une variable utilisée sans jamais avoir été initialisée. Il possède une seule valeur, la valeur NULL définie par la constante `NULL` (ou `null`).

En cas de conversion en booléen, `NULL` prend la valeur `FALSE`.

Exemple

```
<?php
var_dump($variable_non_définie);
?>
```

Résultat

```
NULL
```

Le type ressource (resource)

Ce type générique, introduit dans PHP 4, est un peu particulier, et correspond à une référence vers une ressource externe : fichier ouvert, connexion de base de données, etc.

À plusieurs reprises dans cet ouvrage, nous aurons l'occasion de présenter des fonctions qui permettent de manipuler ces données de type ressource.

3.2 Conversions

PHP est capable d'effectuer des conversions automatiques implicites de type, selon les règles présentées dans le sous-titre précédent Types disponibles.

Lorsqu'une valeur/expression est affectée à une variable, la variable devient du type de la valeur/expression.

Pour déterminer le type d'une expression composée d'opérandes de types différents, PHP évalue (mais ne convertit pas) les opérandes en fonction des opérateurs traités dans l'ordre de précédence (cf. chapitre Opérateurs - Précédence des opérateurs). Par exemple, les deux opérandes utilisés dans une addition sont évalués en nombre alors que deux opérandes utilisés avec l'opérateur de concaténation (cf. chapitre Opérateurs - L'opérateur de chaîne) sont évalués en chaîne.

Exemple

```
<?php
$nombre = 123;
$chaîne = '456abc';
echo '$nombre + $chaîne = ';
var_dump($nombre + $chaîne);
echo '<br />';
echo '$nombre . $chaîne = ';
var_dump($nombre . $chaîne);
echo '<br />';
echo '$nombre = ';
var_dump($nombre);
echo '<br />';
echo '$chaîne = ';
var_dump($chaîne);
?>
```

Résultat

```
$nombre + $chaîne = int(579)
$nombre . $chaîne = string(9) "123456abc"
$nombre = int(123)
$chaîne = string(6) "456abc"
```

Sur le premier exemple, la variable `$chaîne` est évaluée en nombre pour être du type attendu par l'opérateur "+" alors que dans le deuxième exemple, c'est `$nombre` qui est évalué en chaîne pour être du type attendu par l'opérateur "." (concaténation). Par contre, les deux derniers affichages montrent que les variables en question n'ont pas été converties lors des opérations : elles conservent leur type respectif initial.

En complément, PHP propose une notation et une fonction pour effectuer une conversion manuelle explicite.

Notation

La notation consiste à indiquer le nom du type souhaité entre parenthèses devant l'expression à convertir.

Les valeurs autorisées sont les suivantes :

Notation	Conversion en
`(int)` ou `(integer)`	entier
`(bool)` ou `(boolean)`	booléen
`(real)`, `(double)` ou `(float)`	nombre à virgule flottante
`(string)`	chaîne
`(array)`	tableau
`(object)`	objet

Exemple

```
<?php
echo '(float)"1abc" = ',var_dump((float)"1abc"),'<br />';
echo '(float)"1.5abc" = ',var_dump((float)"1.5abc"),'<br />';
echo '(float)"abc1" = ',var_dump((float)"abc1"),'<br />';
echo '(int)1.7 = ',var_dump((int)1.7),'<br />';
echo '(int)TRUE = ',var_dump((int)TRUE),'<br />';
echo '(int)FALSE = ',var_dump((int)FALSE),'<br />';
echo '(bool)-1 = ',var_dump((bool)-1),'<br />';
echo '(bool)0 = ',var_dump((bool)0),'<br />';
echo '(bool)1 = ',var_dump((bool)1),'<br />';
echo '(bool)"" = ',var_dump((bool)""),'<br />';
echo '(bool)"0" = ',var_dump((bool)"0"),'<br />';
echo '(bool)"1" = ',var_dump((bool)"1"),'<br />';
echo '(bool)"a" = ',var_dump((bool)"a"),'<br />';
?>
```

Résultat

```
(float)"1abc" = float(1)
(float)"1.5abc" = float(1.5)
(float)"abc1" = float(0)
(int)1.7 = int(1)
(int)TRUE = int(1)
(int)FALSE = int(0)
(bool)-1 = bool(true)
(bool)0 = bool(false)
(bool)1 = bool(true)
(bool)"" = bool(false)
(bool)"0" = bool(false)
(bool)"1" = bool(true)
(bool)"a" = bool(true)
```

Ces différents exemples permettent de retrouver les règles de conversion évoquées précédemment.

Fonction de conversion

La fonction `settype` permet de convertir une variable d'un type à un autre.

Syntaxe

```
booléen settype(mixte variable, chaîne type)
```

`variable`	Variable à convertir
`type`	Type souhaité en utilisant une des valeurs suivantes : `boolean` ou `bool` (conversion en booléen) `integer` ou `int` (conversion en entier) `double` ou `float` (conversion en nombre à virgule flottante) `string` (conversion en chaîne de caractères) `array` (conversion en tableau) `object` (conversion en objet) `null` (conversion en `NULL`)

`settype` retourne `TRUE` en cas de succès et `FALSE` en cas d'erreur.

Exemple

```
<?php
$x = '1abc';
settype($x,'integer');
echo '\'1abc\' converti en entier = ',var_dump($x),'<br />';
$x = 1.7;
settype($x,'integer');
echo '1.7 converti en entier = ',var_dump($x),'<br />';
$x = TRUE;
```

```
settype($x,'string');
echo 'TRUE converti en chaîne = ',var_dump($x),'<br />';
$x = '0';
settype($x,'boolean');
echo '\'0\' converti en booléen = ',var_dump($x),'<br />';
$x = -1;
settype($x,'boolean');
echo '-1 converti en booléen = ',var_dump($x),'<br />';
?>
```

Résultat

```
'1abc' converti en entier = int(1)
1.7 converti en entier = int(1)
TRUE converti en chaîne = string(1) "1"
'0' converti en booléen = bool(false)
-1 converti en booléen = bool(true)
```

Remarque

En règle générale, il est conseillé de choisir la conversion explicite : le code est plus lisible, plus facile à maintenir et à mettre au point.

3.3 Fonctions utiles

En complément, PHP propose plusieurs fonctions utiles relatives au type des variables :

Nom	Rôle
`is_*`	Indique si la variable est du type donné par * : `array` = tableau `bool` = booléen `double, float, real` = nombre à virgule flottante `int, integer, long` = entier `null` = type NULL `numeric` = entier ou nombre à virgule flottante ou chaîne contenant un nombre (entier ou décimal) `object` = objet `string` = chaîne `resource` = ressource `scalar` = type scalaire
`strval`	Convertit une variable en chaîne.
`floatval` `doubleval`	Convertit une variable en nombre à virgule flottante.

Nom	Rôle
intval	Convertit une variable en entier.
boolval	Convertit une variable en booléen.

is_*

La fonction is_* permet de tester si une variable est d'un type donné.

Syntaxe

booléen is_* (*mixte* variable)

variable Variable à tester.

Les déclinaisons sont les suivantes :

Fonction	Type testé
is_array	tableau
is_bool	booléen
is_double is_float is_real	nombre à virgule flottante
is_int is_integer is_long	entier
is_null	type NULL
is_numeric	entier ou nombre à virgule flottante ou chaîne contenant un nombre (entier ou décimal)
is_object	objet
is_string	chaîne
is_resource	ressource
is_scalar	type scalaire

La fonction retourne TRUE si la variable est du type demandé et FALSE dans le cas contraire.

Exemple

```
<?php
if (is_null($x)) {
  echo 'Pour l\'instant, $x est du type NULL.<br />';
}
$x = (1 < 2);
if (is_bool($x)) {
  echo '$x = (1 < 2) est du type booléen.<br />';
}
$x = '123abc';
if (is_string($x)) {
  echo '$x = "123abc" est du type chaîne...<br />';
}
if (! is_numeric($x)) {
  echo '... mais pas du « type » <i>numeric</i>.<br />';
}
$x = '1.23e45';
if (is_numeric($x)) {
  echo 'Par contre, $x = "1.23e45" est du « type »
<i>numeric</i>.<br />';
}
?>
```

Résultat

```
Pour l'instant, $x est du type NULL.
$x = (1 < 2) est du type booléen.
$x = "123abc" est du type chaîne...
... mais pas du « type » numeric.
Par contre, $x = "1.23e45" est du « type » numeric.
```

Sur cet exemple, la fonction `is_numeric` n'applique pas tout à fait les mêmes règles pour évaluer si une chaîne contient un nombre que celles utilisées pour la conversion. Avec la fonction `is_numeric`, la chaîne ne doit contenir aucun caractère non numérique.

strval

La fonction `strval` retourne la valeur d'une variable après conversion en chaîne.

Syntaxe

```
chaîne strval(mixte variable)
```

`variable`	Variable à traiter.

Cette fonction ne s'applique qu'aux variables de type scalaire (non valable pour les tableaux, ni les objets). Le type de la variable reste inchangé.

Exemple

```
<?php
$x = TRUE;
echo var_dump($x),' => ',var_dump(strval($x)),'<br />';
$x = 1.2345;
echo var_dump($x),' => ',var_dump(strval($x)),'<br />';
?>
```

Résultat

```
bool(true) => string(1) "1"
float(1.2345) => string(6) "1.2345"
```

floatval (ou doubleval)

La fonction `floatval` retourne la valeur d'une variable après conversion en nombre à virgule flottante. La fonction `doubleval` est un alias de la fonction `floatval`.

Syntaxe

```
nombre floatval(mixte variable)
```

`variable`	Variable à traiter.

Cette fonction ne s'applique qu'aux variables de type scalaire (non valable pour les tableaux, ni les objets). Le type de la variable reste inchangé.

Exemple

```
<?php
$x = TRUE;
echo var_dump($x),' => ',var_dump(floatval($x)),'<br />';
$x = 123;
echo var_dump($x),' => ',var_dump(floatval($x)),'<br />';
$x = "1.23e45";
echo var_dump($x),' => ',var_dump(floatval($x)),'<br />';
$x = "123abc";
echo var_dump($x),' => ',var_dump(floatval($x)),'<br />';
$x = " \n\t\r 123.45abc";
echo var_dump($x),' => ',var_dump(floatval($x)),'<br />';
?>
```

Résultat

```
bool(true) => float(1)
int(123) => float(123)
string(7) "1.23e45" => float(1.23E+45)
string(6) "123abc" => float(123)
string(14) " 123.45abc" => float(123.45)
```

Les règles de conversion évoquées précédemment sont respectées.

intval

La fonction `intval` retourne la valeur d'une variable après conversion en entier.

Syntaxe

```
nombre intval(mixte variable)
```

`Variable`	Variable à traiter

Cette fonction ne s'applique qu'aux variables de type scalaire (non valable pour les tableaux, ni les objets).

Le type de la variable reste inchangé.

Exemple

```
<?php
$x = TRUE;
echo var_dump($x),' => ',var_dump(intval($x)),'<br />';
$x = 123.9;
echo var_dump($x),' => ',var_dump(intval($x)),'<br />';
$x = "1.23e45";
echo var_dump($x),' => ',var_dump(intval($x)),'<br />';
$x = "123abc";
echo var_dump($x),' => ',var_dump(intval($x)),'<br />';
$x = " \n\t\r 123.45abc";
echo var_dump($x),' => ',var_dump(intval($x)),'<br />';
?>
```

Résultat

```
bool(true) => int(1)
float(123.9) => int(123)
string(7) "1.23e45" => int(1)
string(6) "123abc" => int(123)
string(14) " 123.45abc" => int(123)
```

Les règles de conversion évoquées précédemment sont respectées. Là encore, il faut rappeler qu'un nombre à virgule flottante converti en entier est tronqué et non arrondi : sur notre exemple, 123.9 donne 123 et non 124. Pour convertir un nombre à virgule flottante en entier, avec arrondi, il faut utiliser la fonction `round()`.

Exemple

```
<?php
$x = 123.9;
echo "round($x) => ",var_dump(round($x)),'<br />';
echo "intval(round($x)) => ",
  var_dump(intval(round($x))),'<br />';
echo "(int) round($x) => ",
  var_dump((int) round($x)),'<br />';
?>
```

Résultat

```
round(123.9) => float(124)
intval(round(123.9)) => int(124)
(int) round(123.9) => int(124)
```

La fonction `round()` retourne un nombre entier arrondi, mais avec un type de nombre à virgule flottante. Si l'on souhaite obtenir un "vrai" type entier à l'arrivée, il suffit de convertir le résultat de `round()` en entier avec la méthode de votre choix.

boolval

La fonction `boolval` retourne la valeur d'une variable après conversion en booléen. Cette fonction est apparue dans la version 5.5.

Syntaxe

```
booléen boolval(mixte variable)
```

`variable` Variable à traiter.

Cette fonction s'applique à tous les types de variables (scalaires, tableaux, objets, etc.). Le type de la variable reste inchangé.

Exemple

```
<?php
$x = -1;
echo var_dump($x),' => ',var_dump(boolval($x)),'<br />';
$x = 0;
echo var_dump($x),' => ',var_dump(boolval($x)),'<br />';
$x = 1;
echo var_dump($x),' => ',var_dump(boolval($x)),'<br />';
$x = "";
echo var_dump($x)," => ",var_dump(boolval($x)),'<br />';
$x = "0";
echo var_dump($x)," => ",var_dump(boolval($x)),'<br />';
$x = "1";
echo var_dump($x)," => ",var_dump(boolval($x)),'<br />';
$x = "a";
echo var_dump($x)," => ",var_dump(boolval($x)),'<br />';
?>
```

Résultat

```
int(-1) => bool(true)
int(0) => bool(false)
int(1) => bool(true)
string(0) "" => bool(false)
string(1) "0" => bool(false)
string(1) "1" => bool(true)
string(1) "a" => bool(true)
```

Les règles de conversion évoquées précédemment sont respectées.

4. Tableaux

4.1 Définition

En PHP, un tableau est une collection (liste d'éléments) ordonnée de couples clé/valeur.

La clé peut être de type entier ou de type chaîne. Dans le premier cas, le tableau est dit numérique et la clé est désignée par le terme indice. Dans le deuxième cas, le tableau est dit associatif : les clés ne sont pas forcément consécutives, ni ordonnées, et ce tableau peut présenter des clés entières et des clés de type chaîne.

La valeur associée à la clé peut être de n'importe quel type, et notamment de type tableau ; dans ce cas, le tableau est dit multidimensionnel.

Exemple

– Tableau numérique (indices ordonnés consécutifs)

Clé/Indice	Valeur
0	zéro
1	un
2	deux
3	trois

– Tableau numérique (indices non ordonnés, non consécutifs)

Clé/Indice	Valeur
20	vingt
30	trente
10	dix

– Tableau mixte

Clé/Indice	Valeur
0	zéro
zéro	0
un	1

Clé/Indice	Valeur
1	un
deux	2
2	deux
trois	3
3	trois

– Tableau multidimensionnel (liste de villes par pays)

<table>
<tr><th>Clé/Indice</th><th colspan="2">Valeur</th></tr>
<tr><td rowspan="4">FRANCE</td><th>Clé/Indice</th><th>Valeur</th></tr>
<tr><td>0</td><td>Paris</td></tr>
<tr><td>1</td><td>Lyon</td></tr>
<tr><td>2</td><td>Nantes</td></tr>
<tr><td rowspan="3">ITALIE</td><th>Clé/Indice</th><th>Valeur</th></tr>
<tr><td>0</td><td>Rome</td></tr>
<tr><td>1</td><td>Venise</td></tr>
</table>

4.2 Création

Une variable de type tableau peut être définie explicitement grâce à la fonction `array` ou implicitement en utilisant une notation à crochets ([]).

Depuis la version 5.4, il est possible d'utiliser une syntaxe courte pour définir explicitement un tableau sans utiliser la fonction `array`.

Notation à crochets ([ ])

Une variable utilisée pour la première fois avec une notation de la forme `$variable[...]` est automatiquement créée avec le type tableau.

La même opération effectuée sur une variable déjà définie, avec un type scalaire, provoque un message d'erreur.

Le contenu d'un tableau peut être ainsi défini par plusieurs affectations du type `$tableau[...] = valeur`.

Avec une affectation du type `$tableau[] = valeur`, PHP recherche le plus grand indice entier utilisé et associe la valeur à l'indice immédiatement supérieur. Si le tableau est vide, l'élément est placé à l'indice 0.

Avec une affectation du type `$tableau[clé] = valeur`, PHP associe la valeur à la clé indiquée (qui peut être de type entier ou de type chaîne).

Les deux notations peuvent être mélangées dans une séquence d'affectation.

Exemple

```
<?php
$nombres[] = 'zéro'; // => indice 0
$nombres[] = 'un'; // => indice max (0) + 1 = 1
$nombres[] = 'deux'; // => indice max (1) + 1 = 2
$nombres[] = 'trois'; // => indice max (2) + 1 = 3
$nombres[5] = 'cinq'; // => indice 5
$nombres[] = 'six'; // => indice max (5) + 1 = 6
$nombres['un'] = 1; // indice "un"
$nombres[] = 'sept'; // => indice max (6) + 1 = 7
$nombres[-1] = 'moins un'; // => -1
?>
```

Résultat

Clé/Indice	Valeur
0	zéro
1	un
2	deux
3	trois
5	cinq
6	six
un	1
7	sept
-1	moins un

Ces notations peuvent être utilisées pour construire un tableau multidimensionnel, sous la forme `$tableau[...] = $tableau_intérieur` ou `$tableau[...][...] = valeur`. La première notation permet de stocker un tableau dans un emplacement d'un autre tableau, et la deuxième notation, de stocker une valeur directement dans un emplacement situé à l'intérieur d'un autre tableau.

Exemple

– Première méthode :

```
<?php
// création d'un tableau contenant les villes de France
$villes_france[] = 'Paris';
$villes_france[] = 'Lyon';
$villes_france[] = 'Nantes';
// stockage du tableau des villes de France dans le tableau
// des villes
$villes['FRANCE'] = $villes_france;
// idem avec les villes d'Italie
$villes_italie[] = 'Rome';
$villes_italie[] = 'Venise';
$villes['ITALIE'] = $villes_italie;
?>
```

– Deuxième méthode :

```
<?php
// stockage direct des villes dans le tableau
//    - pour la France
$villes['FRANCE'][] = 'Paris';
$villes['FRANCE'][] = 'Lyon';
$villes['FRANCE'][] = 'Nantes';
//    - pour l'Italie
$villes['ITALIE'][] = 'Rome';
$villes['ITALIE'][] = 'Venise';
?>
```

Résultat (dans les deux cas)

<table>
<tr><th>Clé/Indice</th><th colspan="2">Valeur</th></tr>
<tr><td rowspan="4">FRANCE</td><th>Clé/Indice</th><th>Valeur</th></tr>
<tr><td>0</td><td>Paris</td></tr>
<tr><td>1</td><td>Lyon</td></tr>
<tr><td>2</td><td>Nantes</td></tr>
<tr><td rowspan="3">ITALIE</td><th>Clé/Indice</th><th>Valeur</th></tr>
<tr><td>0</td><td>Rome</td></tr>
<tr><td>1</td><td>Venise</td></tr>
</table>

La fonction array

La fonction `array` permet de créer un tableau à partir d'une liste d'éléments.

Syntaxe

```
tableau array([mixte valeur[, ...]])
```

ou

```
tableau array([{chaîne | entier} clé => mixte valeur[, ...]])
```

`valeur`	Élément du tableau.
`clé`	Valeur de la clé.

Dans la première syntaxe, les clés/indices ne sont pas spécifiées et c'est un tableau numérique à indices consécutifs commençant à 0 qui est créé : le premier argument de la fonction étant stocké à l'indice 0, le deuxième à l'indice 1, etc.

Dans la deuxième syntaxe, l'indice ou la clé sont spécifiés soit par un entier, soit par une chaîne, et une valeur lui est associée par l'opérateur =>.

Les deux syntaxes peuvent être mélangées. Dans ce cas, lorsque l'indice ou la clé n'est pas spécifié(e), PHP recherche le plus grand indice entier utilisé et associe la valeur à l'indice immédiatement supérieur ; s'il n'existe aucun indice entier, l'élément est placé à l'indice 0.

La fonction `array`, appelée sans argument, crée un tableau vide.

Exemple

```
<?php
$nombres = array('zéro','un','deux','trois',
  5 => 'cinq','six','un' => 1,'sept',-1 => 'moins un');
?>
```

Résultat

Clé/Indice	Valeur
0	zéro
1	un
2	deux
3	trois
5	cinq
6	six
un	1

Clé/Indice	Valeur
7	sept
-1	moins un

La fonction `array` accepte en argument les données de type tableau (soit une variable, soit un appel imbriqué à `array`), ce qui permet de construire un tableau multidimensionnel.

Exemple

– Première méthode :

```
<?php
// création d'un tableau contenant les villes de France
$villes_france = array('Paris','Lyon','Nantes');
// idem avec les villes d'Italie
$villes_italie = array('Rome','Venise');
// stockage des 2 tableaux dans le tableau des villes
$villes = array('FRANCE' => $villes_france,
             'ITALIE' => $villes_italie);
?>
```

– Deuxième méthode :

```
<?php
// création par imbrication des appels à array
$villes = array('FRANCE' => array('Paris','Lyon','Nantes'),
  'ITALIE' => array('Rome','Venise'));
?>
```

Résultat (dans les deux cas)

<table>
<tr><th>Clé/Indice</th><th colspan="2">Valeur</th></tr>
<tr><td rowspan="4">FRANCE</td><td>Clé/Indice</td><td>Valeur</td></tr>
<tr><td>0</td><td>Paris</td></tr>
<tr><td>1</td><td>Lyon</td></tr>
<tr><td>2</td><td>Nantes</td></tr>
<tr><td rowspan="3">ITALIE</td><td>Clé/Indice</td><td>Valeur</td></tr>
<tr><td>0</td><td>Rome</td></tr>
<tr><td>1</td><td>Venise</td></tr>
</table>

Syntaxe courte

Depuis la version 5.4, il est possible de définir un tableau explicitement en utilisant une notation à crochets (`[]`) à la place de la fonction `array()`.

Exemple

```
<?php
$nombres = ['zéro','un','deux','trois',
  5 => 'cinq','six','un' => 1,'sept',-1 => 'moins un'];
?>
```

Comme lors de l'utilisation de la fonction `array()`, un autre tableau peut être défini comme élément, soit avec la fonction `array()`, soit avec la syntaxe courte comme dans l'exemple suivant.

Exemple

```
<?php
$villes = ['FRANCE' => ['Paris','Lyon','Nantes'],
           'ITALIE' => ['Rome','Venise']];
?>
```

Cette syntaxe courte permet d'alléger l'écriture dans un certain nombre de situations (passage d'un tableau en paramètre à une fonction, définition de tableaux multidimensionnels).

Tableau constant

Depuis la version 5.6, il est possible de définir une constante de type tableau avec le mot-clé const (curieusement cela ne fonctionne pas avec la fonction define).

Exemple

```
<?php
const PAYS = array('FRANCE','ITALIE');
const CAPITALES = [['FRANCE','Paris'],['ITALIE','Rome']];
?>
```

Un tableau constant se manipule comme un tableau variable mais il ne peut pas être modifié après son initialisation.

4.3 Manipulation

Deux besoins courants existent, relatifs à la manipulation d'un tableau :

- Accéder à un élément individuel du tableau.
- Parcourir le tableau.

Accéder à un élément individuel du tableau

La notation à crochets est utilisée pour accéder, en lecture ou en écriture, à un élément individuel du tableau :

`$tableau[{chaîne | entier} clé]`

`$tableau`	Tableau concerné.
`clé`	Valeur de la clé/indice.

Pour les tableaux multidimensionnels, plusieurs séries de crochets doivent être utilisées.

Exemple

```
<?php
$nombres = array('zéro','un','deux','trois',
  5 => 'cinq','six','un' => 1,'sept',-1 => 'moins un');
echo $nombres[1],'<br />';
echo $nombres['un'],'<br />';
$villes = array('FRANCE' => array('Paris','Lyon','Nantes'),
                'ITALIE' => array('Rome','Venise'));
echo $villes['FRANCE'][0],'<br />';
echo $villes['ITALIE'][1],'<br />';
?>
```

Résultat

```
un
1
Paris
Venise
```

PHP accepte que vous omettiez le délimiteur de chaîne (guillemet ou apostrophe) lorsque vous spécifiez une clé de type chaîne dans un tableau associatif.

Exemple

```
<?php
$nombres = array('un' => 1,'deux' => 2);
// utilisation de $nombres[un] et non $nombres['un']
echo $nombres[un];
?>
```

Résultat (si les erreurs de type E_NOTICE ne sont pas affichées)

```
1
```

Résultat (si les erreurs de type E_NOTICE sont affichées)

```
Notice: Use of undefined constant un - assumed 'un' in /app/scripts/index.php
on line 4
1
```

Cette syntaxe est acceptée (et fonctionne) mais génère une erreur de type `E_NOTICE`. PHP constate que la constante `un` n'existe pas et la remplace par la chaîne `'un'` ..., ce qui permet d'obtenir le bon résultat... jusqu'au jour où vous définissez une constante `un` valant `1` par exemple ! En conséquence, il est vivement déconseillé d'utiliser cette syntaxe "simplifiée".

Le principe de substitution des variables dans les chaînes délimitées par des guillemets fonctionne avec les tableaux. Des accolades sont nécessaires pour délimiter l'expression dans deux cas :

- Pour spécifier une clé de type chaîne exprimée sous la forme d'un littéral : `{$tableau['...']}`.
- Pour un tableau multidimensionnel : `{$tableau[...][...]}`.

Exemple

```
<?php
$nombres = array('zéro','un','deux','trois',
  5 => 'cinq','six','un' => 1,'sept',-1 => 'moins un');
echo "\$nombres[1] = $nombres[1]<br />";
echo "\$nombres['un'] = {$nombres['un']}<br />";
$villes = array('FRANCE' => array('Paris','Lyon','Nantes'),
                'ITALIE' => array('Rome','Venise'));
echo "\$villes['FRANCE'][0] = {$villes['FRANCE'][0]}<br />";?>
```

Résultat

```
$nombres[1] = un
$nombres['un'] = 1
$villes['FRANCE'][0] = Paris
```

Parcourir le tableau

De nombreuses méthodes peuvent être utilisées pour parcourir un tableau à l'aide des constructions suivantes :

- la structure de contrôle itérative `for`
- la structure de contrôle itérative `while`
- la structure de parcours de tableau `foreach`

Dans ce chapitre, nous étudions uniquement l'utilisation de la structure `foreach` qui est sans conteste la méthode la plus simple pour parcourir un tableau. Cette méthode ne nécessite aucune connaissance particulière sur la nature du tableau (numérique, associatif, plage des indices/clés...).

Syntaxe

```
foreach(tableau as variable_valeur)
  { instructions }
```

ou

```
foreach(tableau as variable_clé => variable_valeur)
  { instructions }
```

La première syntaxe permet de parcourir le tableau du début à la fin ; à chaque itération, la valeur courante du tableau est stockée dans la variable `variable_valeur` et les instructions entre accolades sont exécutées. Cette syntaxe est suffisante si le traitement n'a pas besoin de faire référence aux valeurs de la clé.

La deuxième syntaxe fonctionne sur le même principe, mais à chaque itération, la clé courante est stockée dans la variable `variable_clé` et la valeur dans la variable `variable_valeur`. Cette syntaxe est pratique si le traitement a besoin de faire référence aux valeurs de la clé.

Exemple

```
<?php
// Initialisation d'un tableau.
$nombres = array('zéro','un','deux',
                 'zéro' => 0,'un' => 1,'deux' => 2);
// Parcours du tableau avec la première syntaxe.
echo 'Première syntaxe :<br />';
foreach($nombres as $nombre) {
  echo "$nombre<br />";
}
// Parcours du tableau avec la deuxième syntaxe
echo 'Deuxième syntaxe :<br />';
foreach($nombres as $clé => $nombre) {
  echo "$clé => $nombre<br />";
}
?>
```

Résultat

```
Première syntaxe :
zéro
un
deux
0
1
2

Deuxième syntaxe :
0 => zéro
1 => un
2 => deux
zéro => 0
un => 1
deux => 2
```

Ces deux exemples montrent bien qu'aucune connaissance préalable du tableau n'est nécessaire pour le parcourir : ni sa taille, ni sa structure de clés.

Depuis la version 5.5, la structure `foreach` permet de parcourir un tableau de tableaux et de récupérer les éléments du tableau imbriqué dans des variables à l'aide de la fonction `list`.

Syntaxe

```
foreach(tableau as list(variable[,... ]))
```

À chaque itération, les éléments du tableau imbriqué courant sont stockés dans les variables listées dans la fonction `list` (premier élément dans la première variable, deuxième élément dans la deuxième variable, etc.).

Exemple

```
<?php
$capitales = [['FRANCE','Paris'],['ITALIE','Rome']];
foreach ($capitales as list($pays,$ville)) {
  echo "$pays : $ville<br />";
}
?>
```

Résultat

```
FRANCE : Paris
ITALIE : Rome
```

Dans la fonction `list`, s'il y a moins de variables que d'éléments dans le tableau imbriqué, les éléments surnuméraires de ce dernier sont ignorés. À l'inverse, s'il y a trop de variables dans la fonction `list`, une alerte de niveau `NOTICE` est générée et les variables surnuméraires ne sont pas initialisées.

4.4 Portée

Les variables de type tableau suivent les mêmes règles de portée et de durée de vie que les variables de type scalaire (cf. section Variables - Portée et durée de vie).

4.5 Fonctions utiles

PHP propose un grand nombre de fonctions permettant de manipuler les tableaux.

Les fonctions les plus utilisées sont les suivantes :

Nom	Rôle
`count`	Compte le nombre d'éléments dans un tableau.
`in_array`	Teste si une valeur est présente dans un tableau.

Nom	Rôle
array_search	Recherche une valeur dans un tableau.
array_replace	Remplace des valeurs dans un tableau.
[a|k][r]sort	Trie un tableau (plusieurs variantes possibles).
explode	Découpe une chaîne selon un séparateur et stocke les éléments dans un tableau.
implode	Regroupe les éléments d'un tableau dans une chaîne à l'aide d'un séparateur.
str_split	Découpe une chaîne en morceaux de longueur fixe et stocke les éléments dans un tableau.
array_column	Retourne les valeurs d'une colonne d'un tableau multidimensionnel.

Certaines fonctions modifient le contenu du tableau passé en paramètres et ne peuvent donc pas être appliquées à un tableau constant sous peine d'obtenir une erreur fatale :

```
Fatal error: Only variables can be passed by reference in ...
```

La fonction `is_array` (cf. section Types de données - Fonctions utiles) permet de savoir si une variable est de type tableau. Ne l'oubliez pas.

De nombreuses autres fonctions existent, la description de chaque fonction est accessible en ligne sur le site www.php.net. Vous y trouverez notamment des fonctions pour :

- réaliser des calculs (somme...)
- extraire un sous-tableau d'un tableau
- fusionner des tableaux
- dédoublonner un tableau...

count

La fonction `count` permet de connaître le nombre d'éléments dans une variable en général, un tableau en particulier.

Syntaxe

```
entier count(mixte variable)
```

`variable` Variable concernée.

La fonction `count` retourne le nombre d'éléments dans la variable. Si la variable n'est pas initialisée, `count` retourne 0. Si la variable est initialisée mais n'est pas un tableau, `count` retourne 1 (il y a effectivement un élément dans une variable scalaire). Si la variable est un tableau, `count` retourne le nombre d'éléments présents dans le tableau (0 si le tableau est vide).

Exemple

```
<?php
echo '$x non initialisé => ',count($x),'<br />';
$x = 1;
echo '$x de type scalaire => ',count($x),'<br />';
$x = array();
echo '$x tableau vide => ',count($x),'<br />';
$x = array(1,2);
echo '$x tableau de 2 éléments => ',count($x),'<br />';
?>
```

Résultat

```
$x variable non initialisé => 0
$x variable de type scalaire => 1
$x tableau vide => 0
$x tableau de 2 éléments => 2
```

in_array

La fonction `in_array` permet de tester si une valeur est présente dans un tableau.

Syntaxe

booléen in_array(*mixte* valeur_cherchée, *tableau* tableau[, *booléen* même_type])

`valeur_cherchée`	Valeur cherchée dans le tableau.
`tableau`	Tableau dans lequel s'effectue la recherche.
`même_type`	Indique si la comparaison doit vérifier que les éléments sont du même type (`FALSE` par défaut).

`in_array` retourne `TRUE` si l'élément cherché est présent dans le tableau et `FALSE` dans le cas contraire.

Remarque

PHP propose aussi la fonction `array_key_exists` qui permet de tester si une valeur est présente dans les clés d'un tableau.

Exemple

```
<?php
$nombres = array('zéro','un','deux',
                 'zéro' => 0,'un' => 1,'deux' => 2);
echo '1 type indifférent => ',
     var_dump(in_array(1,$nombres)),'<br />';
echo '3 type indifférent => ',
     var_dump(in_array(3,$nombres)),'<br />';
echo '\'1\' même type => ',
     var_dump(in_array('1',$nombres,TRUE)),'<br />';
echo '\'un\' type indifférent => ',
     var_dump(in_array('un',$nombres)),'<br />';
echo '\'trois\' type indifférent => <b>',
     var_dump(in_array('trois',$nombres)),'</b><br />';
echo '\'trois\' même type => ',
     var_dump(in_array('trois',$nombres,TRUE)),'<br />';
?>
```

Résultat

```
1 type indifférent => bool(true)
3 type indifférent => bool(false)
'1' même type => bool(false)
'un' type indifférent => bool(true)
'trois' type indifférent => bool(true)
'trois' même type => bool(false)
```

Les deux exemples avec "`trois`" montrent que la fonction `in_array` est à manipuler avec beaucoup de précaution lorsque le tableau contient des éléments de type différent. En effet, sur la recherche de même type, `in_array` fonctionne correctement (il n'y a pas de chaîne "`trois`" dans le tableau). Sur la recherche où le type est indifférent, tout se passe comme si la chaîne était convertie en entier ("`trois`" converti en entier donne 0) et que la recherche s'effectuait sur le résultat de cette conversion (0 est bien présent dans le tableau).

array_search

La fonction `array_search` permet de chercher un élément dans un tableau et de récupérer la clé de cet élément, s'il est présent.

Syntaxe

mixte `array_search(`*mixte* `valeur_cherchée, `*tableau* `tableau[, `*booléen* `même_type])`

`valeur_cherchée`	Valeur cherchée dans le tableau.
`tableau`	Tableau dans lequel s'effectue la recherche.
`même_type`	Indique si la comparaison doit vérifier que les éléments sont du même type (`FALSE` par défaut).

array_search retourne la clé associée à l'élément, si ce dernier est présent dans le tableau et FALSE dans le cas contraire (NULL avant la version 4.2.0).

Exemple

```
<?php
$nombres = array('zéro','un','deux',
                 'zéro' => 0,'un' => 1,'deux' => 2);
echo '1 type indifférent => ',
     var_dump(array_search(1,$nombres)),'<br />';
echo '3 type indifférent => ',
     var_dump(array_search(3,$nombres)),'<br />';
echo '\'1\' même type => ',
     var_dump(array_search('1',$nombres,TRUE)),'<br />';
echo '\'un\' type indifférent => ',
     var_dump(array_search('un',$nombres)),'<br />';
echo '\'trois\' type indifférent => <b>',
     var_dump(array_search('trois',$nombres)),'</b><br />';
echo '\'trois\' même type => ',
     var_dump(array_search('trois',$nombres,TRUE)),'<br />';
?>
```

Résultat

```
1 type indifférent => string(2) "un"
3 type indifférent => bool(false)
'1' même type => bool(false)
'un' type indifférent => int(1)
'trois' type indifférent => string(5) "zéro"
'trois' même type => bool(false)
```

Nous retrouvons, sur ces exemples, le problème évoqué avec la fonction in_array : la recherche sur "trois", en type indifférent, donne la clé "zéro" qui correspond effectivement à la valeur 0 dans le tableau.

array_replace

La fonction array_replace permet de remplacer les éléments d'un tableau.

Syntaxe

```
tableau array_replace(tableau tableau, tableau
tableau_remplace[, ...])
```

tableau	Tableau dans lequel s'effectuent les remplacements.
tableau_remplace	Tableau qui contient les valeurs de remplacement.

La fonction `array_replace` remplace les valeurs du premier tableau avec la valeur correspondante du deuxième tableau, en se basant sur la clé. Si une clé existe dans le second tableau, mais pas dans le premier, elle est créée dans le premier tableau. Une clé qui existe dans le premier tableau mais pas dans le second est laissée inchangée (elle n'est pas supprimée). Plusieurs tableaux peuvent être fournis pour le remplacement : dans ce cas, ils sont traités dans l'ordre. La fonction retourne `NULL` en cas d'erreur.

Exemple

```
<?php
$tableau = array('c1' => 'vert','c2' => 'blanc');
$tableau_remplace = array('c1' => 'bleu','c3' => 'rouge');
// Affichage de contrôle.
echo '<b>Tableau de départ :</b><br />';
foreach($tableau as $clé => $valeur)
  { echo "$clé => $valeur<br />"; }
echo '<b>Tableau de remplacement :</b><br />';
foreach($tableau_remplace as $clé => $valeur)
  { echo "$clé => $valeur<br />"; }
// Remplacement.
$tableau_résultat = array_replace($tableau,$tableau_remplace);
// Affichage du résultat.
echo '<b>Résultat :</b><br />';
foreach($tableau_résultat as $clé => $valeur)
  { echo "$clé => $valeur<br />"; }
?>
```

Résultat

Tableau de départ :
c1 => vert
c2 => blanc
Tableau de remplacement :
c1 => bleu
c3 => rouge
Résultat :
c1 => bleu
c2 => blanc
c3 => rouge

[a|k][r]sort

Les fonctions `sort`, `rsort`, `asort`, `arsort`, `ksort` et `krsort` permettent de trier un tableau selon différentes variantes.

Syntaxe

booléen `[a|k][r]sort(`*tableau* `tableau[,` *entier* `indicateur])`

Avec

`tableau`	Tableau à trier.
`indicateur`	Paramètre optionnel permettant de modifier le comportement du tri : – `SORT_REGULAR` (valeur par défaut) : compare les éléments normalement (ne modifie pas les types). – `SORT_NUMERIC` : compare les éléments numériquement. – `SORT_STRING` : compare les éléments comme des chaînes de caractères. – `SORT_LOCALE_STRING` (apparu dans la version 5.0.2) : compare les éléments en utilisant la configuration locale définie par la fonction `setlocale`. – `SORT_NATURAL` (apparu en version 5.4) : compare les éléments selon un ordre « naturel ». – `SORT_FLAG_CASE` (apparu en version 5.4) : à ajouter à la valeur précédente pour ne pas tenir compte de la casse dans le tri « naturel ».

Remarque

Trier un tableau comportant des valeurs de différents types donne un résultat imprévisible.

Les variantes de fonctionnement sont les suivantes :

Fonction	Nature du tri
`sort`	Tri croissant sur la valeur, <u>sans</u> préservation des couples clé/valeur. Quelle que soit la situation de départ, après le tri, les indices du tableau sont des entiers consécutifs à partir de 0.
`rsort`	Tri décroissant sur la valeur, <u>sans</u> préservation des couples clé/valeur. Quelle que soit la situation de départ, après le tri, les indices du tableau sont des entiers consécutifs à partir de 0.
`asort`	Tri croissant sur la valeur, <u>avec</u> préservation des couples clé/valeur.
`arsort`	Tri décroissant sur la valeur, <u>avec</u> préservation des couples clé/valeur.
`ksort`	Tri croissant sur la clé, <u>avec</u> préservation des couples clé/valeur.
`krsort`	Tri décroissant sur la clé, <u>avec</u> préservation des couples clé/valeur.

Ces fonctions retournent `TRUE` en cas de succès et `FALSE` en cas d'échec.

Exemple

```
<?php
$tableau = array('c3' => 'rouge','c1' => 'vert',
                 'c2' => 'bleu');
// Affichage de contrôle.
echo '<b>Tableau de départ :</b><br />';
foreach($tableau as $clé => $valeur)
  { echo "$clé => $valeur<br />"; }
// sort
echo '<b>sort : tri sur valeur, clés non préservées</b><br />';
$tableau_bis = $tableau;
sort($tableau_bis);
foreach($tableau_bis as $clé => $valeur)
  { echo "$clé => $valeur<br />"; }
// asort
echo '<b>asort : tri sur valeur, clés préservées</b><br />';
$tableau_bis = $tableau;
asort($tableau_bis);
foreach($tableau_bis as $clé => $valeur)
  { echo "$clé => $valeur<br />"; }
// ksort
echo '<b>ksort : tri sur clé, clés préservées</b><br />';
$tableau_bis = $tableau;
ksort($tableau_bis);
foreach($tableau_bis as $clé => $valeur)
  { echo "$clé => $valeur<br />"; }
?>
```

Résultat

Tableau de départ :
c3 => rouge
c1 => vert
c2 => bleu
sort : tri sur valeur, clés non préservées
0 => bleu
1 => rouge
2 => vert
asort : tri sur valeur, couples clé/valeur préservés
c2 => bleu
c3 => rouge
c1 => vert
ksort : tri sur clé, couples clé/valeur préservés
c1 => vert
c2 => bleu
c3 => rouge

Le tri naturel permet de trier les chaînes qui contiennent des nombres en tenant compte de l'ordre des nombres et non de l'ordre alphabétique (qui place '10' avant '2' par exemple).

Exemple

```
<?php
$tableau =
  ['faq1.txt','faq30.txt','faq100.txt','faq2000.txt'];
// Affichage de contrôle.
echo '<b>Tableau de départ :</b><br />';
foreach($tableau as $valeur)
  { echo "$valeur<br />"; }
// Tri par défaut
echo '<b>Tri par défaut (alphabétique) :</b><br />';
$tableau_bis = $tableau;
sort($tableau_bis);
foreach($tableau_bis as $valeur)
  { echo "$valeur<br />"; }
// Tri naturel
echo '<b>Tri naturel :</b><br />';
$tableau_bis = $tableau;
sort($tableau_bis,SORT_NATURAL);
foreach($tableau_bis as $valeur)
  { echo "$valeur<br />"; }
?>
```

Résultat

```
Tableau de départ :
faq1.txt
faq30.txt
faq100.txt
faq2000.txt
Tri par défaut (alphabétique) :
faq1.txt
faq100.txt
faq2000.txt
faq30.txt
Tri naturel :
faq1.txt
faq30.txt
faq100.txt
faq2000.txt
```

explode

La fonction `explode` permet de découper une chaîne selon un séparateur et de stocker les éléments dans un tableau.

Syntaxe

```
tableau explode(chaîne séparateur, chaîne à_découper[, entier limite])
```

`séparateur`	Séparateur recherché.
`à_découper`	Chaîne à découper.
`limite`	Si spécifié, nombre maximum d'éléments dans le tableau résultat.

Exemple

```
<?php
$liste = 'bleu, blanc, rouge';
$couleurs = explode(', ',$liste);
    // séparateur = virgule+espace
foreach($couleurs as $clé => $valeur)
  { echo "$clé => $valeur<br />"; }
?>
```

Résultat

```
0 => bleu
1 => blanc
2 => rouge
```

implode

La fonction `implode` permet de regrouper les éléments d'un tableau dans une chaîne à l'aide d'un séparateur.

Syntaxe

```
chaîne implode([chaîne séparateur,] tableau éléments)
```

`séparateur`	Séparateur utilisé (chaîne vide par défaut).
`éléments`	Tableau contenant les éléments à regrouper.

Exemple

```
<?php
$couleurs = array('bleu','blanc','rouge');
$liste = implode(', ',$couleurs);
    // séparateur = virgule+espace
echo $liste;
?>
```

Résultat

```
bleu, blanc, rouge
```

str_split

La fonction `str_split` découpe une chaîne en morceaux de longueur fixe et stocke les éléments dans un tableau.

Syntaxe

```
tableau str_split(chaîne chaîne[,entier longueur])
```

`chaîne`	Chaîne à découper.
`longueur`	Longueur des morceaux (1 par défaut).

Exemple

```
<?php
$chaîne = 'A1B2C3';
$tableau = str_split($chaîne,2);
foreach($tableau as $clé => $valeur) {
echo "\$tableau[$clé] = $valeur<br />";
}
?>
```

Résultat

```
$tableau[0] = A1
$tableau[1] = B2
$tableau[2] = C3
```

array_column

La fonction `array_column` retourne les valeurs d'une colonne d'un tableau multidimensionnel. Cette fonction est apparue dans la version 5.5.

Syntaxe

```
tableau array_column(tableau tableau, mixte colonne[, mixte clé])
```

`tableau`	Tableau multidimensionnel à traiter.
`colonne`	Identifiant de la colonne à retourner, soit sous la forme d'un numéro de colonne (cas d'un tableau numérique), soit sous la forme d'une clé alphanumérique (cas d'un tableau associatif).
`clé`	Identifiant de la colonne à utiliser comme indice ou clé dans le tableau retourné, soit sous la forme d'un numéro de colonne (cas d'un tableau numérique), soit sous la forme d'une clé alphanumérique (cas d'un tableau associatif).

Si le troisième paramètre n'est pas fourni, le tableau retourné est un tableau numérique dont l'indice commence à 0. Dans le cas contraire, la valeur de la colonne désignée par ce troisième paramètre est utilisée comme indice ou clé.

Cette fonction peut être utile pour extraire facilement une colonne d'une série d'enregistrements récupérés dans une base de données.

Exemple

```
<?php
$articles = [
  ['identifiant' => 10, 'libelle' => 'Abricots', 'prix' => 35],
  ['identifiant' => 20, 'libelle' => 'Cerises',  'prix' => 48],
  ['identifiant' => 30, 'libelle' => 'Fraises',  'prix' => 29],
  ['identifiant' => 40, 'libelle' => 'Pêches',   'prix' => 37]];
echo '<b>Colonne des libellés  :</b><br />';
$libellés = array_column($articles,'libelle');
foreach($libellés as $clé => $valeur) {
  echo "[$clé] = $valeur<br>";
}
echo '<b>Colonne des prix en utilisant le libellé comme index :</b><br />';
$prix = array_column($articles,'prix','libelle');
foreach($prix as $clé => $valeur) {
  echo "[$clé] = $valeur<br>";
}
?>
```

Résultat

```
Colonne des libellés :
[0] = Abricots
[1] = Cerises
[2] = Fraises
[3] = Pêches
Colonne des prix en utilisant le libellé comme index :
[Abricots] = 35
[Cerises] = 48
[Fraises] = 29
[Pêches] = 37
```

5. Quelques fonctions utiles sur les chaînes de caractères, les dates et les nombres

5.1 Préambule

L'objectif de cette section est de présenter les fonctions les plus utiles, relatives à la manipulation des chaînes de caractères et des dates, types de données très fréquemment utilisées dans les applications.

PHP propose de nombreuses fonctions ; la description de chaque fonction est accessible en ligne sur le site www.php.net.

5.2 Manipulation des chaînes de caractères

Les fonctions les plus utiles pour manipuler les chaînes de caractères sont les suivantes :

Nom	Rôle
`strlen`	Retourne le nombre de caractères d'une chaîne

`strtolower`
`strtoupper`
`ucfirst`
`ucwords`
`lcfirst`
	Conversions minuscules/majuscules éventuellement limitées au(x) premier(s) mot(s).

`strcmp` `strcasecmp`	Comparaison de chaîne (sensible à la casse ou non).
`[s]printf` `v[s]printf`	Mise en forme d'une chaîne (identique aux fonctions C équivalentes).
`number_format`	Mise en forme d'un nombre.
`[l|r]trim`	Suppression de caractères "blancs".
`substr`	Extraction d'une sous-chaîne dans une chaîne.
`str_repeat`	Construction d'une chaîne par répétition de caractères.
`str[r][i]pos`	Recherche de la position d'une occurrence (caractère ou chaîne) à l'intérieur d'une chaîne.
`str[i]str` `strrchr`	Extraction de la sous-chaîne dans une chaîne commençant à partir d'une certaine occurrence d'un caractère ou d'une chaîne.

Nom	Rôle
`str_[i]replace`	Remplacement des occurrences d'une chaîne par une autre chaîne.
`strtr`	Remplacent des occurrences d'un caractère par un autre caractère ou d'une chaîne par une autre chaîne.

Remarque

N'oubliez pas les fonctions `explode`, `implode` et `str_split` précédemment présentées (cf. section Tableaux - Fonctions utiles). D'autres fonctions, plus spécifiquement liées à la gestion des formulaires sont étudiées dans le chapitre Gérer les formulaires.

strlen

La fonction `strlen` retourne le nombre de caractères d'une chaîne.

Syntaxe

```
entier strlen(chaîne chaîne)
```

`chaîne` Chaîne concernée.

strtolower - strtoupper - ucfirst - ucwords - lcfirst

Ces fonctions permettent de réaliser des conversions minuscules/majuscules, éventuellement limitées au(x) premier(s) mot(s) de la chaîne.

Syntaxe

```
chaîne strtolower(chaîne chaîne)
chaîne strtoupper(chaîne chaîne)
chaîne ucfirst(chaîne chaîne)
chaîne ucwords(chaîne chaîne)
chaîne lcfirst(chaîne chaîne)
```

`chaîne` Chaîne à traiter.

La fonction `strtolower` convertit tous les caractères d'une chaîne en minuscules.

La fonction `strtoupper` convertit tous les caractères d'une chaîne en majuscules.

La fonction `ucfirst` convertit le premier caractère d'une chaîne en majuscule.

La fonction `ucwords` convertit le premier caractère de chaque mot d'une chaîne en majuscule.

La fonction `lcfirst` convertit le premier caractère d'une chaîne en minuscule (apparu en version 5.3).

Exemple

```
<?php
$x = 'OLIVIER HEURTEL';
$y = 'olivier heurtel';
echo "strtolower('$x') = ",strtolower($x),'<br />';
echo "strtoupper('$y') = ",strtoupper($y),'<br />';
echo "ucfirst('$y') = ",ucfirst($y),'<br />';
echo "lcfirst('$x') = ",lcfirst($x),'<br />';
echo "ucwords('$y') = ",ucwords($y),'<br />';
?>
```

Résultat

```
strtolower('OLIVIER HEURTEL') = olivier heurtel
strtoupper('olivier heurtel') = OLIVIER HEURTEL
ucfirst('olivier heurtel') = Olivier heurtel
lcfirst('OLIVIER HEURTEL') = oLIVIER HEURTEL
ucwords('olivier heurtel') = Olivier Heurtel
```

strcmp - strcasecmp

Ces fonctions permettent de comparer deux chaînes en tenant compte ou pas des majuscules et minuscules.

Syntaxe

```
entier strcmp(chaîne chaîne1,chaîne chaîne2)
entier strcasecmp(chaîne chaîne1,chaîne chaîne2)
```

`chaîne1` et `chaîne2` Chaînes à comparer.

Les deux fonctions retournent un nombre négatif si `chaîne1` est plus petit que `chaîne2`, un nombre égal à 0 si elles sont égales, et un nombre positif si `chaîne1` est plus grand que `chaîne2`.

`strcmp` est sensible à la casse alors que `strcasecmp` ne l'est pas.

Exemple

```
<?php
$x = 'Olivier';
$y = 'olivier';
echo "strcmp('$x','$y') = ",strcmp($x,$y),'<br />';
echo "strcasecmp('$x','$y') = ",strcasecmp($x,$y),'<br />';
?>
```

Résultat

```
strcmp('Olivier','olivier') = -1
strcasecmp('Olivier','olivier') = 0
```

[s]printf

Les fonctions printf et sprintf permettent de mettre en forme une chaîne (identiques aux fonctions C équivalentes).

Syntaxe

```
chaîne sprintf(chaîne format[, mixte valeur[, ...]])
entier printf(chaîne format[, mixte valeur[, ...]])
```

format	Chaîne de mise en forme présentant diverses directives selon les spécifications données ci-après.
valeur	Valeur à intégrer dans la chaîne.

sprintf retourne le résultat mis en forme (ou FALSE en cas d'erreur) alors que printf affiche directement le résultat (comme l'instruction echo) et retourne la longueur de la chaîne mise en forme en cas de succès ou FALSE en cas d'erreur.

La chaîne format doit contenir une directive de formatage pour chaque argument valeur ; cette directive de formatage précise l'emplacement et la mise en forme de la valeur correspondante. La correspondance entre une directive de formatage et une valeur est positionnelle (première directive pour la première valeur...).

Les directives de formatage commencent par le caractère % suivi d'une à cinq informations, la dernière étant la seule obligatoire :

```
%[remplissage][alignement][longueur][précision]type
```

Les informations sont les suivantes :

remplissage	Précise le caractère éventuellement utilisé pour le remplissage. Le caractère par défaut est l'espace. Tout autre caractère peut être employé en le mentionnant précédé d'une apostrophe (seul le caractère zéro peut être indiqué directement) : 'x indique que le caractère de remplissage est le "x".
alignement	Précise l'alignement. Par défaut, l'alignement est à droite. Le caractère moins ("-") permet d'obtenir un alignement à gauche.
longueur	Indique le nombre minimum de caractères de l'élément mis en forme.
précision	Indique le nombre de chiffres utilisés pour la mise en forme d'un nombre à virgule flottante (valable uniquement si l'élément associé est un nombre).

`type` Donne le type de la valeur à insérer :

c : entier à remplacer par le caractère dont le code ASCII a cette valeur.

d : entier à représenter comme tel.

f : nombre à virgule flottante à représenter comme tel (tient compte de la locale utilisée).

F : nombre à virgule flottante à représenter comme tel (ne tient pas compte de la locale utilisée). Apparu avec la version 5.0.3.

s : quelconque, à représenter comme une chaîne.

Pour obtenir un caractère "%" dans le résultat final, il faut le doubler dans le format.

Quelques exemples :

Directive	**Valeur**	**Résultat**	**Explication**
%d	1	1	Nombre entier sans mise en forme particulière.
%02d	1	01	`02` = compléter avec le caractère zéro, pour une longueur de deux minimum.
%f	1/3	0.333333	Nombre à virgule flottante sans mise en forme particulière.
%.2f	1/3	0.33	`.2` = deux chiffres après le séparateur décimal.
%02.3f	1/3	00.333	`.3` = trois chiffres après le séparateur décimal. `02` = compléter avec le caractère zéro, avant le séparateur décimal, pour une longueur de deux minimum.
%s	Olivier	Olivier	Chaîne sans mise en forme particulière.
%'.10s	Olivier	...Olivier	`'.10` = compléter avec un point pour atteindre une longueur minimum de dix caractères (alignement par défaut).
%'.-10s	Olivier	Olivier...	`'.-10` = compléter avec un point pour atteindre une longueur minimum de dix caractères (signe - = alignement à gauche).

Directive	Valeur	Résultat	Explication
%'.5.2f	9.9	....9.90	.2 = deux chiffres après le séparateur décimal. '.5 = compléter avec un point pour atteindre une longueur minimum de cinq caractères avant le point décimal (alignement par défaut).

Exemple

```
<?php
echo 'Mise en forme d'une date : ',
     sprintf('%02d/%02d/%04d',1,1,2001),'<br />';
echo 'Mise en forme de nombres : ',
     sprintf('%01.2f - %01.2f',1/3,12345678.9),'<br />';
echo 'Pourcentage : ',
     sprintf('%01.2f %%',12.3),'<br />';
echo 'Utilisation des options de remplissage :<br />';
echo '<tt>'; // police non proportionnelle
printf("%'.-10s%'.5.2f<br />",'Livres',9.35); // printf direct
printf("%'.-10s%'.5.2f<br />",'Disques',99.9); // printf direct
echo '</tt>';
?>
```

Résultat

```
Mise en forme d'une date : 01/01/2001
Mise en forme de nombres : 0.33 - 12345678.90
Pourcentage : 12.30 %
Utilisation des options de remplissage :
Livres.....9.35
Disques...99.90
```

v[s]printf

Les fonctions `vprintf` et `vsprintf` sont identiques aux fonctions `printf` et `sprintf` mais acceptent en deuxième paramètre un tableau contenant les différentes valeurs à utiliser (à la place des paramètres multiples).

Syntaxe

```
chaîne vsprintf(chaîne format[, tableau valeurs])
entier vprintf(chaîne format[, tableau valeurs])
```

Avec

`format`	Chaîne de mise en forme comprenant diverses directives selon les spécifications données précédemment.
`valeurs`	Tableau donnant les valeurs à intégrer dans la chaîne.

Exemple

```
<?php
$données = array(array('Livres',9.35),array('Disques',99.9));
echo '<tt>'; // police non proportionnelle
foreach($données as $ligne) {
vprintf("%'.-10s%'.5.2f<br />",$ligne); // printf direct
}
echo '</tt>';
?>
```

Résultat

```
Livres........9.35
Disques......99.90
```

number_format

La fonction `number_format` permet de mettre en forme un nombre.

Syntaxe

```
chaîne number_format(nombre valeur[, entier décimales[, chaîne séparateur_décimal,
chaîne séparateur_milliers]])
```

`valeur`	Nombre à mettre en forme.
`décimales`	Nombre de décimales (aucune partie décimale par défaut).
`séparateur_décimal`	Séparateur décimal (point par défaut).
`séparateur_milliers`	Séparateur des milliers (virgule par défaut).

La fonction peut être appelée avec un, deux ou quatre arguments, pas trois : si le troisième est fourni, le quatrième est obligatoire.

Si le nombre a une précision supérieure à celle demandée (paramètre `décimales`), le nombre est arrondi à la précision demandée.

Exemple

```
<?php
$x = 1234.567;
echo "number_format($x) = ",number_format($x),'<br />';
echo "number_format($x,1) = ",number_format($x,1),'<br />';
```

```
echo "number_format($x,2,',',' ') = ",
      number_format($x,2,',',' '),'<br />';
?>
```

Résultat

```
number_format(1234.567) = 1,235
number_format(1234.567,1) = 1,234.6
number_format(1234.567,2,',',' ') = 1 234,57
```

Notez, sur ces exemples, les arrondis automatiques lorsque la précision demandée est inférieure à la précision du nombre.

ltrim - rtrim - trim

Ces fonctions permettent de supprimer les caractères "blancs", ou d'autres caractères, en début de chaîne, en fin de chaîne ou des deux côtés.

Syntaxe

```
chaîne ltrim(chaîne chaîne[, chaîne caractères])
chaîne rtrim(chaîne chaîne[, chaîne caractères])
chaîne trim(chaîne chaîne[, chaîne caractères])
```

Avec

`chaîne`	Chaîne à traiter.
`caractères`	Chaîne donnant la liste des caractères à supprimer. Si ce paramètre est absent, les caractères "blancs" sont supprimés.

Les trois fonctions retournent une chaîne égale à la chaîne initiale dans laquelle les caractères "blancs" ou les caractères spécifiés ont été supprimés au début (`ltrim` avec `l` = *left* = à gauche), à la fin (`rtrim` avec `r` = *right* = à droite) ou des deux côtés (`trim`).

Les caractères "blancs" sont le saut de ligne (\n = code ASCII 10), le retour chariot (\r = code ASCII 13), la tabulation (\t = code ASCII 9), le caractère NULL (\0 = code ASCII 0) et l'espace.

Exemple

```
<?php
$x = "\t\t\t x \n\r";
echo 'strlen($x) = ',strlen($x),'<br />';
echo 'strlen(ltrim($x)) = ',strlen(ltrim($x)),'<br />';
echo 'strlen(rtrim($x)) = ',strlen(rtrim($x)),'<br />';
echo 'strlen(trim($x)) = ',strlen(trim($x)),'<br />';
$x = '***+-Olivier-+***';
echo "trim('$x','*+-') = ",trim($x,'*+-'), '<br />';
?>
```

Résultat

```
strlen($x) = 8
strlen(ltrim($x)) = 4
strlen(rtrim($x)) = 5
strlen(trim($x)) = 1
trim('***+-Olivier-+***','*+-') = Olivier
```

substr

La fonction `substr` permet d'extraire une sous-chaîne dans une chaîne.

Syntaxe

```
chaîne substr(chaîne chaîne, entier début[, entier longueur])
```

`chaîne`	Chaîne à traiter.
`début`	Position du premier caractère de la sous-chaîne à extraire (attention 0 = 1er caractère).
`longueur`	Nombre de caractères à extraire (par défaut, jusqu'à la fin de la chaîne).

- Si l'argument `début` est positif, la sous-chaîne extraite commence au caractère `début` (0 = 1er caractère).
- Si l'argument `début` est négatif, la sous-chaîne extraite commence au caractère `début` en partant de la fin (-1 = dernier caractère).
- Si l'argument `longueur` n'est pas spécifié, la sous-chaîne extraite se termine à la fin de la chaîne.
- Si l'argument `longueur` est spécifié et positif, `substr` extrait le nombre de caractères indiqué par l'argument `longueur`.
- Si l'argument `longueur` est spécifié et négatif, la sous-chaîne extraite se termine à la fin de la chaîne, moins le nombre de caractères indiqué par la valeur absolue de l'argument `longueur`.

Exemple

```
<?php
//    0123456 => pour le contrôle
$x = 'Olivier';
echo "substr('$x',3) = ",substr($x,3),'<br />';
echo "substr('$x',3,2) = ",substr($x,3,2),'<br />';
echo "substr('$x',-4) = ",substr($x,-4),'<br />';
echo "substr('$x',-4,3) = ",substr($x,-4,3),'<br />';
?>
```

Résultat

```
substr('Olivier',3) = vier
substr('Olivier',3,2) = vi
substr('Olivier',-4) = vier
substr('Olivier',-4,3) = vie
```

str_repeat

La fonction `str_repeat` permet de construire une chaîne par répétition de caractères.

Syntaxe

```
chaîne str_repeat(chaîne séquence, entier répétitions)
```

`séquence`	Séquence de caractères à répéter.
`répétitions`	Nombre de répétitions souhaitées.

Exemple

```
<?php
echo str_repeat('abc',3);
?>
```

Résultat

```
abcabcabc
```

strpos - strrpos - stripos - strripos

Ces fonctions permettent de rechercher la position d'une occurrence (caractère ou chaîne) à l'intérieur d'une chaîne.

Syntaxe

```
entier strpos(chaîne à_traiter, chaîne rechercher[, entier début])
entier strrpos(chaîne à_traiter, chaîne chercher[, entier début])
entier stripos(chaîne à_traiter, chaîne chercher[, entier début])
entier strripos(chaîne à_traiter, chaîne chercher[, entier début])
```

Avec

`à_traiter`	Chaîne à traiter.
`chercher`	Élément recherché.
`début`	Numéro du caractère (0 = premier caractère) à partir duquel la recherche doit être réalisée (par défaut, le début de la chaîne).

`strpos` recherche, dans la chaîne `à_traiter`, la <u>première</u> occurrence de la chaîne `chercher`, en commençant éventuellement au caractère numéro `début` (0 = premier caractère).

`strrpos` recherche, dans la chaîne `à_traiter`, la <u>dernière</u> occurrence de la chaîne `chercher`, en commençant éventuellement au caractère numéro `début` (0 = premier caractère). Si `début` est négatif (`-n`), les `n` derniers caractères de la chaîne `à_traiter` sont ignorés. Le paramètre `début` a été ajouté dans la version 5. En version 4, seul le premier caractère de la chaîne `chercher` était pris en compte.

Les deux fonctions sont sensibles à la casse (une majuscule n'est pas égale à une minuscule). Les fonctions `stripos` et `strripos` sont identiques respectivement aux fonctions `strpos` et `strrpos`, mais ne sont pas sensibles à la casse ; elles ont été introduites en version 5.

Ces quatre fonctions retournent la position de l'occurrence trouvée (0 = premier caractère) ou `FALSE` si l'élément recherché n'est pas trouvé.

`FALSE` étant équivalent à 0, il est facile de confondre le cas où l'élément n'a pas été trouvé et le cas où il a été trouvé en début de chaîne. La technique consiste à utiliser l'opérateur de comparaison "===" (trois signes égal) qui permet de comparer la valeur <u>et</u> le type de deux expressions (pour plus de détail, cf. chapitre Opérateurs).

<u>Exemple</u>

```
<?php
//        0123456789 ... => pour le contrôle
$mail = 'contact@olivier-heurtel.fr';
// strrpos
$position = strrpos($mail,'@');
echo "@ est à la position $position dans $mail<br />";
// strpos
$position = strpos($mail,'olivier');
echo "'olivier' est à la position $position dans $mail<br />";
// Occurrence en début de chaîne
$position = strpos($mail,'contact');
if (! $position) { // mauvais test
  echo "'contact' est introuvable dans $mail<br />";
} else {
  echo "'contact' est à la position $position
    dans $mail<br />";
}
if ($position === FALSE) { // bon test : ===
  echo "'contact' est introuvable dans $mail<br />";
} else {
  echo "'contact' est à la position $position
    dans $mail<br />";
}
```

```
// Occurrence non trouvée
$position = strpos($mail,'information');
if ($position === FALSE) { // bon test : ===
  echo "'information' est introuvable dans $mail<br />";
} else {
  echo "'information' est à la position $position
    dans $mail<br />";
}
?>
```

Résultat

```
@ est à la position 7 dans contact@olivier-heurtel.fr
'olivier' est à la position 8 dans contact@olivier-heurtel.fr
'contact' est introuvable dans contact@olivier-heurtel.fr
'contact' est à la position 0 dans contact@olivier-heurtel.fr
'information' est introuvable dans contact@olivier-heurtel.fr
```

strstr - stristr - strrchr

Ces fonctions permettent d'extraire la sous-chaîne commençant à partir d'une certaine occurrence d'un caractère ou d'une chaîne.

Syntaxe

```
chaîne strstr(chaîne à_traiter, chaîne rechercher, booléen avant)
chaîne stristr(chaîne à_traiter, chaîne rechercher, booléen avant)
chaîne strrchr(chaîne à_traiter, caractère rechercher)
```

`à_traiter`	Chaîne à traiter.
`rechercher`	Élément recherché.
`avant`	Indique si la fonction retourne la chaîne située avant (valeur `TRUE`) ou après (valeur `FALSE`, par défaut) la chaîne recherchée.

Les fonctions `strstr` et `stristr` recherchent, dans la chaîne `à_traiter`, la première occurrence de la chaîne `rechercher`, et retournent la portion terminale ou initiale de la chaîne commençant à cette occurrence (incluse). La fonction `strstr` est sensible à la casse (une majuscule est différente d'une minuscule) alors que `stristr` ne l'est pas.

`strrchr` recherche, dans la chaîne `à_traiter`, la dernière occurrence du caractère `rechercher` et retourne la portion terminale de la chaîne commençant à cette occurrence (incluse). Si `rechercher` est une chaîne de plusieurs caractères, seul le premier est pris en compte. `strrchr` est sensible à la casse.

Ces trois fonctions retournent `FALSE` si l'élément recherché n'est pas trouvé.

Exemple

```
<?php
$mail = 'Olivier-Heurtel@olivier-heurtel.fr';
echo "Reste de $mail commençant par :<br />";
// strrchr
$reste = strrchr($mail,'-');
echo "- la dernière occurrence de '-'<br />----> $reste <br />";
// strstr
$reste = strstr($mail,'olivier');
echo "- la première occurrence de 'olivier'
      (sensible à la casse)<br />----> $reste <br />";
// stristr
$reste = stristr($mail,'olivier');
echo "- la première occurrence de 'olivier'
      (insensible à la casse)<br />----> $reste <br />";
echo "Début de $mail terminant par :<br />";
// strstr
$reste = strstr($mail,'@',TRUE);
echo "- la première occurrence de '@'<br />----> $reste <br />";
?>
```

Résultat

```
Reste de Olivier-Heurtel@olivier-heurtel.fr commençant par :
- la dernière occurrence de '-'
----> -heurtel.fr
- la première occurrence de 'olivier' (sensible à la casse)
----> olivier-heurtel.fr
- la première occurrence de 'olivier' (insensible à la casse)
----> Olivier-Heurtel@olivier-heurtel.fr
Début de Olivier-Heurtel@olivier-heurtel.fr terminant par :
- la première occurrence de '@'
----> Olivier-Heurtel
```

str_replace - str_ireplace

La fonction `str_replace` permet de remplacer les occurrences d'une chaîne par une autre chaîne. La recherche est sensible à la casse.

La fonction `str_ireplace` permet la même action mais n'est pas sensible à la casse ; elle a été introduite en version 5.

Syntaxe

```
mixte str_replace(mixte rechercher, mixte remplacer, mixte à_traiter
[,entier nombre])
mixte str_ireplace(mixte rechercher, mixed remplacer, mixed à_traiter
[,entier nombre])
```

`à_traiter`	Chaîne à traiter ou tableau de chaînes à traiter.
`rechercher`	Chaîne à rechercher ou tableau de chaînes à rechercher.
`remplacer`	Chaîne de remplacement ou tableau donnant une liste de chaînes de remplacement.
`nombre`	Variable permettant de récupérer le nombre de remplacements (version 5).

Si `rechercher` et `remplacer` sont des chaînes, `str_replace` recherche toutes les occurrences de `rechercher` et les remplace par `remplacer`.

Si `rechercher` et `remplacer` sont des tableaux, `str_replace` recherche toutes les occurrences de chaque élément de `rechercher` et les remplace par l'élément correspondant de `remplacer`.

Dans les deux cas, le traitement est effectué sur la chaîne `à_traiter` ou sur chaque élément de `à_traiter`, si cette dernière est un tableau.

Exemple

```
<?php
// Première syntaxe
$x = 'cet été, à la plage';
$rechercher = 'été';
$remplacer = 'hiver';
echo '<b>Première syntaxe :</b><br />';
echo "$rechercher => $remplacer <br />";
echo "$x => ",str_replace($rechercher,$remplacer,$x),'<br />';
// Deuxième syntaxe
$x = array('cet été, à la plage','le bateau bleu et vert');
$rechercher = array('été','plage','bleu','vert');
$remplacer = array('hiver','montagne','rouge','jaune');
echo "<b>Deuxième syntaxe :</b><br />";
foreach($rechercher as $indice => $avant)
  { echo "$avant => $remplacer[$indice]<br />"; }
// Utilisation de la variable $nombre pour récupérer
// le nombre de remplacements.
$y = str_replace($rechercher,$remplacer,$x,$nombre);
echo "$x[0] => $y[0]<br />";
echo "$x[1] => $y[1]<br />";
echo "$nombre remplacements<br />";
?>
```

Résultat

```
Première syntaxe :
été => hiver
cet été, à la plage => cet hiver, à la plage
Deuxième syntaxe :
été => hiver
plage => montagne
bleu => rouge
vert => jaune
cet été, à la plage => cet hiver, à la montagne
le bateau bleu et vert => le bateau rouge et jaune
4 remplacements
```

strtr

La fonction `strtr` permet de remplacer les occurrences d'un caractère par un autre caractère ou d'une chaîne par une autre chaîne.

Syntaxe

`chaîne strtr(chaîne à_traiter, chaîne rechercher, chaîne remplacer)`

ou

`chaîne strtr(chaîne à_traiter, tableau correspondance)`

`à_traiter`	Chaîne à traiter.
`rechercher`	Chaîne donnant la liste des caractères à remplacer.
`remplacer`	Chaîne donnant la liste des caractères de remplacement.
`correspondance`	Tableau associatif donnant une correspondance chaîne à remplacer/chaîne de remplacement.

`strtr` accepte deux syntaxes, la première permettant de remplacer des caractères par d'autres, et la deuxième, de remplacer des chaînes par d'autres.

Avec la première syntaxe, la correspondance entre les caractères à remplacer et les caractères de remplacement est donnée par deux chaînes (le caractère n de la première étant à remplacer par le caractère n de la deuxième).

Avec la deuxième syntaxe, la correspondance entre les chaînes à remplacer et les chaînes de remplacement est donnée par un tableau associatif (la clé étant la chaîne à rechercher, et la valeur, la chaîne de remplacement).

Exemple

```
<?php
// Première syntaxe
$x = 'cet été, à la plage';
$avant = 'ééà';
$après = 'eea';
```

```
echo '<b>Première syntaxe :</b><br />';
echo "$avant => $après<br />";
echo "$x => ",strtr($x,$avant,$après),'<br />';
// Deuxième syntaxe
$x = 'le bateau bleu et vert';
$correspondance = array('bleu'=>'rouge','vert'=>'jaune');
echo '<b>Deuxième syntaxe :</b><br />';
foreach($correspondance as $avant => $après)
  { echo "$avant => $après<br />"; }
echo "$x => ",strtr($x,$correspondance),'<br />';
?>
```

Résultat

```
Première syntaxe :
éèà => eea
cet été, à la plage => cet ete, a la plage
Deuxième syntaxe :
bleu => rouge
vert => jaune
le bateau bleu et vert => le bateau rouge et jaune
```

Dans la première syntaxe, la fonction `strtr` travaille octet par octet, ce qui suppose l'utilisation d'un jeu de caractères mono-octet. Dans le cas de l'utilisation d'un jeu de caractères multi-octets (comme UTF-8 par exemple), cela peut poser des problèmes.

Exemple (en UTF-8)

```
<?php
$x = 'cet été, à la plage';
$avant = 'éèà';
$après = 'eea';
echo "$x => ",strtr($x,$avant,$après),'<br />';
?>
```

Résultat

```
cet été, à la plage => cet aetae, a? la plage
```

Une première solution à ce problème consiste à utiliser la deuxième syntaxe de la fonction.

Exemple

```
<?php
$x = 'cet été, à la plage';
$avant = 'éèà';
$après = 'eea';
$correspondance = array('é'=>'e','è'=>'e','à'=>'a');
echo "$x => ",strtr($x,$correspondance),'<br />';
?>
```

Résultat

```
cet été, à la plage => cet ete, a la plage
```

Une deuxième solution à ce problème consiste à convertir au préalable les chaînes de caractères dans un jeu de caractères mono-octet, puis à effectuer la conversion inverse du résultat. Cette conversion peut par exemple être réalisée à l'aide de la fonction `iconv`.

Exemple

```
<?php
// Fonctions de conversion UTF-8 <=> ISO-8859-15
function conv($texte) {
  return iconv('UTF-8','ISO-8859-15',$texte);
}
function rconv($texte) {
  return iconv('ISO-8859-15','UTF-8',$texte);
}
// Exemple d'utilisation des ces fonctions
// avec la fonction strtr.
$x = 'cet été, à la plage';
$avant = 'éèà';
$après = 'eea';
echo "$x => ",
     rconv(strtr(conv($x),conv($avant),conv($après))),
     '<br />';
?>
```

Résultat

```
cet été, à la plage => cet ete, a la plage
```

Cette solution est loin d'être idéale car un jeu de caractères multi-octets code plus de caractères qu'un jeu de caractères mono-octet, ce qui peut poser des poser des problèmes lors de la conversion. Nous ne présenterons donc pas cette solution plus en détail (il vaut mieux éviter de l'utiliser).

5.3 Utiliser les expressions rationnelles

5.3.1 Introduction

Une expression rationnelle est une chaîne de caractères qui décrit le modèle (encore appelé motif) recherché dans une autre chaîne de caractères. Les expressions rationnelles sont très utiles et très efficaces pour effectuer des vérifications ou des manipulations parfois complexes sur les chaînes de caractères.

Remarque

Le terme anglais « regular expression » est très souvent traduit à tort par « expression régulière ».

PHP propose deux extensions pour utiliser les expressions rationnelles :

- Regex POSIX
- PCRE (*Perl Compatible Regular Expression*)

L'extension Regex POSIX (fonctions `ereg`, `ereg_replace`, etc.) utilise la syntaxe POSIX pour écrire l'expression rationnelle. Depuis la version 5.3, cette extension est obsolète et n'est donc pas présentée dans cet ouvrage.

L'extension PCRE (fonctions `preg_*`) utilise pratiquement la même syntaxe que le langage Perl pour écrire l'expression rationnelle. Depuis la version 5.3, cette extension est toujours présente et ne peut pas être désactivée.

Dans l'ensemble, l'extension PCRE est plus souple, plus puissante et plus rapide que l'extension Regex POSIX.

5.3.2 Structure d'une expression rationnelle

Une expression rationnelle Perl doit être encadrée par un caractère délimiteur. Ce délimiteur peut être n'importe quel caractère à l'exception de l'antislash (\) ; très souvent le caractère slash (/) est utilisé. Il est possible aussi d'utiliser les délimiteurs `()`, `{}`, `[]` et <>.

Exemple (délimiteur en gras)

```
/http:\/\/(.*)/
{http://(.*)}
```

Comme le montre le premier exemple ci-dessus, si le caractère délimiteur est présent dans le motif recherché, il doit être échappé par un antislash (\). Dans ce cas, utiliser un autre délimiteur que le / (# par exemple) permet d'obtenir une expression plus lisible.

Après le délimiteur de fermeture, il est possible de préciser des options qui vont modifier le comportement de la recherche.

Exemple (options en gras et utilisation du caractère # comme délimiteur)

```
#http://(.*)#is
```

Les principales options sont présentées dans la suite.

Dans une expression rationnelle, la plupart des caractères se représentent eux-mêmes. Ainsi l'expression `/http/` permet de rechercher la chaîne `http`.

Mais la puissance des expressions rationnelles réside dans l'existence de caractères spéciaux (métacaractères) qui sont interprétés pour décrire le motif recherché.

Antislash

Le caractère antislash a plusieurs utilisations.

En premier lieu, il permet d'échapper les caractères spéciaux (`^.[$()|*+?{\`) ou le délimiteur de l'expression lorsque ceux-ci sont recherchés en tant que tel. Par exemple, le motif `#a\*{2,4}b#` permet de rechercher les séquences commençant par un `a` suivi de 2 à 4 étoiles suivies d'un `b` (notez le `\*`).

Remarque

Pour rechercher un antislash, il faut le doubler (`\\`). Mais comme dans une chaîne de caractères la séquence `\\` est interprétée par PHP comme un simple `\`, il faut en fait écrire `\\\\` dans le motif pour rechercher un antislash.

L'antislash suivi d'une lettre permet aussi de spécifier certains caractères spéciaux ou certaines classes de caractères. Exemples (non exhaustif) :

`\n`	Nouvelle ligne
`\r`	Retour chariot.
`\t`	Tabulation.
`\d`	Tout caractère décimal.
`\D`	Tout caractère non décimal.
`\s`	Tout caractère « blanc ».
`\S`	Tout caractère qui n'est pas un caractère « blanc ».
`\w`	Tout caractère d'un « mot » (lettre, chiffre, caractère souligné).
`\W`	Tout caractère qui n'est pas un caractère de « mot ».

Ces métacaractères peuvent figurer à l'intérieur ou à l'extérieur d'une classe de caractères (cette notion est présentée plus loin).

L'antislash permet aussi de définir une assertion simple qui ne consomme pas de caractère ; c'est en quelque sorte un indicateur de position dans la chaîne qui pointe entre deux caractères. Exemples (non exhaustif) :

`\b`	Limite de mot (espace, point, virgule, etc.).
`\B`	Pas une limite de mot.
`\A`	Début de la chaîne (indépendant du mode multilignes).

`\Z`	Fin de la chaîne ou nouvelle ligne à la fin de la chaîne (indépendant du mode multilignes).
`\z`	Fin de la chaîne (indépendant du mode multilignes).

Ces métacaractères ne peuvent pas figurer à l'intérieur d'une classe de caractères.

Par exemple, supposons que nous souhaitions retrouver le mot « un » dans le texte « un, uniquement un. ». Si nous utilisons le motif `#un#`, le « un » de « uniquement » sera trouvé, ce qui n'est pas souhaité. Pour trouver uniquement les mots « un », le motif `#`**`\b`**`un`**`\b`**`#` peut être utilisé.

Accent circonflexe et dollar

En dehors d'une classe de caractères, `^` indique le début de la chaîne. À l'intérieur d'une classe de caractères, `^` indique une négation (voir ci-après).

Lorsque l'option multilignes est utilisée (voir ci-après), `^` indique le début de chaque ligne à l'intérieur de la chaîne.

`$` indique la fin de la chaîne.

Un motif ne comportant ni `^` et ni `$` est recherché n'importe où à l'intérieur de la chaîne.

Exemples

- **`^`**`abc` : doit commencer par `abc`.
- `xyz`**`$`** : doit terminer par `xyz`.
- **`^`**`abcxyz`**`$`** : doit commencer par `abcxyz` et se terminer par `abcxyz` (bref, être égal à `abcxyz` !).
- `abc` : contient `abc`.

Point

En dehors d'une classe de caractères, un point remplace n'importe quel caractère, à l'exception du caractère de nouvelle ligne, sauf si l'option de recherche `s` est spécifiée (voir plus loin).

Par exemple, le motif `a.b` accepte toute séquence comportant un `a` suivi d'exactement un caractère quelconque suivi d'un `b` : `axb`, `ayb`, mais pas `ab` ni `axyb`.

Crochets

Les crochets `[]` permettent de définir une classe de caractères, c'est-à-dire une liste de caractères possibles pour un caractère recherché dans la chaîne.

La liste peut être spécifiée soit sous la forme `c1c2...cn` pour une liste exhaustive précise, soit sous la forme `c1-c2` pour une plage de caractères, soit sous la forme `[::]` pour une classe prédéfinie (voir ci-dessous), soit en mélangeant les trois.

Exemples

- `[abcd]` accepte un caractère parmi `abcd`.
- `[a-z]` accepte un caractère compris entre `a` et `z`.
- `[123a-zA-z]` accepte un caractère égal à `1` ou `2` ou `3`, ou compris entre `a` et `z`, ou entre `A` et `Z`.
- `[a-zA-Z0-9]` accepte un caractère compris entre `a` et `z`, ou entre `A` et `Z`, ou entre `0` et `9`.
- `[[:alpha:]]` accepte tout caractère alphabétique.

Une exclusion peut être spécifiée en mettant un ^ en premier caractère à l'intérieur des crochets.

Exemples

- `[^0-9]` refuse tout caractère compris entre `0-9`.
- `[^abc]` refuse les caractères `a`, `b` et `c`.

Compte tenu de sa signification particulière, le signe -, s'il est recherché en tant que tel, doit figurer en premier ou en dernier entre les crochets, ou être échappé par un antislash.

Les classes de caractères prédéfinies utilisables entre crochets (`[]`) les plus utiles sont les suivantes :

`[:digit:]`	Chiffres.
`[:alnum:]`	Caractères alphanumériques.
`[:word:]`	Caractères de mot (caractères alphanumériques ainsi que le caractère souligné _).
`[:alpha:]`	Caractères alphabétiques.
`[:lower:]`	Caractères alphabétiques minuscules.
`[:upper:]`	Caractères alphabétiques majuscules.
`[:print:]`	Caractères graphiques ou blancs.
`[:blank:]`	Caractères « blancs » (espace et tabulation).
`[:space:]`	Espace, tabulation, nouvelle ligne, retour chariot.
`[:punct:]`	Caractères de ponctuation.

Barre verticale

La barre verticale | permet de définir des alternatives.

Par exemple, le motif `/david|thomas/` permet de rechercher soit « david » soit « thomas ».

Le nombre d'alternatives n'est pas limité et la recherche s'effectue de gauche à droite : la première alternative qui est acceptée est utilisée.

Sous-motif (ou sous-masque)

Les sous-motifs sont délimités par des parenthèses et contiennent des expressions rationnelles : les sous-motifs peuvent être imbriqués.

Un sous-motif peut être utilisé pour délimiter des alternatives.

Par exemple, le motif `/chat(te|on|)/` accepte les mots « chat », « chatte » et « chaton ». Comme le montre cet exemple, une alternative peut être vide.

Par ailleurs, par défaut, le sous-motif est « capturant » : le texte correspondant au sous-motif est stocké en mémoire, associé à un numéro, et peut être référencé par la suite. Les parenthèses sont comptées de gauche à droite en commençant à 1.

Par exemple, dans le texte « Le grand bleu », une recherche avec l'expression rationnelle `/Le ((petit|grand) (bleu|prince))/` capture trois sous-motifs « grand bleu », « grand » et « bleu ».

Si vous ne souhaitez pas que le sous-motif soit capturé, vous pouvez faire suivre la parenthèse ouvrante des caractères `?:`.

Ainsi, avec le motif `/chat(?:te|on|)/`, le texte correspondant à l'alternative n'est pas capturé.

Répétitions

Plusieurs caractères spéciaux, appelés quantificateurs, peuvent être utilisés pour indiquer que ce qui précède (caractère, métacaractère, classe de caractères, sous-motif) peut être répété un certain nombre de fois :

Caractère spécial	**Signification**

`{x}`
`{x,}`
`{x,y}`
	Indique que ce qui précède doit être présent exactement `x` fois (`{x}`) ou au minimum `x` fois (`{x,}`) ou entre `x` et `y` fois (`{x,y}`) :
	`ab{2}c` n'accepte que `abbc`.
	`ab{2,4}c` accepte `abbc`, `abbbc`, et `abbbbc` mais refuse `abc` (manque un `b`) ou `abbbbbc` (un `b` de trop).
	`ab{2,}c` accepte `abbc`, `abbbc`, `abbbbc`... mais refuse `abc` (manque un `b`).

Caractère spécial	Signification
*	Indique que ce qui précède peut être présent zéro, une ou plusieurs fois (équivalent à {0,}) : ab*c accepte ac, abc, abbc...
+	Indique que ce qui précède doit être présent au moins une fois (équivalent à {1,}) : ab+c accepte abc, abbc... mais refuse ac.
?	Indique que ce qui précède peut être présent zéro ou une fois (équivalent à {0,1}) : ab?c accepte ac et abc mais refuse abbc, abbbc...

Par défaut, les quantificateurs sont « gourmands » : ils cherchent à utiliser le maximum de répétitions qui autorisent le succès de la recherche.

L'exemple classique de ce comportement est la recherche d'une URL à l'intérieur d'une balise de lien.

Pour récupérer l'URL "http://www.olivier-heurtel.fr/" dans le texte <a href="http://www.olivier-heurtel.fr/">Auteur</a>, il est possible d'utiliser le motif #<a href=(.*)>#.

Malheureusement, du fait de la gourmandise des quantificateurs, la recherche ne s'arrête pas au premier caractère > rencontré, mais se poursuit jusqu'au dernier ; le texte capturé est "http://www.olivier-heurtel.fr/">Auteur</a.

Pour rendre un quantificateur non gourmand, il faut le faire suivre du métacaractère ?. Dans ce cas, le quantificateur cherche à utiliser le <u>minimum</u> de répétitions qui autorisent le succès de la recherche.

Dans l'exemple précédent, avec le motif #<a href=(.*?)>#, le quantificateur s'arrête au premier caractère > rencontré et seule l'URL est capturée.

Nous verrons plus loin que l'option de recherche U permet de rendre tous les quantificateurs de l'expression rationnelle non gourmands (équivalent à l'utilisation du métacaractère ? pour tous les quantificateurs).

Références arrière

En dehors d'une classe de caractères, la notation \n (n supérieur ou égal à 1) est une référence arrière vers le énième sous-motif capturé. La référence arrière est remplacée dans le motif par la valeur capturée précédemment.

Par exemple, supposons que nous souhaitions extraire le nom et le prénom dans le fragment XML suivant :

```
<personne>
<nom>Heurtel</nom>
<prenom>Olivier</prenom>
</personne>
```

Le motif #<(prenom|nom)>(.*?)</\1># permet d'y parvenir.

Le premier sous-motif permet de trouver et de capturer la valeur de la première balise ouvrante nom ou prenom et la référence arrière \1 utilisée dans </\1> permet de trouver la balise fermante associée.

Avec ce motif, l'ordre d'apparition des balises dans le document XML n'a pas d'importance.

Assertions

Une assertion permet de tester les caractères suivants ou précédents, sans consommer de caractère. Précédemment, nous avons vu l'existence d'assertions simples comme \b, \B, \a, \A, \z ou \Z.

Il est possible de définir des assertions plus complexes sous la forme d'un sous-motif ; une assertion peut être positive ou négative et travailler avant ou après la position courante.

Motif	Signification
(?<=motif)	Assertion arrière positive : succès si le motif dans l'assertion trouve une concordance à gauche.
(?<!motif)	Assertion arrière négative : succès si le motif dans l'assertion ne trouve pas de concordance à gauche.
(?=motif)	Assertion avant positive : succès si le motif dans l'assertion trouve une concordance à droite.
(?!motif)	Assertion avant négative : succès si le motif dans l'assertion ne trouve pas de concordance à droite.

Par exemple, supposons que nous souhaitions retrouver les URL absolues utilisées comme source d'une balise image dans un document HTML :

```
<img src="images/logo.png" alt="Logo" />
...
<img src="http://monsite.com/images/logo.png" alt="Logo" />
...
```

Si nous utilisons le motif #<img(?:.+?)src="(.+?)"#, nous allons trouver toutes les sources des balises images, pas uniquement celles qui utilisent une URL absolue.

La solution consiste à utiliser une assertion avant positive (?=http) dans le motif : #<img(?:.+?)src="**(?=http)**(.+?)"#. L'assertion est en succès uniquement si le texte src=" est suivi de http, ce qui permet de trouver l'information attendue.

Sous-motif conditionnel

Un sous-motif conditionnel permet de choisir entre deux sous-motifs en fonction du résultat d'une condition.

Syntaxe

```
(?(condition) motif_si_vrai | motif_si_faux)
```

Le deuxième sous-motif (motif_si_faux) est optionnel.

Si la condition est vraie, le premier sous-motif (motif_si_vrai) est utilisé, sinon, le deuxième sous-motif (motif_si_faux) est utilisé, s'il est présent.

La condition peut être une assertion ou un simple nombre correspondant à une référence arrière ; dans ce cas, la condition est vraie si le sous-motif correspondant à ce numéro a réussi.

Par exemple, supposons que nous souhaitions vérifier qu'une chaîne de caractères contient bien une date, soit au format JJ-MM-AAAA (26-08-1966), soit au format MMM-JJ-AAAA (Aug-26-1966).

Pour cela, nous pouvons utiliser le motif conditionnel suivant :

```
#(?(?=^[a-zA-Z])[a-zA-Z]{3}-\d{2}-\d{4}|\d{2}-\d{2}-\d{4})#
```

La condition (?=^[a-zA-Z]) utilise une assertion avant positive (?=) pour tester si la chaîne commence par une lettre (^[a-zA-Z]).
Si c'est le cas, le sous-motif [a-zA-Z]{3}-\d{2}-\d{4} est utilisé ; sinon, le sous-motif \d{2}-\d{2}-\d{4} est utilisé.

Pour illustrer le cas d'une condition utilisant une référence arrière, nous allons supposer que la chaîne à tester est préfixée par un code pays (FR ou US) suivi du caractère deux-points (:) : **FR:**26-08-1966 ou **US:**Aug-26-1966.

Pour vérifier cette chaîne, nous pouvons utiliser le motif conditionnel suivant :

```
#^((FR)|(US)):((?(2)\d{2}-\d{2}-\d{4}|[a-zA-Z]{3}-\d{2}-\d{4}))#
```

Le code pays est recherché en début de chaîne par le sous-motif ^((FR)|(US)) et capturé en \2 pour le code FR (deuxième parenthèse) ou \3 pour le code US (troisième parenthèse). Ensuite, la condition (2) teste la référence arrière au deuxième sous-motif capturé et utilise le sous-motif \d{2}-\d{2}-\d{4} si cette capture a réussi ; si ce n'est pas le cas, le sous-motif [a-zA-Z]{3}-\d{2}-\d{4} est utilisé à la place.

Options de recherche

Comme indiqué précédemment, après le délimiteur de fermeture, il est possible de préciser des options qui vont modifier le comportement de la recherche.
Les principales options sont les suivantes :

`i`	Recherche insensible à la casse.
`s`	Le symbole « point » (.) comprend le retour à la ligne.
`m`	Recherche multilignes.
`x`	Permet d'ignorer les caractères d'espacement.
`U`	Permet de rendre tous les quantificateurs de l'expression rationnelle non gourmands.

L'option `i` permet de rendre la recherche insensible à la casse. Par exemple, le motif `#olivier#i` permet de retrouver toutes les écritures du mot « olivier », quelle que soit la casse (« Olivier », « OLIVIER », etc.).

L'option `s` permet que le symbole « point » (.) remplace n'importe quel caractère y compris le caractère de retour à la ligne (ce qui n'est pas le cas sinon).

Par exemple, supposons que nous souhaitions extraire le nom dans le fragment XML suivant :

```
<personne>
<nom>Heurtel
</nom>
<prenom>Olivier</prenom>
</personne>
```

Le motif `#<nom>(.*?)</nom>#` ne trouve rien car il y a un retour à la ligne avant la balise `</nom>`. Pour remédier à ce problème, il suffit d'utiliser l'option `s` : `#<nom)>(.*?)</nom>#`**s**.

Par défaut, les métacaractères « début de ligne » (^) et « fin de ligne » ($) ne sont valables qu'une fois dans la chaîne recherchée (au début de la chaîne et la fin de la chaîne) même si cette dernière contient plusieurs lignes. Si l'option `m` est utilisée, les métacaractères ^ et $ s'appliquent à chaque ligne présente dans la chaîne manipulée.

Par exemple, supposons que nous souhaitions extraire le prénom des personnes qui habitent Paris dans le texte suivant :

```
Olivier;Paris
Anne;Angers
Séverine;Paris
Xavier;Nice
```

Le motif `#^(\w+);Paris#m` permet d'y parvenir : la chaîne commence par un mot (qui est capturé) suivi d'un point-virgule et du mot « Paris ». Dans ce cas, l'option `m` est primordiale afin que le métacaractère « début de ligne » (`^`) soit appliqué pour chaque ligne du texte.

L'option `x` permet d'ignorer les caractères d'espacement sauf s'ils sont échappés ou à l'intérieur d'une classe de caractères, ainsi que tous les caractères compris entre un caractère # non échappé (en dehors d'une classe de caractères) et la fin de la ligne. Cette option est utile pour présenter une expression rationnelle complexe de façon indentée en incluant si nécessaire des commentaires.

Exemple (commentaires en gras)

```
/
^              # ancrage au début de chaîne
((FR)|(US)):   # FR (capturé en \2) ou US (capturé en \3) suivi de :
(              # parenthèse capturante (\4)
  (?(2)        # si FR (référence arrière à la capture 2)
    \d{2}-\d{2}-\d{4}        # masque si vrai
    |                        # sinon
    [a-zA-Z]{3}-\d{2}-\d{4}  # masque si faux
  )            # fin de condition
)              # fin de parenthèse capturante (\4)
/x
```

L'option `U` permet de rendre tous les quantificateurs de l'expression rationnelle non gourmands ; cela équivaut à l'utilisation du métacaractère `?` pour tous les quantificateurs. Si l'option `U` est utilisée, le rôle du métacaractère `?` est inversé et permet de rendre le quantificateur gourmand.

Par exemple, les motifs `#<a href="(.*?)">(.*?)</a>#` et `#<a href="(.*)">(.*)</a>#U` sont équivalents.

5.3.3 Fonctions

Le module PCRE propose plusieurs fonctions :

`preg_filter`	Recherche et remplace avec une expression rationnelle (apparue en version 5.3).
`preg_grep`	Retourne un tableau avec les résultats de la recherche.
`preg_last_error`	Retour le code d'erreur de la dernière expression rationnelle exécutée.
`preg_match_all`	Recherche toutes les occurrences d'un motif dans une chaîne.

`preg_match`	Recherche la première occurrence d'un motif dans une chaîne.
`preg_quote`	Protège tous les caractères spéciaux d'une expression rationnelle.
`preg_replace_callback`	Recherche et remplace avec une expression rationnelle en utilisant une fonction de rappel.
`preg_replace`	Recherche et remplace avec une expression rationnelle.
`preg_split`	Scinde une chaîne à l'aide d'une expression rationnelle.

Dans cet ouvrage, nous présenterons uniquement les fonctions `preg_match`, `preg_match_all` et `preg_replace`.

Fonctions preg_match et preg_match_all

Syntaxe simplifiée

```
entier preg_match(chaîne motif, chaîne texte[, tableau résultat])
entier preg_match_all(chaîne motif, chaîne texte[, tableau résultat])
```

`motif`	Chaîne donnant le motif (l'expression rationnelle) de l'élément recherché.
`texte`	Chaîne à traiter.
`résultat`	Tableau donnant la liste des portions de la chaîne `texte` qui correspondent au motif recherché.

Les fonctions `preg_match` et `preg_match_all` permettent d'effectuer des recherches à l'aide d'une expression rationnelle.

Les fonctions `preg_match` et `preg_match_all` recherchent dans la chaîne `texte` s'il existe une chaîne qui correspond au motif spécifié par `motif`. Ces fonctions retournent le nombre de fois où le motif a été trouvé dans le texte ou `FALSE` en cas d'erreur. La fonction `preg_match` s'arrête dès qu'elle a trouvé une première solution ; par contre, la fonction `preg_match_all` recherche toutes les solutions.

Si le paramètre `résultat` est présent, les résultats de la recherche y seront stockés sous la forme d'un tableau. Par défaut, le texte qui satisfait au motif complet est stocké à l'indice 0, celui qui satisfait à la première parenthèse capturante à l'indice 1 et ainsi de suite. Si besoin, les deux fonctions possèdent un quatrième paramètre qui permet de modifier l'ordre de présentation des résultats dans le tableau (voir la documentation pour en savoir plus sur cette option).

En complément des quelques exemples présentés ci-après, le chapitre Gérer les formulaires illustrera l'utilisation des expressions rationnelles pour valider la saisie d'un utilisateur.

Exemple 1

```
<?php
// Vérifier qu'une chaîne commence par une lettre et
// est suivie d'au moins 3 lettres ou chiffres ou caractères
// spéciaux _(#*$).
$motif = '/^[a-z][a-z0-9_#*$]{3,}/i';
// Tableau contenant les chaînes à tester.
$chaînes[] = 'A0_#b*1$2'; // OK.
$chaînes[] = '0_#b*1$2';  // ne commence pas par une lettre.
$chaînes[] = 'A0_';       // longueur insuffisante.
$chaînes[] = 'A0_€#';     // caractère invalide.
// Utilisation de preg_match.
foreach ($chaînes as $chaîne) {
  if (preg_match($motif,$chaîne) == 0) {
    echo "$chaîne => pas OK<br />";
  } else {
    echo "$chaîne => OK<br />";
  }
}?>
```

Résultat

```
A0_#b*1$2 => OK
0_#b*1$2 => pas OK
A0_ => pas OK
A0_€# => pas OK
```

Quelques explications sur l'expression rationnelle utilisée (`/^[a-z][a-z0-9_#*$]{3,}/i`) :

- Caractère délimiteur = /
- Option `i` utilisée afin de ne pas faire de différence entre majuscules et minuscules.
- ^ = commence par...
- `[a-z]` = une lettre entre `a` et `z` (ou `A` et `Z` avec l'option `i`)...
- `[a-z0-9_#*$]{3,}` = suivi d'au moins trois (`{3,}`) caractères parmi ceux indiqués : `a` à `z` (et donc `A` à `Z`), `0` à `9` et les caractères `_#*$`

Exemple 2

```
<?php
// Vérifier qu'une chaîne a une structure conforme à celle
// d'une date au format [J]J/[M]M/AAAA et récupérer les
// 3 composantes jour, mois et année.
```

```
$motif = '#^([0-9]{1,2})/([0-9]{1,2})/([0-9]{4})$#';
// Tableau contenant les chaînes à tester.
$dates[] = '21/09/2001'; // OK
$dates[] = '1/2/2001';   // OK
$dates[]  = '21/09/01';  // année incomplète
// Utilisation de preg_match.
foreach ($dates as $date) {
  $ok = (preg_match($motif,$date,$résultat) > 0);
  if ($ok) {
    echo "$date valide.<br />";
    echo "- jour = $résultat[1]<br />";
    echo "- mois = $résultat[2]<br />";
    echo "- année = $résultat[3]<br />";
  } else {
    echo "$date invalide.<br />";
  }
}
?>
```

Résultat

```
21/09/2001 valide.
- jour = 21
- mois = 09
- année = 2001
1/2/2001 valide.
- jour = 1
- mois = 2
- année = 2001
21/09/01 invalide.
```

Quelques explications sur l'expression rationnelle utilisée (`#^([0-9]{1,2})/([0-9]{1,2})/([0-9]{4})$#`) :

- Caractère délimiteur = #
- ^ = commence par...
- `([0-9]{1,2})` = un ou deux chiffres (sous-motif capturant)...
- / = suivi du caractère "/"...
- `([0-9]{1,2})` = suivi de un ou deux chiffres (sous-motif capturant)...
- / = suivi du caractère « / »...
- `([0-9]{4})` = suivi de quatre chiffres (sous-motif capturant)...
- `$` = suivi de... rien du tout ! La chaîne doit se terminer immédiatement.

Remarque

Ce test permet de vérifier qu'une chaîne censée contenir une date est bien formée. Il convient ensuite de vérifier, avec la fonction `checkdate` par exemple, que les trois composantes correspondent bien à une date valide.

Fonction preg_replace

Syntaxe

```
mixte preg_replace(mixte motif, mixte remplacement,
chaîne texte[,entier limite[,entier nombre]])
```

`motif`	Chaîne donnant le motif (l'expression rationnelle) de l'élément recherché. Peut être un tableau de motifs pour effectuer plusieurs recherches.
`remplacement`	Chaîne de remplacement ou tableau de chaînes de remplacement.
`texte`	Chaîne à traiter ou tableau de chaînes à traiter.
`limite`	Nombre maximum de remplacement pour chaque motif recherché dans chaque chaîne de texte. -1 par défaut (aucune limite).
`nombre`	Variable qui contiendra le nombre de remplacements effectués.

Si le paramètre `remplacement` est une chaîne et le paramètre `motif` est un tableau, tous les motifs seront remplacés par la chaîne. Si les paramètres `remplacement` et `motif` sont des tableaux chaque élément de `motif` sera remplacé par l'élément correspondant de `remplacement` ; si le tableau `remplacement` a moins d'élément que le tableau `motif`, une chaîne vide est utilisée comme chaîne de remplacement pour les éléments absents.

Le texte de remplacement peut contenir des séquences `\\n` ou `$n` (syntaxe recommandée) afin de faire référence au texte capturé par la énième parenthèse capturante du motif ; `n` est compris entre 0 et 99. `\\0` ou `$0` correspondent au texte qui satisfait le masque complet. Si la référence est suivie d'un nombre, vous pouvez utiliser la syntaxe `${n}` pour lever toute ambiguïté.

Si le paramètre `texte` est un tableau, l'opération de remplacement est effectuée pour chaque élément du tableau.

La fonction retourne un tableau si le paramètre `texte` est un tableau, ou une chaîne sinon ; dans les deux cas, la fonction retourne le texte après remplacement (ou le texte d'origine si rien n'a été remplacé). En cas d'erreur, la fonction retourne `NULL`.

Exemple

```
<?php
// Utiliser preg_replace pour réorganiser une chaîne.
// En l'occurrence, il s'agit de transformer une date
// au format JJ/MM/AAAA en date au format AAAA-MM-JJ
$avant = '17/11/1969';
$après = preg_replace(
            '#^([0-9]{2})/([0-9]{2})/([0-9]{4})$#',
            '$3-$2-$1',
            $avant);
echo "$avant => $après";
?>
```

Résultat

```
17/11/1969 => 1969-11-17
```

Dans la chaîne de remplacement, les séquences `$n` désignent les trois portions capturées par les parenthèses :

- `$1` = premier `([0-9]{2})` = 17
- `$2` = deuxième `([0-9]{2})` = 11
- `$3` = `([0-9]{4})` = 1969

Le résultat de la recherche, qui est égal à la chaîne complète dans ce cas, est donc ensuite remplacé par la chaîne `'$3-$2-$1'` soit `1969-11-17`.

Remarque

La fonction `preg_filter` apparue en version 5.3 est identique à la fonction `preg_replace`, mais elle ne retourne que les occurrences trouvées (et donc remplacées).

5.4 Manipulation des dates

PHP ne gère pas les dates avec un type de donnée spécifique. Néanmoins, des dates peuvent être manipulées, soit sous la forme d'une chaîne de caractères, soit sous la forme d'un *timestamp* Unix (correspondant au nombre de secondes écoulées depuis le 1er janvier 1970 01:00:00).

Plusieurs fonctions permettent de manipuler les dates sous l'une ou l'autre de ces formes :

Nom	Rôle
`checkdate`	Vérifie que trois entiers représentant le jour, le mois et l'année correspondent à une date valide.

Nom	Rôle
`date`	Convertit en chaîne une date donnée sous la forme d'un *timestamp* Unix.
`strftime`	Convertit en chaîne une date donnée sous la forme d'un *timestamp* Unix, en utilisant des caractéristiques locales.
`getdate`	Stocke dans un tableau les différentes composantes d'une date donnée sous la forme d'un *timestamp* Unix.
`date_parse_from_format`	Stocke dans un tableau les différentes composantes d'une date donnée sous la forme d'une chaîne de caractères. Ajoutée en version 5.3.
`time`	Donne le *timestamp* Unix actuel.
`mktime`	Crée un *timestamp* Unix à partir des différentes composantes d'une date.
`microtime`	Donne le *timestamp* Unix actuel accompagné du nombre de microsecondes écoulées depuis la dernière seconde.
`idate`	Donne les composantes d'une date fournie sous la forme d'un *timestamp* Unix.

checkdate

La fonction `checkdate` vérifie que trois entiers représentant le jour, le mois et l'année correspondent à une date valide.

Syntaxe

```
booléen checkdate(entier mois, entier jour, entier année)
```

`mois`	Numéro du mois (1 à 12).
`jour`	Numéro du jour (1 à 31).
`année`	Année (1 à 32767).

`checkdate` retourne `TRUE` si la date construite avec les trois composantes est valide et `FALSE` dans le cas contraire. Cette fonction tient compte des années bissextiles.

Exemple

```
<?php
$jour = 26; $mois = 8 ; $année = 1966;
echo "$jour/$mois/$année => ",
      var_dump(checkdate($mois,$jour,$année)),'<br />';
$jour = 29; $mois = 2 ; $année = 2000;
echo "$jour/$mois/$année => ",
      var_dump(checkdate($mois,$jour,$année)),'<br />';
$jour = 29; $mois = 2 ; $année = 2001;
echo "$jour/$mois/$année => ",
      var_dump(checkdate($mois,$jour,$année)),'<br />';
?>
```

Résultat

```
26/8/1966 => bool(true)
29/2/2000 => bool(true)
29/2/2001 => bool(false)
```

date

La fonction convertit en chaîne une date donnée sous la forme d'un *timestamp* Unix.

Syntaxe

```
chaîne date(chaîne format[, entier timestamp])
```

`format` Format de conversion.

`timestamp` *Timestamp* à convertir (par défaut le *timestamp* actuel).

Le format peut être spécifié à l'aide des caractères suivants :

Caractère	Signification
d	Jour du mois, sur deux chiffres (01 à 31)
j	Jour du mois, sur un ou deux chiffres (1 à 31)
m	Numéro du mois, sur deux chiffres (01 à 12)
n	Numéro du mois, sur un ou deux chiffres (1 à 12)
Y	Année sur quatre chiffres (2001 par exemple)
y	Année sur deux chiffres (01 par exemple)
h	Heure, au format 12h, sur deux chiffres (01 à 12)
g	Heure, au format 12h, sur un ou deux chiffres (1 à 12)
H	Heure, au format 24h, sur deux chiffres (00 à 23)
G	Heure, au format 24h, sur un ou deux chiffres (0 à 23)

Caractère	Signification
i	Minutes sur deux chiffres (00 à 59)
s	Secondes sur deux chiffres (00 à 59)
z	Jour de l'année (0 à 365)
w	Numéro du jour de la semaine (0 = dimanche à 6 = samedi)
a	Symbole "am"/"pm" (minuscules)
A	Symbole "AM"/"PM" (majuscules)
D	Trois premières lettres du nom du jour de la semaine (en anglais)
l ("L" minuscule)	Nom du jour de la semaine (en anglais)
M	Trois premières lettres du nom du mois (en anglais)
F	Nom du mois (en anglais)
S	Suffixe (en anglais) pour le numéro du jour ("st" ou "nd" par exemple)
I ("i" majuscule)	1 si l'heure d'hiver est activée, 0 sinon
L	1 si l'année est bissextile, 0 sinon
t	Nombre de jours dans le mois donné (entre 28 et 31)
B	Heure Internet Swatch (000 à 999)
r	Format de date de la RFC 822 (par exemple, "Thu, 20 Sep 2001 15:47:00 +0200")
T	Abréviation du fuseau horaire de la machine (par exemple : "CEST")
U	Timestamp (!)
Z	Décalage horaire en secondes (entre -43 200 et 43 200)
c	Date au format ISO 8601 (par exemple, "2004-03-09T17:39:12+01:00")
O	Décalage horaire en heures (par exemple "+0100")
W	Numéro de la semaine dans l'année, selon la norme ISO 8601
N	Représentation numérique ISO 8601 du jour de la semaine (1 = lundi à 7 = dimanche). Ajouté dans la version 5.1.0

Caractère	Signification
o	Année ISO 8601. Identique à Y
e	Nom du fuseau horaire (par exemple "Europe/Paris"). Ajouté dans la version 5.1.0
P	Décalage horaire en heures
u	Millisecondes. Ajouté dans la version 5.2.2

Depuis la version 5.1.1, des formats standards peuvent être spécifiés à l'aide de constantes, par exemple :

`DATE_ISO8601`	ISO-8601 (exemple : 2007-07-13T17:53:10+0200).
`DATE_RFC822`	RFC 822 (exemple : Fri, 13 Jul 07 17:53:10 +0200).
`DATE_RSS`	RSS (exemple : Fri, 13 Jul 2007 17:53:10 +0200).

En cas de besoin, ces différents caractères peuvent être échappés avec un antislash (\).

Exemple

```
<?php
// sans deuxième paramètre = utilisation du timestamp courant
echo 'Date au format JJ/MM/AAAA : ', date('d/m/Y'),'<br />';
echo 'Heure : ', date('H:i:s'),'<br />';
echo 'Unix a fêté sa milliardième seconde le ',
     date('d/m/Y à H:i:s',1000000000),'<br />';
?>
```

Résultat

```
Date au format JJ/MM/AAAA : 25/06/2013
Heure : 07:57:48
Unix a fêté sa milliardième seconde le 09/09/2001 à 03:46:40
```

strftime

La fonction `strftime` convertit en chaîne une date donnée sous la forme d'un *timestamp* Unix, en utilisant les caractéristiques linguistiques locales (celles du serveur).

Syntaxe

```
chaîne strftime(chaîne format[, entier timestamp])
```

`format`	Format de conversion.
`timestamp`	*Timestamp* à convertir (par défaut le *timestamp* actuel).

À la différence de la fonction `date`, `strftime` utilise les caractéristiques linguistiques locales (celles du serveur).

Le format peut être spécifié à l'aide des caractères suivants :

Caractère	Signification
%d	Numéro du jour du mois, sur deux positions, complété par un zéro (01 à 31)
%m	Numéro du mois sur deux chiffres (01 à 12)
%y	Année sur deux chiffres (par exemple 01)
%Y	Année sur quatre chiffres (par exemple 2001)
%H	Heure, au format 24h
%I ("i" majuscule)	Heure, au format 12h, sur deux chiffres (01 à 12)
%M	Minutes sur deux chiffres (00 à 59)
%S	Secondes sur deux chiffres (00 à 59)
%j	Jour de l'année sur trois chiffres (001 à 366)
%w	Numéro du jour de la semaine (0 = dimanche à 6 = samedi)
%p, %P	Symbole "AM"/"PM" (majuscules ou minuscules)
%a	Nom abrégé du jour de la semaine
%A	Nom complet du jour de la semaine
%b	Nom abrégé du mois
%B	Nom complet du mois
%U	Numéro de semaine dans l'année ; en considérant le premier dimanche de l'année comme le premier jour de la première semaine
%W	Numéro de semaine dans l'année, en considérant le premier lundi de l'année comme le premier jour de la première semaine
%Z, %z	Fuseau horaire, ou nom ou abréviation
%c	Format par défaut pour la date et l'heure
%x	Format par défaut pour la date seule
%X	Format par défaut pour l'heure seule
%%	Un caractère % littéral

Caractère	Signification
%C	Numéro du siècle sur deux chiffres
%D	Identique à %m/%d/%y
%F	Identique à %Y - %m - %d
%e	Numéro du jour du mois, sur deux positions, complété par un espace
%G	Année sur 4 chiffres correspondant au numéro de la semaine selon la norme ISO 8601 (voir %V)
%g	Année sur 2 chiffres correspondant au numéro de la semaine selon la norme ISO 8601 (voir %V)
%h	Nom abrégé du mois (identique à %b)
%n	Retour à la ligne
%r	Heure avec la notation AM/PM
%R	Heure avec la notation 24 h
%t	Tabulation
%T	Identique à %H:%M:%S
%u	Numéro du jour dans la semaine (1 = lundi)
%V	Numéro de la semaine dans l'année selon la norme ISO 8601
%s	*Timestamp* Unix

Remarque

Tous les symboles ne sont pas forcément supportés sur toutes les plates-formes.

Les caractéristiques linguistiques locales peuvent être lues et modifiées par l'intermédiaire de la fonction `setlocale`.

Syntaxe

```
chaîne setlocale(mixte catégorie, chaîne langue)
```

`catégorie`	Fonctionnalité concernée par les caractéristiques linguistiques locales et définie à l'aide d'une des constantes suivantes : `LC_COLLATE` : comparaison de chaîne avec la fonction `strcoll`. `LC_CTYPE` : classification et conversions (fonction `stroupper` par exemple). `LC_NUMERIC` : séparateurs décimaux. `LC_MONETARY` : symbole monétaire (fonction `localeconv`). `LC_TIME` : formats de date (fonction `strftime`). `LC_ALL` : toutes les précédentes.
`langue`	Code de la langue devant gouverner la fonctionnalité associée. Exemples de valeurs possibles : `fr_FR` : France `en_GB` : Royaume-Uni `us_US` : États-unis

`setlocale` retourne la nouvelle valeur ou `FALSE` en cas d'erreur. Si le deuxième paramètre est égal à `"0"`, `setlocale` retourne simplement la valeur courante. S'il est égal à `NULL` ou `""`, `setlocale` prend la valeur correspondant à l'environnement du système d'exploitation.

Remarque

Chaque plate-forme possède des conventions de nommage différentes.

Exemple

```
<?php
echo 'Date/Heure : ',
      strftime('%d/%m/%Y - %H:%M:%S '),'<br />';
setlocale(LC_ALL,'fr_FR');
echo 'Format long (français) : ',
      strftime('%A %d %B %Y'),'<br />';
setlocale(LC_ALL,'en_US');
echo 'Format long (anglais) : ',
      strftime('%A %d %B %Y'),'<br />';
?>
```

Résultat

```
Date/Heure : 25/06/2013 - 08:12:03
Format long (français) : mardi 25 juin 2013
Format long (anglais) : Tuesday 25 june 2013
```

getdate

La fonction `getdate` stocke, dans un tableau, les différentes composantes d'une date donnée sous la forme d'un *timestamp* Unix.

Syntaxe

```
tableau getdate([entier timestamp])
```

`timestamp` *Timestamp* à utiliser (par défaut le *timestamp* actuel).

La fonction `getdate` retourne un tableau associatif comprenant les clés suivantes :

Clé	Valeur
`seconds`	Secondes (0 à 59)
`minutes`	Minutes (0 à 59)
`hours`	Heures (0 à 24)
`mday`	Numéro du jour du mois (1 à 31)
`wday`	Numéro du jour de la semaine (0 = dimanche à 6 = samedi)
`mon`	Numéro du mois (1 à 12)
`year`	Année
`yday`	Numéro du jour dans l'année (0 à 365)
`weekday`	Nom du jour de la semaine
`month`	Nom du mois
`0`	Le *timestamp*

Exemple

```
<?php
$date = getdate(); // maintenant
foreach($date as $clé => $valeur) {
  echo "$clé => $valeur<br />";
}
?>
```

Résultat

```
seconds => 8
minutes => 40
hours => 11
mday => 25
wday => 2
mon => 6
```

```
year => 2013
yday => 175
weekday => Tuesday
month => June
0 => 1372153208
```

date_parse_from_format

La fonction `date_parse_from_format` stocke, dans un tableau, les différentes composantes d'une date donnée sous la forme d'une chaîne de caractères. Cette fonction a été ajoutée en version 5.3.

Syntaxe

`*tableau* date_parse_from_format(*chaîne* format, *chaîne* date)`

`format` Format de la date (voir la fonction `date`).

`date` Chaîne représentant la date.

La fonction `date_parse_from_format` retourne un tableau associatif comportant les clés suivantes :

Clé	Valeur
`year`	Année
`month`	Numéro du mois (1 à 12)
`day`	Numéro du jour du mois (1 à 31)
`hour`	Heures (0 à 24)
`minute`	Minutes (0 à 59)
`second`	Secondes (0 à 59)
`fraction`	Fraction de seconde
`warning_count`	Nombre d'alertes
`warnings`	Tableaux des alertes
`error_count`	Nombre d'erreurs
`errors`	Tableau des erreurs
`is_localtime`	Indique si un fuseau horaire est défini (dans ce cas, des clés supplémentaires sont présentes dans le tableau)

Exemple

```
<?php
$date = date_parse_from_format('d/m/Y','26/08/1966');
foreach($date as $clé => $valeur) {
  echo "$clé => $valeur<br />";
}
?>
```

Résultat

```
year => 1966
month => 8
day => 26
hour =>
minute =>
second =>
fraction =>
warning_count => 0
warnings => Array
error_count => 0
errors => Array
is_localtime =>
```

time

La fonction `time` donne le *timestamp* Unix actuel.

Syntaxe

```
entier time()
```

Exemple

```
<?php
$ts = time();
echo "timestamp Unix actuel = $ts";
?>
```

Résultat

```
timestamp Unix actuel = 1372153350
```

mktime

La fonction `mktime` crée un *timestamp* Unix à partir des différentes composantes d'une date.

Syntaxe

```
entier mktime([entier heure[, entier minutes[, entier secondes[, entier mois[,
entier jour[, entier année]]]]]])
```

`heure`	Heure (0 à 23).
`minutes`	Minutes (0 à 59).
`secondes`	Secondes (0 à 59).
`mois`	Mois (1 à 12).
`jour`	Jour (1 à 31).
`année`	Année sur 2 ou 4 chiffres. L'année, sur 4 chiffres, doit être comprise entre 1902 (1970 avant la version 5.1.0) et 2038. Je déconseille de spécifier l'année sur 2 chiffres (différence de comportement entre les versions).

Les paramètres omis prennent leur valeur actuelle.

Remarque

Depuis la version 5.1, cette fonction émet une alerte de type `E_STRICT` lorsqu'elle est utilisée sans paramètre (pour retourner le timestamp Unix actuel) : à la place, il convient d'utiliser la fonction `time`.

La fonction `mktime` a la particularité intéressante de corriger les valeurs incorrectes en effectuant un calcul de date intelligent. Exemples :

- Le 35/12/2001 sera corrigé en 31/12/2001 + 4 jours = 04/01/2002.
- Le 30/14/2001 sera corrigé en 30/12/2001 + 2 mois = 30/02/2002 qui lui-même sera corrigé en 28/02/2002 + 2 jours = 02/03/2002.

Ce fonctionnement est très pratique pour réaliser des calculs sur les dates.

Exemple

```
<?php
$ts = mktime(0,0,0,8,26,1966);
echo 'mktime(0,0,0,8,26,1966) = ',
      date('d/m/Y - H:i:s',$ts),'<br />';
$ts = mktime(0,0,0,8,26+20000,1966);
echo '20000 jours après le 26/08/1966 = ',
      date('d/m/Y',$ts),'<br#/>';
?>
```

Résultat

```
mktime(0,0,0,8,26,1966) = 26/08/1966 - 00:00:00
20000 jours après le 26/08/1966 = 29/05/2021
```

microtime

La fonction `microtime` retourne le *timestamp* Unix actuel avec la fraction de secondes en microsecondes.

Syntaxe

```
mixte microtime([booléen type_réel])
```

`type_réel`	Booléen indiquant si la fonction doit retourner un nombre réel.

Sans paramètre (ou si le paramètre est évalué à `FALSE`), la fonction retourne une chaîne donnant les microsecondes suivies d'un espace et du *timestamp* Unix actuel. Si le paramètre est évalué à `TRUE`, la fonction retourne un nombre réel. Le paramètre a été introduit en version 5.

Exemple

```
<?php
// Affichage de microtime sous la forme d'une chaîne.
echo microtime(),'<br />';
// Affichage de microtime sous la forme d'un réel.
echo microtime(TRUE),'<br />';
// Pour ne conserver que les microsecondes, le plus
// simple est de transformer la chaîne en réel.
echo (float) microtime(),'<br />';
?>
```

Résultat

```
0.73539900 1372153537
1372153537.7354
0.735414
```

idate

La fonction `idate` retourne les différentes composantes (année, mois, etc.) d'un *timestamp* Unix.

Syntaxe

```
entier idate(caractère composante [,entier timestamp])
```

`composante`	Caractère indiquant la composante souhaitée (voir ci-après).
`timestamp`	*Timestamp* à utiliser (par défaut le *timestamp* actuel).

La fonction retourne un entier correspondant à la composante demandée.

La composante peut être spécifiée à l'aide d'un des caractères suivants :

Caractère	Signification
U	Le *timestamp* !
Y	Année sur 4 chiffres
z	Jour de l'année
y	Année sur 2 chiffres
m	Numéro du mois
d	Numéro du jour du mois
H	Heure sur 24
h	Heure sur 12
i	Minutes
s	Secondes
t	Nombre de jours dans le mois
L	Année bissextile (1=oui, 0=non)
Z	Décalage horaire en secondes
B	Heure Internet Swatch
I ("i" majuscule)	Heure d'été (1)/Heure d'hiver (0)
W	Numéro de semaine de l'année
w	Jour de la semaine (0 pour dimanche)

Exemple

```
<?php
// Affichage de la date/heure courante pour contrôle
echo strftime('%d/%m/%Y - %H:%M:%S'),'<br />';
// Extraction de différentes composantes
$composantes = str_split('YmdHistwW');
foreach($composantes as $composante) {
  echo "$composante = ",idate($composante),'<br />';
}
?>
```

Résultat

```
01/02/2012 - 11:58:09
Y = 2013
m = 6
d = 25
H = 11
i = 58
s = 9
t = 30
w = 2
W = 26
```

5.5 Générer un nombre aléatoire

La fonction `rand` permet de générer des nombres aléatoires.

Syntaxe

```
entier rand([entier min[, entier max]])
```

`min` et `max`	Bornes des nombres aléatoires à générer. Valeur par défaut de `min` = 0. Valeur par défaut de `max` = une valeur donnée par la fonction `getrandmax`.

La fonction `rand` retourne un nombre aléatoire entier compris entre la borne minimum et la borne maximum incluses.

```
<?php
// Génération de nombres aléatoires.
echo rand(),'<br />';
echo rand(),'<br />';
echo rand(1,100),'<br />';
echo rand(1,100),'<br />';
?>
```

Résultat

```
304471505
1046625955
91
16
```

Chapitre 4
Opérateurs

1. L'opérateur d'affectation par valeur

L'opérateur d'affectation est le signe égal (=).

Syntaxe

```
$variable = expression;
```

`expression` peut être une valeur littérale de tout type (`123`, `'Bonjour'`, `TRUE`...), une autre variable ou toute expression combinant des valeurs littérales, des variables avec des fonctions et des opérateurs.

Exemple

```
<?php
$nom = 'Olivier';
$indice = 1;
?>
```

Avec cette syntaxe, l'affectation s'effectue par valeur, c'est-à-dire que la valeur de l'expression située à droite du signe égal est copiée dans la variable mentionnée à gauche. Lors de l'affectation d'une variable dans une autre, la modification ultérieure de la première variable est sans effet sur la seconde.

Exemple

```
<?php
// Initialisation d'une variable.
$x = 1;
// Affectation de la variable $x dans la variable $y.
$y = $x;
// Modification de la variable $x.
$x = 2;
// Affichage du résultat.
echo "\$x = $x<br />";
echo "\$y = $y<br />";
?>
```

Résultat

```
$x = 2
$y = 1
```

L'opération d'affectation est une expression qui possède une valeur égale à la valeur affectée, et qui peut être utilisée directement dans une autre expression. Par exemple, la valeur de l'expression `$x=1` est `1`, et il est licite d'écrire une instruction du type `$y=($x=1)+2` affectant la valeur 3 à `$y`.

Exemple

```
<?php
// Affectation en une instruction de $x et $y.
$y = ($x = 1) + 2;
// Affichage du résultat.
echo "\$x = $x<br />";
echo "\$y = $y<br />";
?>
```

Résultat

```
$x = 1
$y = 3
```

Cette technique est très pratique mais peut nuire à la lisibilité du code.

Remarque

Pour tous les opérateurs étudiés dans ce chapitre, des espaces peuvent être présents autour de l'opérateur.

2. L'opérateur d'affectation par référence

Depuis PHP 4, il est possible de réaliser une affectation par référence en utilisant l'opérateur &.

Syntaxe

```
$variable2 = &$variable1;
```

Avec cette syntaxe, la valeur de la variable `$variable1` n'est pas copiée dans la variable `$variable2`. La variable `$variable2` fait référence à la variable `$variable1` ; les deux variables pointent vers la même zone mémoire et la modification d'une des deux variables se répercute sur l'autre.

Exemple

```
<?php
// Initialisation d'une variable.
$nom = 'Olivier';
// Affectation dans une autre variable par référence.
$patronyme = &$nom;
// Affichage du résultat.
echo "<b>Initialement :</b><br />";
echo "\$nom = $nom<br />";
echo "\$patronyme = $patronyme<br />";
// Modification de première variable.
$nom = 'Heurtel';
// Affichage du résultat.
echo "<b>Après modification de \$nom :</b><br />";
echo "\$nom = $nom<br />";
echo "\$patronyme = $patronyme<br />";
?>
```

Résultat

Initialement :
`$nom = Olivier`
`$patronyme = Olivier`
Après modification de `$nom` :
`$nom = Heurtel`
`$patronyme = Heurtel`

3. Les opérateurs arithmétiques

Les opérateurs arithmétiques sont les suivants :

Opération	Opérateur	Exemple ($x=13 et $y=8)
Somme	+	`echo $x + $y;` `=> 21`
Soustraction	-	`echo $x - $y;` `=> 5`
Multiplication	*	`echo $x * $y;` `=> 104`
Division	/	`echo $x / $y;` `=> 1.625`
Exponentiation (apparu en version 5.6)	**	`echo $x ** $y;` `=> 815730721`
Modulo (reste de la division entière du premier opérande par le deuxième)	%	`echo $x % $y;` `=> 5`
Opposé	-	`echo -$x;` `=> -13`
Préincrémentation (incrémente la variable avant de retourner la valeur de la variable)	++ avant l'opérande	`echo ++$x;` `=> 14`

Postincrémentation (incrémente la variable après avoir retourné la valeur de la variable)	++ après l'opérande	`echo $x++;`
		`=> 13`
		`echo $x;`
		`=> 14`

Prédécrémentation (décrémente la variable avant de retourner la valeur de la variable)	-- avant l'opérande	`echo --$x;` `=> 12`

Postdécrémentation (décrémente la variable après avoir retourné la valeur de la variable)	-- après l'opérande	`echo $x--;`
		`=> 13`
		`echo $x;`
		`=> 12`

4. L'opérateur de chaîne

Le seul opérateur de chaîne est l'opérateur de concaténation, égal au point (.).

Syntaxe

```
chaîne1.chaîne2;
```

Cette syntaxe retourne une chaîne égale à la première chaîne immédiatement suivie de la deuxième ; aucun séparateur n'est placé entre les deux chaînes.

Exemple

```
<?php
// Utilisation de l'opérateur de concaténation avec des
// variables et des expressions littérales.
$prénom = 'Olivier';
$nom = 'Heurtel';
echo $nom.', '.$prénom.'<br />';
?>
```

Résultat

```
Heurtel, Olivier
```

5. Les opérateurs de comparaison

Les opérateurs de comparaison sont les suivants :

Opération	Opérateur	Exemple ($x=13, $y=8, $z="8")
Égalité	==	$x == $y => FALSE $y == $z => TRUE
Égalité **et** types identiques	===	$x === $y => FALSE $y === $z => FALSE
Différent	!=	$x != $y => TRUE $y != $z => FALSE
Différent **ou** types différents	!==	$x !== $y => TRUE $y !== $z => TRUE
Inférieur	<	$x < $y => FALSE $y < $x => TRUE $y < $z => FALSE

Opération	Opérateur	Exemple ($x=13, $y=8, $z="8")
Inférieur ou égal	<=	$x <= $y => FALSE $y <= $x => TRUE $y <= $z => TRUE
Supérieur	>	$x > $y => TRUE $y > $x => FALSE $y > $z => FALSE
Supérieur ou égal	>=	$x >= $y => TRUE $y >= $x => FALSE $y >= $z => TRUE

Remarque

Ne confondez pas l'opérateur d'affectation (=) avec l'opérateur de comparaison (==).

6. Les opérateurs logiques

Les opérateurs logiques sont les suivants :

Opération	Opérateur(s)	Exemple
Et logique	and &&	TRUE and TRUE => TRUE TRUE and FALSE => FALSE FALSE and FALSE => FALSE
Ou logique	or ||	TRUE or TRUE => TRUE TRUE or FALSE => TRUE FALSE or FALSE => FALSE
Ou logique exclusif (`FALSE` si les deux opérandes sont `TRUE`)	xor	TRUE xor TRUE => FALSE TRUE xor FALSE => TRUE FALSE xor FALSE => FALSE
Non logique	!	! TRUE => FALSE ! FALSE => TRUE

Les opérateurs `and` et `&&` ainsi que `or` et `||` sont identiques mais n'ont pas la même précédence (cf. section Précédence des opérateurs).

7. L'opérateur ternaire

Un autre opérateur conditionnel, l'opérateur ternaire "?", fonctionne comme dans le langage C.

Syntaxe

```
expression1?expression2:expression3
```

Cette instruction retourne la valeur de expression2 si expression1 est évalué à TRUE, et la valeur de expression3, si expression1 est évalué à FALSE. Si expression1 n'est pas de type booléen, une conversion est effectuée selon les règles décrites dans le chapitre Variables, constantes, types et tableaux.

Depuis la version 5.3, il est possible d'omettre expression2 : expression1?:expression3. Dans ce cas, l'instruction retourne la valeur de expression1 si expression1 est évalué à TRUE et la valeur de expression3 sinon. C'est l'équivalent de expression1?expression1:expression3.

Exemple

```
<?php
// Initialisation d'une variable.
$nom = '';
// Affichage d'un message dépendant de la valeur de $nom.
echo 'Bonjour '.(($nom=='')?'inconnu':$nom).' ! <br />';
echo 'Bonjour '.($nom?:'inconnu').' ! <br />'; // version 5.3
// Affectation d'une valeur à la variable $nom.
$nom = 'Olivier';
// nouvelle tentative
echo 'Bonjour '.(($nom=='')?'inconnu':$nom).' ! <br />';
echo 'Bonjour '.($nom?:'inconnu').' ! <br />'; // version 5.3
?>
```

Résultat

```
Bonjour inconnu !
Bonjour inconnu !
Bonjour Olivier !
Bonjour Olivier !
```

8. Les opérateurs combinés

Les opérateurs somme (+), différence (-), multiplication (*), division (/), modulo (%) et concaténation (.) peuvent être combinés avec l'opérateur d'affectation (=) selon la syntaxe suivante :

Syntaxe	Équivalent à
`$variable += expression`	`$variable = $variable + expression`
`$variable -= expression`	`$variable = $variable - expression`
`$variable *= expression`	`$variable = $variable * expression`
`$variable /= expression`	`$variable = $variable / expression`
`$variable **= expression`	`$variable = $variable ** expression`
`$variable %= expression`	`$variable = $variable % expression`
`$variable .= expression`	`$variable = $variable . expression`

9. Précédence des opérateurs

La précédence des opérateurs désigne l'ordre selon lequel les opérateurs sont traités dans une expression complète.

Comme dans tous les langages, les parenthèses peuvent être utilisées pour modifier l'ordre dans le traitement des opérations. Dans la pratique, n'hésitez pas à utiliser les parenthèses pour éviter tout problème et améliorer la lisibilité des expressions.

La précédence des opérateurs est la suivante, du moins prioritaire (traité en dernier) au plus prioritaire (traité en premier) :

Opérateur

or

xor

and

= += -= *= /=**= %= .=

?:

||

&&

== != ===

< <= > >=

+ - .

* / ** %

! ++ -- (int) (double) (string) (array) (object)

Chapitre 5
Structures de contrôle

1. Les contrôles conditionnels

1.1 If

La structure de contrôle `if` permet une exécution conditionnelle d'instructions.

Cette structure possède deux syntaxes :

Première syntaxe

```
if (condition_1) {
  instructions_1;
[ } elseif (condition_2) {
  instructions_2; ]
[ ... ]
[ } else {
  instructions_n; ]
}
```

Le principe de fonctionnement de la structure de contrôle `if` est le suivant :

- Si `condition_1` est vraie alors les instructions `instructions_1` sont exécutées puis le contrôle est passé aux instructions qui suivent la structure de contrôle. Par exemple, l'exécution du programme se poursuit à l'instruction qui suit directement la fin de la structure de contrôle.
- Si `condition_1` n'est pas vraie, le processus est répété pour les éventuels couples `condition_i/instructions_i` suivants, introduits par le mot-clé `elseif`.

- Si aucune condition n'est vraie, les éventuelles instructions `instructions_n`, introduites par le mot-clé `else` sont exécutées puis le contrôle est passé aux instructions qui suivent la structure de contrôle.

Plusieurs clauses `elseif` peuvent être présentes.

Si les expressions définissant les conditions ne sont pas de type booléen, une conversion est effectuée selon les règles évoquées dans le chapitre Variables, constantes, types et tableaux.

Exemple

```
<?php
// Structure if / elseif / else
$nom = 'Olivier';
$âge = NULL;
if ($nom == NULL) {
  echo "Bonjour inconnu !<br />";
} elseif ($âge == NULL) {
  echo "Bonjour $nom ! Je ne connais pas votre âge.<br />";
} else {
  echo "Bonjour $nom ! Vous avez $âge ans.<br />";
}
?>
```

Résultat

```
Bonjour Olivier ! Je ne connais pas votre âge.
```

La deuxième syntaxe est surtout utilisée pour écrire une structure de contrôle sur plusieurs blocs PHP entre lesquels du code HTML est intercalé.

Deuxième syntaxe (avec incorporation de code HTML)

```
<?php if (condition_1): ?>
  code_HTML_1
[ <?php elseif (condition_2): ?>
  code_HTML_2 ]
[ ... ]
[ <?php else: ?>
  code_HTML_n ]
<?php endif; ?>
```

Le principe d'analyse de la structure `if - elseif - else` est le même qu'avec la première structure, mais au lieu d'exécuter des instructions PHP, le moteur incorpore dans le résultat le code HTML associé à la condition.

Exemple

```
<?php
// Un peu d'aléatoire pour définir les variables $nom et $âge.
$nom = rand(0,1)?'Olivier':NULL;
$âge = rand(0,1)?rand(7,77):NULL;
?>
<!DOCTYPE html PUBLIC "-//W3C//DTD XHTML 1.0 Strict//EN"
  "http://www.w3.org/TR/xhtml1/DTD/xhtml1-strict.dtd">
<html xmlns="http://www.w3.org/1999/xhtml">
  <head>
    <title>Exemple de page PHP</title>
    <style type="text/css" media="all">
      .ko {font-weight: bold; color: red;}
      .ok {font-weight: bold; color: green;}
    </style>
  </head>
  <body>
    <div>
    <?php if ($nom == NULL) : // condition PHP ?>
      <!-- Code HTML -->
      Bonjour inconnu !<br />
    <?php elseif ($âge == NULL) : // suite de la condition ?>
      <!-- Code HTML -->
      Je connais votre <span class="ok">nom</span>
      mais pas votre <span class="ko">âge</span>.<br />
    <?php else : // suite de la condition PHP ?>
      <!-- Code HTML -->
      Je connais votre <span class="ok">nom</span>
      et votre <span class="ok">âge</span>,
      mais je ne dirai rien !<br />
    <?php endif; // fin de la condition PHP ?>
    </div>
  </body>
</html>
```

Résultat (dépend de l'affectation aléatoire des variables)

Je connais votre **nom** mais pas votre **âge.**

Cette syntaxe est réellement très pratique pour réaliser une construction conditionnelle d'une page HTML, en évitant la lourdeur de l'utilisation d'un seul bloc PHP générant tout le code HTML avec l'instruction echo.

1.2 Switch

La structure de contrôle `switch`, équivalente aux `if - elseif` multiples, est utilisée pour la comparaison du résultat d'une expression avec plusieurs résultats.

Cette structure possède deux syntaxes :

Première syntaxe

```
switch (expression) {
  case expression_1:
    instructions_1;
    [break;]
  [ case expression_2:
    instructions_2;
    [break;] ]
  [ ... ]
  [ default:
    instructions_n;
    [break;] ]
}
```

Le principe de fonctionnement de la structure de contrôle `switch` est le suivant :

- Si `expression` est égal à `expression_i` alors les instructions associées à `instructions_i` sont exécutées et les comparaisons se poursuivent s'il n'y a pas d'instruction `break`.
- Si aucune égalité n'est trouvée, les éventuelles instructions `instructions_n` introduites par le mot-clé `default` sont exécutées.

Plusieurs clauses `case` peuvent être présentes.

Lorsqu'une égalité est vérifiée et que les instructions associées sont exécutées, l'instruction `switch` n'est pas interrompue et les expressions `case` suivantes sont évaluées. Pour interrompre l'exécution de l'instruction `switch` et l'évaluation des clauses `case`, il faut utiliser l'instruction `break` (force la sortie de la structure de contrôle).

Exemple

```
<?php
$nom = rand(0,1)?'Olivier':NULL;
switch ($nom) {
   case NULL :
      echo 'Bonjour inconnu ! ',
           'Je vais vous appeler Olivier.<br />';
      $nom = 'Olivier';
      break;
   case 'Olivier' :
```

```
        echo "Bonjour Maître $nom !<br />";
        break;
    default :
        echo "Bonjour élève $nom !<br />";
}
?>
```

Résultat (dépend de l'affectation aléatoire des variables)

```
Bonjour inconnu ! Je vais vous appeler Olivier.
```

Deuxième syntaxe (avec incorporation de code HTML)

```
<?php switch (expression) :
  case (condition_1) : ?>
    code_HTML_1
  [ <?php case (condition_2) : ?>
    code_HTML_2 ]
  [ ... ]
  [ <?php default : ?>
    code_HTML_n ]
<?php endswitch; ?>
```

Le premier `case` doit être écrit dans le bloc PHP `switch`.

Exemple

```
<?php
$langue = 'fr';
?>
<!DOCTYPE html PUBLIC "-//W3C//DTD XHTML 1.0 Strict//EN"
  "http://www.w3.org/TR/xhtml1/DTD/xhtml1-strict.dtd">
<html xmlns="http://www.w3.org/1999/xhtml">
  <head>
    <title>Exemple de page PHP</title>
    <style type="text/css" media="all">
    .en {font-weight: bold; color: green;}
    .sp {font-weight: bold; color: orange;}
    .fr {font-weight: bold; color: blue;}
    .inconnu {font-weight: bold; color: red;}
    </style>
  </head>
  <body>
    <div>
    <?php switch ($langue) : // switch
            case 'en' :      // premier case
    ?>
       <!-- Code HTML -->
       Hello <span class="en">my friend</span>!<br />
```

```
    <?php   break;            // break premier case ?>
    <?php   case 'sp' :       // deuxième case ?>
      <!-- Code HTML -->
      ¡Buenos dias <span class="sp">amigo</span>!<br />
    <?php   break;            // break deuxième case ?>
    <?php   case 'fr' :       // troisième case ?>
      <!-- Code HTML -->
      Salut <span class="fr">mon pote</span> !<br />
    <?php   break;            // break troisième case ?>
    <?php   default :         // défaut ?>
      <!-- Code HTML -->
      <span class="inconnu">?????</span>
    <?php endswitch;          // fin du switch ?>
    </div>
  </body>
</html>
```

Résultat

```
Salut mon pote !
```

2. Les contrôles itératifs

2.1 While

La structure de contrôle `while` permet d'exécuter en boucle une série d'instructions tant qu'une condition est vraie.

Comme pour les structures de contrôle conditionnelles, deux syntaxes sont disponibles.

Première syntaxe

```
while (condition) {
 instructions;
}
```

Le principe de fonctionnement de la structure de contrôle `while` est le suivant : tant que la condition `condition` est vraie, les instructions `instructions` sont exécutées.

Si l'expression définissant la condition n'est pas de type booléen, une conversion est effectuée selon les règles évoquées dans le chapitre Variables, constantes, types et tableaux.

Exemple

```
<?php
// Initialiser deux variables.
$nom = 'OLIVIER';
$longueur = strlen($nom);
// Initialiser un indice.
$indice = 0;
// Tant que l'indice est inférieur à la longueur de la chaîne
while ($indice < $longueur) {
  // Afficher le caractère correspondant à l'indice suivi
  // d'un point.
  echo "$nom[$indice].";
  // Incrémenter l'indice
  $indice++;
}
?>
```

Résultat

```
O.L.I.V.I.E.R.
```

Classiquement, cette structure adopte les comportements suivants :

- Si la `condition` est fausse à la première itération, les instructions situées à l'intérieur de la boucle ne sont jamais exécutées.
- Si la `condition` n'est jamais fausse, les instructions à l'intérieur de la boucle sont exécutées sans fin (pas tout à fait puisque le temps d'exécution d'un script est limité par la directive de configuration `max_execution_time`).

Comme pour les structures conditionnelles, une deuxième syntaxe permet d'imbriquer du code HTML dans une structure de contrôle `while`.

Deuxième syntaxe (avec incorporation de code HTML)

```
<?php while (condition) : ?>
    code_HTML
<?php endwhile; ?>
```

Exemple

```
<?php
// Initialiser deux variables.
$numéro = 0;
$nombre = 5;
?>
<!DOCTYPE html PUBLIC "-//W3C//DTD XHTML 1.0 Strict//EN"
  "http://www.w3.org/TR/xhtml1/DTD/xhtml1-strict.dtd">
<html xmlns="http://www.w3.org/1999/xhtml">
  <head>
    <title>Exemple de page PHP</title>
```

```
  </head>
  <body>
    <form action="">
       <div>
       Indiquez vos cinq compétences principales :<br />
       <?php while($numéro++ < $nombre) : // boucle PHP ?>
          <!-- Code HTML -->
          <input type="text" /><br />
       <?php endwhile; // fin de la boucle PHP ?>
       <input type="submit" value = "OK" /><br />
       </div>
    </form>
  </body>
</html>
```

Résultat

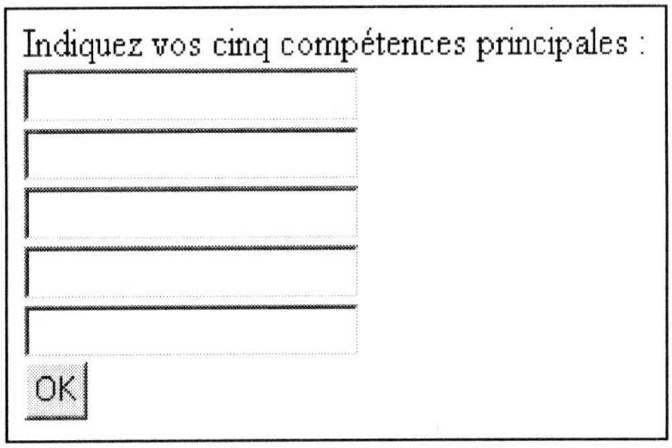

2.2 Do ... while

La structure de contrôle `do ... while` permet d'exécuter en boucle une série d'instructions tant qu'une condition est vraie.

Contrairement aux autres structures de contrôle, une seule syntaxe est disponible.

Syntaxe

```
do {
  instructions;
} while (expression);
```

Le principe de fonctionnement de la structure de contrôle `do ... while` est le suivant : tant que la condition `condition` est vraie, les instructions `instructions` sont exécutées. À la différence de la structure `while`, la condition est testée à la fin de la boucle ; les instructions `instructions` sont donc forcément exécutées au moins une fois.

Si l'expression définissant la condition n'est pas de type booléen, une conversion est effectuée selon les règles évoquées dans le chapitre Variables, constantes, types et tableaux.

Exemple

```
<?php
// Initialiser deux variables.
$nom = 'OLIVIER';
$longueur = strlen($nom);
// Initialiser un indice.
$indice = 0;
// Tant que l'indice est inférieur à la longueur de la chaîne
do {
  // Afficher le caractère correspondant à l'indice suivi
  // d'un point.
  echo "$nom[$indice].";
  // Incrémenter l'indice
  $indice++;
} while ($indice < $longueur);
?>
```

Résultat

```
O.L.I.V.I.E.R.
```

Sur cet exemple, les instructions de la boucle sont exécutées une fois même si la chaîne est vide. Ici, l'utilisation d'une structure `while` serait sans doute plus pertinente.

2.3 For

La structure de contrôle `for`, comme dans le langage C, permet d'exécuter des instructions de manière itérative, en contrôlant les itérations à l'aide de trois expressions.

Deux syntaxes sont disponibles.

Première syntaxe

```
for (expression1; expression2; expression3) {
  instructions;
}
```

Le principe de fonctionnement de cette structure de contrôle est le suivant :

- `expression1` est exécutée une fois au démarrage de la boucle.
- `expression2` est exécutée, et le résultat est évalué comme booléen, avant chaque itération (dont la première) : si le résultat est évalué à `TRUE`, les instructions `instructions` sont exécutées ; si le résultat est évalué à `FALSE`, la boucle s'arrête et le contrôle est passé à la première instruction qui suit la construction.

– `expression3` est exécutée à la fin de chaque itération.

Dans la grande majorité des cas, la structure `for` est employée de la manière suivante :

– `expression1` initialise un compteur.

– `expression2` teste la valeur du compteur.

– `expression3` incrémente la valeur du compteur.

Cette utilisation permet d'exécuter des instructions un nombre donné de fois.

Exemple

```
<?php
// Utilisation de la structure for pour parcourir un tableau
// à indices entiers consécutifs
// Initialisation du tableau.
$couleurs = array('bleu','blanc','rouge');
$nombre = 3;
// Boucle utilisant un indice $i qui démarre à 0 ($i = 0)
// qui est incrémenté d'une unité à chaque itération ($i++) ;
// la boucle se poursuit tant que l'indice est inférieur au
// nombre d'éléments présents dans le tableau ($i < $nombre).
for ($i = 0; $i < $nombre; $i++) {
  echo "$couleurs[$i]<br />";
};
?>
```

Résultat

```
bleu
blanc
rouge
```

Avec un peu d'habitude, il est possible de réaliser des traitements beaucoup plus complexes (au détriment parfois de la lisibilité du code) à l'aide de l'instruction `for` (éventuellement utilisée seule).

Exemple

```
<?php
// Tout se passe dans l'instruction for !
for
  (
  // Première itération : initialisation d'un indice $i à 1
  // et d'une variable $total à 0.
  $i = 1,$total = 0;
  // Condition d'arrêt de la boucle : $i = 5.
  $i <= 5;
  // À chaque itération : incrémentation de $total avec la
  // valeur courante de $i puis stockage dans un tableau de
  // la valeur courante de $i juste avant de l'incrémenter.
```

```
  $total += $i,$nombres[] = $i++
  );
// À la sortie de la boucle, le tableau contient la liste des
// cinq premiers entiers, et la variable $total la somme des
// cinq premiers entiers
// il ne reste plus qu'à afficher tout cela ...
echo implode($nombres,"+")."=$total";
?>
```

Résultat

```
1+2+3+4+5=15
```

De manière "classique", une deuxième syntaxe permet d'imbriquer du code HTML dans une structure de contrôle for :

Deuxième syntaxe (avec incorporation de code HTML)

```
<?php for (expression1; expression2; expression3) : ?>
    code_HTML
<?php endfor; ?>
```

Exemple

```
<?php
// Initialiser deux variables.
$numéro = 0;
$nombre = 5;
?>
<!DOCTYPE html PUBLIC "-//W3C//DTD XHTML 1.0 Strict//EN"
  "http://www.w3.org/TR/xhtml1/DTD/xhtml1-strict.dtd">
<html xmlns="http://www.w3.org/1999/xhtml">
  <head>
    <title>Exemple de page PHP</title>
  </head>
  <body>
    <form action="">
       <div>
       Indiquez vos cinq compétences principales :<br />
       <?php // boucle PHP
       for($numéro = 1; $numéro <= $nombre; $numéro++):
       ?>
          <!-- Code HTML -->
          <input type="text" /><br />
       <?php endfor; // fin de la boucle PHP ?>
       <input type="submit" value = "OK" /><br />
       </div>
    </form>
  </body>
</html>
```

Résultat

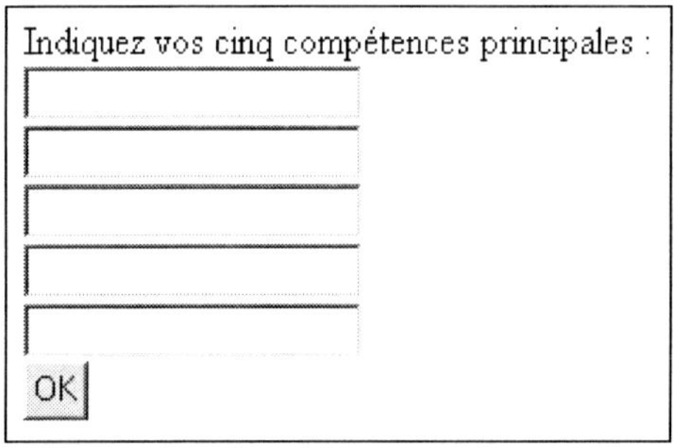

2.4 Continue et break

L'instruction `continue` peut être utilisée dans toutes les structures de contrôle itératives pour interrompre l'itération en cours et passer à l'itération suivante.

L'instruction `break` peut être utilisée dans toutes les structures de contrôle itératives pour interrompre la boucle en cours. L'instruction `break` peut aussi être utilisée dans une structure de contrôle `switch`.

Syntaxe

```
continue[n];
continue[(n)];
break[n];
break[(n)];
```

Les deux instructions acceptent un paramètre qui indique de combien de niveau(x) remonter si des structures de contrôle itératives sont imbriquées. Par défaut, les instructions remontent d'un niveau.

Exemple

```
<?php
$couleurs = array('bleu','invisible','blanc','rouge');
for ($i = 0; $i <= 3; $i++) {
  // Passer à l'itération suivante pour
  // la couleur "invisible"
  if ($couleurs[$i] == 'invisible') {
    continue;
  }
  echo "$couleurs[$i] ";
}
echo '<br />';
for ($i = 0; $i <= 3; $i++) {
```

```
  // Interrompre la boucle à la couleur "invisible"
  if ($couleurs[$i] == 'invisible') {
    break;
  }
  echo "$couleurs[$i] ";
}
?>
```

Résultat

```
bleu blanc rouge
bleu
```

3. Inclure un fichier

3.1 Fonctionnement

Les fonctions `include`, `include_once`, `require` et `require_once` permettent d'inclure un fichier dans un script PHP.

Syntaxe

```
entier include(fichier)
entier include_once(fichier)
require(fichier)
require_once(fichier)
```

`fichier`	Nom du fichier à inclure (peut être indiqué avec un chemin absolu ou relatif).

Les fonctions `include` et `include_once` retournent 1 en cas de succès et `FALSE` en cas d'erreur. Les fonctions `require` et `require_once` n'ont pas de code de retour.

En cas d'erreur, les fonctions `include` et `include_once` génèrent une simple erreur de niveau `E_WARNING` qui n'interrompt pas l'exécution du script. Ce n'est pas le cas des fonctions `require` et `require_once` qui provoquent alors une erreur fatale interrompant l'exécution du script.

Le fichier inclus peut contenir du code HTML, du code PHP ou les deux. S'il offre du code PHP, ce code doit être écrit entre les balises PHP habituelles. Le code HTML, présent dans le fichier inclus, est intégré tel quel dans la page envoyée au navigateur, comme s'il était dans le script appelant. Le code PHP, présent dans le fichier inclus, est exécuté là encore, comme s'il était dans le script appelant.

Lors de l'inclusion de code PHP, les variables et constantes, définies dans le fichier inclus sont utilisables dans le script appelant et réciproquement. Tout se passe comme s'il n'y avait qu'un seul script après l'inclusion, et donc, une portée égale à ce script pour les variables et constantes.

Il est possible d'inclure plusieurs fichiers dans un script, ou d'imbriquer les inclusions (inclure un fichier qui lui-même inclut un fichier dans un autre).

Avec les fonctions `include` et `require`, le processus d'inclusion est répété plusieurs fois si le même fichier est inclus plusieurs fois.

Dans certains cas, cette situation peut être indésirable et involontaire, notamment lorsqu'un fichier est inclus une première fois directement dans un script et une deuxième fois indirectement par l'inclusion d'un autre fichier.

Ce comportement peut être évité en utilisant les fonctions `include_once` et `require_once` qui garantissent qu'un fichier ne sera inclus qu'une fois, même s'il est appelé plusieurs fois.

Remarque

L'extension du fichier à inclure est parfaitement libre. Il n'est notamment pas obligatoire d'utiliser l'extension .php pour inclure du code PHP : le fichier inclus n'est pas directement exécuté par le moteur PHP (c'est le script appelant qui l'est). Pour les fichiers inclus qui ne peuvent ou ne doivent pas être exécutés directement, il est alors possible d'utiliser une autre extension (.inc par exemple).

Exemple : script principal

```
<?php
// Inclusion d'un fichier
include('commun.inc');
// Déclaration d'une variable $x dans le script principal.
$x = 1;
// Affichage de la variable $x.
echo "Valeur de \$x dans le script principal : $x<br />";
// Affichage de la variable $y (définie dans le fichier
// inclus).
echo "Valeur de \$y dans le script principal : $y<br />";
?>
```

Fichier inclus commun.inc

```
<!-- Démarrage du fichier d'inclusion en mode HTML (ouverture
---- d'une balise <b> qui est fermée à la fin du fichier -->
<b>Début du fichier commun.inc<br />
<?php // un peu de code PHP
// Déclaration d'une variable $y dans le script inclus.
$y = 2;
```

```
// Affichage de la variable $y.
echo "Valeur de \$y dans le fichier inclus : $y<br />";
?>
Fin du fichier commun.inc</b><br />
```

Résultat

```
Début du fichier commun.inc
Valeur de $y dans le fichier inclus : 2
Fin du fichier commun.inc
Valeur de $x dans le script principal : 1
Valeur de $y dans le script principal : 2
```

Remarque

Dans le fichier `php.ini`, la directive `include_path` permet de définir des chemins de recherche pour l'inclusion des fichiers.

3.2 Utilisation

La technique d'inclusion est pratique pour deux grands types d'utilisation :

- Inclure des définitions statiques : constantes, définitions de fonctions. Dans ce cas, il faut plutôt utiliser les fonctions `include_once` ou `require_once` afin d'éviter une éventuelle double inclusion (qui provoquerait une erreur dans la définition des fonctions).
- Inclure du code PHP ou HTML dynamique qui s'exécute effectivement au moment de l'inclusion : section HTML commune à plusieurs pages (en-tête, pied de page) ou code commun à plusieurs pages (bien que dans cette hypothèse, la définition d'une fonction soit plus pertinente). Dans ce cas, il faut plutôt utiliser les fonctions `include` ou `require` afin de garantir que l'inclusion se produit à chaque appel.

Remarque

La création de fonctions personnalisées est étudiée dans le chapitre Fonctions et classes.

Exemple

- Fichier de définition de constantes (`constantes.inc`)

```
<?php
// Définition des constantes
// par exemple, le nom du site.
DEFINE(NOM_SITE,'monSite.com');
?>
```

– Fichier contenant le début de chaque page (`debut.inc`)

```
<?php
// Inclusion du fichier des constantes.
include_once('constantes.inc');
?>
<!DOCTYPE html PUBLIC "-//W3C//DTD XHTML 1.0 Strict//EN"
  "http://www.w3.org/TR/xhtml1/DTD/xhtml1-strict.dtd">
<html xmlns="http://www.w3.org/1999/xhtml">
<head>
  <meta http-equiv="Content-type" content="text/html;charset=UTF-8" />
  <title><?php echo NOM_SITE; ?></title>
</head>
<body>
```

– Fichier contenant la fin de chaque page (`fin.inc`)

```
</body>
</html>
```

– Script d'une page

```
<?php
// Inclusion du début de la page.
include('debut.inc');
?>
<p>Contenu de la page...</p>
<?php
// Inclusion de la fin de la page
include('fin.inc');
?>
```

Résultat (source de la page dans le navigateur)

```
<!DOCTYPE html PUBLIC "-//W3C//DTD XHTML 1.0 Strict//EN"
  "http://www.w3.org/TR/xhtml1/DTD/xhtml1-strict.dtd">
<html xmlns="http://www.w3.org/1999/xhtml">
<head>
  <meta http-equiv="Content-type" content="text/html;charset=UTF-8" />
  <title><?php echo NOM_SITE; ?></title>
</head>
<body>
<p>Contenu de la page...</p>
</body>
</html>
```

4. Interrompre le script

Les instructions `exit` et `die` permettent d'interrompre l'exécution du script (`die` est un alias d'`exit`).

Syntaxe

```
exit[(chaîne message)];
exit[(entier statut)];
die[(chaîne message)];
die[(entier statut)];
```

`message`	Message à afficher avant d'interrompre le script.
`statut`	Statut de retour (entier entre 1 et 254).

Le script s'interrompt brutalement et l'affichage est laissé "en l'état". La page HTML envoyée au navigateur peut donc être incohérente ou vide.

Si l'instruction ou la fonction sont appelées dans un fichier inclus, c'est le script principal qui est interrompu.

Exemple (sans message)

```
<?php
// Générer le début de la page.
echo 'Bonjour ';
// Une condition n'est pas vérifiée, interrompre le script.
if ($nom == NULL) {
  exit(1);  // pas de message...
}
// Poursuivre la génération de la page.
echo $nom;
?>
```

Résultat

```
Bonjour
```

Exemple (avec message)

```
<?php
// Générer le début de la page.
echo 'Bonjour ';
// Une condition n'est pas vérifiée, interrompre le script.
if ($nom == NULL) {
  exit('<b>Utilisateur inconnu. Impossible de continuer.</b>');
}
// Poursuivre la génération de la page.
echo $nom;
?>
```

Résultat

```
Bonjour Utilisateur inconnu. Impossible de continuer.
```

Chapitre 6
Fonctions et classes

1. Fonctions

1.1 Introduction

À l'instar des différents langages de développement, PHP offre la possibilité de définir ses propres fonctions (appelées fonctions "utilisateur") avec tous les avantages associés (modularité, capitalisation...). Une fonction est un ensemble d'instructions identifiées par un nom, dont l'exécution retourne une valeur et dont l'appel peut être utilisé comme opérande dans une expression. Une procédure est un ensemble d'instructions identifiées par un nom qui peut être appelé comme une instruction.

1.2 Déclaration et appel

Le mot-clé `function` permet d'introduire la définition d'une fonction.

Syntaxe

```
function nom_fonction([paramètre]) {
  instructions;
}
```

`nom_fonction` Nom de la fonction (doit respecter les règles de nommage présentées dans le chapitre Vue d'ensemble de PHP).

`paramètre` Paramètres éventuels de la fonction exprimés sous forme d'une liste de variables (cf. section Fonctions - Paramètres) : `$paramètre1, $paramètre2, ...`

`instructions` Ensemble des instructions qui composent la fonction.

Si la fonction retourne une valeur, il est possible d'utiliser l'instruction `return` pour définir la valeur de retour de la fonction (cf. section Fonctions - Valeur de retour).

Le nom de la fonction ne doit pas être un mot réservé PHP (nom de fonction native, d'instruction) ni être égal au nom d'une autre fonction préalablement définie.

Une fonction utilisateur peut être appelée comme une fonction native de PHP : dans une affectation, dans une comparaison...

Exemple

```
<?php
// Fonction sans paramètre qui affiche "Bonjour !"
// pas de valeur de retour.
function afficher_bonjour() {
  echo 'Bonjour !<br />';
}
// Fonction avec 2 paramètres qui retourne le produit
// des deux paramètres.
function produit($valeur1,$valeur2) {
  return $valeur1 * $valeur2;
}
// Appel de la fonction afficher_bonjour.
afficher_bonjour();
// Utilisations de la fonction produit :
// - dans une affectation
$résultat = produit(2,4);
echo "2 x 4 = $résultat<br />";
// - dans une comparaison
if (produit(10,12) > 100) {
  echo '10 x 12 est supérieur à 100.<br />';
}
?>
```

Résultat

```
Bonjour !
2 x 4 = 8
10 x 12 est supérieur à 100.
```

Remarque

Dans le langage PHP, il n'existe pas à proprement parler de procédure. Pour définir quelque chose d'équivalent à une procédure, il suffit de définir une fonction qui ne retourne pas de valeur et d'appeler la fonction comme s'il s'agissait d'une instruction (comme la fonction `afficher_bonjour` par exemple).

Depuis la version 5.6, le contenu d'un tableau peut être transformé en liste de paramètres dans un appel de fonction grâce à l'opérateur `...` (trois points de suspension).

Exemple

```
<?php
// Fonction avec 3 paramètres qui retourne la somme
// des 3 paramètres.
function somme($valeur1,$valeur2,$valeur3) {
  return $valeur1 + $valeur2 + $valeur3;
}
// Transformation du contenu d'un tableau en
// liste de paramètres.
$valeurs = [1,2,3];
echo '1 + 2 + 3 = ',somme(...$valeurs),'<br />';
// La même chose pour une partie seulement des paramètres
// avec un tableau défini directement dans l'appel.
echo '1 + 2 + 4 = ',somme(1,...[2,4]),'<br />';
?>
```

Résultat

```
1 + 2 + 3 = 6
1 + 2 + 4 = 7
```

Depuis la version 5.4, lorsqu'une fonction retourne un tableau, il est possible d'accéder directement à un élément du tableau lors de l'appel à la fonction avec une syntaxe du type `fonction(...)[clé]`.

Exemple

```
<?php
// Définition d'une fonction qui retourne un tableau.
function qui() {
  return ['Olivier','Heurtel'];
}
// Appel de la fonction et récupération directe du prénom stocké
// à l'indice 0 du tableau retourné.
$prénom = qui()[0];
echo "qui()[0] = $prénom<br />";
?>
```

Résultat

```
qui()[0] = Olivier
```

Cette technique fonctionne aussi lorsque la fonction retourne un tableau multidimensionnel avec une syntaxe du type `fonction(...)[clé1][clé2]`.

Il est possible d'utiliser une fonction avant de la définir.

Exemple

```
<?php
// Utilisation de la fonction produit.
echo produit(5,5);
// Définition de la fonction produit.
function produit($valeur1,$valeur2) {
  return $valeur1 * $valeur2;
}
?>
```

Résultat

```
25
```

Il n'y a donc aucun problème pour définir des fonctions qui s'appellent entre elles.

Remarque

Une fonction est utilisable uniquement dans le script où elle est définie. Pour l'employer dans plusieurs scripts, il faut, soit recopier sa définition dans les différents scripts (vous perdez l'intérêt de définir une fonction), soit la définir dans un fichier inclus partout où la fonction est nécessaire.

Exemple

– Fichier `fonctions.inc` contenant des définitions de fonctions :

```
<?php
// Définition de la fonction produit.
function produit($valeur1,$valeur2) {
  return $valeur1 * $valeur2;
}
?>
```

– Script utilisant les fonctions définies dans `fonctions.inc` :

```
<?php
// Inclusion du fichier contenant la définition des fonctions.
include('fonctions.inc');
// Utilisation de la fonction produit.
echo produit(5,5);
?>
```

Fonction variable

PHP propose une "fonction variable" qui permet de stocker un nom de fonction dans une variable et d'appeler la variable dans une instruction, comme si c'était une fonction, avec la notation `$variable()`. Sur une telle écriture, PHP remplace la variable par sa valeur et cherche à exécuter la fonction correspondante (qui doit, bien entendu, exister).

Exemple

```
<?php
// Fonction qui effectue un produit.
function produit($valeur1,$valeur2) {
  return $valeur1 * $valeur2;
}
// Fonction qui effectue une somme.
function somme($valeur1,$valeur2) {
  return $valeur1 + $valeur2;
}
// Fonction qui effectue un calcul, le nom du calcul
// ('somme' ou 'produit') étant passé en paramètre.
function calculer($opération,$valeur1,$valeur2) {
  // $opération contient le nom de la fonction
  // à exécuter => appel $opération().
  return $opération($valeur1,$valeur2);
}
// Utilisation de la fonction calculer.
echo '3 + 5 = ',calculer('somme',3,5).'<br />';
echo '3 x 5 = ',calculer('produit',3,5).'<br />';
?>
```

Résultat

```
3 + 5 = 8
3 x 5 = 15
```

1.3 Paramètres

Les paramètres (aussi appelés arguments) éventuels de la fonction sont définis sous la forme d'une liste de variables.

Dans ce troisième point, nous allons étudier les possibilités suivantes :

- définir une valeur par défaut pour un paramètre.
- passer un paramètre par référence.
- utiliser une liste variable de paramètres.

Valeur par défaut

Il est possible d'indiquer qu'un paramètre possède une valeur par défaut grâce à la syntaxe suivante :

```
$paramètre = expression littérale
```

La valeur par défaut d'un paramètre doit être une expression littérale ou une constante, et ne peut être ni une variable, ni un appel de fonction. Depuis la version 5.6, il est possible d'utiliser une expression qui implique uniquement des expressions littérales, des constantes et des opérateurs.

La valeur par défaut est utilisée comme valeur d'un paramètre lorsque la fonction est appelée, sans mentionner de valeur pour le paramètre en question.

Exemple

```
<?php
// Définition d'une constante
define('UN',1);
// Définition de la fonction produit avec des valeurs
// par défaut pour les paramètres (dont une constante
// pour le premier paramètre et une expression pour le
// deuxième, ce qui est possible depuis la version 5.6).
function produit($valeur1=UN,$valeur2=2*UN) {
  return $valeur1 * $valeur2;
}
// Appels
// - sans paramètre
echo 'produit() = ',produit(),'<br />';
// - avec un seul paramètre = forcément le premier
echo 'produit(3) = ',produit(3),'<br />';
?>
```

Résultat

```
produit() = 2
produit(3) = 6
```

Ne pas donner de valeur à un paramètre ayant une valeur par défaut n'est possible qu'en partant de la droite. Passer une valeur "vide" ("" ou `NULL`) ne résout pas le problème car la valeur en question est convertie par PHP dans le type adéquat (ici en entier égal à 0).

Remarque

Passer un nombre insuffisant de paramètres et ne pas avoir de valeur par défaut génère une erreur. Passer trop de paramètres ne génère pas d'erreur ; les paramètres en trop sont ignorés.

Passage par référence

Par défaut, le passage des paramètres s'effectue par valeur : c'est une copie de la valeur qui est passée à la fonction. En conséquence, la modification des paramètres à l'intérieur de la fonction n'a aucun effet sur les valeurs dans le script appelant.

Exemple

```
<?php
// Définition d'une fonction qui prend un paramètre.
function par_valeur($paramètre) {
  // Incrémentation du paramètre.
  $paramètre++;
  // Affichage du paramètre à l'intérieur de la fonction.
  echo "\$paramètre = $paramètre<br />";
}
// Initialisation d'une variable.
$x = 1;
// Affichage de la variable avant l'appel à la fonction.
echo "\$x avant appel = $x<br />";
// Appel de la fonction en utilisant la variable comme valeur
// du paramètre.
par_valeur($x);
// Affichage de la variable après l'appel à la fonction.
echo "\$x après appel = $x<br />";
?>
```

Résultat

```
$x avant appel = 1
$paramètre = 2
$x après appel = 1
```

En cas de besoin, il est possible d'avoir un passage par référence en utilisant l'opérateur de référence & (cf. chapitre Opérateurs - section L'opérateur d'affectation par référence) devant le nom du paramètre dans la définition de la fonction. Avec une telle définition, c'est une référence vers la variable (pas une copie) qui est passée à la fonction ; cette dernière travaille directement sur la variable du script appelant.

Exemple

```
<?php
// Définition d'une fonction qui prend un paramètre.
function par_référence(&$paramètre) {
  // Incrémentation du paramètre.
  $paramètre++;
  // Affichage du paramètre à l'intérieur de la fonction.
  echo "\$paramètre = $paramètre<br />";
}
// Initialisation d'une variable.
$x = 1;
// Affichage de la variable avant l'appel à la fonction.
echo "\$x avant appel = $x<br />";
// Appel de la fonction en utilisant la variable comme valeur
// du paramètre.
```

```
par_référence($x);
// Affichage de la variable après l'appel à la fonction.
echo "\$x après appel = <b>$x</b><br />";
?>
```

Résultat

```
$x avant appel = 1
$paramètre = 2
$x après appel = 2
```

Avec une telle définition, il n'est plus possible de passer une constante ou une expression comme valeur du paramètre.

Exemples interdits

```
par_référence(2);
par_référence(1+1);
par_référence(UN); // UN = constante définie précédemment
```

Liste variable de paramètres

L'exploitation d'une liste variable de paramètres peut s'effectuer soit à l'aide des fonctions `func_num_args`, `func_get_args` et `func_get_arg`, soit à l'aide de l'opérateur `...` (trois points de suspension) depuis la version 5.6. Nous présenterons les deux méthodes successivement.

À l'intérieur d'une fonction, il est possible d'utiliser les trois fonctions PHP suivantes :

Fonction	Rôle
`func_num_args`	Donne le nombre de paramètres passés à la fonction.
`func_get_args`	Retourne la liste des paramètres passés à la fonction (dans un tableau).
`func_get_arg`	Retourne la valeur d'un paramètre dont le numéro est précisé.

Syntaxe

```
entier func_num_args()
tableau func_get_args()
mixte func_get_arg(entier numéro)
```

`numéro` Numéro du paramètre demandé (0 = premier paramètre).

À l'aide de ces fonctions natives, il est alors très simple d'écrire une fonction qui accepte un nombre variable de paramètres. Les principes sont les suivants :

- déclarer la fonction sans paramètre.
- récupérer, dans le corps de la fonction, les paramètres avec les fonctions `func_get_args` ou `func_get_arg` et les utiliser (typiquement dans une boucle).

Dans la pratique, rien n'interdit aux paramètres d'être de types différents.

Par ailleurs, il est possible de déclarer explicitement les premiers paramètres et d'accepter ensuite une liste variable de paramètres complémentaires. Dans ce cas, les paramètres explicitement déclarés sont repris dans le comptage et dans la liste des paramètres. Il convient donc de les éliminer soi-même du traitement.

Exemple

```
<?php
// Fonction qui accepte un premier paramètre par référence
// et qui y stocke le produit de tous les autres paramètres.
function produit(&$résultat) {
  switch (func_num_args()) {
    case 1:
      // Un seul paramètre (la variable pour le résultat)
      // Retourner 0 (choix arbitraire).
      $résultat = 0;
      break;
    default:
      // Récupérer les paramètres dans un tableau
      // et supprimer le premier élément (le premier
      // paramètre).
      $paramètres = func_get_args();
      unset($paramètres[0]);
      // Initialiser le résultat à 1.
      $résultat = 1;
      // Faire une boucle sur le tableau des paramètres
      // pour multiplier le résultat par le paramètre.
      foreach($paramètres as $paramètre) {
        $résultat *= $paramètre;
      }
      break;
  }
}
// appels
produit($résultat);
echo 'produit($résultat) => ',$résultat,'<br />';
produit($résultat,1,2,3);
```

```
echo 'produit($résultat,1,2,3) => ',$résultat,'<br />';
?>
```

Résultat

```
produit($résultat) => 0
produit($résultat,1,2,3) => 6
```

Depuis la version 5.6, le dernier paramètre d'une fonction peut être précédé de l'opérateur `...` (trois points de suspension) pour indiquer que la fonction accepte un nombre variable de paramètres. Dans ce cas, lors de l'appel de la fonction, les valeurs seront passées dans le paramètre en question sous la forme d'un tableau. Comme précédemment, les premiers paramètres de la fonction peuvent être déclarés explicitement. Dans ce cas, lors de l'appel de la fonction, seules les valeurs surnuméraires qui ne correspondent pas à un paramètre explicite seront passées dans le tableau.

Exemple

```
<?php
// Fonction qui accepte un premier paramètre par référence
// et qui y stocke la somme de tous les autres paramètres.
function somme(&$résultat,...$valeurs) {
  $résultat = 0;
  foreach ($valeurs as $valeur) {
    $résultat += $valeur;
  }
}
// appels
somme($résultat);
echo 'somme($résultat) => ',$résultat,'<br />';
somme($résultat,1,2,3,4);
echo 'somme($résultat,1,2,3,4) => ',$résultat,'<br />';
$valeurs = [1,2,4,8];
somme($résultat,...$valeurs); // tableau => liste paramètres
echo 'somme($résultat,...[1,2,4,8]) => ',$résultat,'<br />';
?>
```

Résultat

```
somme($résultat) => 0
somme($résultat,1,2,3,4) => 10
somme($résultat,...[1,2,4,8]) => 15
```

1.4 Valeur de retour

L'utilisation de l'instruction `return` à l'intérieur d'une fonction permet de définir la valeur de retour de la fonction et de stopper son exécution.

Syntaxe

```
return expression;
```

`expression` Expression dont le résultat constitue la valeur de retour de la fonction.

Le résultat d'une fonction peut être de n'importe quel type (chaîne, nombre, tableau...).

Si plusieurs instructions `return` sont présentes dans la fonction, c'est la première rencontrée dans le déroulement des instructions qui définit la valeur de retour et provoque l'interruption de la fonction.

Exemple

```
<?php
// Définition d'une fonction avec deux appels à return.
function valeur_retour($paramètre) {
  if ($paramètre == 1) {
    return 'Premier return';
  }
  return 'Deuxième return';
}
// Appels à la fonction.
echo 'valeur_retour(1) = '.valeur_retour(1).'<br />';
echo 'valeur_retour(0) = '.valeur_retour(0).'<br />';
?>
```

Résultat

```
valeur_retour(1) = Premier return
valeur_retour(0) = Deuxième return
```

Si la fonction ne présente aucune instruction `return` (ou si aucune instruction `return` n'est exécutée), la valeur de retour de la fonction est `NULL`.

1.5 Considérations sur les variables utilisées dans les fonctions

Variable locale/globale

Les variables utilisées à l'intérieur d'une fonction sont locales : elles sont non définies en dehors de la fonction et initialisées à chaque appel de la fonction. Il en est de même des paramètres de la fonction.

Réciproquement, une variable définie en dehors de la fonction (dans le script appelant) n'est pas définie à l'intérieur de la fonction.

PHP propose une notion de variable globale pour accéder, dans une fonction, aux variables définies dans le contexte du script appelant.

Pour cela, à l'intérieur de la fonction, il faut déclarer les variables globales que la fonction utilise avec l'instruction `global` ou utiliser le tableau associatif prédéfini `$GLOBALS`.

Syntaxe

```
global $variable[, ...];
```

`$variable`	Variable du script appelant que la fonction souhaite utiliser. Plusieurs variables peuvent être mentionnées, en les séparant par une virgule.

Le tableau prédéfini `$GLOBALS` est un tableau associatif. Dans ce tableau associatif, la clé est égale au nom de la variable globale (sans le $) et la valeur associée est égale à la valeur de la variable globale.

Remarque

Le tableau associatif `$GLOBALS` est un tableau "superglobal". Un tableau superglobal est automatiquement disponible dans tous les environnements d'exécution, sans avoir à le déclarer global. Dans ce livre, nous utiliserons d'autres tableaux superglobaux.

Exemple

```
<?php
// Objectif : écrire une fonction qui effectue le produit
//            des variables $x et $y et qui stocke le résultat
//            dans la variable $z.
// Initialisation de deux variables dans le script appelant.
$x = 2;
$y = 5;
echo '<b>Cas 1 : pas d\'utilisation des variables ',
     'globales</b><br />';
function produit1() {
  // $x et $y sont vides à l'intérieur de la fonction.
  echo "\$x = $x<br />";
  echo "\$y = $y<br />";
  $z = 0 + $x * $y;
}
produit1();
// $z est vide dans le script principal.
echo "\$z = $z<br />";
// Résolution du problème en utilisant des variables globales :
```

```
// - avec le mot-clé global pour $x et $y
// - avec le tableau $GLOBALS pour $z
echo '<b>Cas 2 : utilisation des variables globales</b><br />';
function produit2() {
  global $x, $y;
  echo "\$x = $x<br />";
  echo "\$y = $y<br />";
  $GLOBALS['z'] = 0 + $x * $y;
}
produit2();
echo "\$z = $z<br />";
?>
```

Résultat

```
Cas 1 : pas d'utilisation des variables globales
$x =
$y =
$z =
Cas 2 : utilisation des variables globales
$x = 2
$y = 5
$z = 10
```

Remarque

Un paramètre d'une fonction se comporte comme une variable locale à la fonction, sauf s'il est passé par référence, auquel cas il est équivalent à une variable globale.

Variable statique

Par défaut, les variables locales d'une fonction sont réinitialisées à chaque appel de la fonction.

L'instruction `static` permet de définir des variables locales statiques qui ont pour propriété de conserver leur valeur d'un appel à l'autre de la fonction, pendant la durée du script.

Syntaxe

```
static $variable = expression_scalaire[, ...];
```

`$variable`	Variable concernée.

`expression_scalaire`	Valeur initiale affectée à la variable lors du premier appel à la fonction à l'intérieur du script. Seules les expressions littérales, les constantes, et, depuis la version 5.6, les expressions qui impliquent uniquement des expressions littérales, des constantes et des opérateurs, sont acceptées ; les variables et les appels de fonction ne sont pas autorisés.

Exemple

```
<?php
// Définition d'une fonction.
function variable_statique() {
  // Initialisation d'une variable statique.
  static $variable_statique = 0;
  // Initialisation d'une autre variable.
  $autre_variable = 0;
  // Affichage des deux variables.
  echo "\$variable_statique = $variable_statique <br />";
  echo "\$autre_variable = $autre_variable<br />";
  // Incrémentation des deux variables.
  $variable_statique++;
  $autre_variable++;
}
// Premier appel de la fonction.
echo '<b>Premier appel de la fonction :</b><br />';
variable_statique();
// ...
// Deuxième appel de la fonction.
echo '<b>Deuxième appel de la fonction :</b><br />';
variable_statique();
//...
// Troisième appel de la fonction.
echo '<b>Troisième appel de la fonction :</b><br />';
variable_statique();
?>
```

Résultat

```
Premier appel de la fonction :
$variable_statique = 0
$autre_variable = 0
Deuxième appel de la fonction :
$variable_statique = 1
$autre_variable = 0
Troisième appel de la fonction :
$variable_statique = 2
$autre_variable = 0
```

Cet exemple montre que la valeur de `$variable_statique` est bien conservée d'un appel à l'autre, le premier appel permettant de l'initialiser. Par contre, la variable `$autre_variable` est remise à 0 à chaque appel de la fonction.

Remarque

La valeur n'est conservée que pendant la durée du script : lorsque ce dernier se termine, la valeur est perdue et, au prochain appel du script, la variable statique est réinitialisée.

1.6 Les constantes et les fonctions

Dans le chapitre Variables, constantes, types et tableaux, nous avons observé que la portée des constantes était le script dans lequel elles sont définies.

À la différence des variables, cette portée s'étend aux fonctions appelées dans le script : une constante peut être utilisée à l'intérieur de la fonction sans qu'elle soit déclarée globale.

Réciproquement, une constante définie dans une fonction peut être utilisée dans un script, après appel de la fonction.

Exemple

```
<?php
// Définition d'une constante dans le script.
define(CONSTANTE_SCRIPT,'constante script');
// Définition d'une fonction.
function constante() {
  // Qui définit une constante.
  define(CONSTANTE_FONCTION,'constante fonction');
  // Et qui affiche une constante du script appelant.
  echo 'Dans la fonction, CONSTANTE_SCRIPT = ',
        CONSTANTE_SCRIPT,'<br />';
}
// Appel de la fonction.
constante();
// Affichage de la constante définie dans la fonction.
```

```
echo 'Dans le script, CONSTANTE_FONCTION = ',
   CONSTANTE_FONCTION,'<br />';
?>
```

Résultat

```
Dans la fonction, CONSTANTE_SCRIPT = constante script
Dans le script, CONSTANTE_FONCTION = constante fonction
```

1.7 Récursivité

À l'instar de nombreux langages, PHP autorise la récursivité, c'est-à-dire la possibilité pour une fonction de s'appeler elle-même.

Pour illustrer cette notion, nous allons écrire une fonction générique qui permet d'afficher le contenu d'un tableau, éventuellement multidimensionnel.

Source

```
<?php
function afficher_tableau($tableau,$titre='',$niveau=0) {
  // Paramètres
  //    - $tableau = tableau dont il faut afficher le contenu
  //    - $titre = titre à afficher au dessus du contenu
  //    - $niveau = niveau d'affichage
  // S'il y a un titre, l'afficher.
  if ($titre != '') {
    echo "<br /><b>$titre</b><br />";
  }
  // Tester s'il y a des données.
  if (isset($tableau)) { // il y a des données
    // Parcourir le tableau passé en paramètre.
    reset ($tableau);
    foreach ($tableau as $cle => $valeur) {
      // Afficher la clé (avec indentation fonction du niveau).
      echo
        str_pad('',12*$niveau, ' '),
        htmlentities($cle),' = ';
      // Afficher la valeur
      if (is_array($valeur)) { // c'est un tableau...
        // mettre une balise <br />
        echo '<br />';
        // Et appeler récursivement afficher_tableau pour
        // afficher le tableau en question (sans titre et
        // au niveau suivant pour l'indentation)
        afficher_tableau($valeur,'',$niveau+1);
      } else { // c'est une valeur scalaire
        // Afficher la valeur.
```

```
        echo htmlentities($valeur),'<br />';
      }
    }
  } else { // pas de données
    // Mettre une simple balise <br />
    echo '<br />';
  }
}
// Afficher un tableau de couleurs.
$couleurs = array('Bleu','Blanc','Rouge');
afficher_tableau($couleurs,'Couleurs');
// Afficher un tableau à deux dimensions (pays/ville).
$pays = array('France' => array('Paris','Lyon','Nantes'),
              'Italie' => array('Rome','Venise'));
afficher_tableau($pays,'Pays/Villes');
?>
```

Résultat

```
Couleurs
0 = Bleu
1 = Blanc
2 = Rouge
Pays/Villes
France =
  0 = Paris
  1 = Lyon
  2 = Nantes
Italie =
  0 = Rome
  1 = Venise
```

Pour être rigoureux, il faudrait vérifier que la variable passée initialement en premier paramètre est bien un tableau.

Nous allons utiliser cette fonction à plusieurs reprises dans cet ouvrage, partant de l'hypothèse qu'elle fait partie d'un jeu de fonctions génériques définies dans un fichier qui est inclus dans le script en cas de besoin.

1.8 Fonction anonyme

Une fonction anonyme, aussi appelée fermeture ou *closure* en anglais, est une fonction à laquelle aucun nom n'est attribué lors de la création. Cette notion est apparue en version 5.3.

Une fonction anonyme peut être utilisée comme valeur d'une variable (fonction variable) ou comme fonction de rappel d'une autre fonction.

Exemple

```
<?php
// Définition d'une fonction anonyme stockée dans une variable.
$fonction_anonyme = function ($nom) {
  echo "Bonjour $nom !<br />";
};
// Appel de la fonction anonyme.
$fonction_anonyme('tout le monde');
// Utilisation de la fonction anonyme comme fonction de rappel.
$noms = array('Olivier','David','Thomas');
array_walk($noms,$fonction_anonyme);
?>
```

Résultat

```
Bonjour tout le monde !
Bonjour Olivier !
Bonjour David !
Bonjour Thomas !
```

La fonction `array_walk` est une fonction qui permet d'exécuter une fonction (appelée fonction de rappel) sur les éléments d'un tableau.

La fonction anonyme peut être définie directement dans l'appel.

Exemple

```
<?php
$noms = array('Olivier','David','Thomas');
array_walk
   (
   $noms,
   function ($nom) {echo "Bonjour $nom !<br />";}
   );
?>
```

Une fonction anonyme peut importer des variables du contexte parent. Pour cela, derrière la signature de la fonction, il suffit d'utiliser le mot-clé `use` suivi de la liste des variables à importer entre parenthèses.

Exemple

```
<?php
// Définition d'une variable.
$nom = 'Olivier';
// Définition d'une fonction anonyme stockée dans une variable
// cette fonction importe la variable $nom.
$fonction_anonyme = function () use ($nom) {
  echo "Bonjour $nom !<br />";
};
```

```
// Appel de la fonction anonyme.
$fonction_anonyme();
?>
```

Résultat

```
Bonjour Olivier !
```

Si la variable importée doit être modifiée par la fonction anonyme, il faut l'importer avec l'opérateur `&` (`use (& $nom)`).

1.9 Fonction générateur

Un générateur (*generator* en anglais) ou fonction générateur est une fonction qui va produire à la volée une liste de valeurs qui pourra être parcourue dans le programme appelant à l'aide de la structure `foreach` (comme pour un tableau). Cette technique, apparue en version 5.5, est intéressante car elle permet de générer une liste de valeurs sans passer par un stockage dans un tableau potentiellement consommateur de beaucoup de mémoire. Avant la version 5.5, il était possible d'obtenir le même résultat au prix d'une plus grande complexité en définissant une classe qui implémentait l'interface `iterator`.

Une fonction générateur ne retourne pas de valeur et ne comporte donc pas d'instruction `return`. À la place, pour fournir une valeur à l'appelant, la fonction utilise le mot-clé `yield`.

Syntaxe

```
yield [clé =>] valeur;
```

`valeur`	Expression dont le résultat constitue la valeur fournie par la fonction.
`clé`	Expression dont le résultat constitue la clé associée à la valeur fournie par la fonction. Si cette clause n'est pas spécifiée, les valeurs fournies sont indicées par défaut à partir de 0.

Lorsqu'une fonction générateur est appelée, elle retourne en fait un objet de la classe interne `Generator` qui implémente l'interface `Iterator`. Lorsque cet objet est parcouru par une boucle `foreach`, PHP appelle la fonction pour récupérer une valeur, jusqu'à ce qu'il n'y ait plus de valeur (comme pour un tableau). À chaque itération, la fonction fournit la valeur à l'aide du mot-clé `yield` et son exécution est suspendue jusqu'à l'itération suivante.

Premier exemple : génération d'une liste de valeurs

```
<?php
// définition d'une fonction qui génère des nombres aléatoires
function lanceur_de_dés($nombre=3) {
  for ($i = 1; $i <= $nombre; $i++) {
    yield rand(1,6);
  }
}
// appel de la fonction dans une variable
$valeurs = lanceur_de_dés();
// dump de la variable (pour voir)
echo '<b>Dump de la variable :</b><br />';
var_dump($valeurs);
echo '<b>  // c\'est bien un objet</b><br />';
// parcours des valeurs
echo '<b>Parcours des valeurs :</b><br />';
foreach ($valeurs as $valeur) {
  echo "$valeur ";
}
echo '<br />';
// nouvel appel (avec 5 valeurs) et parcours directement
// dans la structure foreach
echo '<b>Nouvelle génération (5 valeurs) :</b><br />';
foreach (lanceur_de_dés(5) as $valeur) {
  echo "$valeur ";
}
?>
```

Résultat

```
Dump de la variable :
object(Generator)#1 (0) { } // c'est bien un objet
Parcours des valeurs :
5 6 3
Nouvelle génération (5 valeurs) :
4 4 1 4 3
```

Deuxième exemple : génération d'une liste de paires clé/valeur

```
<?php
// définition d'une fonction qui fournit une à une les lettres d'un
// texte en utilisant la code ASCII de la lettre comme indice
function lettres($texte) {
  for ($i = 0; $i < strlen($texte); $i++) {
    yield ord($texte[$i]) => $texte[$i];
  }
}
foreach (lettres('OLIVIER') as $code => $lettre) {
```

```
  echo "$lettre ($code) ";
}
?>
```

Résultat

```
O (79) L (76) I (73) V (86) I (73) E (69) R (82)
```

2. Classes

2.1 Concept

En version 5, la gestion des objets dans PHP a été complètement réécrite afin d'offrir de meilleures performances et plus de fonctionnalités.

PHP propose maintenant des fonctionnalités classiques de programmation orientée objet :

- définition de classe
- utilisation de méthodes constructeur et destructeur
- notions d'attribut ou de méthode public, privé, protégé
- héritage
- notions de classe ou méthode abstraite, de classe ou méthode finale, d'interface, d'attribut ou méthode statique (de classe)
- exceptions

Une classe est un type composite regroupant des variables (appelées attributs de la classe) et des fonctions (appelées méthodes de la classe). En soi, une classe ne contient pas de données ; c'est juste un modèle, une définition.

À partir de la classe, il est possible de définir ("instancier") des objets qui ont la structure de la classe et qui, eux, contiennent des données.

Dans cette partie, nous allons présenter les fonctionnalités de base les plus couramment utilisées : c'est une introduction pratique aux fonctionnalités objet de PHP. Pour plus d'informations, reportez-vous à la documentation de PHP.

2.2 Définir une classe

Le mot-clé `class` permet d'introduire la définition d'une classe.

Syntaxe

```
class nom_classe {
 // définition des attributs
 [
 public | private | protected $attribut [= expression_scalaire];
 ...
 ]
 // définition des méthodes
 [
 [public | private | protected] function méthode() {
  ...
 }
 ...
 ]
}
```

`nom_classe`	Nom de la classe (doit respecter les règles de nommage présentées dans le chapitre Vue d'ensemble de PHP).
`$attribut`	Nom d'une variable correspondant à un attribut de la classe.
`expression_scalaire`	Valeur initiale de l'attribut. Seules les expressions littérales, les constantes, et, depuis la version 5.6, les expressions qui impliquent uniquement des expressions littérales, des constantes et des opérateurs, sont acceptées ; les variables et les appels de fonction ne sont pas autorisés.
`méthode`	Définition d'une fonction correspondant à une des méthodes de la classe.

La visibilité des attributs et des méthodes est définie par un des mots-clés suivants :

`public`	L'attribut ou la méthode sont publics et l'on peut y accéder de l'extérieur de la classe.
`private`	L'attribut ou la méthode sont privés et l'on ne peut y accéder que de l'intérieur de la classe.
`protected`	L'attribut ou la méthode sont protégés et l'on ne peut y accéder que de l'intérieur de la classe ou des classes dérivées de la classe (voir la notion d'héritage).

Par défaut, une méthode est publique. Par contre, la visibilité de l'attribut doit être spécifiée.

Les méthodes sont définies comme des fonctions utilisateur classiques (avec paramètres, instruction `return`...), mais à l'intérieur de la classe. Une méthode d'une classe peut avoir le même nom qu'une fonction utilisateur ou qu'une autre méthode d'une autre classe.

Une des méthodes peut porter le même nom que la classe dans laquelle elle est définie. Cette méthode particulière, nommée méthode constructeur, est automatiquement appelée à la création ("instanciation") d'un nouvel objet. Généralement, cette méthode est utilisée pour initialiser des attributs qui ne peuvent l'être par une simple expression littérale. La méthode constructeur d'une classe peut être nommée de manière unifiée `__construct`. Cette méthode de nommage est conseillée car elle facilite l'appel de la méthode constructeur d'une classe parent dans une classe dérivée (voir la notion d'héritage). En premier, PHP recherche toujours une méthode nommée `__construct` ; s'il n'en trouve pas, il recherche une méthode portant le même nom que la classe.

En complément, il est possible de spécifier une méthode destructeur nommée `__destruct` (pas de paramètre). Cette méthode destructeur est automatiquement appelée lorsque la dernière référence à un objet est supprimée. Cette méthode peut être utilisée pour libérer des ressources utilisées par l'objet (du type fichier, informations dans une base de données, etc.).

Enfin, il est possible de spécifier une méthode nommée `__toString` (pas de paramètre) qui permet de convertir un objet en chaîne. Cette méthode est automatiquement appelée à chaque fois que l'objet est utilisé dans un contexte où PHP attend une chaîne (par exemple dans un `echo`). Cette méthode doit retourner une chaîne dans laquelle vous pouvez intégrer les informations que vous souhaitez sur l'objet.

À l'intérieur des méthodes, l'objet courant (ou instance courante) peut être référencé par la variable `$this` ; pour accéder aux attributs ou aux méthodes, il suffit d'utiliser l'opérateur -> suivi du nom de l'attribut ou du nom de la méthode, derrière le nom de la variable `$this`.

Syntaxe

```
$this->attribut
$this->méthode([valeur[, ...]])
```

Le signe $ porte sur le nom de la variable `this`, pas sur le nom de l'attribut.

Exemple

```
<?php
// Définition d'une classe destinée à stocker des informations
// sur un utilisateur.
class utilisateur {
  // Définition des attributs.
  public  $nom; // nom de l'utilisateur
  public  $prénom; // prénom de l'utilisateur
  public  $langue = 'fr_FR'; // langue de l'utilisateur
                             // français par défaut
  private $timestamp; // date/heure de création (privé)
  // Définition des méthodes :
  // - méthode constructeur
  public function __construct($prénom,$nom) {
    // Initialiser le nom et le prénom
    // avec les valeurs passées en paramètre.
    $this->prénom = $prénom;
    $this->nom = $nom;
    // Initialiser le timestamp avec la fonction time().
    $this->timestamp = time();
  }
  // - méthode destructeur
  public function __destruct() {
    // Se contente d'afficher un message.
    echo "<p><b>Suppression de $this->nom</b></p>";
  }
  // - méthode de conversion de l'objet en chaîne
  public function __toString() {
    // Retourne juste le nom et le prénom.
    return "__toString = $this->nom - $this->prénom";
  }
  // - méthode qui modifie la langue de l'utilisateur.
  public function langue($langue) {
    $this->langue = $langue;
  }
  // - méthode (privée) qui met en forme la date/heure
  //   de création de l'utilisateur.
  private function miseEnFormeTimestamp() {
    setlocale(LC_TIME,$this->langue);
    return strftime('%c', $this->timestamp);
  }
  // - méthode qui donne des informations sur l'utilisateur
  public function informations() {
    $création = $this->miseEnFormeTimestamp();
    return "$this->prénom $this->nom - $création";
  }
}
?>
```

Remarque

Une classe est utilisable uniquement dans le script où elle est définie. Pour pouvoir l'employer dans plusieurs scripts, il faut, soit recopier sa définition dans les différents scripts (vous perdez l'intérêt de la définition d'une classe), soit la définir dans un fichier qui est inclus partout où la classe est utilisée.

2.3 Instancier une classe

Instancier une classe signifie créer un objet basé sur la définition de la classe. Dans une certaine mesure, cela revient à définir une variable ayant comme "type", la classe.

L'instanciation s'effectue grâce à l'opérateur `new`.

Syntaxe

```
$nom_objet = new nom_classe[(valeur[, ...])]
```

`$nom_objet`	Variable destinée à stocker l'objet.
`nom_classe`	Nom de la classe qui sert de "modèle" à l'objet.
`valeur`	Paramètre éventuel passé à la méthode constructeur de la classe appelée lors de la création de l'objet.

Après création de l'objet, les attributs et méthodes publics de l'objet peuvent être atteints avec l'opérateur ->, sur la variable `$nom_objet`, comme avec la variable `$this`.

Remarque

Il n'y a pas de protection des attributs publics des objets ; ils peuvent être manipulés directement.

Exemple

```
<?php
// Inclusion du fichier qui contient la définition de la
// classe utilisateur présentée précédemment.
include('classes.inc');
// Instanciation d'un objet.
$moi = new utilisateur('Olivier','Heurtel');
// La variable $moi contient maintenant un objet basé sur la
// classe utilisateur. Les méthodes sont accessibles par
// l'opérateur ->.
// Utilisation des méthodes de l'objet.
echo "{$moi->informations()} <br/>";
$moi->langue('en_US');  // modification de la langue
echo "{$moi->informations()} <br/>";
```

```
// Modification et lecture directe d'un attribut public
$moi->nom = strtoupper($moi->nom);
echo "$moi->nom <br />";
// Affichage direct de l'objet => utilisation de __toString
echo "$moi <br />";
?>
```

Résultat

```
Olivier Heurtel - mar 21 oct 2014 10:33:37 CEST
Olivier Heurtel - Tue 21 Oct 2014 10:33:37 PM CEST
HEURTEL
__toString = HEURTEL - Olivier
Suppression de HEURTEL
```

Comme le montre cet exemple, les variables objet peuvent être substituées comme les autres (cf. chapitre Variables, constantes, types et tableaux - section Types de données) dans les chaînes de caractères délimitées par des guillemets doubles. En cas de besoin, les accolades peuvent être utilisées pour délimiter la variable à l'intérieur de la chaîne.

Depuis la version 5.4, il est possible d'accéder à un membre d'une classe (attribut ou méthode) lors de l'instanciation, avec une syntaxe du type `(new classe(...))->membre`.

Exemple

```
<?php
// Inclusion du fichier qui contient la définition de la
// classe utilisateur présentée précédemment.
include('classes.inc');
// Appel d'une méthode lors de l'instanciation d'un objet.
$informations = (new utilisateur('Victor','Hugo'))->informations();
echo "$informations <br/>";
?>
```

Résultat

```
Suppression de Hugo

Victor Hugo - mar 21 oct 2014 10:36:08 CEST
```

Avec ce genre d'appel, le nouvel objet est supprimé immédiatement après sa création, ce qui explique pourquoi le message de suppression est affiché avant les informations.

Remarque

Les règles de portée et de durée de vie des variables s'appliquent aux objets (cf. chapitre Variables, constantes, types et tableaux - section Variables).

2.4 Héritage

Il est possible de définir une nouvelle classe qui hérite d'une classe existante avec le mot-clé `extends`.

Syntaxe

```
class nom_classe extends nom_classe_de_base{
 // Définition des attributs supplémentaires.
 [
 public | private | protected $attribut [= expression_littérale];
 ...
 ]

 // Définition des méthodes supplémentaires.
 [
 public | private | protected function méthode() {
  ...
 }
 ...
 ]
}
```

La signification des différents éléments est la même que pour la définition d'une classe.

La nouvelle classe créée est appelée classe fille et la classe de base (qui a servi de "moule" à cette création) est nommée classe mère.

La nouvelle classe possède implicitement les attributs et méthodes de la classe de base et peut en définir de nouveaux, notamment une classe constructeur nommée `__construct`. Si la classe fille n'a pas de méthode constructeur, c'est la méthode constructeur de la classe mère qui est appelée lors de l'instanciation d'un objet sur la classe fille.

Quand la méthode constructeur existe dans la classe fille, il n'y a pas d'appel automatique à la méthode constructeur de la classe mère : si nécessaire, il faut l'appeler explicitement en utilisant `parent::__construct()`.

Exemple

```
<?php
// Définition d'une classe de base.
class utilisateur {
  // Définition des attributs.
  public $nom; // nom de l'utilisateur
  public $prénom; // prénom de l'utilisateur
  // Définition des méthodes :
  // - méthode constructeur
```

```
  public function __construct($prénom,$nom) {
    // Initialiser le nom et le prénom
    // avec les valeurs passées en paramètre.
    $this->prénom = $prénom;
    $this->nom = $nom;
  }
  // - méthode qui donne les informations sur l'utilisateur
  public function informations() {
    return "$this->prénom $this->nom";
  }
}
// Définition d'une classe qui hérite de la première.
class utilisateur_couleur extends utilisateur{
  // Définition des attributs complémentaires.
  public $couleurs; // couleurs préférées de l'utilisateur
  // Définition des méthodes complémentaires.
  // - méthode constructeur
  public function __construct($prénom,$couleurs) {
    // Appel au constructeur de la classe mère
    // pour la première partie de l'initialisation.
    parent::__construct ($prénom,'X');
    // Initialisation spécifique complémentaire.
    $this->couleurs = explode(",",$couleurs);
  }
  // - liste des couleurs préférées de l'utilisateur
  public function couleurs() {
    return implode(',',$this->couleurs);
  }
}
// Instanciation d'un objet sur la classe fille.
$moi = new utilisateur_couleur('Olivier','bleu,blanc,rouge');
// Utilisation des méthodes :
// - de la classe mère
echo "{$moi->informations()}<br />"; // existe par héritage
// - de la classe fille
echo "{$moi->couleurs()}<br />"; // existe dans la classe
?>
```

Résultat

```
Olivier X
bleu,blanc,rouge
```

■ Remarque

Dans une classe fille, il est possible de redéclarer une méthode ou un attribut qui existe dans la classe mère. Dans ce cas, l'opérateur `parent::` *peut être utilisé pour faire référence explicitement aux attributs (*`parent::attribut`*) ou méthodes (*`parent::méthode()`*) de la classe mère et lever l'ambiguïté du nommage (cet opérateur peut être utilisé même s'il n'y a pas d'ambiguïté).*

2.5 Autres fonctionnalités sur les classes

2.5.1 Classe ou méthode abstraite

Une classe abstraite est une classe qui ne peut pas être instanciée (pas de création d'objet sur la classe). Par contre, une telle classe peut servir de base à la définition d'une classe fille qui pourra être instanciée (sauf si elle est elle-même abstraite).

Une méthode abstraite est une méthode qui est définie dans une classe (elle-même obligatoirement abstraite) mais pas implémentée (le code de la méthode n'est pas présent). Une telle méthode pourra être implémentée dans une classe fille. Une méthode abstraite ne peut pas être privée.

En termes de syntaxe, il suffit de mettre le mot-clé `abstract` devant la définition de la classe ou de la méthode.

Une classe fille qui n'implémente pas toutes les méthodes abstraites de la classe mère est implicitement abstraite (même si le mot-clé `abstract` n'est pas présent).

Exemple

```
<?php
// Définition d'une classe abstraite.
abstract class classeMère {
   // attribut protégé
   protected $x;
   // deux méthodes pour accéder à l'attribut protégé
   //   - pour lire
   public function get() {
      return "GET = $this->x";
   }
   //   - pour écrire
   //      > méthode abstraite
   abstract public function put($valeur);
}
// Définition d'une classe fille qui hérite de la classe mère.
class classeFille extends classeMère {
   // Implémentation de la méthode d'écriture.
   public function put($valeur) {
```

```
        $this->x = $valeur;
    }
}
// Utilisation de la classe fille.
$objet = new classeFille();
$objet->put(123);
echo $objet->get(),'<br />';
?>
```

Résultat

```
GET = 123
```

2.5.2 Classe ou méthode finale

On ne peut hériter d'une classe finale.

Une méthode finale ne peut pas être redéfinie dans une classe fille.

En termes de syntaxe, il suffit de mettre le mot-clé `final` devant la définition de la classe ou de la méthode.

Exemple 1

```
<?php
// Définition d'une classe mère avec une méthode finale.
class classeMère {
    final public function méthodeFinale() {
        echo 'Méthode finale dans la classe mère';
    }
}
// Définition d'une classe fille qui hérite de la classe mère.
class classeFille extends classeMère {
    // Tentative de modification de la classe finale.
    public function méthodeFinale() {
        echo 'Méthode finale dans la classe fille';
    }
}
?>
```

Résultat

```
Fatal error: Cannot override final method
classeMère::méthodeFinale() in /app/scripts/index.php on line 14
```

Exemple 2

```
<?php
// Définition d'une classe mère finale.
final class classeMère {
    public $x;
```

```
}
// Tentative de définition d'une classe fille qui hérite
// de la classe mère.
class classeFille extends classeMère {
    public $y;
}
?>
```

Résultat

```
Fatal error: Class classeFille may not inherit from final class
(classeMère) in /app/scripts/index.php on line 10
```

2.5.3 Interface

Une interface est une classe qui ne contient que des spécifications de méthodes sans implémentations. Une interface ne contient pas d'attribut non plus.

D'autres classes peuvent être ensuite définies et implémenter une ou plusieurs interfaces, c'est-à-dire implémenter les méthodes d'une ou plusieurs interfaces.

Syntaxe de définition d'une interface

```
interface nom_interface {
    // Définition des méthodes.
    [public] function méthode();
    ...
}
```

`nom_interface`	Nom de l'interface (doit respecter les règles de nommage présentées dans le chapitre Vue d'ensemble de PHP).
`méthode`	Spécification d'une méthode de l'interface.

Les méthodes d'une interface sont forcément publiques ; le mot-clé `public` peut être omis.

Il est possible de définir une nouvelle classe qui implémente une ou plusieurs interfaces avec le mot-clé `implements`.

Syntaxe

```
class nom_classe implements nom_interface1,nom_interface2,... {
...
}
```

Une telle classe doit implémenter les différentes méthodes des interfaces qu'elle implémente. Si l'une des méthodes des interfaces n'est pas implémentée, la classe doit être déclarée abstraite.

Exemple

```
<?php
// Définition de deux interfaces.
interface lecture {
    function get();
}
interface écriture {
    function put($valeur);
}

// Définition d'une classe qui implémente les deux interfaces.
class uneClasse implements lecture,écriture {
    // Définition d'un attribut quelconque.
    private $x;
    // Implémentation de la méthode de lecture.
    public function get() {
        return $this->x;
    }
    // Implémentation de la méthode d'écriture.
    public function put($valeur) {
        $this->x = $valeur;
    }
}
?>
```

2.5.4 Attribut ou méthode statique - Constante de classe

Un attribut ou une méthode statique est utilisable directement sans instanciation préalable d'un objet. On parle aussi d'attribut ou de méthode de classe.

Pour définir un attribut ou une méthode statique, il suffit de placer le mot-clé `static` devant la définition de l'attribut ou de la méthode.

Pour référencer un attribut ou une méthode statique, il faut utiliser la syntaxe `nom_classe::$nom_attribut` ou `nom_classe::nom_méthode()`.

Une constante de classe est une constante définie dans une classe utilisable directement sans instanciation préalable d'un objet (comme un attribut de classe, mais constant).

Syntaxe de définition d'une constante de classe

```
const nom_constante = valeur;
```

`nom_constante` Nom de la constante.

`valeur` Valeur de la constante (mêmes règles que pour une constante classique définie avec le mot-clé `const` - voir la section Constantes dans le chapitre Variables, constantes, types et tableaux.

Une constante de classe est implicitement publique.

Pour référencer une constante de classe, il faut utiliser la syntaxe `nom_classe::nom_constante`.

Exemple

```
<?php
// Définition d'une classe.
class uneClasse {
  // Attribut privé quelconque.
  private $x;
  // Attribut privé statique pour stocker
  // le nombre d'objets instanciés.
  static private $nombre = 0;
  // Constante de classe pour définir une valeur par défaut.
  const DEFAUT = 'X';
  // Fonction publique statique qui retourne le nombre d'objets.
  static public function nombreObjets() {
    return uneClasse::$nombre;
  }
  // Méthode constructeur
  // - récupérer la valeur de l'attribut (valeur par défaut
  //   = la constante de classe)
  // - incrémenter le nombre d'objets
  public function __construct($valeur = uneClasse::DEFAUT) {
    $this->x = $valeur;
    uneClasse::$nombre++;
    echo "Création de l'objet : $this->x<br />";
  }
  // Méthode destructeur.
  // - décrémenter le nombre d'objets
  public function __destruct() {
    uneClasse::$nombre--;
    echo "Suppression de l'objet : $this->x<br />";
  }
}
// Créer deux objets.
$inconnu = new uneClasse();
$abc = new uneClasse ('ABC');
// Afficher le nombre d'objets
```

```
echo uneClasse::nombreObjets(),' objet(s)<br />';
// "Supprimer" un objet.
unset($inconnu);
// Afficher le nombre d'objets
echo uneClasse::nombreObjets(),' objet(s)<br />';
?>
```

Résultat

```
Création de l'objet : X
Création de l'objet : ABC
2 objet(s)
Suppression de l'objet : X
1 objet(s)
Suppression de l'objet : ABC
```

2.5.5 Traits

Un trait est une sorte de classe qui regroupe un ensemble de méthodes ou d'attributs qui peuvent ensuite être utilisés dans d'autres classes sans héritage. C'est un moyen simple de réutiliser du code dans un langage comme PHP qui n'autorise pas l'héritage multiple. Cette fonctionnalité a été introduite en version 5.4.

Syntaxe de définition d'un trait

```
trait nom_trait {
  // Définition d'attributs et/ou de méthodes
  ...
}
```

`nom_trait` Nom du trait (doit respecter les règles de nommage présentées dans le chapitre Vue d'ensemble de PHP).

Dans la définition du trait, les attributs et méthodes sont définis comme dans une classe normale.

Il est ensuite possible de définir une nouvelle classe qui utilise un ou plusieurs traits avec le mot-clé `use`.

Syntaxe

```
class nom_classe [extends nom_classe_de_base] {
  // Utilisation d'un ou plusieurs traits
  use nom_trait [,...];
  // Suite de la définition de la classe.
  ...
}
```

Exemple

```
<?php
// Définition d'un trait qui contient des méthodes de calcul.
trait JeSaisCalculer {
  function somme($a,$b) {
    return $a+$b;
  }
  function produit($a,$b) {
    return $a*$b;
  }
}
// Définition d'un trait qui contient une méthode qui
// affiche un message.
trait JeSuisPoli {
  // La méthode teste s'il existe un attribut 'prénom' dans
  // la classe et si c'est le cas l'utilise dans le message.
  function direBonjour() {
    if (isset($this->prénom)) {
      echo "Bonjour {$this->prénom} !<br />";
    } else {
      echo 'Bonjour !<br />';
    }
  }
}
// Définition d'une classe qui utilise les deux traits.
class utilisateur {
  use JeSaisCalculer,JeSuisPoli;
  // Attributs et méthodes de la classe.
  private $prénom; // prénom de l'utilisateur
  public function __construct($prénom) {
    // Initialiser le prénom avec la valeur passée en paramètre.
    $this->prénom = $prénom;
    // Dire bonjour (appel d'une méthode d'un des traits).
    $this->direBonjour();
  }
}
// Instancier un nouvel objet.
$moi = new utilisateur('Olivier');
// Faire un calcul (appel d'une méthode d'un des traits)
echo 'Je sais calculer : ';
echo '10821 x 11409 = ',$moi->produit(10821,11409);
?>
```

Résultat

```
Bonjour Olivier !
Je sais calculer : 10821 x 11409 = 123456789
```

Une méthode héritée d'une classe de base est écrasée par une méthode de même nom issue d'un trait, qui est elle-même écrasée par une méthode de même nom de la classe courante.

Par contre, si deux traits insèrent une méthode avec le même nom dans une classe, une erreur fatale se produit, sauf si le conflit est explicitement résolu à l'aide des opérateurs `insteadof` ou `as` (voir la documentation à ce sujet).

Un trait peut utiliser d'autres traits.

2.6 Exceptions

Les langages de programmation objet comme C++ et Java utilisent la notion d'exception pour gérer les erreurs. Cette fonctionnalité a été introduite dans la gestion des objets de PHP en version 5.

Le principe consiste à inclure le code susceptible de générer des erreurs dans un bloc `try` et à lui associer un bloc `catch` destiné à intercepter les erreurs et à les traiter :

Structure générale

```
try {
    // code susceptible de générer des erreurs
    ...
} catch (Exception $e) {
    // code destiné à traiter les erreurs
    ...
[
} finally {
   // code exécuté dans tous les cas
    ...
]
}
```

Depuis la version 5.5, il est possible d'inclure un bloc `finally` après le bloc `catch`. Le code présent dans le bloc `finally` est toujours exécuté après les blocs `try` et `catch`, qu'une exception se soit produite ou non.

La classe `Exception` est une classe qui contient notamment les méthodes suivantes :

`__construct`	Méthode constructeur acceptant deux paramètres : un message d'erreur et un code d'erreur (optionnel).
`getMessage`	Méthode permettant de récupérer le message d'erreur.
`getCode`	Méthode permettant de récupérer le code d'erreur.

À l'intérieur du bloc `try`, une exception peut être levée par une instruction du type `throw new Exception(message[,code])`. Dans le bloc `catch`, les méthodes `getMessage` et `getCode` permettent de récupérer des informations sur l'erreur et de la traiter. En cas d'exception dans un bloc `try`, le traitement se branche directement dans le bloc `catch` : le reste du bloc `try` n'est pas exécuté.

Exemple

```
<?php
// Définition d'une classe.
class uneClasse {
  // Un attribut quelconque.
  private $x;
  // Méthode constructeur.
  public function __construct($valeur) {
    $this->x = $valeur;
  }
  // Méthode qui effectue une action quelconque.
  public function action() {
    // Pour une raison donnée l'action est interdite
    // si l'attribut est négatif : une exception est levée.
    if ($this->x < 0) {
      throw new Exception('Action interdite',123);
    }
  }
}
// Créer deux objets.
$objet = new uneClasse(1);
try {
  echo 'Objet 1 : ';
  $objet->action(); // ne va pas lever d'exception
  echo 'OK<br />';
} catch (Exception $e) {
  echo 'ERREUR ',$e->getCode(),' - ',$e->getMessage(),'<br />';
}
$objet = new uneClasse(-1);
try {
  echo 'Objet 2 : ';
  $objet->action(); // va lever une exception
  echo 'OK<br />';
} catch (Exception $e) {
  echo 'ERREUR ',$e->getCode(),' - ',$e->getMessage(),'<br />';
}
echo '--<br />';
// La même chose avec un bloc finally.
$objet = new uneClasse(1);
```

```
try {
  echo 'Objet 1 : ';
  $objet->action(); // ne va pas lever d'exception
  echo 'OK<br />';
} catch (Exception $e) {
  echo 'ERREUR ',$e->getCode(),' - ',$e->getMessage(),'<br />';
} finally {
  echo 'FINALLY<br />';
}
$objet = new uneClasse(-1);
try {
  echo 'Objet 2 : ';
  $objet->action(); // va lever une exception
  echo 'OK<br />';
} catch (Exception $e) {
  echo 'ERREUR ',$e->getCode(),' - ',$e->getMessage(),'<br />';
} finally {
  echo 'FINALLY<br />';
}
?>
```

Résultat

```
Objet 1 : OK
Objet 2 : ERREUR 123 - Action interdite
--
Objet 1 : OK
FINALLY
Objet 2 : ERREUR 123 - Action interdite
FINALLY
```

3. Les espaces de noms

Les espaces de noms (*namespace* en anglais) permettent de résoudre deux problèmes fréquemment rencontrés lors de l'utilisation de classes ou de bibliothèques de fonctions :

– Utilisation d'un même nom (classe, fonction, constante) dans deux bibliothèques.

– Manipulation de noms particulièrement longs qui rendent le code pénible à écrire.

Cette notion a été introduite en version 5.3.

Un espace de noms est déclaré avec le mot-clé `namespace` au tout début d'un fichier (sinon, une erreur fatale se produit).

Exemple

```
<?php
// Définition de l'espace de noms.
namespace MaLibrairie;
// Définition d'une constante.
const UN = 1;
// Définition d'une classe.
class uneClasse {
  /*
  ...
  */
}
// Définition d'une fonction.
function uneFonction() {
  /*
  ...
  */
}
?>
```

Le même espace de noms peut être défini dans plusieurs fichiers, ce qui permet d'organiser le code dans plusieurs fichiers tout en le regroupant au sein d'un même espace de noms.

Remarque

Plusieurs espaces de noms peuvent être définis dans un même fichier mais ce n'est pas une bonne pratique de codage.

Un espace de noms peut être défini avec des sous-niveaux en utilisant le séparateur antislash (\) : `MaLibrairie\Sous\Niveau`.

Par défaut, si aucun espace de noms n'est défini, toutes les définitions (classes, fonctions, constantes) sont placées dans l'espace de noms global.

La constante `__NAMESPACE__` donne le nom de l'espace de noms courant (chaîne vide dans l'espace global).

L'espace de noms peut être utilisé pour qualifier un identifiant (constante, fonction, classe) à l'aide du séparateur antislash (\) et préciser ainsi son origine. Le nom qualifié est relatif à l'espace de noms courant s'il ne commence pas par un antislash ; dans le cas contraire, il est absolu.

Si le nom n'est pas qualifié, il est implicitement résolu dans l'espace de noms courant (ou dans l'espace de noms global si aucun espace de noms n'est défini).

Le mot-clé `namespace` peut être utilisé pour référencer explicitement un élément de l'espace de noms courant, ou d'un sous-espace.

En supposant que l'espace de noms courant est `MonProjet`, nous avons les résolutions suivantes :

Référence	Devient
`f()`	`\MonProjet\f()` (nom non qualifié = espace de noms courant)
`Librairie\f()`	`\MonProjet\Librairie\f()` (nom relatif)
`\MonProjet\Librairie\f()`	`\MonProjet\Librairie\f()` (nom absolu)
`namespace\f()`	`\MonProjet\f()` (utilisation du mot-clé `namespace`)
`namespace\Librairie\f()`	`\MonProjet\Librairie\f()` (utilisation du mot-clé `namespace`)

Pour faire référence à un identifiant de l'espace global, un nom absolu `\nom` peut être utilisé (par exemple, `\time()`).

Pour faciliter l'utilisation des espaces de noms dans le code, il est possible d'importer un espace de noms ou de faire référence à un nom absolu avec un alias. L'alias de nom et l'importation sont possibles pour les classes et l'espace de noms, ainsi que les fonctions et les constantes depuis la version 5.6.

L'alias est créé avec l'opérateur `use`.

Syntaxe

```
use [type] nom [as alias][, ...]
```

`type` Valeurs possibles : `function` ou `const`. Indique que l'élément importé est une fonction ou une constante (apparu en version 5.6).

`nom` Nom qualifié absolu de l'élément (espace de noms, classe, fonction ou constante) qu'il faut importer. L'antislash initial du nom absolu n'est pas nécessaire. Pour importer une fonction ou une constante (apparu en version 5.6), il faut préciser le type (`function` ou `const`).

`alias` Nom de l'alias. Égal au nom « court » de `nom` (sans le chemin) s'il n'est pas spécifié.

Le nom importé doit être absolu ; il n'est pas résolu par rapport à l'espace de noms courant.

Exemple

```
use MonProjet\Librairie as lib; // alias d'un espace de noms
lib\uneFonction(); // appelle MonProjet\Librairie\uneFonction()
use MonProjet\Librairie\uneClasse as cl; // alias d'une classe
$objet = new cl; // instanciation d'un objet de la classe
                 // MonProjet\Librairie\uneClasse
use MonProjet\Librairie; // équivalent à
                         // use MonProjet\Librairie as Librairie
```

Pour illustrer les différents concepts présentés ci-dessus, nous allons considérer l'utilisation de la librairie `librairie.inc` suivante :

```
<?php
// Déclaration de l'espace de noms.
namespace MonProjet\Librairie;
// Définition d'une constante.
const UN = 1;
// Définition d'une classe.
class uneClasse {
  static function information() {
    echo 'Librairie<br />';
  }
}
// Définition d'une fonction.
function uneFonction() {
  echo __FUNCTION__,'<br />';
}
?>
```

Cette librairie est utilisée dans le script suivant :

```
<?php
// Définition de l'espace de noms.
namespace MonProjet;
// Inclusion de la librairie.
include('librairie.inc');
// Définition d'une constante.
const UN = 'un';
// Définition d'une classe.
class uneClasse {
  static function information() {
    echo 'MonProjet<br />';
  }
}
// Définition d'une fonction.
function uneFonction() {
    echo __FUNCTION__,'<br />';
}
```

```
// Affichage de l'espace de noms courant.
echo 'Espace de noms courant = ', __NAMESPACE__,'<br />';
// Appel de uneFonction() :
// nom non qualifié = espace de noms courant
echo 'uneFonction() = ';
uneFonction();
// Appel de Librairie\uneFonction() :
// nom qualifié relatif
echo 'Librairie\uneFonction() = ';
Librairie\uneFonction();
// Affichage de \MonProjet\Librairie\UN :
// nom qualifié absolu
echo '\MonProjet\Librairie\UN = ',
     \MonProjet\Librairie\UN,
     '<br />';
// Affichage de namespace\UN :
// utilisation du mot-clé 'namespace' (espace courant)
echo 'namespace\UN = ',
     namespace\UN,
     '<br />';
// Définition d'un alias de classe.
use \MonProjet\Librairie\uneClasse as cl;
echo 'cl::information() = ';
cl::information();
// Définition d'un alias d'espace de noms.
use MonProjet\Librairie as lib;
echo ' lib\uneFonction() = ';
lib\uneFonction();
// Définition d'un alias de constante.
use const MonProjet\Librairie\UN as ONE;
echo 'ONE = ',ONE,'<br />';
// Définition d'un alias de fonction.
use function MonProjet\Librairie\uneFonction as f;
echo 'f() = ';
f();
?>
```

Résultat

```
Espace de noms courant = MonProjet
uneFonction() = MonProjet\uneFonction
Librairie\uneFonction() = MonProjet\Librairie\uneFonction
\MonProjet\Librairie\UN = 1
namespace\UN = un
cl::information() = Librairie
lib\uneFonction() = MonProjet\Librairie\uneFonction
ONE = 1
f() = MonProjet\Librairie\uneFonction
```

Chapitre 7
Gérer les formulaires

1. Vue d'ensemble

1.1 Petit rappel sur les formulaires

Le formulaire est un outil de base indispensable pour les sites web dynamiques puisqu'il permet à l'utilisateur de saisir des informations et donc d'interagir avec le site.

Un formulaire HTML est défini entre les balises <form> et </form>.

Syntaxe simplifiée

```
<form
  [ action="url_de_traitement" ]
  [ method="GET"|"POST" ]
  [ id="identifiant_formulaire" ]
  [ target="cible" ]>

...
</form>
```

Les attributs de la balise <form> sont les suivants :

`action` URL (*Uniform Resource Locator*) relative ou absolue qui va traiter le formulaire, en ce qui nous concerne, un script PHP. Cet attribut est obligatoire pour se conformer à la recommandation XHTML stricte.

`method`	Mode de transmission vers le serveur des informations saisies dans le formulaire. `GET` (valeur par défaut) : les données du formulaire sont transmises dans l'URL. `POST` : les données du formulaire sont transmises dans le corps de la requête.
`id`	Identifiant du formulaire. Si la page HTML contient plusieurs formulaires, l'identifiant permet de les différencier. En ce qui nous concerne, cet identifiant ne présente pas d'intérêt car il n'est pas récupéré dans le script de traitement du formulaire. Par contre, il peut être utilisé côté client, en JavaScript par exemple.
`target`	Cible (par exemple une autre fenêtre) dans laquelle ouvrir l'URL cible.

Entre les balises `<form>` et `</form>`, il est possible de placer des balises `<input>`, `<select>` ou `<textarea>` pour définir des zones de saisie.

Exemple (formulaire HTML complet)

```
<!DOCTYPE html PUBLIC "-//W3C//DTD XHTML 1.0 Strict//EN"
  "http://www.w3.org/TR/xhtml1/DTD/xhtml1-strict.dtd">
<html xmlns="http://www.w3.org/1999/xhtml">
  <head>
    <title>Saisie</title>
  </head>
  <body>
    <form action="" method="post">
    <div>
      Nom :
      <input type="text" name="nom" value=""
           size="20" maxlength="20" />
      Mot de passe :
      <input type="password" name="mot_de_passe" value=""
           size="20" maxlength="20" />
      <br />Sexe :
      <input type="radio" name="sexe" value="M" />Masculin
      <input type="radio" name="sexe" value="F" />Féminin
      <input type="radio" name="sexe" value="?"
                               checked="checked" />Ne sait pas
      <br />Photo :
      <input type="file" name="photo" value="" size="50" />
      <br />Couleurs préférées :
      <input type="checkbox" name="couleurs[bleu]" />Bleu
      <input type="checkbox" name="couleurs[blanc]" />Blanc
```

```
      <input type="checkbox" name="couleurs[rouge]" />Rouge
      <input type="checkbox" name="couleurs[pas]"
                                   checked="checked" />Ne sait pas
      <br />Langue :
      <select name="langue">
        <option value="E">Espagnol</option>
        <option value="F" selected="selected" >Francais</option>
        <option value="I">Italien</option>
      </select>
      <br />Fruits préférés :<br />
      <select name="fruits[]" multiple="multiple" size="8">
        <option value="A">Abricots</option>
        <option value="C">Cerises</option>
        <option value="F">Fraises</option>
        <option value="P">Pêches</option>
        <option value="?" selected="selected">
                         Ne sait pas</option>
      </select>
      <br />Commentaire :<br />
      <textarea name="commentaire" rows="4" cols="50"></textarea>
      <br />
      <input type="hidden" name="invisible" value="123" /><br />
      <input type="submit" name="soumettre" value="OK" />
      <input type="image" name="valider" src="valider.gif" />
      <input type="reset" name="effacer" value="Effacer" />
      <input type="button" name="action" value="Ne fait rien" />
    </div>
    </form>
  </body>
</html>
```

Résultat

1.2 Interaction entre un formulaire et un script PHP

PHP peut intervenir à deux endroits par rapport au formulaire :

- Pour la construction du formulaire, si ce dernier doit contenir des informations dynamiques.
- Pour le traitement du formulaire (c'est-à-dire des données saisies par l'utilisateur dans le formulaire).

Trois grandes méthodes sont utilisables pour faire interagir un formulaire et un script PHP :

- Placer le formulaire dans un document HTML "pur" (`.htm` ou `.html`), le formulaire ne contient alors aucun élément dynamique, et indiquer le nom du script PHP qui doit traiter le formulaire dans l'attribut `action` de la balise `<form>`.
- Placer le formulaire dans un script PHP (par exemple, pour construire une partie du formulaire dynamiquement) et faire traiter le formulaire par un autre script PHP (mentionné dans l'attribut `action` de la balise `<form>`).

- Placer le formulaire dans un script PHP (par exemple, pour construire une partie du formulaire dynamiquement), et le faire traiter par le même script PHP (mentionné dans l'attribut `action` de la balise `<form>` ou appelé par défaut si cet attribut n'est pas présent).

Par ailleurs, quelque part sur une autre page, un lien (Saisie par exemple) peut être inséré pour appeler le formulaire de saisie :

- Formulaire HTML :

```
<a href="saisie.htm">Saisie</a>
```

- Formulaire PHP :

```
<a href="saisie.php">Saisie</a>
```

Première méthode

Document HTML saisie.htm

```
<!DOCTYPE html PUBLIC "-//W3C//DTD XHTML 1.0 Strict//EN"
  "http://www.w3.org/TR/xhtml1/DTD/xhtml1-strict.dtd">
<html xmlns="http://www.w3.org/1999/xhtml">
  <head><title>Saisie</title></head>
  <body>
    <form action="traitement.php" method="post">
    <div>
      Nom : <input type="text" name="nom" value="" />
      <input type="submit" name="ok" value="OK" />
    </div>
    </form>
  </body>
</html>
```

Script PHP traitement.php

```
<?php
/* A faire ...
     - récupérer les informations saisies
     - faire le traitement
     - afficher une nouvelle page
*/
?>
```

Résultat

- Affichage initial du formulaire :

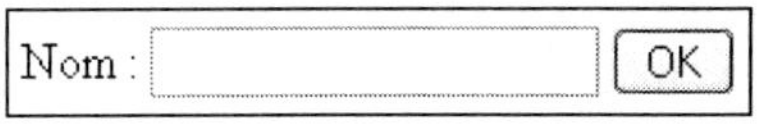

– Saisie d'une information :

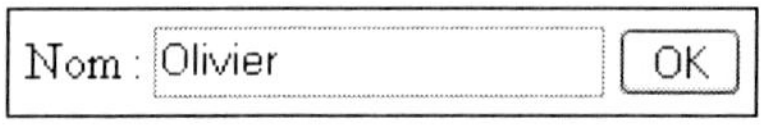

– Le résultat du clic sur le bouton **OK** est une page vide, car, pour l'instant, le script de traitement ne fait rien.

Deuxième méthode

Document PHP saisie.php

Un peu de code PHP (en gras) est utilisé pour générer une partie dynamique du formulaire.

```
<?php
// Inclure un fichier qui contient des définitions de
// constantes, dont le titre de la page (TITRE_PAGE_SAISIE).
require('constantes.inc');
// Initialisation d'une variable qui contient la valeur
// initiale de la zone de saisie (dans la pratique, cette
// valeur vient sans doute d'ailleurs et n'est pas codée
// en dur).
$nom = 'X';
// Dans le code HTML qui suit, inclusion de deux petits
// bouts de code PHP pour afficher respectivement le titre
// de la page et la valeur initiale de la zone de saisie.
?>
<!DOCTYPE html PUBLIC "-//W3C//DTD XHTML 1.0 Strict//EN"
  "http://www.w3.org/TR/xhtml1/DTD/xhtml1-strict.dtd">
<html xmlns="http://www.w3.org/1999/xhtml">
  <head>
    <title><?php echo TITRE_PAGE_SAISIE; ?></title>
  </head>
  <body>
    <form action="traitement.php" method="post">
    <div>
      Nom : <input type="text" name="nom"
                      value="<?php echo $nom; ?>" />
      <input type="submit" name="ok" value="OK" />
    </div>
    </form>
  </body>
</html>
```

Script PHP traitement.php

```
<?php
/* A faire ...
    - récupérer les informations saisies
    - faire le traitement
    - afficher une nouvelle page
*/
?>
```

Résultat

– Affichage initial du formulaire (une valeur initiale dynamique est proposée pour la zone de saisie) :

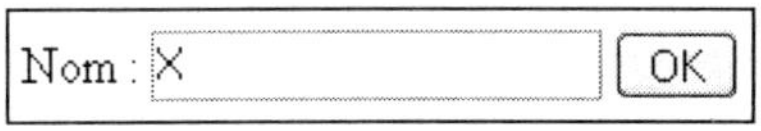

– Saisie d'une information :

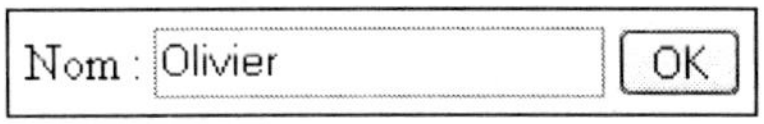

– Le résultat du clic sur le bouton **OK** est une page vide, car, pour l'instant, le script de traitement ne fait rien.

Troisième méthode

Document PHP saisie.php

C'est le même script que précédemment, en ayant simplement changé l'attribut action de la balise <form> pour indiquer que le formulaire doit être traité par le même script saisie.php.

```
<?php
// Inclure un fichier qui contient des définitions de
// constantes, dont le titre de la page (TITRE_PAGE_SAISIE).
require('constantes.inc');
// Initialisation d'une variable qui contient la valeur
// initiale de la zone de saisie (dans la pratique, cette
// valeur vient sans doute d'ailleurs et n'est pas codée
// en dur).
$nom = 'X';
// Dans le code HTML qui suit, inclusion de deux petits
// bouts de code PHP pour afficher respectivement le titre
// de la page et la valeur initiale de la zone de saisie.
?>
<!DOCTYPE html PUBLIC "-//W3C//DTD XHTML 1.0 Strict//EN"
  "http://www.w3.org/TR/xhtml1/DTD/xhtml1-strict.dtd">
```

```
<html xmlns="http://www.w3.org/1999/xhtml">
  <head>
    <title><?php echo TITRE_PAGE_SAISIE; ?></title>
  </head>
  <body>
    <form action="saisie.php" method="post">
    <div>
      Nom : <input type="text" name="nom"
                        value="<?php echo $nom; ?>" />
      <input type="submit" name="ok" value="OK" />
    </div>
    </form>
  </body>
</html>
```

Résultat

– Affichage initial du formulaire (une valeur initiale dynamique est proposée pour la zone de saisie) :

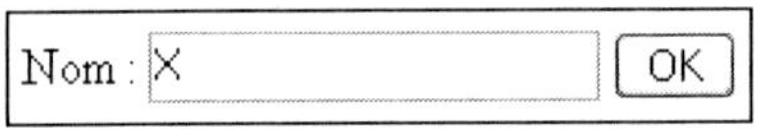

– Saisie d'une information :

– Le résultat du clic sur le bouton **OK** est la même page de nouveau affichée, car, pour l'instant, le script de traitement ne fait rien de plus :

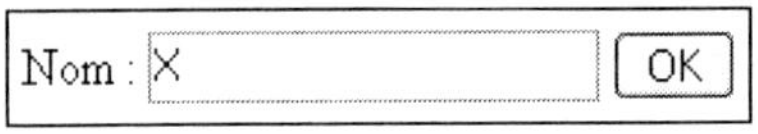

Que choisir ?

Le choix de telle ou telle méthode dépend de la complexité du site et des préférences de chacun.

Quelques considérations générales :

– Séparer la page HTML (ou le script PHP qui génère le formulaire) du script PHP présente un inconvénient au niveau de la maintenance : si des modifications sont apportées au formulaire, il y a deux fichiers à modifier (avec des risques d'erreur, d'oubli...).

- Inversement, si le formulaire n'a aucune partie dynamique, l'écrire dans un fichier HTML séparé du script PHP qui le traite permet de bien séparer l'interface utilisateur (la couche "présentation") du traitement.
- Dans la pratique, pour faciliter la maintenance, il est souhaitable de définir certaines valeurs présentées à plusieurs reprises (nom de société par exemple) dans des constantes ou des variables et d'utiliser ces constantes/variables dans les pages : toutes les pages deviennent un peu dynamiques et la troisième méthode paraît optimale.

Dans la suite de ce chapitre, nous allons rentrer dans le détail du traitement du formulaire en PHP, en utilisant des exemples construits sur le modèle de la troisième méthode.

2. Récupérer les données saisies dans le formulaire

2.1 Principe

À la différence des scripts CGI, il n'y a pas besoin de réaliser des analyses complexes de chaînes de caractères ("parser") pour récupérer les valeurs saisies par l'utilisateur ; ces valeurs vont être récupérées très simplement dans le script de traitement.

Par défaut, toutes les zones de formulaire sont automatiquement enregistrées dans le script PHP qui traite le formulaire, dans un tableau associatif `$_POST` pour les formulaires `POST` et `$_GET` pour les formulaires `GET` : la clé du tableau est égale au nom de la zone dans le formulaire (attribut `name` de la balise `<input>`, `<select>` ou `<textarea>`) et la valeur égale à la valeur saisie dans la zone. Ces informations sont aussi disponibles dans le tableau associatif `$_REQUEST` qui regroupe le contenu des tableaux `$_GET` et `$_POST` (et nous le verrons plus tard, du tableau `$_COOKIE` qui contient des informations sur les cookies).

Exemple

Document HTML saisie.htm

```
<!DOCTYPE html PUBLIC "-//W3C//DTD XHTML 1.0 Strict//EN"
  "http://www.w3.org/TR/xhtml1/DTD/xhtml1-strict.dtd">
<html xmlns="http://www.w3.org/1999/xhtml">
  <head><title>Saisie</title></head>
  <body>
    <form action="traitement.php" method="post">
    <div>
      Nom : <input type="text" name="nom" value="" />
      <input type="submit" name="ok" value="OK" />
    </div>
```

```
    </form>
  </body>
</html>
```

Script PHP traitement.php

```
<?php
// Affichage des informations contenues dans les
// tableaux $_POST et $_REQUEST.
echo '$_POST[\'nom\'] -> ',$_POST['nom'],'<br \>';
echo '$_REQUEST[\'nom\'] -> ',$_REQUEST['nom'],'<br \>';
?>
```

Résultat

- Affichage initial du formulaire

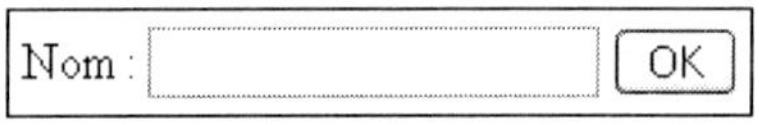

- Saisie d'une valeur

- Résultat du clic sur le bouton **OK**

```
$_POST['nom'] -> Olivier
$_REQUEST['nom'] -> Olivier
```

Remarque

Les tableaux `$_POST`, `$_GET` et `$_REQUEST` sont des tableaux superglobaux. Ils sont disponibles dans tous les contextes d'exécution.

Dans le chapitre Gérer les sessions, après avoir vu d'autres tableaux similaires, nous ferons une petite synthèse sur les variables GPCS (Get/Post/Cookie/Session).

Le script suivant présente une manière classique de récupérer les valeurs saisies dans un formulaire.

```
<?php
// Récupération dans des variables PHP des valeurs
// saisies dans le formulaire en utilisant un
// tableau $_* ($_POST ici).
$form_nom = (isset($_POST['nom']))?$_POST['nom']:'';
$form_prénom = (isset($_POST['prénom']))?$_POST['prénom']:'';
// Etc. pour chaque zone.
// Ensuite, on utilise les variables dans les traitements
// et éventuellement dans le réaffichage du formulaire.
?>
```

```
<!DOCTYPE html PUBLIC "-//W3C//DTD XHTML 1.0 Strict//EN"
  "http://www.w3.org/TR/xhtml1/DTD/xhtml1-strict.dtd">
<html xmlns="http://www.w3.org/1999/xhtml">
  <head><title>Saisie</title></head>
  <body>
    <form action="saisie.php" method="post">
    <div>
      Nom : <input type="text" name="nom"
             value="<?php echo $form_nom ?>" /><br/>
      Prénom : <input type="text" name="prénom"
             value="<?php echo $form_prénom ?>" /><br/>
      <input type="submit" name="ok" value="OK" />
    </div>
    </form>
  </body>
</html>
```

Remarque

Avant la version 5.4, les informations saisies dans le formulaire pouvaient être automatiquement importées dans des variables PHP grâce à la fonction `import_request_variables`*. Ce n'est plus possible depuis la version 5.4 et cette fonction a été supprimée. De même, en positionnant la directive de configuration* `register_globals` *à on, toutes les zones de formulaire pouvaient être enregistrées dans des variables dans le script de traitement du formulaire. Ce n'est plus possible non plus depuis la version 5.4 et la directive a été supprimée.*

Que se passe-t-il si deux zones portent le même nom ?

C'est tout simplement la dernière zone rencontrée dans le formulaire qui fixe la valeur.

Exemple

```
<form action="saisie.php" method="POST"><div>
Nom : <input type="text" name="nom"><br />
Prénom : <input type="text" name="nom"><br />
<input type="submit" name="ok" value="OK">
</div></form>
```

La saisie de `HEURTEL` dans la première zone et de `Olivier` dans la deuxième donne une seule variable égale à `Olivier` dans le tableau `$_POST`.

Que se passe-t-il s'il y a deux formulaires dans la page HTML ?

Les variables ne sont créées et renseignées que pour le formulaire qui a été validé.

Exemple

```
<form action="saisie.php" method="POST"><div>
Nom 1 : <input type="text" name="nom1"><br />
<input type="submit" name="ok1" value="OK1">
</div></form>
<form action="saisie.php" method="POST"><div>
Nom 2 : <input type="text" name="nom2"><br />
<input type="submit" name="ok2" value="OK2">
</div></form>
```

Si l'utilisateur valide le premier formulaire, la variable `nom1` sera disponible. Si l'utilisateur valide le deuxième formulaire, c'est la variable `nom2` qui sera disponible.

Utilisation d'un tableau pour récupérer les zones saisies

Il est possible d'utiliser une notation de type tableau dans l'attribut `name` des balises `<input>`, `<select>` et `<textarea>`.

Exemple

```
<form action="saisie.php" method="POST"><div>
Nom : <input type="text" name="saisie[]"><br />
Prénom : <input type="text" name="saisie[]"><br />
<input type="submit" name="ok" value="OK">
</div></form>
```

La saisie de `HEURTEL` dans la première zone et de `Olivier` dans la deuxième donne une seule variable `$saisie`, de type tableau, qui contient les lignes suivantes :

Clé	Valeur
0	HEURTEL
1	Olivier

PHP remplit le tableau en ajoutant une ligne pour chaque zone, avec un indice entier consécutif commençant à 0 (comme pour la notation [] étudiée dans le chapitre Variables, constantes, types et tableaux).

Cette technique est intéressante, mais, dans le code, il faut savoir que l'indice 0 correspond au nom et l'indice 1 au prénom. Par ailleurs, un problème peut se présenter si l'ordre des zones change.

Pour améliorer cette technique, il est possible de fixer soi-même la clé, soit avec un numéro, soit avec une chaîne de caractères.

Exemple

```
<form action="saisie.php" method="POST"><div>
Nom : <input type="text" name="saisie[1]"><br />
Prénom : <input type="text" name="saisie[2]"><br />
<input type="submit" name="ok" value="OK">
</div></form>
```

La saisie de `HEURTEL` dans la première zone et de `Olivier` dans la deuxième donne le résultat suivant dans le tableau `$saisie` :

Clé	Valeur
1	HEURTEL
2	Olivier

Exemple

```
<form action="saisie.php" method="POST"><div>
Nom : <input type="text" name="saisie[nom]"><br />
Prénom : <input type="text" name="saisie[prénom]"><br />
<input type="submit" name="ok" value="OK">
</div></form>
```

La saisie de `HEURTEL` dans la première zone et de `Olivier` dans la deuxième donne le résultat suivant dans le tableau `$saisie` :

Clé	Valeur
nom	HEURTEL
prénom	Olivier

Nous verrons ultérieurement d'autres situations où ce type de notation est obligatoire.

2.2 Les différents types de zones

Prenons notre formulaire complet de départ et voyons les informations récupérées dans le script PHP.

Script saisie.htm

```
<!DOCTYPE html PUBLIC "-//W3C//DTD XHTML 1.0 Strict//EN"
  "http://www.w3.org/TR/xhtml1/DTD/xhtml1-strict.dtd">
<html xmlns="http://www.w3.org/1999/xhtml">
  <head>
    <title>Saisie</title>
  </head>
  <body>
    <form action="saisie.php" method="post">
```

```
    <div>
      Nom :
      <input type="text" name="nom" value=""
           size="20" maxlength="20" />
      Mot de passe :
      <input type="password" name="mot_de_passe" value=""
           size="20" maxlength="20" />
      <br />Sexe :
      <input type="radio" name="sexe" value="M" />Masculin
      <input type="radio" name="sexe" value="F" />Féminin
      <input type="radio" name="sexe" value="?"
                            checked="checked" />Ne sait pas
      <br />Photo :
      <input type="file" name="photo" value="" size="50" />
      <br />Couleurs préférées :
      <input type="checkbox" name="couleurs[bleu]" />Bleu
      <input type="checkbox" name="couleurs[blanc]" />Blanc
      <input type="checkbox" name="couleurs[rouge]" />Rouge
      <input type="checkbox" name="couleurs[pas]"
                                checked="checked" />Ne sait pas
      <br />Langue :
      <select name="langue">
        <option value="E">Espagnol</option>
        <option value="F" selected="selected" >Francais</option>
        <option value="I">Italien</option>
      </select>
      <br />Fruits préférés :<br />
      <select name="fruits[]" multiple="multiple" size="8">
        <option value="A">Abricots</option>
        <option value="C">Cerises</option>
        <option value="F">Fraises</option>
        <option value="P">Pêches</option>
        <option value="?" selected="selected">
                         Ne sait pas</option>
      </select>
      <br />Commentaire :<br />
      <textarea name="commentaire" rows="4" cols="50"></textarea>
      <br />
      <input type="hidden" name="invisible" value="123" /><br />
      <input type="submit" name="soumettre" value="OK" />
      <input type="image" name="valider" src="valider.gif" />
      <input type="reset" name="effacer" value="Effacer" />
      <input type="button" name="action" value="Ne fait rien" />
    </div>
    </form>
  </body>
</html>
```

Script saisie.php

```
<?php
// Inclusion d'un fichier contenant des fonctions génériques
// (dont la fonction afficher_tableau définie dans le
// chapitre Fonctions et classes)
include('fonctions.inc') ;
afficher_tableau($_POST,'$_POST :');
?>
```

Résultat

– Affichage initial et saisie de différentes valeurs :

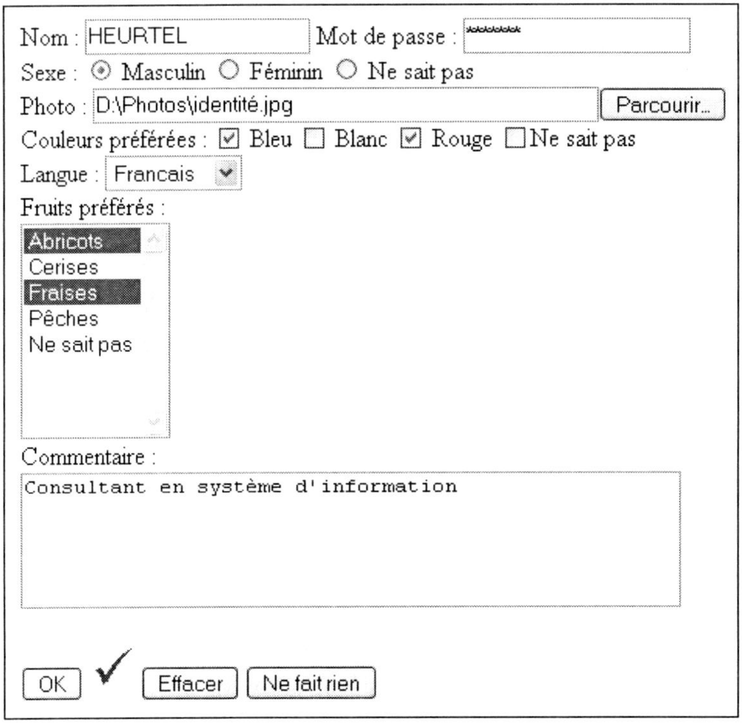

– Résultat du clic sur le bouton **OK** (affichage du contenu de `$_POST`) :

```
$_POST :
nom = HEURTEL
mot_de_passe = olivier
sexe = M
photo = identité.jpg
couleurs =
  bleu = on
  rouge = on
langue = F
fruits =
  0 = A
  1 = F
commentaire = Consultant en système d'information
invisible = 123
soumettre = OK
```

Sur la base de cet exemple, nous allons apporter quelques explications.

Zone contenant du texte

Pour les zones comprenant du texte, c'est-à-dire les zones `<input>` de type `text` (`nom`), `password` (`mot_de_passe`), `file` (`photo`) et `hidden` (`invisible`), ainsi que pour la zone `<textarea>` (`commentaire`), les variables associées contiennent le texte saisi.

Exemple

```
$_POST :
nom = HEURTEL
mot_de_passe = olivier
photo = identité.jpg
commentaire = Consultant en système d'information
invisible = 123
```

Remarque

Pour l'instant, avec la zone de type `file`, nous avons juste récupéré le nom du fichier, mais pas le fichier lui-même (cf. chapitre Gérer les fichiers).

Groupe de boutons radio

Pour avoir un groupe de boutons radio, les zones doivent porter le même nom.

Pour un groupe de bouton radio, c'est-à-dire pour des zones `<input>` de type `radio`, la variable associée contient la valeur contenue dans l'attribut `value` de la balise `input` du bouton sélectionné. Si l'attribut `value` est absent, la valeur par défaut est `on`, ce qui est gênant puisqu'il est alors impossible de connaître l'option sélectionnée. Dans la pratique, il faut renseigner l'attribut `value`.

Exemple

```
<br />Sexe :
<input type="radio" name="sexe" value="M" /> Masculin
<input type="radio" name="sexe" value="F" /> Féminin
<input type="radio" name="sexe" value="?"
                    checked="checked" /> Ne sait pas
```

Option sélectionnée

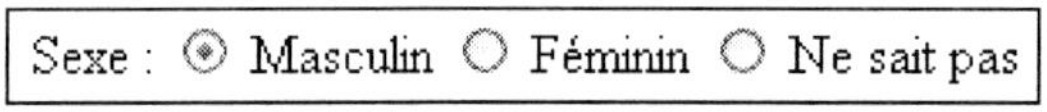

Résultat

```
$_POST :
sexe = M
```

Case à cocher

Pour des cases à cocher, c'est-à-dire pour des zones `<input>` de type `checkbox`, la variable associée contient la valeur contenue dans l'attribut `value` de la balise `input` ; si l'attribut `value` est absent, la valeur par défaut est `on`. Dans les deux cas, la variable associée est définie uniquement pour les cases cochées.

Exemple

```
<br />Couleurs préférées :
<input type="checkbox" name="bleu" value="b"/> Bleu
<input type="checkbox" name="blanc" /> Blanc
<input type="checkbox" name="rouge" /> Rouge
<input type="checkbox" name="nesaitpas"
                    checked="checked" />Ne sait pas
```

Options sélectionnées

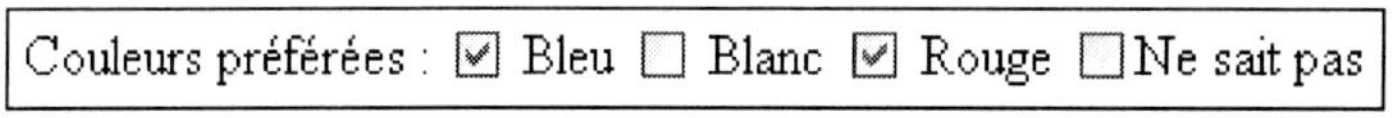

Résultat

```
$_POST :
bleu = b
rouge = on
```

Avec la case à cocher, l'attribut `value` a généralement moins d'importance, car il est possible de déterminer qu'une case est cochée uniquement par le fait que la variable associée a une valeur (peu importe cette valeur). Par contre, il est important que chaque case à cocher ait un nom différent.

Plusieurs approches sont possibles vis-à-vis de la valeur de l'attribut `value` :

- L'attribut `value` stocke la valeur souhaitée au niveau de la logique applicative dans le cas où la case est cochée (`1`, `oui`...), sachant que, si la case n'est pas cochée, la variable n'existe pas.
- L'attribut `value` est omis et le code interprète l'existence de la variable selon les besoins de la logique applicative.

Dans le code, si vous souhaitez récupérer le fait d'une case soit cochée sous la forme d'un booléen, vous pouvez écrire une instruction du style :

```
$case_est_cochée = isset($_POST['nom_case'])?TRUE:FALSE;
```

Si vous le souhaitez, vous pouvez utiliser un tableau pour ne pas avoir une variable par case à cocher. Pour être en mesure de déterminer quelles sont les cases cochées, vous avez deux possibilités :

- Utiliser un tableau sans indice mais renseigner l'attribut `value` :

```
<br />Couleurs préférées :
<input type="checkbox" name="couleurs[]" value="bleu" /> Bleu
<input type="checkbox" name="couleurs[]" value="blanc" /> Blanc
<input type="checkbox" name="couleurs[]" value="rouge" /> Rouge
<input type="checkbox" name="couleurs[]" value="nesaitpas"
                             checked="checked" />Ne sait pas
```

- Ne pas renseigner l'attribut `value` mais définir soi-même des indices ou des clés dans le tableau :

```
// indices numériques
<br />Couleurs préférées :
<input type="checkbox" name="couleurs[1]" /> Bleu
<input type="checkbox" name="couleurs[2]" /> Blanc
<input type="checkbox" name="couleurs[3]" /> Rouge
<input type="checkbox" name="couleurs[4]"
                             checked="checked" />Ne sait pas

// clés alphanumériques
<br />Couleurs préférées :
<input type="checkbox" name="couleurs[bleu]" /> Bleu
<input type="checkbox" name="couleurs[blanc]" /> Blanc
<input type="checkbox" name="couleurs[rouge]" /> Rouge
<input type="checkbox" name="couleurs[nesaitpas]"
                             checked="checked" />Ne sait pas
```

Avec ce dernier exemple, si les cases "Bleu" et "Rouge" sont cochées, le tableau `couleur` contiendra les lignes suivantes :

```
$_POST :
couleurs =
  bleu = on
  rouge = on
```

Si un tableau est utilisé pour l'ensemble du formulaire, vous pouvez utiliser différentes solutions parmi lesquelles :

– Utiliser un tableau sans indice mais renseigner l'attribut `value` :

```
<br />Couleurs préférées :
<input type="checkbox" name="saisie[couleurs][]" value="bleu" /> Bleu
<input type="checkbox" name="saisie[couleurs][]" value="blanc" /> Blanc
<input type="checkbox" name="saisie[couleurs][]" value="rouge" /> Rouge
<input type="checkbox" name="saisie[couleurs][]" value="nesaitpas"
                            checked="checked" />Ne sait pas
```

– Ne pas renseigner l'attribut `value` mais définir soi-même des indices ou des clés dans le tableau :

```
// indices numériques
<br />Couleurs préférées :
<input type="checkbox" name="saisie[couleurs][1]" /> Bleu
<input type="checkbox" name="saisie[couleurs][2]" /> Blanc
<input type="checkbox" name="saisie[couleurs][3]" /> Rouge
<input type="checkbox" name="saisie[couleurs][4]"
                            checked="checked" />Ne sait pas

// clés alphanumériques
<br />Couleurs préférées :
<input type="checkbox" name="saisie[couleurs][bleu]" /> Bleu
<input type="checkbox" name="saisie[couleurs][blanc]" /> Blanc
<input type="checkbox" name="saisie[couleurs][rouge]" /> Rouge
<input type="checkbox" name="saisie[couleurs][nesaitpas]"
                            checked="checked" />Ne sait pas
```

Avec ce dernier exemple, si les cases "Bleu" et "Rouge" sont cochées, le tableau `couleur` contiendra les lignes suivantes :

```
$_POST :
saisie =
  couleurs =
    bleu = on
    rouge = on
```

Liste à sélection unique

Pour les listes à sélection unique, c'est-à-dire pour une zone `<select>` sans attribut `multiple` (`langue` dans l'exemple suivant), la variable associée contient la valeur contenue dans l'attribut `value` de la balise `<option>`, ou, s'il n'y a pas d'attribut `value`, la valeur affichée dans la liste (c'est-à-dire derrière la balise `<option>`).

Exemple (avec attribut value)

```
<br />Langue :
<select name="langue">
  <option value="E">Espagnol</option>
  <option value="F" selected="selected" >Francais</option>
  <option value="I">Italien</option>
</select>
```

Option sélectionnée

Résultat

```
$_POST :
langue = F
```

Exemple (sans attribut value)

```
<br />Langue :
<select name="langue">
  <option>Espagnol</option>
  <option selected="selected" >Francais</option>
  <option>Italien</option>
</select>
```

Option sélectionnée

Résultat

```
$_POST :
langue = Français
```

L'une ou l'autre des possibilités peut être choisie en fonction des besoins de la logique applicative. Souvent, l'attribut `value` est utilisée pour mettre un code qui sera stocké dans la base à la place de la valeur affichée. Cette approche présente un inconvénient : la partie interface utilisateur (couche présentation) doit connaître les codes, ce qui n'est pas une bonne idée.

La solution optimale consiste à générer dynamiquement le formulaire à partir de la base.

Liste à sélection multiple

Pour les listes à sélection multiple, c'est-à-dire pour une zone `<select>` avec attribut `multiple` (`fruits` dans l'exemple ci-après), la variable associée contient la valeur contenue dans l'attribut `value` de la balise `<option>`, ou, s'il n'y a pas d'attribut `value`, la valeur affichée dans la liste (c'est-à-dire derrière la balise `<option>`). Attention, ceci est valable <u>uniquement</u> pour la dernière option sélectionnée, si la variable est une variable scalaire. En conséquence, pour une liste à sélection multiple, il faut obligatoirement utiliser un tableau.

Exemple (avec attribut value)

```
<br />Fruits préférés :<br />
<select name="fruits[]" multiple="multiple" size="8">
  <option value="A">Abricots</option>
  <option value="C">Cerises</option>
  <option value="F">Fraises</option>
  <option value="P">Pêches</option>
  <option value="?" selected="selected">
                   Ne sait pas</option>
</select>
```

Options sélectionnées

Résultat

```
$_POST :
fruits =
  0 = A
  1 = F
```

Comme nous l'avons déjà vu, PHP remplit le tableau avec une ligne pour chaque option sélectionnée et numérote lui-même les lignes. Dans le cas de la liste à sélection multiple, ce mode de fonctionnement ne pose pas de problème.

Exemple (sans option value)

```
<br />Fruits préférés :<br />
<select name="fruits[]" multiple="multiple" size="8">
  <option>Abricots</option>
  <option>Cerises</option>
  <option>Fraises</option>
  <option>Pêches</option>
  <option selected="selected">
                    Ne sait pas</option>
</select>
```

Résultat (avec la même sélection que précédemment)

```
$_POST :
fruits =
  0 = Abricots
  1 = Fraises
```

L'une ou l'autre des possibilités peut être choisie en fonction des besoins de la logique applicative (même principes que pour la liste à sélection unique).

Utiliser un tableau pour l'ensemble du formulaire ne pose pas de problème.

Exemple (avec attribut value)

```
<br />Fruits préférés :<br />
<select name="saisie[fruits][]" multiple="multiple" size="8">
  <option value="A">Abricots</option>
  <option value="C">Cerises</option>
  <option value="F">Fraises</option>
  <option value="P">Pêches</option>
  <option value="?" selected="selected">
                    Ne sait pas</option>
</select>
```

Résultat (avec la même sélection que précédemment)

```
$_POST :
saisie =
  fruits =
    0 = A
    1 = F
```

Bouton de validation

Pour un bouton de validation, c'est-à-dire pour une zone `<input>` de type `submit` (`OK` sur l'exemple ci-après), PHP crée une variable portant le nom du bouton (attribut `name`) et ayant comme valeur celle de l'attribut `value`, uniquement si le bouton est cliqué.

Exemple

```
<input type="submit" name="soumettre" value="OK" />
```

Résultat (si le bouton est cliqué)

```
$_POST :
soumettre = OK
```

Si le bouton ne porte pas de nom, aucune variable n'est créée. Ce n'est pas grave si :

- Il n'est pas nécessaire de savoir comment le script est appelé (affichage initial ou traitement du formulaire).
- Il n'y a qu'un seul bouton de validation.

Dans les autres cas, il faut nommer le(s) bouton(s).

Le script suivant montre comment faire la différence entre l'appel du script pour affichage initial et l'appel du script pour traitement du formulaire (cf. section Vue d'ensemble - Interaction entre un formulaire et un script PHP, troisième méthode).

Exemple

```
<?php
...
// Tester comment le script est appelé
if (isset($_POST['soumettre'])) {
  // Une ligne existe dans la variable $_POST
  // correspondant au bouton OK nommé « soumettre » :
  // le script est appelé sur la validation du formulaire.
  // => Traiter le formulaire...
  ...
} else {
  // Le script n'est pas appelé par le clic sur le
  // bouton OK. S'il n'y pas d'autre bouton "submit", le
  // script est donc appelé pour l'affichage initial.
  // => Initialiser le formulaire...
  ...
}
?>
```

Un problème se pose si le formulaire possède une seule zone de texte, aucun bouton et que l'utilisateur tape ENTER ou RETURN. Dans ce cas, le formulaire est bien soumis mais il n'existe pas de bouton de validation pour réaliser le test dans le script PHP. La solution consiste à tester si la variable $_* est vide ou pas (avec empty mais pas isset car le tableau existe toujours).

Si le formulaire contient deux boutons de validation nommés différemment (attribut name), le premier ok et le deuxième annuler, il est possible de déterminer dans quel contexte le script est appelé.

Exemple

```
// Tester comment le script est appelé
if (isset($_POST['ok'])) {
  // bouton OK
} elsif (isset($_POST['annuler'])) {
  // bouton Annuler
} else {
  // Affichage initial
}
```

Si le formulaire contient deux boutons de validation portant le même nom (attribut name="soumettre" par exemple), mais des valeurs (attribut value) différentes, le premier OK et le deuxième Annuler, il est possible de déterminer dans quel contexte le script est appelé de la manière suivante.

Exemple

```
// Tester comment le script est appelé
if ($_POST['soumettre'] == 'OK') {
                // bouton OK
} elsif ($_POST['soumettre'] == 'Annuler') {
                // bouton Annuler
} else {
                // Affichage initial
}
```

Bouton image

Pour un bouton image, c'est-à-dire pour une zone <input> de type image (exemple valider ci-après), PHP crée deux variables portant le nom du bouton (attribut name) suivi de _x et _y et donnant la position relative, en pixels, du clic par rapport à l'angle situé en haut à gauche de l'image (<u>uniquement</u> si l'image est cliquée). Si le bouton ne porte pas de nom, les deux variables sont appelées x et y.

Exemple

```
<input type="image" name="valider" src="valider.gif" />
```

Résultat si l'image est cliquée

```
$_POST :
valider_x = 5
valider_y = 8
```

Il est alors possible de traiter la position du clic si elle est significative du point de vue de la logique applicative.

Si plusieurs boutons image sont présents dans le formulaire, il est possible de déterminer quel bouton a provoqué la soumission du formulaire.

Exemple

```
// Tester comment le script est appelé
if (isset($_POST['valider_x'])) {
  // bouton Valider
} else ...
```

Bouton "reset" ou "button"

Un clic sur des boutons correspondant à des zones `<input>` de type `reset` ou `button` ne provoque pas la soumission du formulaire, ni l'appel du script de traitement. Ces boutons permettent de faire une simple action côté navigateur (en JavaScript par exemple).

2.3 Synthèse

Il faut prendre l'habitude de bien désigner (attribut `name`) toutes les zones du formulaire avec des noms distincts ou d'utiliser un nommage de type tableau, plutôt associatif, pour faciliter la maintenance et la lisibilité du code.

Pour les groupes de boutons radio, il faut mettre un attribut `value` distinct à chaque bouton.

Pour les cases à cocher, il faut employer des noms distincts (attribut `name`) et/ou des valeurs distinctes (attribut `value`) pour être certain de pouvoir faire la différence à l'arrivée ; en cas d'utilisation d'un tableau, ne laissez pas PHP effectuer la numérotation (pas de []).

Pour les listes à sélection multiple, il faut utiliser un nommage de type tableau pour pouvoir récupérer la liste des valeurs sélectionnées ; employez l'attribut `value` pour récupérer une valeur différente de celle qui apparaît dans la liste.

De même, il faut nommer le(s) bouton(s) de validation pour être en mesure de savoir comment le script PHP est appelé. Si plusieurs boutons sont utilisés, il est possible d'employer le même nom du moment que les valeurs (attribue `value`) sont différentes.

Les différents types de zone du formulaire utilisé tout au long de cette section sont un bon exemple.

Même exemple avec un tableau

```
<!DOCTYPE html PUBLIC "-//W3C//DTD XHTML 1.0 Strict//EN"
  "http://www.w3.org/TR/xhtml1/DTD/xhtml1-strict.dtd">
<html xmlns="http://www.w3.org/1999/xhtml">
  <head>
    <title>Saisie</title>
  </head>
  <body>
    <form action="saisie.php" method="post">
    <div>
      Nom :
      <input type="text" name="saisie[nom]" value=""
           size="20" maxlength="20" />
      Mot de passe :
      <input type="password" name="saisie[mot_de_passe]" value=""
           size="20" maxlength="20" />
      <br />Sexe :
      <input type="radio" name="saisie[sexe]" value="M" /> Masculin
      <input type="radio" name="saisie[sexe]" value="F" /> Féminin
      <input type="radio" name="saisie[sexe]" value="?"
                             checked="checked" /> Ne sait pas
      <br />Photo :
      <input type="file" name="saisie[photo]" value="" size="50" />
      <br />Couleurs préférées :
      <input type="checkbox" name="saisie[couleurs][bleu]" />Bleu
      <input type="checkbox" name="saisie[couleurs][blanc]" />Blanc
      <input type="checkbox" name="saisie[couleurs][rouge]" />Rouge
      <input type="checkbox" name="saisie[couleurs][pas]"
                                 checked="checked" />Ne sait pas
      <br />Langue :
      <select name="saisie[langue]">
        <option value="E">Espagnol</option>
        <option value="F" selected="selected" >Francais</option>
        <option value="I">Italien</option>
      </select>
      <br />Fruits préférés :<br />
      <select name="saisie[fruits][]" multiple="multiple" size="8">
        <option value="A">Abricots</option>
        <option value="C">Cerises</option>
        <option value="F">Fraises</option>
        <option value="P">Pêches</option>
        <option value="?" selected="selected">
                        Ne sait pas</option>
```

```
      </select>
      <br />Commentaire :<br />
      <textarea name="saisie[commentaire]"
                          rows="4" cols="50"></textarea>
      <br />
      <input type="hidden" name="saisie[invisible]" value="123" />
      <br />
      <input type="submit" name="soumettre" value="OK" />
      <input type="image" name="valider" src="valider.gif" />
      <input type="reset" name="effacer" value="Effacer" />
      <input type="button" name="action" value="Ne fait rien" />
    </div>
    </form>
  </body>
</html>
```

Résultat (avec la même saisie que dans l'exemple initial)

```
$_POST :
saisie =
  nom = HEURTEL
  mot_de_passe = olivier
  sexe = M
  photo = identité.jpg
  couleurs =
    bleu = on
    rouge = on
  langue = F
  fruits =
    0 = A
    1 = F
  commentaire = Consultant en système d'information
  invisible = 123
soumettre = OK
```

3. Construire un formulaire dynamiquement

Comme tout le reste de la page, tout ou partie d'un formulaire peut être construit dynamiquement. Trois cas sont abordés dans cette section :

- générer la totalité du formulaire.
- générer des valeurs initiales dans les zones de saisie.
- générer une liste d'options.

Générer la totalité du formulaire

S'il existe une description du formulaire sous une forme ou sous une autre, il est possible de générer la totalité du formulaire.

Dans l'exemple simplifié suivant, nous supposons que nous récupérons (dans un fichier, dans une base...) une description du formulaire sous la forme d'un tableau à deux dimensions : chaque ligne du tableau contient une description de la zone sous la forme d'un tableau avec le titre, le type, le nom et la valeur.

```
<?php
// Tableau contenant la description du formulaire.
$formulaire = array(
  array('Nom : ','text','nom','HEURTEL'),
  array('','submit','ok','OK') );
// Génération du formulaire à l'aide d'une boucle
// sur le tableau.
echo '<form action="saisie.php" method="POST">';
foreach($formulaire as $zone) {
  echo "$zone[0]<input type=\"$zone[1]\" ",
       "name=\"$zone[2]\" value=\"$zone[3]\"><br />";
}
echo '</form>';
?>
```

Résultat à l'écran

Résultat dans le code source de la page du navigateur (tout est sur une ligne)

```
<form action="saisie.php" method="POST">Nom : <input
type="text" name="nom" value="HEURTEL"><br /><input
type="submit" name="ok" value="OK"><br /></form>
```

Générer des valeurs initiales dans les zones de saisie

Nous avons déjà étudié cette possibilité dans différents exemples.

Exemple

```
<form action="saisie.php" method="POST">
Nom : <input type="text" name="nom"
            value="<?php echo $nom ?>"><br />
<input type="submit" name="ok" value="OK">
</form>
```

Ici, nous supposons que `$nom` est une variable initialisée par ailleurs dans le script PHP.

Générer une liste d'options

Du code PHP peut être utilisé pour générer des listes d'options, soit dans une zone `<select>` (liste à sélection unique ou multiple), soit dans une zone `<input>` de type `radio` (groupe de boutons radio), soit dans une zone `<input>` de type `checkbox` (case à cocher).

Les données affichées proviennent très souvent d'une base de données et il est intéressant de pouvoir construire cette zone du formulaire dynamiquement à partir des données extraites de la base.

Exemple avec une liste à sélection multiple

```
<?php
// Liste des fruits à afficher dans la liste, sous la
// forme d'un tableau associatif donnant le code du
// fruit (clé du tableau) et l'intitulé du fruit.
$fruits_du_marché = array(
  'A' => 'Abricots',
  'C' => 'Cerises',
  'F' => 'Fraises',
  'P' => 'Pêches',
  '?' => 'Ne sait pas');
// Liste des fruits préférés de l'utilisateur, sous la
// forme d'un tableau donnant le code des fruits concernés.
$fruits_préférés = array('A','F');
// Remarque : nous verrons ultérieurement comment récupérer
//            ces informations dans une base.
?>
<!-- construction du formulaire -->
<form action="saisie.php" method="POST">
Fruits préférés :<br />
<select name="fruits[]" multiple size="8">
<?php
// Code PHP générant la partie dynamique du formulaire.
// Parcourir la liste à afficher et récupérer le code
// et l'intitulé.
foreach($fruits_du_marché as $code => $intitulé) {
  // Déterminer si la ligne doit être sélectionnée
  //  - oui si le code figure dans la liste des fruits
  //    préférés de l'utilisateur => recherche de $code
  //    dans $fruits_préférés avec la fonction in_array
  //  - si c'est le cas, mettre l'attribut "selected" dans
  //    la balise "option", sinon ne rien mettre.
  $sélection =
    in_array($code,$fruits_préférés)?'selected="selected"':'';
  // Générer la balise "option" avec la variable $code pour
```

```
  // l'attribut "value", la variable $sélection pour
  // l'indication de sélection et la variable $intitulé
  // pour le texte affiché dans la liste.
  echo "<option value=\"$code\" $sélection>$intitulé</option>";
}
?>
</select>
</form>
```

Résultat à l'écran

Source dans le navigateur

```
<!-- construction du formulaire -->
<form action="saisie.php" method="POST">
Fruits préférés :<br />
<select name="fruits[]" multiple size="8">
<option value="A"
selected="selected">Abricots</option><option value="C"
>Cerises</option><option value="F"
selected="selected">Fraises</option><option value="P"
>Pêches</option><option value="?" >Ne sait
pas</option></select>
</form>
```

Cet exemple est très facile à adapter si l'attribut `value` n'est pas utilisé.

Exemple avec une liste à sélection unique

```
<?php
// Liste des langues à afficher dans la liste, sous la
// forme d'un tableau associatif donnant le code de
// la langue (clé du tableau) et l'intitulé de la langue.
$langues_disponibles = array(
  'E' => 'Espagnol',
  'F' => 'Français',
  'I' => 'Italien');
```

```
// Code de la langue de l'utilisateur
$langue = 'F';
?>
<!-- construction du formulaire -->
<form action="saisie.php" method="POST">
Langue :<br />
<select name="langue">
<?php
// Code PHP générant la partie dynamique du formulaire.
// Parcourir la liste à afficher et récupérer le code
// et l'intitulé.
foreach($langues_disponibles as $code => $intitulé) {
  // Déterminer si la ligne doit être sélectionnée
  //  - oui si le code est égal au code de la langue de
  //    l'utilisateur
  //  - si c'est le cas, mettre l'attribut "selected" dans
  //    la balise "option", sinon ne rien mettre
  $sélection = ($code == $langue)?'selected="selected"':'';
  // Générer la balise "option" avec la variable $code pour
  // l'option "value", la variable $sélection pour
  // l'indication de sélection et la variable $intitulé
  // pour le texte affiché dans la liste.
  echo "<option value=\"$code\" $sélection>$intitulé</option>";
}
?>
</select>
</form>
```

Résultat à l'écran

Source dans le navigateur

```
<!-- construction du formulaire -->
<form action="saisie.php" method="POST">
Langue :<br />
<select name="langue">
<option value="E" >Espagnol</option><option value="F"
selected="selected">Français</option><option value="I"
>Italien</option></select>
</form>
```

Des techniques similaires peuvent être utilisées pour construire une liste de cases à cocher, un groupe de boutons radio...

4. Contrôler les données saisies

4.1 Vue d'ensemble

Dans la première partie de ce chapitre, nous avons vu comment récupérer les données saisies.

Ensuite, il faut vérifier que les données saisies sont correctes, c'est-à-dire qu'elles respectent les règles de gestion définies pour l'application.

Remarque

Pour la sécurité du site, il convient d'être suspicieux vis-à-vis des données qui viennent de l'extérieur (formulaire, URL, mais aussi, nous le verrons plus tard, cookie, etc.). Ces données doivent être contrôlées, filtrées, pour éviter les attaques potentielles d'un utilisateur mal intentionné.

L'objectif de cette partie est de vous fournir quelques pistes sur les techniques couramment utilisées en PHP pour cette vérification. Une autre approche possible consiste à réaliser un contrôle en JavaScript dans le navigateur, l'intérêt étant d'éviter un aller et retour avec le serveur.

4.2 Vérifications classiques

Nettoyage des espaces qui traînent

Pour les zones en saisie libre (`<input>` de type `text` ou `password`, `<textarea>`), la fonction `trim` (cf. chapitre Variables, constantes, types et tableaux - section Quelques fonctions utiles sur les chaînes de caractères, les dates et les nombres) peut être utilisée pour supprimer les "blancs" indésirables en début et/ou en fin de chaîne.

Exemple

```
// Récupérer la valeur saisie dans la zone "nom" et nettoyer
// les espaces qui traînent (au début et à la fin)
$nom = trim($_POST['nom']);
```

Zones obligatoires

Tester si une zone obligatoire est saisie se révèle très simple : il suffit de tester si la variable associée contient une valeur.

Exemple

```
$nom = trim($_POST['nom']);
if ($nom == '') {
  // $nom vide = zone "nom" non saisie => faire quelque chose
}
```

Longueur maximum d'une chaîne

Pour les zones en saisie libre, la longueur des informations saisies peut être contrôlée avec la fonction `strlen` (cf. chapitre Variables, constantes, types et tableaux - section Quelques fonctions utiles sur les chaînes de caractères, les dates et les nombres).

Exemple

```
$nom = trim($_POST['nom']);
if (strlen($nom) > 20) {
  // $nom trop long => faire quelque chose
}
```

L'attribut `maxlength` de la balise `input` permet un contrôle complémentaire au moment de la saisie (c'est le navigateur qui s'en charge).

Caractères autorisés pour une chaîne - Format

En cas de besoin, l'utilisation des expressions rationnelles (cf. chapitre Variables, constantes, types et tableaux - section Quelques fonctions utiles sur les chaînes de caractères, les dates et les nombres) permet de contrôler très facilement que seuls certains caractères sont présents et éventuellement que la chaîne saisie respecte un format spécifique.

À titre d'exemple, supposons que le mot de passe doit vérifier la règle suivante : commencer par une lettre, suivie de lettres, de chiffres ou des caractères _#*$ avec une longueur minimale de 4.

Exemple

```
$mot_de_passe = trim($_POST['mot_de_passe']);
$motif = '/^[a-z][a-z0-9_#*$]{3,}/i';
if (preg_match($motif,$mot_de_passe) == 0) {
  // Mot de passe non valide
}
```

Quelques explications sur l'expression rationnelle utilisée (`/^[a-z][a-z0-9_#*$]{3,}/i`) :

– caractère délimiteur = /

– option `i` utilisée afin de ne pas faire de différence entre majuscules et minuscules.

– ^ = commence par...

- [a-z] = une lettre entre a et z (ou A et Z avec l'option i)...
- [a-z0-9_#*$]{3,} = suivi d'au moins trois ({3,}) caractères parmi ceux indiqués : a à z (et donc A à Z), 0 à 9 et les caractères _#*$

D'autres exemples sont présentés dans la suite de cette partie avec les dates et les nombres.

Validité d'une date - Plage de valeurs

Généralement, deux vérifications doivent être réalisées sur une date :

- respect d'un format (JJ/MM/AAAA par exemple).
- validité (pas de 32/13/2001).

La vérification du respect du format et des caractères autorisés est très simple avec une expression rationnelle.

Exemple

```
$date_naissance = trim($_POST['date_naissance']);
$format_date = '#^([0-9]{1,2})/([0-9]{1,2})/([0-9]{4})$#';
if (preg_match($format_date,$date_naissance) == 0) {
  // Mauvais format pour la date.
}
```

Quelques explications sur l'expression rationnelle utilisée (#^([0-9]{1,2})/([0-9]{1,2})/([0-9]{4})$#) :

- caractère délimiteur = #
- ^ = commence par...
- ([0-9]{1,2}) = un ou deux chiffres (sous-motif capturant)...
- / = suivi du caractère "/"...
- ([0-9]{1,2}) = suivi de un ou deux chiffres (sous-motif capturant)...
- / = suivi du caractère "/"...
- ([0-9]{4}) = suivi de quatre chiffres (sous-motif capturant)...
- $ = suivi de... rien du tout ! La chaîne doit se terminer immédiatement.

Pour vérifier la validité de la date, il est possible d'utiliser la fonction checkdate (cf. chapitre Variables, constantes, types et tableaux - section Quelques fonctions utiles sur les chaînes de caractères, les dates et les nombres).

Dans un premier temps, il faut récupérer les composantes de la date saisie. Plusieurs solutions sont utilisables :

- Avec la fonction explode :

```
$jma = explode('/',$date_naissance);
// $jma[0] contient le jour
// $jma[1] contient le mois
```

```
// $jma[2] contient l'année
if (! checkdate($jma[1],$jma[0],$jma[2])) {
// Date non valide.
}
```

– Variante avec les fonctions explode et list :

```
list($jour,$mois,$année) = explode('/',$date_naissance);
// Récupération des composantes dans des variables indépendantes.
if (! checkdate($mois,$jour,$année)) {
// Date non valide.
}
```

– Avec le troisième paramètre de la fonction preg_match qui permet de récupérer des portions de la chaîne, et cela directement dans le test de conformité du format :

```
$date_naissance = trim($_POST['date_naissance']);
$format_date = '#^([0-9]{1,2})/([0-9]{1,2})/([0-9]{4})$#';
if (preg_match($format_date,$date_naissance,$jma) == 0) {
  // Mauvais format pour la date.
} else {
  // Bon format pour la date.
  // $jma contient les différentes composantes avec des
  // indices différents par rapport à l'exemple précédent :
  // $jma[1] contient le jour
  // $jma[2] contient le mois
  // $jma[3] contient l'année
  if (! checkdate($jma[2],$jma[1],$jma[3])) {
    // Date non valide.
  }
}
```

Pour tester la plage de valeurs, le plus simple est de faire une comparaison numérique (ou alphabétique) sur un nombre (ou une chaîne) construit sur la forme AAAAMMJJ (20010828 pour le 28/08/2001).

Exemple

```
// Récupérer les composantes de la date.
list($jour,$mois,$année) = explode('/',$date_naissance);
// Contruire une chaîne au format AAAAMMJJ
$aaaammjj = sprintf('%04d%02d%02d',$année,$mois,$jour);
// Définir les dates mini et maxi selon le même format.
$date_mini = '19000101'; // 01/01/1900
$date_maxi = date('Ymd'); // date du jour
// Comparer.
if ($aaaammjj < $date_mini or $aaaammjj > $date_maxi) {
  // Date hors de la plage autorisée
}
```

Validité d'un nombre - Plage de valeurs

Plusieurs techniques peuvent être utilisées pour vérifier qu'un nombre est bien formé :

– les expressions régulières.
– la fonction `is_numeric`.
– la conversion de la saisie et le test du résultat obtenu.

Exemples avec les expressions rationnelles

```
// Vérifier qu'une donnée est un nombre entier.
preg_match('/^[+-]?[0-9]+$/',$variable)
// Vérifier qu'une donnée est un nombre entier et contrôler
// le nombre de chiffres (entre 1 et 3 par exemple)
preg_match('/^[+-]?[0-9]{1,3}$/',$variable)
// Vérifier qu'une donnée est un nombre décimal (sur cet
// exemple la virgule et le point sont acceptés comme
// séparateur décimal).
preg_match('/^[+-]?[0-9]+[.,]?[0-9]*$/',$variable)
```

Pour la plage de valeurs, un simple test du type suivant suffit.

Exemple

```
if ($variable < minimum or $variable > maximum) {
  // $variable en dehors de la plage autorisée
}
```

Validité d'une adresse e-mail

Là encore, les expressions rationnelles vont être utiles. Ce sujet a fait l'objet de beaucoup d'études et de nombreuses solutions peuvent être trouvées sur Internet.

La solution suivante fonctionne correctement pour les structures d'adresses courantes :

```
preg_match(
  '/^[a-z0-9]+([._-]?[a-z0-9]+)*'.              // début
  '@'.                                           // suite
  '[a-z0-9]+([.-]?[a-z0-9]+)*\.[a-z]{2,4}$/i', // fin
  $adresse_mail
)
```

Pour faciliter la lecture, l'expression rationnelle est construire par concaténation de trois chaînes.

Quelques explications sur l'expression rationnelle utilisée :

– Caractère délimiteur = /
– Option `i` utilisée afin de ne pas faire de différence entre majuscules et minuscules.
– ^ = commence par...
– `[0-9a-z]+` = une séquence comportant des lettres ou des chiffres...

- `([._-]?[a-z0-9]+)*` = suivi éventuellement d'une ou plusieurs séquences commençant chacune optionnellement par un tiret, un souligné ou un point suivi de lettres ou de chiffres...
- `@` = suivi d'un @...
- `[0-9a-z]+` = suivi d'une séquence comportant des lettres ou des chiffres...
- `([.-]?[a-z0-9]+)*` = suivi éventuellement d'une ou plusieurs séquences commençant chacune optionnellement par un tiret ou un point suivi de lettres ou de chiffres...
- `\.` = suivi d'un point...
- `[a-z]{2,4}` = suivi de deux à quatre lettres...
- `$` = suivi de... rien du tout. La chaîne doit se terminer.

Remarque

L'expression rationnelle permet de vérifier que l'adresse est syntaxiquement correcte, mais pas de contrôler qu'elle existe réellement.

5. Les problèmes sur les données saisies

5.1 La fonctionnalité de "magic quotes"

Avant la version 5.4, PHP proposait une fonctionnalité appelée « magic quotes » dont l'objectif principal était de résoudre un problème potentiel lié à l'enregistrement des données dans une base de données en effectuant un encodage sur les données saisies dans un formulaire.

Si la directive de configuration `magic_quotes_gpc` était à `on`, toutes les données arrivant par une méthode `GET` ou `POST` (ou encore par un cookie) étaient automatiquement encodées avec un antislash (\) devant les caractères apostrophe (`'`), guillemet (`"`) et bien sûr antislash (\). Cette fonctionnalité était effectivement intéressante, notamment pour l'apostrophe, si les données étaient destinées à être enregistrées dans une base de données SQL (*Structured Query Language*) où le délimiteur de chaîne de caractères est l'apostrophe (cf. chapitre Accéder aux bases de données).

Dans la pratique, cette fonctionnalité « magic quotes » posait plusieurs problèmes : nécessité de supprimer ou d'ajouter l'antislash selon le contexte et l'utilisation de la donnée (affichage, enregistrement dans une base de données), écriture d'un code indépendant de la configuration de PHP, etc.

Cette fonctionnalité avait été déclarée obsolète en version 5.3 et a été définitivement supprimée en version 5.4 : la directive `magic_quotes_gpc` n'existe plus et les données saisies ne subissent aucun encodage. Si la données est ensuite destinée à être affichée, aucun traitement n'est requis, et si elle est destinée à être enregistrée dans une base de données, il convient d'effectuer l'encodage adapté (cf. chapitre Accéder aux bases de données).

5.2 Autres problèmes sur les données saisies

Un autre problème d'affichage dans une zone de formulaire peut se produire si la donnée affichée contient un guillemet (").

Exemple

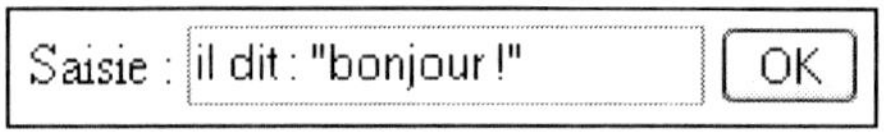

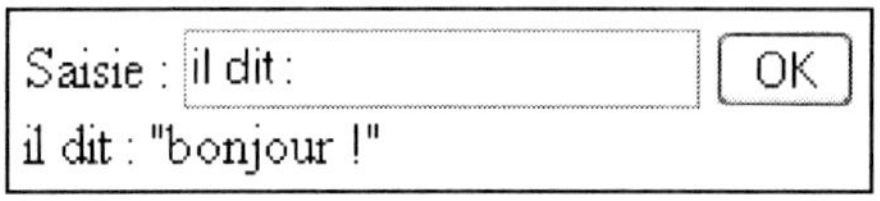

Source de la page dans le navigateur (extrait)

```
<form action="saisie.php" method="post">
<div>
  Saisie : <input type="text" name="saisie"
                  value="il dit : "bonjour !"" />
  <input type="submit" name="ok" value="OK" />
  <br />il dit : "bonjour !"    </div>
</form>
```

En HTML, dans les attributs des balises (`value`, `name`...), le délimiteur de chaîne est le guillemet. Dans l'attribut `value`, la séquence "`il dit` : " est considérée comme la valeur de l'attribut et le reste de la chaîne est ignoré. Le problème se produit même si le guillemet est échappé par le caractère \ car ce dernier n'est pas un caractère d'échappement en HTML.

Un autre problème d'affichage se produit dans la page si la donnée affichée contient des balises HTML.

Exemple

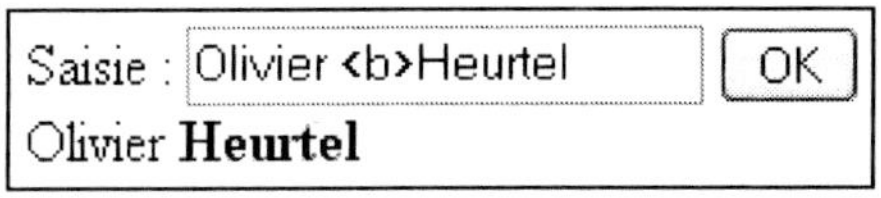

La saisie `Olivier <b>Heurtel` donne le mot `Heurtel` en gras lors de l'affichage dans la page HTML. La séquence `<b>` saisie par l'utilisateur se retrouve telle quelle dans le code source de la page et est donc interprétée par le navigateur comme la balise de mise en gras.

Enfin, nous pouvons rencontrer un troisième problème lors de la saisie dans une zone de commentaire.

Exemple

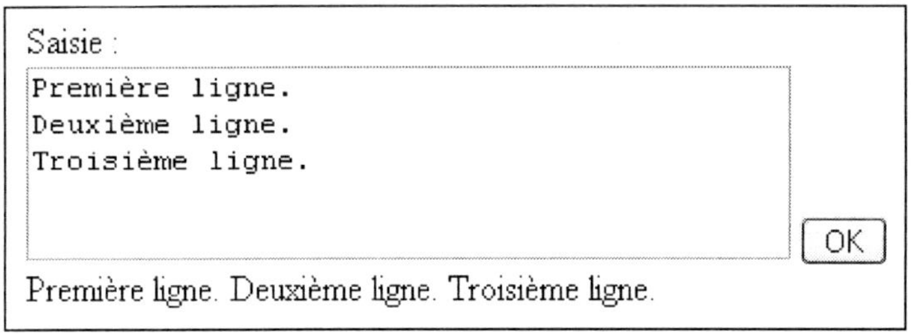

Une saisie sur plusieurs lignes dans la zone `<textarea>` est bien réaffichée telle quelle dans la zone mais est affichée sans les sauts de ligne dans la page HTML. Le texte est bien présent avec des sauts de ligne dans le code source de la page, mais le saut de ligne, en dehors d'une zone `<textarea>`, n'est pas interprété par le navigateur : il faut mettre une balise `<br />`.

Nous voyons donc apparaître trois problèmes relatifs à l'affichage dans la page HTML de données saisies par l'utilisateur :

- Présence du caractère guillemet qui peut poser un problème lors de l'utilisation de la donnée dans un formulaire (attribut `value`).
- Présence de balises HTML valides qui sont interprétées comme telles par le navigateur.
- Non-prise en compte des sauts de ligne présents dans un texte.

Le deuxième "problème" peut présenter un intérêt si vous souhaitez offrir la possibilité à un utilisateur avancé de saisir un texte avec un peu de mise en forme pour un affichage ultérieur dans une page.

Pour résoudre ces trois problèmes, PHP propose quatre fonctions : `htmlspecialchars`, `htmlentities`, `nl2br` et `strip_tags`.

La fonction `htmlspecialchars` prend une chaîne de caractères et la retourne en remplaçant certains caractères par leur équivalent HTML :

Syntaxe

```
chaîne htmlspecialchars(chaîne texte [, entier option [, chaîne jeu
[, booléen double_encodage]]])
```

`texte`	Chaîne à traiter.
`option`	Fonctionnement vis-à-vis des caractères guillemets (") et apostrophe (').
`jeu`	Jeu de caractères à utiliser pour la conversion.
`double_encodage`	Indique s'il faut (`TRUE`, valeur par défaut) ou non (`FALSE`) encoder les entités HTML déjà encodées. Apparu en version 5.2.3.

Les caractères convertis sont les suivants :

Entrée	Sortie
&	&
"	"
'	'
<	<
>	>

Le deuxième paramètre permet de préciser le fonctionnement vis-à-vis des caractères guillemets (") et apostrophe (') :

Valeur	Comportement
`ENT_COMPAT`	Conversion du guillemet mais pas de l'apostrophe.
`ENT_NOQUOTES`	Aucune conversion.
`ENT_QUOTES`	Conversion des deux caractères.
`ENT_IGNORE`	Ignore les séquences de code invalide (en Unicode) au lieu de retourner une chaîne vide (apparu en version 5.3 mais déconseillé pour des raisons de sécurité).
`ENT_SUBSTITUTE`	Remplace les séquences de code invalide (en Unicode) par un caractère de substitution (U+FFFD).

Valeur	Comportement
ENT_DISALLOWED	Remplace les séquences de code invalide (en Unicode) pour le type de document spécifié par un caractère de substitution (U+FFFD).
ENT_HTML401	Gère le code comme étant du HTML 4.01.
ENT_XML1	Gère le code comme étant du XML 1.
ENT_XHTML	Gère le code comme étant du XHTML.
ENT_HTML5	Gère le code comme étant du HTML 5.

Plusieurs indicateurs peuvent être combinés avec l'opérateur « ou logique » (|). La valeur par défaut est `ENT_COMPAT | ENT_HTML401`.

Le troisième paramètre permet de définir le jeu de caractères à utiliser pour la conversion : `ISO-8859-1`, `ISO-8859-15`, `UTF-8`, etc. La valeur par défaut est `ISO-8859-1` avant la version 5.4 et `UTF-8` dans les versions 5.4 et 5.5 ; depuis la version 5.6, la valeur de la directive de configuration `default_charset` est utilisée comme valeur par défaut (cette directive étant elle-même égale par défaut à `UTF-8`). Même si ce paramètre est optionnel, il est vivement conseillé de spécifier une valeur correcte adaptée à votre code.

Depuis la version 5.1.0, il existe une fonction `htmlspecialchars_decode` qui effectue la conversion inverse de la fonction `htmlspecialchars`.

Exemple

```
<?php
$texte = 'Olivier & Co. a déclaré : "c\'est l\'été !"';
echo htmlspecialchars($texte,ENT_QUOTES,'UTF-8');
?>
```

Résultat dans le code source de la page (les éléments concernés sont en gras)

```
Olivier &amp; Co. a déclaré : &quot;c&#039;est l&#039;été !&quot;
```

La fonction `htmlentities` présente un comportement identique à celui de `htmlspecialchars` mais pour tous les caractères ayant un équivalent en HTML (caractères accentués notamment).

Syntaxe

```
chaîne htmlentities (chaîne texte [, entier option [, chaîne jeu [, booléen
double_encodage]]]
```

`texte`	Chaîne à traiter.
`option`	Fonctionnement vis-à-vis des caractères guillemets (") et apostrophe (').
`jeu`	Jeu de caractères à utiliser pour la conversion.
`double_encodage`	Indique s'il faut (`TRUE`, valeur par défaut) ou non (`FALSE`) encoder les entités HTML déjà encodées. Apparu en version 5.2.3.

Les deuxième et troisième paramètres ont la même signification que pour la fonction `htmlspecialchars`.

Exemple

```
<?php
$texte = 'Olivier & Co. a déclaré : "c\'est l\'été !"';
echo htmlentities($texte,ENT_QUOTES,'UTF-8');
?>
```

Résultat dans le code source de la page (les éléments concernés sont en gras)

```
Olivier &amp; Co. a d&eacute;clar&eacute; : &quot;c&#039;est
l&#039;&eacute;t&eacute; !&quot;
```

La fonction `nl2br` prend une chaîne et retourne cette chaîne après avoir inséré une balise HMTL de saut de ligne devant chaque saut de ligne : la balise est `<br />` (compatibilité XHTML) à partir de la version 4.0.5 de PHP et `<br>` avant.

Syntaxe

```
chaîne nl2br (chaîne texte)
```

`texte`	Chaîne à traiter.

Exemple

```
<?php
$texte = "Première ligne.\nDeuxième ligne.";
echo nl2br($texte);
?>
```

Résultat dans le code source de la page (les éléments concernés sont en gras)

```
Première ligne.<br />
Deuxième ligne.
```

Enfin, la fonction `strip_tags` prend une chaîne de caractères et la retourne après avoir supprimé toutes les balises HTML qu'elle contient.

Syntaxe

```
chaîne strip_tags (chaîne texte[, chaîne balises_autorisées])
```

`texte`	Chaîne à traiter.
`balises_autorisées`	Liste des balises à conserver dans la chaîne.

Le deuxième paramètre permet d'indiquer les balises à conserver.

Exemple

```
<?php
$texte = "<b>Olivier</b> <i>Heurtel</i>";
echo $texte,'<br/>';
echo strip_tags($texte),'<br/>';
echo strip_tags($texte,'<b>'),'<br/>';
?>
```

Résultat

Olivier *Heurtel*
Olivier Heurtel
Olivier Heurtel

Ces fonctions vont donc permettre de gérer les différents problèmes évoqués précédemment.

Pour éviter tout problème d'affichage dans le navigateur, il est conseillé d'effectuer une transformation des données avant ou dans l'instruction `echo`.

Des fonctions personnelles peuvent être développées pour effectuer cette opération.

Exemple

```
<?php
// Fonction permettant d'afficher des données dans un formulaire.
// Encoder tous les caractères HTML spéciaux.
function vers_formulaire($valeur) {
  return htmlentities($valeur,ENT_QUOTES,'UTF-8');
}
// Fonction permettant d'afficher des données dans une page.
// Encoder tous les caractères HTML spéciaux.
// Transformer les sauts de ligne en <br />.
function vers_page($valeur) {
  return nl2br(htmlentities($valeur,ENT_QUOTES,'UTF-8'));
}
?>
```

Ces fonctions peuvent ensuite être utilisées dans un script de traitement d'un formulaire.

Exemple

```
<?php
// Inclusion du fichier qui contient les définitions de nos
// fonctions générales.
include('fonctions.inc');
// Tester si la page est appelée après validation du formulaire
if (isset($_POST['ok'])) {
  // Récupération de la valeur saisie dans le formulaire
  $nom = isset($_POST['nom'])?$_POST['nom']:'';
  // La valeur saisie est réaffichée dans le formulaire et
  // dans la page...
}
?>
<!DOCTYPE html PUBLIC "-//W3C//DTD XHTML 1.0 Strict//EN"
  "http://www.w3.org/TR/xhtml1/DTD/xhtml1-strict.dtd">
<html xmlns="http://www.w3.org/1999/xhtml">
  <head><title>Saisie</title></head>
  <body>
    <form action="saisie.php" method="post">
    <div>
      Nom :
      <input type="text" name="nom"
        value="<?php echo vers_formulaire($nom); ?>" />
      <input type="submit" name="ok" value="OK" /><br />
      <?php echo vers_page($nom); ?>
    </div>
    </form>
  </body>
</html>
```

Résultat

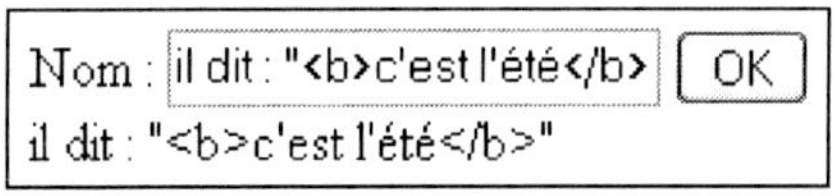

Avec cette approche, la saisie est restituée telle quelle : si l'utilisateur a saisi une balise, il la retrouve (celle-ci n'est pas interprétée par le navigateur). Si besoin, les fonctions peuvent être modifiées pour supprimer les balises à l'aide de la fonction `strip_tags`.

Remarque

La fonction `nl2br` doit être appelée après les fonctions `htmlentities` ou `htmlspecialchar`. Dans le cas contraire, la balise `<br />` ajoutée par `nl2br` est encodée (en `<br />`) avant d'être insérée dans le code source de la page et n'est donc pas interprétée par le navigateur (le texte `<br />` apparaît dans la page affichée). La fonction `nl2br` ne doit pas être appelée pour du texte destiné à une zone `<textarea>` (sous peine, là encore, d'avoir le texte `<br />` dans la zone).

6. Utilisation des filtres

6.1 Principes

Depuis la version 5.2.0, une nouvelle extension permet de filtrer et valider des données, notamment celles provenant de la saisie des utilisateurs.

Chaque filtre est défini par un numéro (identifiant), un nom et éventuellement des options et des indicateurs qui précisent le comportement du filtre. Chaque option est définie par un nom qui est utilisé comme clé dans un tableau associatif. Chaque indicateur est défini par une constante ; pour spécifier plusieurs indicateurs, il suffit de sommer les constantes correspondantes.

Quelques exemples de filtres (voir la documentation pour la description de tous les filtres) :

Identifiant (constante prédéfinie)	Description
FILTER_VALIDATE_INT	Valide une valeur en tant qu'entier. Les options min_range et max_range permettent de définir un intervalle de validité.
FILTER_VALIDATE_FLOAT	Valide une valeur en tant que nombre à virgule flottante.
FILTER_VALIDATE_REGEXP	Valide une valeur à l'aide d'une expression régulière compatible PERL. L'expression régulière à utiliser est spécifiée grâce à l'option regexp.
FILTER_VALIDATE_EMAIL	Valide une valeur en tant qu'adresse électronique.

Identifiant (constante prédéfinie)	Description
`FILTER_SANITIZE_STRING`	Supprime les balises contenues dans une chaîne et encode les caractères ' et ". Plusieurs indicateurs sont disponibles pour supprimer ou encoder des caractères supplémentaires (voir ci-dessous).
`FILTER_SANITIZE_SPECIAL_CHARS`	Encode en HTML les caractères ', ", <, > et & ainsi que tous les caractères de code ASCII inférieur à 32. Plusieurs indicateurs sont disponibles pour supprimer ou encoder des caractères supplémentaires (voir ci-dessous).

Les indicateurs suivants peuvent être utilisés avec les filtres `FILTER_SANITIZE_STRING` et `FILTER_SANITIZE_SPECIAL_CHARS` :

`FILTER_FLAG_STRIP_LOW`	Supprime les caractères de code ASCII inférieur à 32.
`FILTER_FLAG_STRIP_HIGH`	Supprime les caractères de code ASCII supérieur à 127.
`FILTER_FLAG_ENCODE_HIGH`	Encode en HTML les caractères de code ASCII supérieur à 127.

En complément, les indicateurs suivants peuvent être utilisés avec le filtre `FILTER_SANITIZE_STRING` :

`FILTER_FLAG_NO_ENCODE_QUOTES`	N'encode pas les caractères ' et ".
`FILTER_FLAG_ENCODE_AMP`	Encode en HTML le caractère &.
`FILTER_FLAG_ENCODE_LOW`	Encode en HTML les caractères de code ASCII inférieur à 32.

De plus, l'indicateur `FILTER_NULL_ON_FAILURE` peut être utilisé avec tous les filtres pour que les fonctions retournent la valeur `NULL` au lieu de la valeur `FALSE` en cas d'échec.

Ces filtres peuvent être utilisés dans les fonctions `filter_var`, `filter_var_array`, `filter_input` et `filter_input_array`.

Fonctions filter_var et filter_var_array

La fonction `filter_var` permet de filtrer une donnée.

Syntaxe

```
mixte filter_var(mixte donnée[, entier filtre[, mixte options_indicateurs]])
```

`donnée`	Donnée à filtrer.
`filtre`	Identifiant du filtre à appliquer (`FILTER_DEFAULT` par défaut).
`options_indicateurs`	Options et/ou indicateurs éventuels du filtre (voir ci-dessous).

Cette fonction retourne la donnée filtrée, ou `FALSE` si le filtre a échoué (ou `NULL` si l'indicateur `FILTER_NULL_ON_FAILURE` est utilisé).

Dans le cas le plus général, le paramètre `options_indicateurs` est spécifié sous la forme d'un tableau associatif comportant une ou deux lignes, avec les clés suivantes : `flags` pour les indicateurs et `options` pour les options. Comme indiqué précédemment, plusieurs indicateurs peuvent être fournis en sommant les constantes correspondantes. La valeur des options est elle aussi définie sous la forme d'un tableau associatif dans lequel le nom de l'option est utilisé comme clé.

Dans le cas où le paramètre `options_indicateurs` ne définit que des indicateurs, la valeur correspondante peut être passée directement en paramètre, sans utiliser de tableau.

Exemple 1

```
<?php
echo "<b>Filtrer un nombre entier</b><br />";
$valeurs = array('123','abc','1.2',NULL);
foreach ($valeurs as $x) {
  echo "$x => ";
  var_export(filter_var($x,FILTER_VALIDATE_INT));
  echo "<br />";
}
echo "<b>+ NULL au lieu de FALSE en cas d'erreur</b><br />";
$x = 'abc';
// indicateur passé en option directement
$options = FILTER_NULL_ON_FAILURE;
echo "$x => ";
var_export(filter_var($x,FILTER_VALIDATE_INT,$options));
echo "<br />";
echo "<b>Filtrer un nombre entier (0-100)</b><br />";
// options du filtre définies via un tableau associatif
```

```
$options =
  array
    (
    'options' => array('min_range' => 0,'max_range' => 100)
    );
$valeurs = array('0','100','101');
foreach ($valeurs as $x) {
  echo "$x => ";
  var_export(filter_var($x,FILTER_VALIDATE_INT,$options));
  echo "<br />";
}
echo "<b>+ NULL au lieu de FALSE en cas d'erreur</b><br />";
// Indicateur ajouté dans le tableaux des options
$options =
  array
    (
    'options' => array('min_range' => 0,'max_range' => 100),
    'flags' => FILTER_NULL_ON_FAILURE
    );
$x = '101';
echo "$x => ";
var_export(filter_var($x,FILTER_VALIDATE_INT,$options));
echo "<br />";
echo "<b>Filtrer avec une expression rationnelle</b><br />";
$regexp = '<^[0-9]{2}/[0-9]{2}/[0-9]{4}$>';
$options =
  array
    (
    'options' => array('regexp' => $regexp)
    );
$valeurs = array('01/01/2007','01/01/07');
foreach ($valeurs as $x) {
  echo "$x => ";
  var_export(filter_var($x,FILTER_VALIDATE_REGEXP,$options));
  echo "<br />";
}
?>
```

Résultat

```
Filtrer un nombre entier
123 => 123
abc => false
1.2 => false
+ NULL au lieu de FALSE en cas d'erreur
abc => NULL
Filtrer un nombre entier (0-100)
```

```
0 => 0
100 => 100
101 => false
+ NULL au lieu de FALSE en cas d'erreur
101 => NULL
Filtrer avec une expression rationnelle
01/01/2007 => '01/01/2007'
01/01/07 => false
```

Exemple 2

```
<?php
$texte = "<b>c'est l'été</b>";
echo "// texte affiché sans précaution<br />\n";
echo $texte,"<br />\n";
echo "// FILTER_SANITIZE_SPECIAL_CHARS<br />\n";
echo filter_var($texte,FILTER_SANITIZE_SPECIAL_CHARS),"<br />\n";
echo "// FILTER_SANITIZE_STRING<br />\n";
echo filter_var($texte,FILTER_SANITIZE_STRING),"<br />\n";
?>
```

Résultat dans le navigateur

```
// Texte affiché sans précaution
c'est l'été
// FILTER_SANITIZE_SPECIAL_CHARS
<b>c'est l'été</b>
// FILTER_SANITIZE_STRING
c'est l'été
```

Résultat dans le code source de la page

```
// Texte affiché sans précaution<br />
<b>c'est l'été</b><br />
// FILTER_SANITIZE_SPECIAL_CHARS<br />
&#60;b&#62;c&#39;est l&#39;été&#60;/b&#62;<br />
// FILTER_SANITIZE_STRING<br />
c&#39;est l&#39;été<br />
```

Si vous utilisez un jeu de caractères multi-octets, comme UTF-8 par exemple, il ne faut pas utiliser l'indicateur `FILTER_FLAG_ENCODE_HIGH` du filtre `FILTER_SANITIZE_STRING`, sous peine d'obtenir un résultat non souhaité :

Exemple

```
<?php
$texte = "€";
echo "// texte d'origine<br />\n";
echo $texte,"<br />\n";
echo "// FILTER_SANITIZE_STRING ",
```

```
    "+ option FILTER_FLAG_ENCODE_HIGH<br />\n";
echo
  filter_var
    (
    $texte,
    FILTER_SANITIZE_STRING,FILTER_FLAG_ENCODE_HIGH
    ),
    "<br />\n";
?>
```

Résultat dans le navigateur

```
// texte d'origine
€
// FILTER_SANITIZE_STRING + option FILTER_FLAG_ENCODE_HIGH
â,¬
```

Résultat dans le code source de la page

```
// texte d'origine<br />
€<br />
// FILTER_SANITIZE_STRING + option FILTER_FLAG_ENCODE_HIGH<br />
&#226;&#130;&#172;<br />
```

En UTF-8, le symbole de l'euro est codé sur 3 octets (`E2`, `82` et `AC` en hexadécimal, soit `226`, `130` et `172` en décimal). Visiblement, l'encodage réalisé par l'indicateur `FILTER_FLAG_ENCODE_HIGH` s'effectue sur les octets individuels, pas sur le caractère dans sa globalité, ce qui donne le résultat ci-dessus (normalement, le code numérique HTML du symbole de l'euro est `€` et son code HTML `€`).

La fonction `filter_var_array` permet de filtrer un tableau de données.

Syntaxe

`*mixte* filter_var_array(*tableau* données[, *mixte* filtres[,*booléen* ajouter_vide]])`

`données`	Tableau associatif contenant les données à filtrer. Les clés sont des chaînes de caractères qui identifient chaque donnée à valider.
`filtres`	Définition des filtres à appliquer à chaque donnée du tableau de données.
`ajouter_vide`	Indique si des lignes doivent être ajoutées dans le résultat pour les données qui n'existent pas dans le tableau d'origine (`TRUE` par défaut).

La fonction retourne le tableau des données filtrées ; les lignes pour lesquelles le filtre a échoué sont à `FALSE` (ou `NULL` si l'indicateur `FILTER_NULL_ON_FAILURE` est utilisé) et celles pour lesquelles la donnée n'existe pas sont à `NULL`, sauf si le paramètre `ajouter_vide` est à `FALSE`, auquel cas les lignes ne sont pas ajoutées dans le résultat.

Dans le cas le plus général, le paramètre `filtres` est spécifié sous la forme d'un tableau associatif qui reprend les clés du tableau de données (la correspondance entre les tableaux `données` et `filtres` s'effectue par l'intermédiaire de la clé). Chaque valeur du tableau `filtres` peut être un simple identifiant de filtre ou un tableau associatif donnant une description plus complète du filtre à appliquer. Dans ce cas, les clés du tableau `filtres` sont `filter` pour l'identifiant du filtre, `flags` pour les indicateurs à appliquer au filtre et `options` pour les options à appliquer au filtre ; les valeurs associées aux clés `flags` et `options` se définissent comme pour la fonction `filter_var`.

Dans le cas où le même filtre doit être appliqué à toutes les données, sans indicateur ni option, le paramètre `filtres` peut être un simple entier égal à l'identifiant du filtre.

Exemple

```
<?php
echo '<b>Filtrer un tableau de nombres entiers</b><br />';
$valeurs = array('123','abc');
var_export($valeurs);
echo '<br /> => ';
// Même filtre à appliquer à toutes les données,
// sans indicateur ni option.
var_export
  (filter_var_array($valeurs,FILTER_VALIDATE_INT));
echo '<br />';
echo '<b>Filtrer un tableau de données diverses (1)</b><br />';
$valeurs = array
     (
     'age' => 123,
     'taille' => 'abc',
     'mail' => 'contact@olivier-heurtel.fr'
     );
// Filtre différent mais "simple" (sans indicateur
// ni option) à appliquer aux données.
$filtres = array
     (
     'age' => FILTER_VALIDATE_INT,
     'taille' => FILTER_VALIDATE_INT,
     'mail' => FILTER_VALIDATE_MAIL
     );
var_export($valeurs);
echo '<br /> => ';
var_export(filter_var_array($valeurs,$filtres));
echo '<br />';
echo '<b>Filtrer un tableau de données diverses (2)</b><br />';
```

```
$valeurs = array
    (
    'age' => 123,
    'taille' => 'abc',
    'mail' => 'contact@olivier-heurtel.fr'
    );
// Filtre avec options et indicateur à appliquer à une des données.
$filtre_age = array
    (
    'filter' => FILTER_VALIDATE_INT,
    'options' => array('min_range' => 0,'max_range' => 100),
    'flags' => FILTER_NULL_ON_FAILURE
    );
// Noter la mention d'un filtre pour une donnée
// qui n'existe pas.
$filtres = array
    (
    'age' => $filtre_age,
    'taille' => FILTER_VALIDATE_INT,
    'poids' => FILTER_VALIDATE_INT, // n'existe pas
    'mail' => FILTER_VALIDATE_MAIL
    );
var_export($valeurs);
echo '<br />';
var_export(filter_var_array($valeurs,$filtres));
// Désactiver l'ajout des éléments vides.
echo '<br />';
echo '<b>La même chose en désactivant l\'ajout d\'éléments vides</b>';
echo '<br /> => ';
var_export(filter_var_array($valeurs,$filtres,FALSE));
?>
```

Résultat

```
Filtrer un tableau de nombres entiers
array ( 0 => '123', 1 => 'abc', )
=> array ( 0 => 123, 1 => false, )
Filtrer un tableau de données diverses (1)
array ( 'age' => 123, 'taille' => 'abc', 'mail' =>
'contact@olivier-heurtel.fr', )
=> array ( 'age' => 123, 'taille' => false, 'mail' =>
'contact@olivier-heurtel.fr', )
Filtrer un tableau de données diverses (2)
array ( 'age' => 123, 'taille' => 'abc', 'mail' =>
'contact@olivier-heurtel.fr', )
=> array ( 'age' => NULL, 'taille' => false, 'poids' => NULL, 'mail' =>
'contact@olivier-heurtel.fr', )
```

```
La même chose en désactivant l'ajout d'éléments vides
=> array ( 'age' => NULL, 'taille' => false, 'mail' =>
'contact@olivier-heurtel.fr', )
```

Dans le dernier exemple, notez la valeur `NULL` qui a été associée à la donnée `poids` (mentionnée dans le filtre mais absente des données) et la possibilité qui nous est offerte de désactiver l'ajout de ces éléments vides.

Fonctions filter_input et filter_input_array

Les fonctions `filter_input` et `filter_input_array` sont similaires aux fonctions `filter_var` et `filter_var_array` mais s'appliquent à des données extérieures à PHP (données d'un formulaire par exemple) et non à des variables du script.

Syntaxe

mixte `filter_input(`*entier* `source,`*chaîne* `nom_variable[,` *entier* `filtre[,` *mixte* `options_indicateurs]])`

`source`	Source des données. Une des constantes `INPUT_GET` (données passées par la méthode `GET`), `INPUT_POST` (données passées par la méthode `POST`), `INPUT_COOKIE` (données passées par un cookie).
`nom_variable`	Nom de la variable à traiter.
`filtre`	Identifiant du filtre à appliquer (`FILTER_DEFAULT` par défaut).
`options_indicateurs`	Options et/ou indicateurs éventuels du filtre (identique à la fonction `filter_var`).

Cette fonction retourne la donnée filtrée si tout s'est bien passé, `FALSE` si le filtre a échoué ou `NULL` si la variable n'est pas définie. Si l'indicateur `FILTER_NULL_ON_FAILURE` est utilisé, la fonction retourne `NULL` si le filtre a échoué ou `FALSE` si la variable n'est pas définie.

Syntaxe

mixte `filter_input_array(`*entier* `source[,` *mixte* `filtres[,`*booléen* `ajouter_vide]])`

`source`	Source des données (identique à la fonction `filter_input`).
`filtres`	Définition des filtres à appliquer à chaque donnée du tableau de données (identique à la fonction `filter_var_input`).
`ajouter_vide`	Indique si des lignes doivent être ajoutées dans le résultat pour les données qui n'existent pas dans le tableau d'origine (`TRUE` par défaut).

Cette fonction est équivalente à un appel à la fonction `filter_var_array` effectué sur le tableau `$_GET`, `$_POST` ou `$_COOKIE` correspondant à la source (`INPUT_GET`, `INPUT_POST` ou `INPUT_COOKIE`).

La fonction retourne le tableau des données filtrées ou `NULL` si la source ne contient aucune donnée ; les lignes pour lesquelles le filtre a échoué sont à `FALSE` (ou `NULL` si l'indicateur `FILTER_NULL_ON_FAILURE` est utilisé) et celles pour lesquelles la variable n'existe pas sont à `NULL`, sauf si le paramètre `ajouter_vide` est à `FALSE`, auquel cas les lignes ne sont pas ajoutées dans le résultat.

Des exemples d'utilisation de ces fonctions seront données dans la section suivante.

6.2 Application aux formulaires

Les filtres peuvent être utilisés pour implémenter tout ou partie des traitements relatifs à la gestion des formulaires :

- Récupération des données saisies (fonctions `filter_input` et `filter_input_array`).
- Vérification des données saisies (filtres `FILTER_VALIDATE_*`).
- Traitement des problèmes relatifs aux données saisies (filtres `FILTER_SANITIZE_*`).

Il faut noter notamment que les filtres `FILTER_SANITIZE_*` effectuent des transformations similaires à celles des fonctions `htmlspecialchars`, `html_entities` et `strip_tags`, présentées dans ce chapitre à la section Les problèmes sur les données saisies et peuvent donc les remplacer dans nos exemples.

Exemple

```
<?php
// Inclusion du fichier qui contient les définitions de nos
// fonctions générales.
include('fonctions.inc');
// Tester si la page est appelée après validation du formulaire
if (filter_has_var(INPUT_POST, 'ok')) {
  // Définir les filtres pour les données saisies.
  $filtres =
    array
      (
      'nom' => array('filter'=> FILTER_SANITIZE_STRING,
                     'flags' => FILTER_FLAG_ENCODE_LOW)
      );
  // Récupérer la saisie filtrée.
  $saisie = filter_input_array(INPUT_POST,$filtres);
  $nom = $saisie['nom'];
```

```
  // La valeur saisie est réaffichée dans le formulaire et
  // dans la page...
}
?>
<!DOCTYPE html PUBLIC "-//W3C//DTD XHTML 1.0 Strict//EN"
  "http://www.w3.org/TR/xhtml1/DTD/xhtml1-strict.dtd">
<html xmlns="http://www.w3.org/1999/xhtml">
  <head><title>Saisie</title></head>
  <body>
    <form action="saisie.php" method="post">
    <div>
      Nom :
      <input type="text" name="nom"
        value="<?php echo $nom; ?>" />
      <input type="submit" name="ok" value="OK" /><br />
      <?php echo $nom; ?>
    </div>
    </form>
  </body>
</html>
```

Saisie

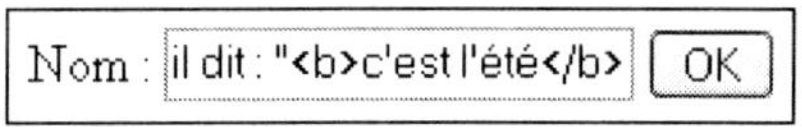

Résultat

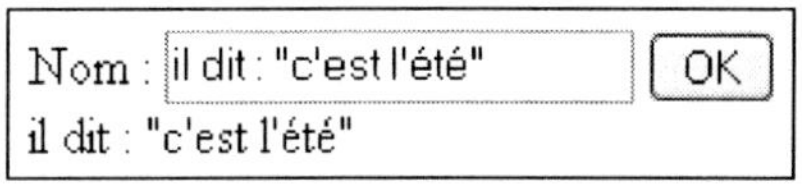

Sur cet exemple, le filtre `FILTER_SANITIZE_STRING` est utilisé pour récupérer les données saisies, supprimer les éventuelles balises et encoder les caractères pouvant poser un problème en cas de réaffichage (dans la page ou dans le formulaire).

7. Aller sur une autre page à la fin du traitement

À la fin du traitement du formulaire, il peut être nécessaire d'afficher une autre page, la situation pouvant varier selon que le formulaire est traité par le script qui l'affiche ou par un script indépendant.

Variantes possibles

		Formulaire traité par	
		Le script d'affichage	Un autre script
Résultat du traitement	OK	Aller sur une autre page	- Page déjà bonne - Aller sur une autre page
	Problème	- Réafficher le formulaire avec un message - Aller sur une page d'erreur spécifique	- Réafficher le formulaire avec un message - Aller sur une page d'erreur spécifique - Afficher l'erreur dans la page courante

Rediriger l'utilisateur vers une autre page en cours de script est possible en utilisant la fonction `header`.

La fonction `header` permet de spécifier une chaîne qui est envoyée comme en-tête HTTP avec la page HTML.

Nous allons utiliser l'en-tête `location` qui redirige la requête vers une autre adresse.

Syntaxe de la directive location

```
location: URL absolue ou relative
```

Syntaxe avec la fonction header

```
header('location: URL absolue ou relative')
```

Exemples

```
// Redirection vers un script PHP situé au même niveau.
header('location: erreur.php');
// Redirection vers une page HTML située à un sous-niveau.
header('location: ./erreur/saisie.htm');
// Redirection vers un autre site.
header('location: http://www.olivier-heurtel.fr');
```

Le protocole HTTP 1.1 requiert une URL absolue dans la directive `location`. Pour cela, vous pouvez utiliser les variables globales `$_SERVER['HTTP_HOST']` et `$_SERVER['PHP_SELF']` (cf. chapitre Annexe - section Variables PHP prédéfinies).

Exemple

```
<?php
$url_relative = 'erreur.php';
echo '$url_relative = ',$url_relative,'<br />';
echo '$_SERVER[\'HTTP_HOST\'] = ',
      $_SERVER['HTTP_HOST'],'<br />';
echo '$_SERVER[\'PHP_SELF\'] = ',
      $_SERVER['PHP_SELF'],'<br />';
echo 'dirname($_SERVER[\'PHP_SELF\']) = ',
      dirname($_SERVER['PHP_SELF']),'<br />';
$url_absolue = 'http://' . $_SERVER['HTTP_HOST'] .
               rtrim(dirname($_SERVER['PHP_SELF']), '/\\') .
               '/' . $url_relative;
echo '$url_absolue = ',$url_absolue,'<br />';
?>
```

Résultat

```
$url_relative = erreur.php
$_SERVER['HTTP_HOST'] = xampp
$_SERVER['PHP_SELF'] = /eni/index.php
dirname($_SERVER['PHP_SELF']) = /eni
$url_absolue = http://xampp/eni/erreur.php
```

Exemple simple d'utilisation sur un script info.php

```
<?php
// Affecter une valeur à $nom si un nombre tiré aléatoirement
// entre 0 et 1 est égal à 1.
$nom = (rand(0,1)==1)?'Olivier':'';
// Tester si $nom est renseigné.
if ($nom == '') {
  // La variable $nom est vide, ce n'est pas normal :
  // => rediriger l'utilisateur vers une page d'erreur.
  header('location: erreur.htm');
  // Interrompre l'exécution de ce script.
  exit;
}
// La variable $nom n'est pas vide, laisser le script se poursuivre.
$message = "Bonjour $nom !"; // préparer un message
?>
<!DOCTYPE html PUBLIC "-//W3C//DTD XHTML 1.0 Strict//EN"
  "http://www.w3.org/TR/xhtml1/DTD/xhtml1-strict.dtd">
```

```
<html xmlns="http://www.w3.org/1999/xhtml">
  <head><title>Saisie</title></head>
  <body>
  <p><?php echo $message; ?></p>
  </body>
</html>
```

Page erreur.htm

```
<!DOCTYPE html PUBLIC "-//W3C//DTD XHTML 1.0 Strict//EN"
  "http://www.w3.org/TR/xhtml1/DTD/xhtml1-strict.dtd">
<html xmlns="http://www.w3.org/1999/xhtml">
  <head><title>Erreur</title></head>
  <body>
  <div>
  Le site est actuellement indisponible ; essayez plus tard.<br />
  Merci de votre compréhension.<br />
  <!-- Lien pour une nouvelle tentative -->
  <a href="info.php">Essayer de nouveau</a>
  </div>
  </body>
</html>
```

Statistiquement, une fois sur deux, l'appel du script `info.php` donne le résultat suivant :

```
Bonjour Olivier !
```

Et donc, une fois sur deux, le suivant :

```
Le site est actuellement indisponible ; essayez plus tard.
Merci de votre compréhension.
Essayer de nouveau
```

Remarque

Sauf cas particulier, la fonction `header` doit être appelée avant toute instruction (PHP ou HTML) qui a pour effet de commencer à construire la page HTML (c'est en quelque sorte trop tard pour l'en-tête). Un simple espace dans le script ou dans un script inclus (`require` ou `include`) provoque la même erreur.

Si la fonctionnalité de mise en buffer de la page est activée avec la directive de configuration `output_buffering`, le résultat du script n'est pas envoyé au fur et à mesure mais placé dans un buffer puis envoyé d'un seul coup à la fin (ou par morceaux si le buffer est limité en taille). Dans ce cas, il est possible d'utiliser la fonction `header` sans provoquer d'erreur alors que le script a commencé à construire la page.

PHP propose d'autres fonctions relatives aux en-têtes :

- `headers_list` : liste des en-têtes de la réponse (version 5).
- `header_sent` : permet de tester si les en-têtes ont déjà été envoyés.
- `get_headers` : liste des en-têtes renvoyés par un serveur, pour une URL donnée (version 5).

Premier exemple de logique d'enchaînement

Un script `saisie.php` assure l'affichage initial du formulaire et son traitement. En cas d'erreur, le formulaire est proposé de nouveau pour correction (avec les valeurs saisies), accompagné d'un message d'erreur. En cas de succès du traitement, une autre page est appelée.

```
<?php
// Inclure le fichier qui contient les définitions de nos
// fonctions générales.
include('fonctions.inc');
// Tester comment le script est appelé.
if (isset($_POST['ok'])) {
  // Traitement du formulaire.
  // Récupérer les valeurs saisies dans le formulaire.
  $nom = trim($_POST['nom']);
  // Contrôler les valeurs saisies.
  if ($nom == '')
    { $message .= "Le nom est obligatoire.\n"; }
  if (strlen($nom) > 10)
    { $message .= "Le nom doit avoir au plus dix caractères.\n"; }
  // Tester s'il y a des erreurs.
  if ($message == '') {
    // Pas d'erreur.
    // Rediriger l'utilisateur vers une autre page et interrompre
    // l'exécution du script.
    header('location: accueil.php');
    exit;
  } else {
    // Erreur.
    // Préparer le message pour l'affichage.
    $message = vers_page($message);
  }
} else {
  // Affichage initial.
  // Sur cet exemple simple, rien à faire.
}
// Dans le code HTML qui suit, inclusion de deux petits bouts de
// code PHP pour afficher respectivement la valeur des zones de
// saisie et le message.
```

```
?>
<!DOCTYPE html PUBLIC "-//W3C//DTD XHTML 1.0 Strict//EN"
  "http://www.w3.org/TR/xhtml1/DTD/xhtml1-strict.dtd">
<html xmlns="http://www.w3.org/1999/xhtml">
  <head><title>Saisie</title></head>
  <body>
    <form action="saisie.php" method="post">
    <div>
      Nom :
      <input type="text" name="nom"
        value="<?php echo vers_formulaire($nom); ?>" />
      <input type="submit" name="ok" value="OK" /><br />
      <?php echo $message; ?>
    </div>
    </form>
  </body>
</html>
```

Deuxième exemple de logique d'enchaînement

Un script `saisie.htm` assure l'affichage initial du formulaire et un script `traitement.php` le traitement. En cas d'échec, un message d'erreur est affiché et l'utilisateur est invité à revenir en arrière. En cas de succès du traitement, une autre page est affichée.

Fichier saisie.htm

```
<!DOCTYPE html PUBLIC "-//W3C//DTD XHTML 1.0 Strict//EN"
  "http://www.w3.org/TR/xhtml1/DTD/xhtml1-strict.dtd">
<html xmlns="http://www.w3.org/1999/xhtml">
  <head><title>Saisie</title></head>
  <body>
    <form action="traitement.php" method="post">
    <div>
      Nom :
      <input type="text" name="nom" value="" />
      <input type="submit" name="ok" value="OK" />
    </div>
    </form>
  </body>
</html>
```

Script traitement.php

```
<?php
// Inclure le fichier qui contient les définitions de nos
// fonctions générales.
include('fonctions.inc');
// Tester comment le script est appelé.
if (isset($_POST['ok'])) {
  // Traitement du formulaire.
  // Récupérer les valeurs saisies dans le formulaire.
  $nom = trim($_POST['nom']);
  // Contrôler les valeurs saisies.
  if ($nom == '')
    { $message .= "Le nom est obligatoire.\n"; }
  if (strlen($nom) > 10)
    { $message .= "Le nom doit avoir au plus dix caractères.\n"; }
  // Tester s'il y a des erreurs.
  if ($message == '') {
    // Pas d'erreur.
    // Rediriger l'utilisateur vers une autre page et interrompre
    // l'exécution du script.
    header('location: accueil.php');
    exit;
  } else {
    // Erreur.
    // Préparer le message pour l'affichage.
    $message = vers_page($message);
  }
}
// Dans le code HTML qui suit, inclusion d'un petit bout de
// code PHP pour afficher le message.
?>
<!DOCTYPE html PUBLIC "-//W3C//DTD XHTML 1.0 Strict//EN"
  "http://www.w3.org/TR/xhtml1/DTD/xhtml1-strict.dtd">
<html xmlns="http://www.w3.org/1999/xhtml">
  <head><title>Erreur</title></head>
  <body>
    <!-- Petit formulaire contenant un bouton permettant
    ---- de revenir en arrière (avec du JavaScript) pour corriger.
    -->
    <form>
    <div>
      <?php echo $message; ?><br />
      <input type="button" value="Corriger"
                       onClick="self.history.back()">
    </div>
    </form>
  </body>
</html>
```

D'autres logiques d'enchaînement peuvent exister, la fonction `header` permettant d'envisager différents cas de figure (voir la documentation PHP).

Le résultat du traitement peut aussi être affiché dans une autre fenêtre grâce à l'attribut `target` de la balise `<form>`.

Exemple

```
<form action="traitement.php" method="post" target="traitement">
```

Si la fenêtre n'existe pas, elle sera créée par le navigateur.

Chapitre 8
Accéder aux bases de données

1. Introduction

1.1 Vue d'ensemble

L'utilisation d'une base de données SQL est souvent indispensable pour mettre en place un site web dynamique. C'est en effet un moyen standardisé de stocker des données utiles pour le site :

- liste des utilisateurs avec leurs préférences
- catalogue de produits
- trace des transactions effectuées

PHP propose un support natif pour un grand nombre de bases de données, parmi lesquelles MySQL, Oracle, Microsoft SQL Server, Informix, Sybase. Par ailleurs, PHP supporte ODBC (*Open DataBase Connectivity*) et peut donc accéder à toute base de données supportant ODBC.

En complément, depuis la version 5, PHP est livré avec SQLite, librairie qui implémente un moteur de base de données SQL. SQLite peut être utilisé pour stocker des données dans une base SQL, sans avoir à mettre en place la partie serveur de la base de données (comme c'est le cas avec MySQL, Oracle, etc.).

Dans ce chapitre, nous étudierons MySQL, Oracle et SQLite.

Typiquement, lors de l'utilisation d'une base de données, le script PHP a besoin d'effectuer une ou plusieurs des tâches suivantes :

- se connecter et se déconnecter
- lire des données (une ou plusieurs lignes)
- mettre à jour des données (ajout, modification ou suppression)

Ces différentes tâches types sont étudiées dans ce chapitre.

Remarque

Une connaissance minimale du langage SQL est nécessaire pour aborder ce chapitre.

Pour les différents exemples présentés ici, nous supposons l'existence d'une base contenant une table `ARTICLE` présentant la structure suivante :

Colonne	Contenu
`identifiant`	Identifiant de l'article (alimenté automatiquement par le serveur)
`libelle`	Libellé de l'article
`prix`	Prix de l'article

Le contenu de cette table `ARTICLE` est le suivant :

identifiant	libelle	prix
1	Abricots	35.5
2	Cerises	48.9
3	Fraises	29.95
4	Pêches	37.2

1.2 La notion de fetch

Quelle que soit la base, l'instruction d'exécution d'une requête SELECT (en vue de lire des données) se contente d'exécuter la requête ; aucune donnée n'est retournée. Après exécution de la requête, il faut extraire les lignes du résultat : c'est la notion de "fetch".

Pour résumer le fonctionnement, l'instruction d'exécution d'une requête SELECT identifie un résultat et positionne un pointeur interne sur la première ligne de ce résultat :

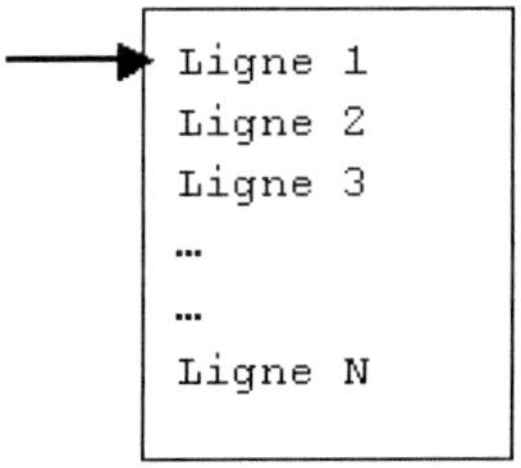

L'instruction FETCH permet de lire la ligne courante du résultat, de ramener les valeurs dans des variables PHP et de faire avancer le pointeur sur la ligne suivante :

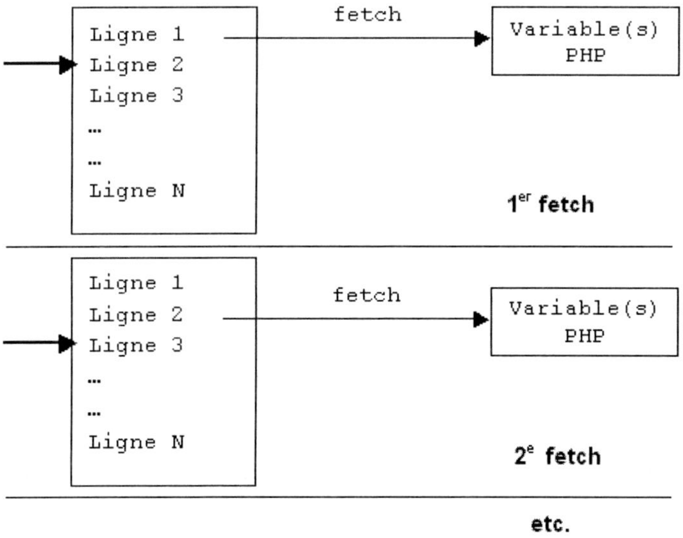

2. Utilisation de MySQL

2.1 Préambule

Depuis la version 5, PHP propose deux extensions pour accéder à une base de données MySQL :

- MySQL (préfixe `mysql_`)
- MySQLi (préfixe `mysqli_`)

L'extension MySQL est l'ancienne extension, présente dans les versions antérieures de PHP. Cette extension peut être utilisée pour accéder à n'importe quelle version de MySQL, mais elle ne supporte pas les nouvelles fonctionnalités de la version 4.1 de MySQL.

Pour utiliser les nouvelles fonctionnalités de la version 4.1 de MySQL, il faut utiliser l'extension MySQLi, apparue en version 5 de PHP. Cette extension peut aussi être utilisée pour accéder à une version plus ancienne de MySQL, sous réserve de ne pas utiliser les fonctionnalités apparues dans la version 4.1 de MySQL.

Mis à part les nouvelles fonctionnalités de la version 4.1 de MySQL, les deux extensions sont très proches en termes de fonctionnalités. Très souvent, elles proposent les mêmes fonctions, avec des syntaxes identiques ou compatibles. Sauf exception, pour passer de l'utilisation de MySQL à MySQLi, il suffit de remplacer le préfixe `mysql_` dans le nom de la fonction par le préfixe `mysqli_`.

Utiliser l'ancienne extension MySQL pour de nouveaux développements n'est pas recommandé ; à la place, il est conseillé d'utiliser l'extension MySQLi.

Nous commencerons par présenter de manière détaillée l'utilisation de l'extension MySQLi. Ensuite, nous établirons une correspondance entre l'extension MySQLi et l'extension MySQL, en se focalisant sur les principales différences.

L'extension MySQLi peut être utilisée soit sous une forme procédurale, soit sous une forme objet.

Dans sa forme orientée objet, l'extension MySQLi propose trois classes :

`mysqli`	Connexion entre PHP et MySQL.
`mysqli_stmt`	Requête préparée.
`mysqli_result`	Résultat de l'exécution d'une requête.

Ces différentes classes proposent des méthodes qui permettent d'effectuer les différentes actions (exécution d'une requête, récupération du résultat, etc.).

Dans sa forme procédurale, l'extension MySQLi propose des fonctions qui permettent d'effectuer les mêmes actions. De façon transparente, plusieurs de ces fonctions retournent ou acceptent en paramètres des objets de type `mysqli` ou `mysqli_result`.

Dans cet ouvrage, nous présentons uniquement la forme procédurale de l'extension MySQLi.

2.2 Connexion et déconnexion

La fonction `mysqli_connect` permet d'établir une connexion avec une base MySQL.

Syntaxe

```
objet mysqli_connect([chaîne hôte [, chaîne utilisateur [,
chaîne mot_de_passe [, chaîne nom_base [, entier port ]]]]])
```

Avec

`hôte`	Nom (ou adresse IP) de l'hôte auquel il faut se connecter (machine locale par défaut).
`utilisateur`	Nom de l'utilisateur à utiliser pour établir la connexion. Valeur par défaut : le propriétaire du processus du serveur web.
`mot_de_passe`	Mot de passe à utiliser pour établir la connexion. Valeur par défaut : chaîne vide (pas de mot de passe).
`nom_base`	Base de données MySQL sélectionnée par défaut (aucune par défaut).
`port`	Numéro du port pour la connexion au serveur MySQL (port standard 3306 par défaut).

La fonction `mysqli_connect` retourne un identifiant de connexion (objet `mysqli`) ou, en cas d'erreur, la valeur `FALSE` accompagnée d'un message d'alerte envoyé à l'affichage (cf. chapitre Gérer les erreurs dans un script PHP pour gérer cette situation correctement).

Plusieurs directives de configuration permettent de définir des valeurs par défaut pour les différents paramètres de la fonction `mysqli_connect` (voir la documentation).

Les connexions ouvertes dans un script sont automatiquement fermées à la fin du script, sauf déconnexion explicite avant avec la fonction `mysqli_close` (voir ci-après).

Faire précéder le nom ou l'adresse IP de l'hôte par `p:` permet d'obtenir un fonctionnement différent et d'établir une connexion « permanente » qui ne sera pas fermée à la fin du script et pourra être réutilisée dans ce script ou dans un autre script ultérieurement.

La directive de configuration `mysqli.allow_persistent` doit être à `on` pour pouvoir ouvrir des connexions permanentes. Par ailleurs, les directives `mysqli.max_persistent` et `mysqli.max_links` permettent respectivement de limiter le nombre de connexions permanentes et le nombre total de connexions.

La fonction `mysqli_close` permet de fermer une connexion en cours de script.

Syntaxe

```
booléen mysqli_close(objet connexion)
```

`connexion` Identifiant de connexion retourné par la fonction `mysqli_connect`.

La fonction `mysql_close` retourne `TRUE` en cas de succès et `FALSE` en cas d'erreur (accompagné d'une alerte).

Exemple

```
<?php
// Connexion (utilisation des valeurs par défaut).
$connexion = mysqli_connect();
if ($connexion) {
  echo 'Connexion réussie : ',
       'version du serveur = ',$connexion->server_info,'<br />';
} else {
  echo 'Erreur lors de la connexion.<br />';
}
// Déconnexion.
$ok = mysqli_close($connexion);
echo 'Déconnexion : $ok = ',($ok)?"TRUE":"FALSE","<br />\n";
?>
```

Résultat

```
Connexion réussie : version du serveur = 5.0.77
Déconnexion : $ok = TRUE
```

Cet exemple montre bien que l'identifiant de connexion retourné par `mysqli_connect` est un objet.

2.3 Lire des données

Lire des données dans une base de données nécessite trois opérations :

- Sélectionner la base de données à laquelle envoyer la requête (un serveur MySQL pouvant abriter plusieurs bases distinctes).
- Envoyer, pour exécution, une requête (en l'occurrence `SELECT`) au serveur.
- Récupérer la ou les lignes correspondant au résultat de la requête.

Sélectionner une base de données

La fonction `mysqli_connect` présentée précédemment permet de sélectionner une base de données dès la connexion (quatrième paramètre de la fonction).

La fonction `mysqli_select_db` permet de sélectionner ou modifier la base de données à utiliser pour une connexion donnée.

Syntaxe

```
booléen mysqli_select_db (objet connexion, chaîne nom_base)
```

Avec

`connexion`	Identifiant de connexion retourné par la fonction `mysqli_connect`.
`nom_base`	Nom de la base de données.

La fonction `mysqli_select_db` retourne `TRUE` en cas de succès et `FALSE` en cas d'erreur. La fonction `mysqli_select_db` ne génère pas d'alerte en cas d'erreur.

Exemple

```
<?php
// Connexion (utilisation des valeurs par défaut).
$connexion = mysqli_connect();
if (! $connexion) {
  exit('Echec de la connexion.');
}
echo 'Connexion réussie.<br />';
// Sélection de la base de données.
$ok = mysqli_select_db($connexion,'diane');
if ($ok) {
  echo 'Base de données sélectionnée.<br />';
} else {
  echo 'Echec de la sélection de la base de données.';
}
// Déconnexion.
$ok = mysqli_close($connexion);
```

```
if ($ok) {
  echo 'Déconnexion réussie.';
} else {
  echo 'Echec de la déconnexion.';
}
?>
```

Résultat

```
Connexion réussie.
Base de données sélectionnée.
Déconnexion réussie.
```

Exécuter une requête

La fonction `mysqli_query` permet d'exécuter une requête sur une base de données.

Syntaxe

```
objet mysqli_query(objet connexion, chaîne requête [, entier mode])
```

Avec

`connexion`	Identifiant de connexion retourné par la fonction `mysqli_connect`.
`requête`	Texte de la requête à exécuter.
`mode`	Indique si le résultat doit être mis en buffer (constante `MYSQLI_STORE_RESULT`, valeur par défaut) ou non (constante `MYSQLI_USE_RESULT`).

Dans le cas d'une requête SQL qui retourne un résultat (comme `SELECT`, `SHOW` ou `DESCRIBE`), la fonction `mysqli_query` retourne un identifiant de résultat de requête en cas de succès (objet `mysqli_result`) et `FALSE` en cas d'échec. Pour les autres ordres SQL, cette fonction retourne `TRUE` en cas de succès et `FALSE` en cas d'échec. La fonction `mysqli_query` ne génère pas d'alerte en cas d'erreur.

Exemple (avec une requête SELECT)

```
<?php
// Connexion (utilisation des valeurs par défaut).
$connexion = mysqli_connect();
if (! $connexion) {
  exit('Echec de la connexion.');
}
// Sélection de la base de données.
$ok = mysqli_select_db($connexion,'diane');
if (! $ok) {
  exit('Echec de la sélection de la base de données.');
```

```
}
// Exécution d'une bonne requête SELECT.
$requête = mysqli_query($connexion,'SELECT * FROM articles');
if ($requête === FALSE) {
  echo 'Echec de l\'exécution de la requête.','<br />';
} else {
  echo 'Exécution réussie.','<br />';
}
// Exécution d'une mauvaise requête SELECT.
$requête = mysqli_query($connexion,'SELECT * FROM article');
if ($requête === FALSE) {
  echo 'Echec de l\'exécution de la requête.','<br />';
} else {
  echo 'Exécution réussie.','<br />';
}
// Déconnexion.
$ok = mysqli_close($connexion);
?>
```

Résultat

```
Exécution réussie.
Echec de l'exécution de la requête.
```

Dans le cas d'une requête SQL qui retourne un résultat, la fonction `mysqli_query` exécute la requête, indique si la requête s'est exécutée correctement mais ne renvoie aucune donnée. Il va falloir extraire les lignes du résultat. Le troisième paramètre de la fonction `mysqli_query` indique si le résultat de la requête est mis en buffer (constante `MYSQLI_STORE_RESULT`, valeur par défaut) ou non (`MYSQLI_USE_RESULT`). Pour les requêtes volumineuses, l'utilisation de `MYSQLI_USE_RESULT` consomme beaucoup moins de mémoire et permet d'extraire la première ligne beaucoup plus rapidement : il n'y a pas besoin d'attendre que la totalité du résultat soit mis en buffer. Par contre, après exécution de la requête avec `MYSQLI_USE_RESULT`, il n'est pas possible de connaître le nombre de lignes du résultat, ni d'exécuter une autre requête avant d'avoir extrait la totalité des lignes ou libéré le résultat (fonction `mysqli_free_result`).

Connaître le nombre de lignes dans le résultat

La fonction `mysqli_num_rows` permet de connaître le nombre de lignes dans le résultat.

Syntaxe

```
entier mysqli_num_rows(objet résultat)
```

Avec

`résultat`	Identifiant de résultat de requête retourné par la fonction `mysqli_query`.

Cette fonction est utilisable uniquement pour les requêtes qui retournent un résultat (comme `SELECT`, `SHOW` ou `DESCRIBE`) et pour lesquelles le résultat a été mis en buffer (voir la fonction `mysqli_query`).

Exemple

```
<?php
// Connexion (utilisation des valeurs par défaut).
$connexion = mysqli_connect();
if (! $connexion) {
  exit('Echec de la connexion.');
}
// Sélection de la base de données.
$ok = mysqli_select_db($connexion,'diane');
if (! $ok) {
  exit('Echec de la sélection de la base de données.');
}
// Exécution d'une requête SELECT.
$requête = mysqli_query($connexion,'SELECT * FROM articles');
if ($requête === FALSE) {
  echo 'Echec de l\'exécution de la requête.','<br />';
} else {
  // Affichage du nombre de lignes dans le résultat
  echo 'Nombre d\'articles : ',mysqli_num_rows($requête) ,'<br />';
}
// Exécution d'une autre requête SELECT.
$requête =
  mysqli_query($connexion,'SELECT * FROM articles WHERE prix > 40');
if ($requête === FALSE) {
  echo 'Echec de l\'exécution de la requête.','<br />';
} else {
  // Affichage du nombre de lignes dans le résultat
  echo
    'Nombre d\'articles dont le prix est supérieur à 40 : ',
    mysqli_num_rows($requête),
    '<br />';
}
// Déconnexion.
$ok = mysqli_close($connexion);
?>
```

Résultat

```
Nombre d'articles : 4
Nombre d'articles dont le prix est supérieur à 40 : 1
```

Lire le résultat de la requête

Le résultat de l'exécution d'une requête qui retourne un résultat (comme `SELECT`, `SHOW` ou `DESCRIBE`) peut être lu par les fonctions `mysqli_fetch_array`, `mysqli_fetch_assoc`, `mysqli_fetch_object` ou `mysqli_fetch_row` et `mysqli_fetch_all`.

Les fonctions `mysqli_fetch_array`, `mysqli_fetch_assoc`, `mysqli_fetch_object` et `mysqli_fetch_row` lisent la ligne courante du résultat et font avancer le pointeur sur la ligne suivante : ces fonctions diffèrent sur le type de donnée utilisé pour retourner le résultat.

Syntaxe

```
tableau mysqli_fetch_array(objet résultat[, entier type])
tableau mysqli_fetch_assoc(objet résultat)
objet mysqli_fetch_object(objet résultat)
tableau mysqli_fetch_row(objet résultat)
```

Avec

`résultat`	Identifiant de résultat de requête retourné par la fonction `mysqli_query`.
`type`	Type de résultat égal à une des constantes suivantes : `MYSQLI_ASSOC`, `MYSQLI_NUM`, `MYSQLI_BOTH` (valeur par défaut).

Les fonctions `mysqli_fetch_array`, `mysqli_fetch_assoc` et `mysqli_fetch_row` retournent la ligne courante du résultat sous la forme d'un tableau, chaque ligne du tableau correspondant à une colonne du résultat. La fonction `mysqli_fetch_object` retourne la ligne courante sous la forme d'un objet.

S'il n'y a plus de ligne à lire dans le résultat, ces fonctions retournent `NULL`.

Pour la fonction `mysqli_fetch_assoc`, le tableau est un tableau associatif dont la clé est le nom de la colonne. Pour la fonction `mysqli_fetch_row`, il s'agit d'un tableau à indices entiers, l'indice 0 correspondant à la première colonne, l'indice 1 à la deuxième, etc. Enfin, pour la fonction `mysqli_fetch_array`, le type du tableau dépend du deuxième paramètre :

`MYSQLI_NUM`	Tableau à indices entiers (comme la fonction `mysqli_fetch_row`).
`MYSQLI_ASSOC`	Tableau associatif (comme la fonction `mysqli_fetch_assoc`).
`MYSQLI_BOTH` (valeur par défaut)	Chaque colonne est présente deux fois, une fois avec un indice entier correspondant à sa position et une fois avec une clé correspondant à son nom.

Exemple

Requête	SELECT * FROM articles		
Colonnes	identifiant	libellé	prix
1ère ligne du résultat	1	Abricots	35.5

Résultat d'un fetch (lecture avec différentes fonctions)

mysqli_fetch_row ou mysqli_fetch_array (...,MYSQL_NUM)		mysqli_fetch_assoc ou mysqli_fetch_array (...,MYSQL_ASSOC)		mysqli_fetch_array (...,MYSQL_BOTH)	
Clé	**Valeur**	**Clé**	**Valeur**	**Clé**	**Valeur**
0	1	identifiant	1	identifiant	1
1	Abricots	libelle	Abricots	0	1
2	35.5	prix	35.5	libelle	Abricots
				1	Abricots
				prix	35.5
				2	35.5

La fonction `mysqli_fetch_object` retourne un objet, avec un attribut par colonne, le nom de l'attribut correspondant au nom de la colonne. Cette fonction propose des paramètres supplémentaires qui permettent de préciser le nom de la classe à instancier et de passer des paramètres au constructeur de la classe (voir la documentation).

Exemple

Attribut	Valeur
identifiant	1
libelle	Abricots
prix	35.5

En cas d'utilisation d'un alias de colonne dans la requête `SELECT` (par exemple `SELECT AVG(prix_ht)`**`prix_moyen`** `FROM collection`), c'est l'alias de colonne qui est utilisé comme clé ou nom d'attribut.

Exemple

```
<?php
// Inclusion du fichier qui contient la définition de
// la fonction 'afficher_tableau'.
require('fonctions.inc');
// Connexion (utilisation des valeurs par défaut).
$connexion = mysqli_connect();
if (! $connexion) {
  exit('Echec de la connexion.');
}
// Sélection de la base de données.
$ok = mysqli_select_db($connexion,'diane');
if (! $ok) {
  exit('Echec de la sélection de la base de données.');
}
// Exécution d'une requête
$sql = 'SELECT * FROM articles';
$requête = mysqli_query($connexion,$sql);
// Premier fetch avec mysqli_fetch_row.
$ligne = mysqli_fetch_row($requête);
afficher_tableau($ligne,'mysql_fetch_row');
// Deuxième fetch avec mysql_fetch_assoc.
$ligne = mysqli_fetch_assoc($requête);
afficher_tableau($ligne,'mysql_fetch_assoc');
// Troisième fetch avec mysql_fetch_array :
// -> sans deuxième paramètre = MYSQLI_BOTH
$ligne = mysqli_fetch_array($requête);
afficher_tableau($ligne,'mysql_fetch_array');
// Quatrième fetch avec mysql_fetch_object.
$ligne = mysqli_fetch_object($requête);
echo "<p /><b>mysql_fetch_object</b><br />";
echo "\$ligne->identifiant = $ligne->identifiant<br />";
echo "\$ligne->libelle = $ligne->libelle<br />";
```

```
echo "\$ligne->prix = $ligne->prix<br />";
// Cinquième fetch de nouveau avec mysql_fetch_row :
// -> normalement, plus de ligne.
$ligne = mysqli_fetch_row($requête);
if ($ligne === NULL) {
    echo '<p /><b>Cinquième fetch : plus rien</b>';
}
// Déconnexion.
$ok = mysqli_close($connexion);
?>
```

Résultat

```
mysql_fetch_row
0 = 1
1 = Abricots
2 = 35.5

mysql_fetch_assoc
identifiant = 2
libelle = Cerises
prix = 48.9

mysql_fetch_array
0 = 3
identifiant = 3
1 = Fraises
libelle = Fraises
2 = 29.95
prix = 29.95

mysql_fetch_object
$ligne->identifiant = 4
$ligne->libelle = Pêches
$ligne->prix = 37.2

Cinquième fetch : plus rien
```

Cet exemple permet d'observer :

- Les différents modes de récupération d'une ligne de résultat.
- Le fait qu'à chaque `fetch`, le pointeur interne avance, et que le `fetch` suivant retourne donc la ligne suivante, jusqu'à avoir parcouru toutes les lignes.

La fonction `mysqli_fetch_all` lit toutes les lignes du résultat dans un tableau.

Syntaxe

`tableau mysqli_fetch_all(objet résultat[, entier type])`

Avec

`résultat`	Identifiant de résultat de requête retourné par la fonction `mysqli_query`.
`type`	Type de résultat égal à une des constantes suivantes : `MYSQLI_ASSOC`, `MYSQLI_NUM` (valeur par défaut), `MYSQLI_BOTH`.

La fonction `mysqli_fetch_all` retourne un tableau multidimensionnel. Le tableau principal est un tableau à indices entiers qui contient une ligne pour chaque ligne du résultat. Le tableau secondaire contient les valeurs des colonnes ; le type de ce tableau dépend du deuxième paramètre :

`MYSQLI_NUM`	Tableau à indices entiers.
`MYSQLI_ASSOC`	Tableau associatif.
`MYSQLI_BOTH`	Chaque colonne est présente deux fois, une fois avec un indice entier correspondant à sa position et une fois avec une clé correspondant à son nom.

Exemple

```
<?php
// Inclusion du fichier qui contient la définition de
// la fonction 'afficher_tableau'.
require('fonctions.inc');
// Connexion (utilisation des valeurs par défaut).
$connexion = mysqli_connect();
if (! $connexion) {
  exit('Echec de la connexion.');
}
// Sélection de la base de données.
$ok = mysqli_select_db($connexion,'diane');
if (! $ok) {
  exit('Echec de la sélection de la base de données.');
}
// Exécution d'une requête.
$sql = 'SELECT * FROM articles';
$requête = mysqli_query($connexion,$sql);
// Fetch de toutes les lignes :
// - paramètres par défaut = MYSQLI_NUM
$résultat = mysqli_fetch_all($requête);
afficher_tableau($résultat,'mysqli_fetch_all($requête)');
// Détermination du nombre de lignes lues.
```

```
$nombre = mysqli_num_rows($requête);
echo "$nombre lignes dans le résultat";
// Nouvelle exécution de la requête.
$requête = mysqli_query($connexion,$sql);
// Fetch de toutes les lignes :
// - MYSQLI_ASSOC
$résultat = mysqli_fetch_all($requête,MYSQLI_ASSOC);
afficher_tableau($résultat,'mysqli_fetch_all($requête,MYSQLI_ASSOC)');
// Détermination du nombre de lignes lues.
$nombre = mysqli_num_rows($requête);
echo "$nombre lignes dans le résultat";
// Nouvelle exécution de la requête.
$requête = mysqli_query($connexion,$sql);
// Fetch de toutes les lignes :
// - MYSQLI_BOTH
$résultat = mysqli_fetch_all($requête,MYSQLI_BOTH);
afficher_tableau($résultat,'mysqli_fetch_all($requête,MYSQLI_BOTH)');
// Détermination du nombre de lignes lues.
$nombre = mysqli_num_rows($requête);
echo "$nombre lignes dans le résultat";
// Déconnexion.
$ok = mysqli_close($connexion);
?>
```

Résultat

```
mysqli_fetch_all($requête)
0 =
  0 = 1
  1 = Abricots
  2 = 35.5
1 =
  0 = 2
  1 = Cerises
  2 = 48.9
2 =
  0 = 3
  1 = Fraises
  2 = 29.95
3 =
  0 = 4
  1 = Pêches
  2 = 37.2
4 lignes dans le résultat

mysqli_fetch_all($requête,MYSQLI_ASSOC)
0 =
  identifiant = 1
  libelle = Abricots
```

```
  prix = 35.5
1 =
  identifiant = 2
  libelle = Cerises
  prix = 48.9
2 =
  identifiant = 3
  libelle = Fraises
  prix = 29.95
3 =
  identifiant = 4
  libelle = Pêches
  prix = 37.2
4 lignes dans le résultat
```

mysqli_fetch_all($requête,MYSQLI_BOTH)

```
0 =
  0 = 1
  identifiant = 1
  1 = Abricots
  libelle = Abricots
  2 = 35.5
  prix = 35.5
1 =
  0 = 2
  identifiant = 2
  1 = Cerises
  libelle = Cerises
  2 = 48.9
  prix = 48.9
2 =
  0 = 3
  identifiant = 3
  1 = Fraises
  libelle = Fraises
  2 = 29.95
  prix = 29.95
3 =
  0 = 4
  identifiant = 4
  1 = Pêches
  libelle = Pêches
  2 = 37.2
  prix = 37.2
4 lignes dans le résultat
```

En cas d'utilisation d'un identifiant de résultat non valide, les différentes fonctions `mysqli_fech_*` retournent `NULL` et affichent une alerte du type :

```
Warning: mysqli_fetch_assoc() expects parameter 1 to be
mysqli_result, integer given in /app/scripts/index.php
on line 5
```

Quelle méthode utiliser ?

Pour lire une seule ligne, les fonctions `mysqli_fetch_array`, `mysqli_fetch_assoc` et `mysqli_fetch_row` se valent, notamment du point de vue des performances. Les fonctions `mysqli_fetch_assoc` et `mysqli_fetch_object` permettent d'employer le nom des colonnes de la requête et de rendre le code plus lisible.

Pour lire toutes les lignes, vous pouvez utiliser la fonction `mysqli_fetch_all` si vous souhaitez passer par un tableau et que la structure du tableau vous convient. Si ce n'est pas le cas, vous pouvez utiliser une des autres fonctions `mysqli_fetch_*` et une boucle.

Exemple de code pour la lecture d'une ligne

Un premier type de lecture consiste souvent à lire une seule ligne d'information dans une table ou plusieurs tables avec jointures : obtention d'informations sur l'utilisateur qui vient de se connecter, fiche de description d'un article, etc.

Exemple

```
<?php
// Inclusion du fichier qui contient la définition de
// la fonction 'afficher_tableau'.
require('fonctions.inc');
// Initialiser les variables.
$identifiant = '';
$libellé = '';
$prix = '';
$message = '';
// Tester comment le script est appelé.
if (! empty($_POST)) {
  // Traitement du formulaire ...
  // Rappel : lorsqu'un formulaire n'a qu'une zone de texte
  // et que l'utilisateur tape return ou enter, le bouton de
  // validation n'est pas considéré comme cliqué. Pour savoir
  // si le formulaire a été soumis, il faut tester si
  // $_POST (ou $_GET) est vide ou non.
  // Récupérer les valeurs saisies.
  $identifiant = $_POST['identifiant'];
  // Contrôler les valeurs saisies.
  if ($identifiant == '') {
    $message .= "L'identifiant est obligatoire.\n";
```

```
  }
  if (preg_match('/^[0-9]+$/',$identifiant) == 0) {
    $message .=
      "L'identifiant doit être un nombre.\n";
  }
  // Tester s'il y a des erreurs à ce stade.
  if ($message == '') {
    // Pas d'erreur.
    // Connexion et sélection de la base
    $connexion = mysqli_connect();
    $ok = mysqli_select_db($connexion,'diane');
    // Exécuter la requête de sélection.
    $requête = "SELECT * FROM articles " .
               "WHERE identifiant = $identifiant";
    $résultat = mysqli_query($connexion,$requête);
    // Fetch si la requête a bien été exécutée
    if ($résultat) {
      $article = mysqli_fetch_assoc($résultat);
    }
    // Tester le résultat.
    if (! $résultat) { // requête pas OK
      $message .= "Erreur.\n";
    } elseif (! $article) { // résultat vide
      $message .=
        "Pas d'article pour cet identifiant.\n";
    } else { // OK
      // Récupérer les informations à afficher.
      $libellé = $article['libelle'];
      $prix = $article['prix'];
      // Mise en forme.
      $libellé = vers_page($libellé);
      $prix = number_format($prix,2,',' ,' ');
      $prix = vers_page($prix);
    }
  }
  // Tester s'il y a des erreurs à ce stade.
  if ($message != '') {
    // Erreur.
    // Préparer le message pour l'affichage.
    $message = vers_page($message);
    // Bien s'assurer que les informations à
    // afficher sont vides.
    $libellé = '';
    $prix = '';
  }
}
```

```
// Affichage de la page...
?>
<?php echo '<?xml version="1.0" encoding="UTF-8"?>',"\n"; ?>
<!DOCTYPE html PUBLIC "-//W3C//DTD XHTML 1.0 Strict//EN"
  "http://www.w3.org/TR/xhtml1/DTD/xhtml1-strict.dtd">
<html xmlns="http://www.w3.org/1999/xhtml">
  <head><title>Consultation d'un article</title></head>
  <body>
    <!-- Formulaire de recherche (très simple !) -->
    <form action="consultation-article.php" method="post">
    <div>Identifiant de l'article :
    <input type="text" name="identifiant"
       value="<?php echo vers_formulaire($identifiant) ?>" />
    <input type="submit" name="ok" value="OK" /></div>
    </form>
    <!-- Résultat de la recherche -->
    <table border="0" cellpadding="4">
    <tr><td><u>Libellé :</u></td>
        <td><?php echo $libellé; ?></td></tr>
    <tr><td><u>Prix :</u></td>
        <td><?php echo $prix; ?></td></tr>
    </table>
    <div><?php echo $message; ?></div>
  </body>
</html>
```

Résultat (après saisie et clic sur le bouton OK)

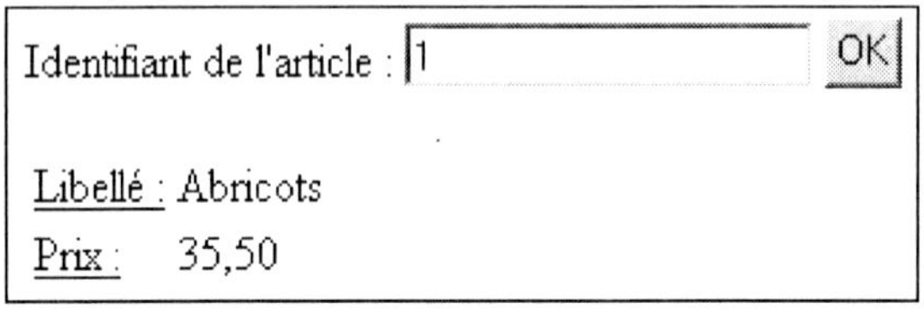

Il est relativement simple d'écrire une fonction générique permettant de lire une ligne.

Exemple

```
<?php
function db_lire_ligne($requête) {
  // La variable $ok est utilisée pour savoir
  // si tout se passe bien.
  // Se connecter (par défaut) et sélectionner la base
  $ok = ($connexion = mysqli_connect());
  if ($ok) {
    $ok = mysqli_select_db($connexion,'diane');
```

```
  }
  // Exécuter la requête et tester le résultat pour
  // affecter la variable $ok.
  if ($ok) {
    $ok = ( ($résultat = mysqli_query($connexion,$requête)) != FALSE );
  }
  // Lire la ligne.
  if ($ok) {
    $ligne = mysqli_fetch_assoc($résultat);
  }
  // Retourner $ligne ou FALSE en cas d'erreur
  return ($ok)?$ligne:FALSE;
}
?>
```

Il est possible (souhaitable) d'améliorer la gestion des erreurs (cf. section Utilisation de MySQL - Gérer les erreurs).

Utilisation

```
<?php
// Inclure le fichier qui contient les différentes fonctions générales.
require('fonctions.inc');
// Définir la requête.
$requête = 'SELECT * FROM articles WHERE identifiant = 1';
// Lire le résultat.
$ligne = db_lire_ligne($requête);
if ($ligne) {
  echo "{$ligne['libelle']} - {$ligne['prix']}";
}
?>
```

Résultat (sauf erreur)

```
Abricots - 35.5
```

Exemple de code pour la lecture de toutes les lignes

Un deuxième type de lecture consiste souvent à afficher une liste d'éléments extraits de la base (liste d'utilisateurs, liste d'articles, etc.).

Pour permettre à l'utilisateur d'agir sur la liste, il est possible d'imbriquer un formulaire ou des liens avec la table HTML.

Exemple

```
<?php
// Inclure un fichier qui contient les différentes fonctions
// générales.
require('fonctions.inc');
// Initialiser la variable de message.
$message = '';
// Se connecter et sélectionner la base (erreurs à traiter).
$connexion = mysqli_connect();
$ok = mysqli_select_db($connexion,'diane');
// Exécuter la requête de sélection.
$requête = 'SELECT * FROM articles';
$résultat = mysqli_query($connexion,$requête);
// Tester le résultat.
if (! $résultat) { // requête pas OK
  // Message d'erreur.
  $message .= "Erreur.\n";
  // Préparer le message pour l'affichage.
  $message = vers_page($message);
}
// Affichage de la page...
?>
<?php echo '<?xml version="1.0" encoding="UTF-8"?>',"\n"; ?>
<!DOCTYPE html PUBLIC "-//W3C//DTD XHTML 1.0 Strict//EN"
  "http://www.w3.org/TR/xhtml1/DTD/xhtml1-strict.dtd">
<html xmlns="http://www.w3.org/1999/xhtml">
  <head><title>Liste des articles</title></head>
  <body>
    <!-- construction d'une table HTML à l'intérieur
    ++++ d'un formulaire -->
    <form action="liste-articles.php" method="post">
    <table border="1" cellpadding="4" cellspacing="0">
    <!-- ligne de titre -->
    <tr align="center">
    <th>Libellé</th><th>Prix</th><th>Case</th><th>Lien</th>
    </tr>
    <?php
    // Code PHP pour les lignes du tableau.
    if ($résultat) { // S'il y a un résultat à afficher.
      // Boucle de fetch.
      while ($article = mysqli_fetch_assoc($résultat)) {
        // Mise en forme des données.
        $article['libelle'] = vers_page($article ['libelle']);
        $article['prix'] = vers_page(
          number_format($article['prix'],2,',' ,' '));
        // Génération de la ligne de la table HTML
```

```
      // - une case à cocher dans une colonne
      // - un lien dans une autre colonne
      printf(
      '<tr><td>%s</td><td>%s</td><td>%s</td><td>%s</td></tr>',
      $article['libelle'],
      $article['prix'],
      "<input type=\"checkbox\" name=\"choix[]\"
            value=\"{$article['identifiant']}\" />",
      "<a href=\"javascript:alert({$article['identifiant']})\">
            action<a>");
    } // while
    // Si le résultat est vide, préparer un message.
    if (mysqli_num_rows($résultat) == 0) {
      $message = vers_page('Aucun article dans la base.');
    }
  } // if ($résultat)
  ?>
  </table>
  <p><input type="submit" name="action" value="Action" /></p>
  </form>
  <?php
  // Traitement du formulaire.
  // Simple affichage des identifiants cochés.
  if (isset($_POST['action'])) {
    if (isset($_POST['choix'])) {
      echo 'Identifiant(s) coché(s) : ',
            implode('+',$_POST['choix']);
    }
  }
  ?>
  <?php echo $message; ?>
 </body>
</html>
```

Résultat

– Affichage initial de la page :

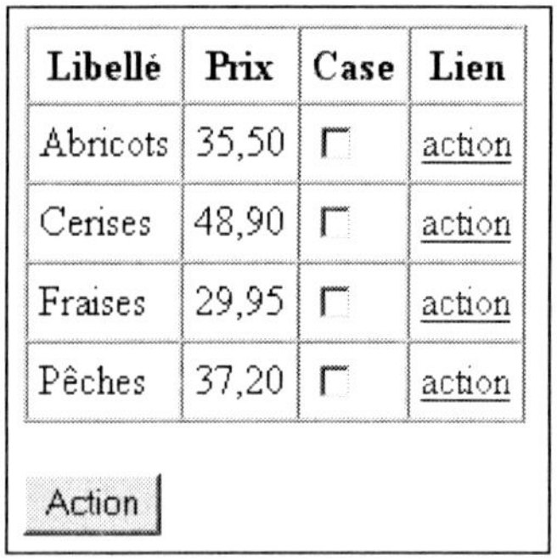

Libellé	Prix	Case	Lien
Abricots	35,50	☐	action
Cerises	48,90	☐	action
Fraises	29,95	☐	action
Pêches	37,20	☐	action

– Après clic sur un lien :

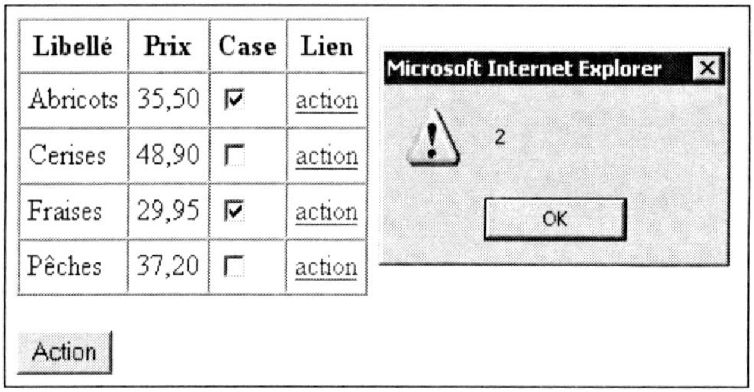

Libellé	Prix	Case	Lien
Abricots	35,50	☑	action
Cerises	48,90	☐	action
Fraises	29,95	☑	action
Pêches	37,20	☐	action

– Après clic sur le bouton **Action** :

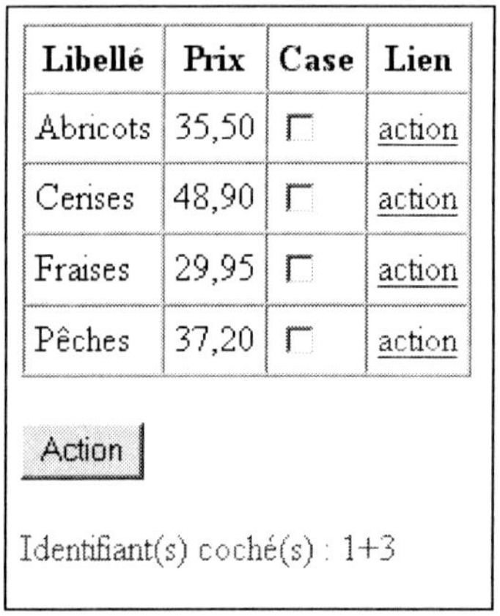

Libellé	Prix	Case	Lien
Abricots	35,50	☐	action
Cerises	48,90	☐	action
Fraises	29,95	☐	action
Pêches	37,20	☐	action

Sur le lien, à la place du code JavaScript, il est possible de mettre une vraie URL et d'enchaîner sur une autre page (cf. chapitre Gérer les sessions pour comprendre comment placer un paramètre dans l'URL et pouvoir ainsi passer une information, ici l'identifiant choisi, à une autre page).

En ce qui concerne le traitement du formulaire, tout est envisageable.

Là encore, pour la lecture de plusieurs lignes, une fonction générique peut être utilisée.

Exemple

```
<?php
function db_lire_lignes_dans_tableau($requête) {
  // La variable $ok est utilisée pour savoir
  // si tout se passe bien.
  // Se connecter (par défaut) et sélectionner la base.
  $ok = ($connexion = mysqli_connect());
  if ($ok) {
    $ok = mysqli_select_db($connexion,'diane');
  }
  // Exécuter la requête et tester le résultat pour
  // affecter la variable $ok.
  if ($ok) {
    $ok = ( ($résultat = mysqli_query($connexion,$requête)) != FALSE );
  }
  // Initialiser le tableau.
  $tableau = array();
  // Lire les lignes dans le tableau.
  if ($ok) {
    $tableau = mysqli_fetch_all($résultat,MYSQLI_ASSOC);
  }
  // Retourner $tableau ou FALSE en cas d'erreur
  return ($ok)?$tableau:FALSE;
}
?>
```

Utilisation

```
<?php
// Inclure le fichier qui contient les différentes fonctions générales.
require('fonctions.inc');
// Définir la requête.
$requête = 'SELECT * FROM articles';
// Lire le résultat dans un tableau.
$articles = db_lire_lignes_dans_tableau($requête);
if ($articles) {
  echo count($articles),' articles<br />';
  echo 'Premier article : ';
  echo $articles[0]['libelle'],' - ',$articles[0]['prix'];
}
?>
```

Résultat (sauf erreur)

```
4 articles
Premier article : Abricots - 35.5
```

Cette fonction générique peut, par exemple, être utilisée pour construire une liste `<select>` dans un formulaire.

Exemple

```
<?php
// Inclure le fichier qui contient les différentes fonctions
// générales
require('fonctions.inc');
// Chargement de la liste des fruits
$requête =
  'SELECT identifiant,libelle FROM articles ORDER BY libelle';
$fruits_du_marché = db_lire_lignes_dans_tableau($requête);
?>
<?php echo '<?xml version="1.0" encoding="UTF-8"?>',"\n"; ?>
<!DOCTYPE html PUBLIC "-//W3C//DTD XHTML 1.0 Strict//EN"
  "http://www.w3.org/TR/xhtml1/DTD/xhtml1-strict.dtd">
<html xmlns="http://www.w3.org/1999/xhtml">
  <head><title>Liste des articles</title></head>
  <body>
    <!-- construction du formulaire -->
    <form action="liste-select.php" method="post">
    <div>
    Fruits préférés :<br />
    <select name="fruits[]" multiple size="8">
    <?php
    // Code PHP générant la partie dynamique du formulaire.
    // Parcourir la liste à afficher.
    foreach($fruits_du_marché as $fruit) {
      // Générer la balise 'option' avec la variable
      // l'identifiant pour l'attribut 'value' et le
      // libellé pour le texte affiché dans la liste.
      echo "<option value=\"{$fruit['identifiant']}\">
                {$fruit['libelle']}\n";
    }
    ?>
    </select>
    <input type="submit" name="ok" value="OK" /><br />
    </div>
    </form>
  </body>
</html>
```

Résultat

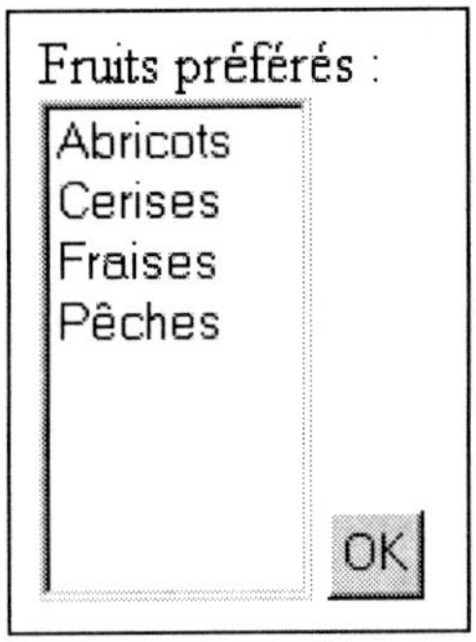

2.4 Mettre à jour des données

Mettre à jour des données consiste à exécuter des requêtes `INSERT` (création), `UPDATE` (modification) ou `DELETE` (suppression) à l'aide de la fonction `mysqli_query`, comme pour une requête `SELECT`.

En complément, deux fonctions sont intéressantes : `mysqli_affected_rows` et `mysqli_insert_id`.

La fonction `mysqli_affected_rows` permet de connaître le nombre de lignes concernées (insérées, modifiées ou supprimées) par la dernière requête `INSERT`, `UPDATE` ou `DELETE` exécutée dans une session.

Syntaxe

```
entier mysqli_affected_rows(objet connexion)
```

Avec

`connexion`	Identifiant de connexion retourné par la fonction `mysqli_connect`.

Si la dernière requête a échoué, la fonction `mysql_affected_rows` retourne -1.

Remarque

Pour une requête de sélection, la fonction `mysqli_affected_rows` donne le même résultat que la fonction `mysqli_num_rows`.

Dans le cas d'un ordre `UPDATE`, `mysqli_affected_rows` ne compte pas les lignes non modifiées lorsque les valeurs avant et après sont les mêmes.

La fonction `mysqli_insert_id` retourne la valeur du dernier identifiant généré pour une colonne ayant le type `AUTO_INCREMENT` par une requête `INSERT` dans une session.

Syntaxe

```
entier mysqli_insert_id(objet connexion)
```

`connexion`	Identifiant de connexion retourné par la fonction `mysqli_connect`.

Si aucun identifiant n'a été généré automatiquement par la dernière requête, la fonction `mysqli_insert_id` retourne 0.

Exemple

```
<?php
// Inclure le fichier qui contient les différentes fonctions
// générales
require('fonctions.inc');
// Définition d'une petite fonction d'affichage de la liste
// des articles.
function AfficherArticles() {
  $requête = 'SELECT * FROM articles';
  $articles = db_lire_lignes_dans_tableau($requête);
  if ($articles) {
echo '<b>Liste des articles :</b><br />';
foreach($articles as $a) {
  echo "$a[identifiant] - $a[libelle] - $a[prix]<br />";
}
  } else {
echo "<b>Plus d'articles.</b><br />";
  }
}
// Affichage de contrôle.
AfficherArticles();
// Connexion (utilisation des valeurs par défaut).
$connexion = mysqli_connect();
if (! $connexion) {
  exit('Echec de la connexion.');
}
// Sélection de la base de données.
$ok = mysqli_select_db($connexion,'diane');
if (! $ok) {
  exit('Echec de la sélection de la base de données.');
}
// Requête INSERT.
```

```
$requête = "INSERT INTO articles(libelle,prix) " .
           "VALUES('Poires',29.9)";
$résultat = mysqli_query($connexion,$requête);
// Récupération de l'identifiant.
$identifiant = mysqli_insert_id($connexion);
echo "Identifiant du nouvel article = $identifiant.<br />";
// Requête UPDATE.
$requête = 'UPDATE articles SET prix = prix * 1.1 ' .
           'WHERE prix < 40';
$résultat = mysqli_query($connexion,$requête);
$nombre = mysqli_affected_rows($connexion);
echo "$nombre article(s) augmenté(s).<br />";
// Requête DELETE.
$requête = 'DELETE FROM articles WHERE prix > 40';
$résultat = mysqli_query($connexion,$requête);
$nombre = mysqli_affected_rows($connexion);
echo "$nombre article(s) supprimé(s).<br />";
// Affichage de contrôle.
AfficherArticles();
?>
```

Résultat

```
Liste des articles :
1 - Abricots - 35.5
2 - Cerises - 48.9
3 - Fraises - 29.95
4 - Pêches - 37.2
Identifiant du nouvel article = 5.
4 article(s) augmenté(s).
2 article(s) supprimé(s).
Liste des articles :
1 - Abricots - 39.05
3 - Fraises - 32.945
5 - Poires - 32.89
```

Créer des formulaires qui permettent de mettre à jour les données est très simple. À titre d'exemple, nous allons construire un formulaire qui permet de faire une saisie en liste.

Présentation du formulaire

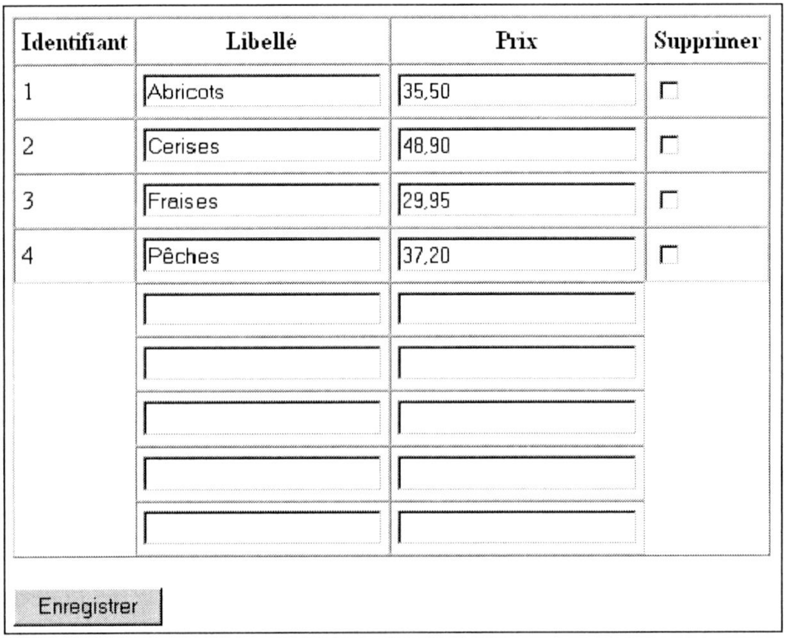

Le formulaire propose le contenu actuel de la table qui peut être modifié (saisie directe dans les zones) ou supprimé (par les cases à cocher), plus cinq lignes vides qui permettent de saisir de nouvelles valeurs ; dans tous les cas, l'identifiant n'est pas saisissable, c'est le serveur MySQL qui va l'attribuer.

Chaque ligne du tableau contient 4 zones de formulaire qui sont nommées (attribut `name` de la balise `<input>`) de la manière suivante :

Colonne	Nom
Identifiant	`saisie[i][modifier]`
Libellé	`saisie[i][libelle]`
Prix	`saisie[i][prix]`
Supprimer	`saisie[i][supprimer]`

L'indice `i` est l'identifiant de l'article pour les lignes qui existent et un numéro compris entre -1 et -5 pour les lignes vides. La zone de la colonne **Identifiant** est une zone masquée (`type="hidden"`) qui va être employée pour identifier les lignes dans lesquelles l'utilisateur a effectué une modification.

Avec ce processus de nommage, toute la saisie sera récupérée dans le script PHP sous la forme d'un tableau multidimensionnel nommée `$lignes`. Chaque ligne du tableau correspond à une ligne du formulaire avec la clé égale à l'identifiant (ou -1 à -5 pour les nouvelles lignes) et la valeur égale à un tableau associatif donnant les éléments saisis.

Pour identifier les lignes modifiées par l'utilisateur, les zones de saisie du libellé et du prix des lignes existantes contiennent le petit bout de code JavaScript suivant :

```
onChange="document.formulaire[$n].value=1"
```

Ce code JavaScript a pour effet, à chaque fois que la zone en question est modifiée, de mettre un 1 dans la zone masquée associée à la ligne. Le formulaire s'appelant `formulaire` (`<form name = "formulaire"...`), l'expression `document.formulaire[n]` désigne la énième zone du formulaire `formulaire` du document courant, la première zone du formulaire ayant le numéro 0. Dans le source, la variable `$n` est calculée pour chaque ligne `$i` du formulaire, par la formule `$n = 4 * ($i - 1)` : la zone cachée de la ligne 1 a le numéro 0 (c'est la première du formulaire), celle de la ligne 2 le numéro 4, et ainsi de suite.

Cet exemple peut (doit) être amélioré :

- Pour contrôler la saisie de l'utilisateur.
- Pour gérer les erreurs.

Exemple

```
<?php
// Inclure le fichier qui contient les différentes fonctions
// générales
require('fonctions.inc');
// Se connecter et sélectionner la base.
$connexion = mysqli_connect();
$ok = mysqli_select_db($connexion,'diane');
// Traitement du formulaire.
if (isset($_POST['ok'])) {
  // Récupérer le tableau contenant la saisie.
  $lignes = $_POST['saisie'];
  foreach($lignes as $identifiant => $ligne) {
    // Nettoyage de la saisie.
    $libellé = trim($ligne['libelle']);
    // Pour le prix, remplacer la virgule par un point
    // et supprimer les espaces.
    $prix = str_replace(',','.',$ligne['prix']);
    $prix = str_replace(' ','',$prix);
    // À ce stade, il faudrait vérifier la saisie...
    // Définition de la requête à exécuter.
    // Pour chaque action, nous allons utiliser une requête
    // différente.
    $requête = '';
    if ($identifiant < 0 and $libellé.$prix != '') {
```

```
        // Identifiant négatif et quelque chose de saisi
        // = création = INSERT
        $requête = "INSERT INTO articles(libelle,prix) " .
                   "VALUES('$libellé',$prix)";
      } elseif (isset($ligne['supprimer'])) {
        // Case "supprimer" cochée = suppression = DELETE
        $requête = "DELETE FROM articles " .
                  "WHERE identifiant = $identifiant";
      } elseif (! empty($ligne['modifier'])) {
        // Zone "modifier" non vide = modification = UPDATE
        $requête = "UPDATE articles " .
                  "SET libelle = '$libellé', prix = $prix " .
                  "WHERE identifiant = $identifiant";
      }
      // Si une requête a été définie, l'exécuter.
      if ($requête != '') {
        mysqli_query($connexion,$requête);
        // À ce stade, il faudrait tester les erreurs...
      }
    }
  }
  // Recharger les articles.
  $sql = 'SELECT * FROM articles';
  $résultat = mysqli_query($connexion,$sql);
  // À ce stade, il faudrait tester les erreurs...
  // Affichage de la page...
  ?>
  <?php echo '<?xml version="1.0" encoding="UTF-8"?>',"\n"; ?>
  <!DOCTYPE html PUBLIC "-//W3C//DTD XHTML 1.0 Strict//EN"
    "http://www.w3.org/TR/xhtml1/DTD/xhtml1-strict.dtd">
  <html xmlns="http://www.w3.org/1999/xhtml">
    <head><title>Gestion des articles</title></head>
    <body>
      <!-- construction d'une table HTML à l'intérieur
      ++++ d'un formulaire -->
      <form name="formulaire" action="gestion-articles.php"
           method="post">
      <table border="1" cellpadding="4" cellspacing="0">
      <!-- ligne de titre -->
      <tr align="center">
      <th>Identifiant</th><th>Libellé</th><th>Prix</th>
                <th>Supprimer</th>
      </tr>
      <?php
      // Code PHP pour les lignes du tableau.
      if ($résultat) { // S'il y a un résultat à afficher
        // Initialisation d'un compteur de ligne.
        $i = 0;
        // Boucle de fetch.
        while ($ligne = mysqli_fetch_assoc($résultat)) {
          // Incrémentation du compteur de ligne.
```

```
        $i++;
        // Calcul du numéro d'ordre dans le formulaire de la
        // zone cachée correspondant à l'identifiant.
        $n = 4 * ($i - 1);
        // Mise en forme des données.
        $ligne['libelle'] = vers_page($ligne['libelle']);
        $ligne['prix'] =
          vers_page
            (number_format($ligne['prix'],2,',' ,' '));
        // Génération de la ligne de la table HTML.
        // Insertion des balises INPUT du formulaire.
        printf(
        "<tr><td>%s</td><td>%s</td><td>%s</td><td>%s</td></tr>",
        "$ligne[identifiant]
         <input type=\"hidden\"
            name=\"saisie[$ligne[identifiant]][modifier]\" />",
        "<input type=\"text\"
            name=\"saisie[$ligne[identifiant]][libelle]\"
            value=\"$ligne[libelle]\"
            onchange=\"document.formulaire[$n].value=1\" />",
        "<input type=\"text\"
            name=\"saisie[$ligne[identifiant]][prix]\"
            value=\"$ligne[prix]\"
            onchange=\"document.formulaire[$n].value=1\" />",
        "<input type=\"checkbox\"
            name=\"saisie[$ligne[identifiant]][supprimer]\"
            value=\"$ligne[identifiant]\" />");
      } // while
      // Ajout de 5 lignes vides pour la création
      // (sans identifiant, sans case de suppression).
      for($i=1;$i<=5;$i++) {
        printf(
        "<tr><td>%s</td><td>%s</td><td>%s</td><td>%s</td></tr>",
        "",
        "<input type=\"text\"
            name=\"saisie[-$i][libelle]\"
            value=\"\" />",
        "<input type=\"text\"
            name=\"saisie[-$i][prix]\"
            value=\"\" />",
        "");
      } // for
    }
    ?>
    </table>
    <p><input type="submit" name="ok" value="Enregistrer" /></p>
    </form>
  </body>
</html>
```

2.5 Gérer les erreurs

Les fonctions mysqli_connect_errno et mysqli_connect_error permettent de récupérer des informations sur l'erreur éventuelle de la dernière connexion effectuée avec la fonction mysqli_connect.

Syntaxe

```
entier mysqli_connect_errno()
chaîne mysqli_connect_error()
```

La fonction mysqli_connect_errno retourne un numéro d'erreur (0 si aucune erreur) et la fonction mysqli_connect_error le message associé (chaîne vide si aucune erreur).

Les fonctions mysqli_errno et mysqli_error permettent de récupérer des informations sur l'erreur éventuelle de la dernière opération effectuée dans une session.

Syntaxe

```
entier mysqli_errno(objet connexion)
chaîne mysqli_error(objet connexion)
```

Avec

connexion	Identifiant de connexion retourné par la fonction mysqli_connect.

La fonction mysqli_errno retourne un numéro d'erreur (0 si aucune erreur) et la fonction mysqli_error le message associé (chaîne vide si aucune erreur).

Exemple

```
<?php
// Connexion à un mauvais serveur.
$connexion = mysqli_connect('hermes');
echo '1 : ',mysqli_connect_errno(),' - ',
           mysqli_connect_error(),'<br />';
// Connexion correcte.
$connexion = mysqli_connect();
echo '2 : ',mysqli_connect_errno(),' - ',
           mysqli_connect_error(),'<br />';
// Sélection d'une mauvaise base de données.
$ok = mysqli_select_db($connexion,'hermes');
echo '3 : ',mysqli_errno($connexion),' - ',
           mysqli_error($connexion),'<br />';
// Sélection de la bonne base de données.
$ok = mysqli_select_db($connexion,'diane');
echo '4 : ',mysqli_errno($connexion),' - ',
```

```
            mysqli_error($connexion),'<br />';
// Une bonne requête pour commencer.
$requête = 'SELECT * FROM articles';
$résultat = mysqli_query($connexion,$requête);
echo '5 : ',mysqli_errno($connexion),' - ',
            mysqli_error($connexion),'<br />';
// Requête sur une table qui n'existe pas.
$requête = 'SELECT * FROM article';
$résultat = mysqli_query($connexion,$requête);
echo '6 : ',mysqli_errno($connexion),' - ',
            mysqli_error($connexion),'<br />';
// Tentative de fetch sur un mauvais résultat.
$ligne = mysqli_fetch_assoc($résultat);
echo '7 : ',mysqli_errno($connexion),' - ',
            mysqli_error($connexion),'<br />';
// Requête INSERT qui viole une clé primaire.
$requête = "INSERT INTO articles(identifiant,libelle,prix) " .
           "VALUES(1,'Poires',29.9)";
$résultat = mysqli_query($connexion,$requête);
echo '8 : ',mysqli_errno($connexion),' - ',
            mysqli_error($connexion),'<br />';
?>
```

Résultat

```
Warning: mysqli_connect(): php_network_getaddresses: getaddrinfo failed:
Name or service not known in /app/scripts/index.php on line 3

Warning: mysqli_connect(): (HY000/2002): php_network_getaddresses: getaddrinfo
failed:
Name or service not known in /app/scripts/index.php on line 3
1 : 2002 - php_network_getaddresses: getaddrinfo failed: Name or service not known
2 : 0 -
3 : 1049 - Unknown database 'hermes'
4 : 0 -
5 : 0 -
6 : 1146 - Table 'diane.article' doesn't exist

Warning: mysqli_fetch_assoc() expects parameter 1 to be mysqli_result, boolean given
in /app/scripts/index.php on line 29
7 : 1146 - Table 'diane.article' doesn't exist
8 : 1062 - Duplicate entry '1' for key 1
```

Le point 1 illustre le fait qu'en cas d'erreur lors de la connexion, une alerte est affichée en complément.

Le point 7 illustre le fait que les erreurs liées à l'utilisation d'une ressource de résultat non valide génère une alerte qui est directement affichée. Dans ce cas, l'erreur n'est pas une erreur MySQL et les fonctions `mysqli_errno` ou `mysqli_error` ne sont pas réinitialisées et ne retournent donc pas d'erreur spécifique : le message du point 7 est en fait celui du point 6.

En pratique, les fonctions `mysqli_errno` et `mysqli_error` sont utilisées après l'exécution des requêtes et ne sont d'aucune utilité sur les fetch.

Par ailleurs, nous verrons au chapitre Gérer les erreurs dans un script PHP comment supprimer l'affichage des alertes.

Ces fonctions peuvent être mises en œuvre à titre d'exemple sur une de nos fonctions génériques.

Exemple

```
<?php
function db_lire_ligne($requête, &$erreur) {
  // Dans cette nouvelle version, db_lire_ligne prend un
  // deuxième paramètre par référence dans lequel un numéro
  // et un message seront stockés en cas d'erreur (sous la
  // forme d'un tableau).
  // Initialiser $erreur.
  $erreur = array(0,''); // numéro = 0 - message vide
  // Se connecter (par défaut).
  $ok = ($connexion = mysqli_connect());
  if ($ok) { // connexion OK
    // Sélectionner la base.
    $ok = mysqli_select_db($connexion,'diane');
  }
  if ($ok) { // sélection de la base OK
    // Exécuter la requête et tester le résultat pour
    // affecter la variable $ok.
    $ok =
      ( ($résultat = mysqli_query($connexion,$requête)) != FALSE );
  }
  if ($ok) { // exécution OK
    // Lire le résultat.
    $ligne = mysqli_fetch_assoc($résultat);
  }
  if (! $ok) { // erreur quelque part
    // Récupérer les informations sur l'erreur.
    if (! $connexion) { // erreur de connexion
      $erreur =
        [mysqli_connect_errno(),mysqli_connect_error()];
    } else { // autre erreur
      $erreur =
        [mysqli_errno($connexion),mysqli_error($connexion)];
    }
  }
  // Retourner $ligne ou FALSE en cas d'erreur.
  return ($ok)?$ligne:FALSE;
}
?>
```

Utilisation

```
<?php
// Inclure le fichier qui contient les différentes
// fonctions générales.
require('fonctions.inc');
// Premier appel avec une erreur.
$requête = 'SELECT * FROM article WHERE identifiant = 1';
if ( ! ($ligne = db_lire_ligne($requête,$erreur)) ) {
  echo "$erreur[0] - $erreur[1]<br />";
} else {
  echo "{$ligne['libelle']} - {$ligne['prix']}";
}
// Deuxième appel correct.
$requête = 'SELECT * FROM articles WHERE identifiant = 1';
if ( ! ($ligne = db_lire_ligne($requête,$erreur)) ) {
  echo "$erreur[0] - $erreur[1]<br />";
} else {
  echo "{$ligne['libelle']} - {$ligne['prix']}";
}
?>
```

Résultat

```
1146 - Table 'diane.article' doesn't exist
Abricots - 35.5
```

2.6 Requêtes préparées

2.6.1 Vue d'ensemble

L'extension MySQLi permet d'utiliser la notion de requête préparée apparue dans la version 4.1 de MySQL.

Une requête paramétrée est une requête qui contient des paramètres matérialisés par un point d'interrogation (?).

Exemples

```
SELECT * FROM articles WHERE identifiant = ?
INSERT INTO articles(libelle,prix) VALUES(?,?)
```

Remarque

Un paramètre ne peut pas remplacer un nom de table, un nombre de colonne ou toute une partie de la requête.

Exemples interdits

```
SELECT * FROM ?
SELECT * FROM articles WHERE ?
```

Les étapes d'utilisation d'une requête préparée sont les suivantes :

<table>
<tr><th>Requête de lecture
(SELECT)</th><th>Requête de mise à jour
(INSERT, UPDATE, DELETE)</th></tr>
<tr><td colspan="2">Préparer la requête = mysqli_prepare</td></tr>
<tr><td colspan="2">Lier des variables PHP aux paramètres de la requête =
mysqli_stmt_bind_param</td></tr>
<tr><td colspan="2">Exécuter la requête = mysqli_stmt_execute</td></tr>
<tr><td>Connaître le nombre de ligne dans le résultat = mysqli_num_rows</td><td rowspan="2">Connaître le nombre de lignes traitées = mysqli_stmt_affected_rows
Connaître la valeur du dernier identifiant généré pour une colonne ayant le type AUTO_INCREMENT = mysqli_stmt_insert_id</td></tr>
<tr><td>Lier des variables PHP aux colonnes du résultat = mysqli_stmt_bind_result</td></tr>
<tr><td>Extraire les lignes du résultat = mysqli_stmt_fetch</td><td></td></tr>
<tr><td colspan="2">Fermer la requête préparée = mysqli_stmt_close</td></tr>
</table>

Dans le cas d'une requête de type SELECT, il est possible de stocker dans un buffer le résultat complet de l'exécution d'une requête préparée. Dans ce cas, les fonctions suivantes sont utiles :

mysqli_stmt_store_result	Stocke dans un buffer le résultat complet d'une requête préparée de type SELECT.
mysqli_stmt_num_rows	Retourne le nombre de lignes sélectionnées par une requête préparée de type SELECT, dont le résultat a été stocké au préalable avec mysqli_stmt_store_result.
mysqli_stmt_free_result	Libère le résultat d'une requête préparée de type SELECT, dont le résultat a été stocké au préalable avec mysqli_stmt_store_result.

En complément, les fonctions mysqli_stmt_errno et mysqli_stmt_error permettent de récupérer des informations sur l'erreur éventuelle de la dernière exécution d'une requête préparée.

À chaque exécution de la requête préparée, la valeur courante des variables PHP associées aux paramètres est utilisée. L'intérêt est de pouvoir employer plusieurs fois la même requête avec des valeurs différentes des paramètres sans analyser de nouveau la requête, ce qui permet d'améliorer les performances.

2.6.2 Préparer une requête

La fonction mysqli_prepare prépare une requête pour l'exécution.

Syntaxe

```
objet mysqli_prepare(objet connexion, chaîne sql)
```

connexion	Identifiant de connexion retourné par la fonction mysqli_connect.
sql	Texte de la requête SQL.

La fonction mysqli_prepare retourne une ressource de requête préparée (objet mysqli_stmt) ou FALSE en cas d'erreur.

Exemple

```
<?php
// Connexion (utilisation des valeurs par défaut).
$connexion = mysqli_connect();
if (! $connexion) {
  exit('Echec de la connexion.');
}
// Sélection de la base de données.
$ok = mysqli_select_db($connexion,'diane');
if (! $ok) {
  exit('Echec de la sélection de la base de données.');
}
// Préparation de la requête.
$sql = 'INSERT INTO articles(libelle,prix) VALUES(?,?)';
$requête = mysqli_prepare($connexion, $sql);
// Déconnexion.
$ok = mysqli_close($connexion);
?>
```

Remarque

Les fonctions `mysqli_stmt_init` et `mysqli_stmt_prepare` permettent de faire la même chose, mais en deux étapes.

2.6.3 Lier des variables PHP aux paramètres de la requête

La fonction `mysqli_stmt_bind_param` lie des variables aux paramètres d'une requête préparée.

Syntaxe

```
booléen mysqli_stmt_bind_param(objet requête, chaîne types, mixte variable[, ...])
```

`requête` Ressource de requête préparée retournée par la fonction `mysqli_prepare` (ou `mysqli_stmt_init`).

`types` Chaîne de caractères qui contient un ou plusieurs caractères qui spécifient le type de données de la variable à lier :

- `i` = variable de type entier
- `d` = variable de type nombre décimal
- `s` = variable de type chaîne de caractères
- `b` = variable de type blob

`variable` Variable à lier à un paramètre.

La fonction `mysqli_stmt_bind_param` retourne `TRUE` en cas de succès ou `FALSE` en cas d'erreur.

Il doit y avoir exactement le même nombre de variables, et donc de caractères dans le paramètre `types`, que de paramètres dans la requête. L'association est positionnelle (première variable pour le premier `?`, etc.).

Exemple

```
<?php
// Connexion (utilisation des valeurs par défaut).
$connexion = mysqli_connect();
if (! $connexion) {
  exit('Echec de la connexion.');
}
// Sélection de la base de données.
$ok = mysqli_select_db($connexion,'diane');
if (! $ok) {
  exit('Echec de la sélection de la base de données.');
}
// Préparation de la requête.
$sql = 'INSERT INTO articles(libelle,prix) VALUES(?,?)';
```

```
$requête = mysqli_prepare($connexion, $sql);
// Liaison des paramètres.
$ok = mysqli_stmt_bind_param($requête,'sd',$libelle,$prix);
// Déconnexion.
$ok = mysqli_close($connexion);
?>
```

Comme le montre cet exemple, les variables liées n'ont pas besoin d'être définies au moment de l'appel à la fonction `mysqli_stmt_bind_param`.

Les paramètres peuvent être liés avec des lignes d'un tableau ou les attributs d'un objet. Dans les deux cas, `mysqli_stmt_bind_param` crée le tableau ou instancie l'objet, s'ils n'existent pas déjà. Dans ce cas, il ne faut pas de nouveau créer le tableau ou instancier l'objet après l'appel à `mysqli_stmt_bind_param`, sous peine de "casser" la liaison.

Exemple

```
<?php
...
// Liaison des paramètres.
// Avec les lignes d'un tableau.
$ok = mysqli_stmt_bind_param
        ($requête,'sd',
         $article['libelle'],$article['prix']);
...
?>
<?php
...
// Liaison des paramètres.
// Avec les attributs d'un objet.
$ok = mysqli_stmt_bind_param
        ($requête,'sd',
         $article->libelle,$article->prix);
...
?>
```

2.6.4 Exécuter la requête

La fonction `mysqli_stmt_execute` exécute une requête préparée.

Syntaxe

`*booléen* mysqli_stmt_execute(*objet* requête)`

`requête`	Ressource de requête préparée retournée par la fonction `mysqli_prepare` (ou `mysqli_stmt_init`).

La fonction mysqli_execute retourne TRUE en cas de succès ou FALSE en cas d'erreur.

Exemple

```
<?php
// Connexion (utilisation des valeurs par défaut).
$connexion = mysqli_connect();
if (! $connexion) {
  exit('Echec de la connexion.');
}
// Sélection de la base de données.
$ok = mysqli_select_db($connexion,'diane');
if (! $ok) {
  exit('Echec de la sélection de la base de données.');
}
// Préparation de la requête.
$sql = 'INSERT INTO articles(libelle,prix) VALUES(?,?)';
$requête = mysqli_prepare($connexion, $sql);
// Liaison des paramètres.
$ok = mysqli_stmt_bind_param($requête,'sd',$libelle,$prix);
// Exécution de la requête.
$libelle = 'Pommes';
$prix = 21.45;
$ok = mysqli_stmt_execute($requête);
// Nouvelle exécution de la requête.
$libelle = 'Poires';
$prix = 36.97;
$ok = mysqli_stmt_execute($requête);
// Déconnexion.
$ok = mysqli_close($connexion);
?>
```

2.6.5 Obtenir des informations sur le résultat d'une requête de mise à jour

La fonction mysqli_stmt_affected_rows retourne le nombre de lignes mises à jour par une requête préparée.

Syntaxe

```
entier mysqli_stmt_affected_rows(objet requête)
```

requête — Ressource de requête préparée retournée par la fonction mysqli_prepare (ou mysqli_stmt_init).

Si la requête a échoué, ou si elle n'est pas une requête de mise à jour, la fonction mysqli_stmt_affected_rows retourne -1.

Exemple

```
<?php
// Connexion (utilisation des valeurs par défaut).
$connexion = mysqli_connect();
if (! $connexion) {
  exit('Echec de la connexion.');
}
// Sélection de la base de données.
$ok = mysqli_select_db($connexion,'diane');
if (! $ok) {
  exit('Echec de la sélection de la base de données.');
}
// Préparation de la requête.
$sql = 'UPDATE articles SET prix = ROUND(prix * ?,2) ';
$requête = mysqli_prepare($connexion, $sql);
// Liaison des paramètres.
$ok = mysqli_stmt_bind_param($requête,'d',$augmentation);
// Exécution de la requête.
$augmentation = 1.05;
$ok = mysqli_stmt_execute($requête);
echo 'Nombre d\'article(s) modifié(s) = ',
     mysqli_stmt_affected_rows ($requête),'<br />';
// Déconnexion.
$ok = mysqli_close($connexion);
?>
```

Résultat

```
Nombre d'article(s) modifié(s) = 6
```

La fonction `mysqli_stmt_insert_id` retourne la valeur du dernier identifiant généré pour une colonne ayant le type `AUTO_INCREMENT` par une requête préparée `INSERT`.

Syntaxe

```
entier mysqli_stmt_insert_id(objet requête)
```

`requête`	Ressource de requête préparée retournée par la fonction `mysqli_prepare` (ou `mysqli_stmt_init`).

Si aucun identifiant n'a été généré automatiquement par la dernière requête, la fonction `mysqli_stmt_insert_id` retourne 0.

Exemple

```
<?php
// Connexion (utilisation des valeurs par défaut).
$connexion = mysqli_connect();
if (! $connexion) {
  exit('Echec de la connexion.');
}
// Sélection de la base de données.
$ok = mysqli_select_db($connexion,'diane');
if (! $ok) {
  exit('Echec de la sélection de la base de données.');
}
// Préparation de la requête.
$sql = 'INSERT INTO articles(libelle,prix) VALUES(?,?)';
$requête = mysqli_prepare($connexion, $sql);
// Liaison des paramètres.
$ok = mysqli_stmt_bind_param($requête,'sd',$libelle,$prix);
// Exécution de la requête.
$libelle = 'Oranges';
$prix = 12.35;
$ok = mysqli_stmt_execute($requête);
echo 'Identifiant du nouvel article = ',
     mysqli_stmt_insert_id($requête),'<br />';
// Déconnexion.
$ok = mysqli_close($connexion);
?>
```

Résultat

```
Identifiant du nouvel article = 7
```

2.6.6 Lier des variables PHP aux colonnes du résultat d'une requête de lecture

La fonction `mysqli_stmt_bind_result` associe des variables PHP aux colonnes du résultat d'une requête préparée de type `SELECT`.

Syntaxe

```
booléen mysqli_stmt_bind_result(objet requête, mixte variable [, ...])
```

`requête`	Ressource de requête préparée retournée par la fonction `mysqli_prepare` (ou `mysqli_stmt_init`).
`variable`	Variable à lier à une colonne du résultat.

La fonction `mysqli_stmt_bind_result` retourne `TRUE` en cas de succès ou `FALSE` en cas d'erreur.

Il doit y avoir exactement le même nombre de variables que de colonnes dans le résultat. L'association est positionnelle (première variable pour la première colonne, etc.).

L'appel à la fonction `mysqli_stmt_bind_result` est nécessaire pour toutes les requêtes qui retournent un résultat (`SELECT`, `SHOW`, `DESCRIBE`).

Exemple

```
<?php
// Connexion (utilisation des valeurs par défaut).
$connexion = mysqli_connect();
if (! $connexion) {
  exit('Echec de la connexion.');
}
// Sélection de la base de données.
$ok = mysqli_select_db($connexion,'diane');
if (! $ok) {
  exit('Echec de la sélection de la base de données.');
}
// Préparation de la requête.
$sql = 'SELECT libelle,prix FROM articles WHERE prix < ?';
$requête = mysqli_prepare($connexion, $sql);
// Liaison des paramètres.
$ok = mysqli_stmt_bind_param($requête,'d',$prix_max);
// Exécution de la requête.
$prix_max = 35;
$ok = mysqli_stmt_execute($requête);
// Liaison des colonnes du résultat.
$ok = mysqli_stmt_bind_result($requête,$libelle,$prix);
// Déconnexion.
$ok = mysqli_close($connexion);
?>
```

Les colonnes du résultat peuvent être liées avec des lignes d'un tableau ou les attributs d'un objet. Dans les deux cas, `mysqli_stmt_bind_result` crée le tableau ou instancie l'objet, s'ils n'existent pas déjà. Dans ce cas, il ne faut pas de nouveau créer le tableau ou instancier l'objet après l'appel à `mysqli_stmt_bind_result`, sous peine de "casser" la liaison.

Exemple

```
<?php
...
// Liaison des colonnes du résultat.
// Avec un tableau.
$ok = mysqli_stmt_bind_result
        ($requête,$article['libelle'],$article['prix']);
...
?>
```

```
<?php
...
// Liaison des colonnes du résultat.
// Avec un tableau, en laissant PHP affecter les indices.
$ok = mysqli_stmt_bind_result
        ($requête,$article[],$article[]);
...
?>
```

```
<?php
...
// Liaison des colonnes du résultat.
// Avec les attributs d'un objet.
$ok = mysqli_stmt_bind_result
        ($requête,$article->libelle,$article->prix);
...
?>
```

2.6.7 Extraire le résultat d'une requête de lecture

La fonction `mysqli_stmt_fetch` lit une ligne de résultat d'une requête préparée de type `SELECT` (`SELECT`, `SHOW`, `DESCRIBE`).

Syntaxe

booléen `mysqli_stmt_fetch(`*objet* `requête)`

`requête`	Ressource de requête préparée retournée par la fonction `mysqli_prepare` (ou `mysqli_stmt_init`).

La fonction `mysqli_stmt_fetch` retourne `TRUE` en cas de succès, `FALSE` en cas d'erreur et `NULL` s'il n'y a plus de ligne à lire.

La ligne est extraite dans les variables PHP liées au préalable au résultat.

Exemple

```
<?php
// Connexion (utilisation des valeurs par défaut).
$connexion = mysqli_connect();
if (! $connexion) {
  exit('Echec de la connexion.');
}
// Sélection de la base de données.
$ok = mysqli_select_db($connexion,'diane');
if (! $ok) {
  exit('Echec de la sélection de la base de données.');
}
// Préparation de la requête.
```

```
$sql = 'SELECT libelle,prix FROM articles WHERE prix < ?';
$requête = mysqli_prepare($connexion, $sql);
// Liaison des paramètres.
$ok = mysqli_stmt_bind_param($requête,'d',$prix_max);
// Exécution de la requête.
$prix_max = 35;
$ok = mysqli_stmt_execute($requête);
// Liaison des colonnes du résultat.
$ok = mysqli_stmt_bind_result($requête,$libelle,$prix);
// Lecture du résultat.
echo "<b>Articles dont le prix est < $prix_max </b><br />";
while (mysqli_stmt_fetch($requête)) {
  echo "$libelle - $prix<br />";
}
// Nouvelle exécution et lecture du résultat
// (inutile de refaire les liaisons).
$prix_max = 30;
$ok = mysqli_stmt_execute($requête);
echo "<b>Articles dont le prix est < $prix_max </b><br />";
while (mysqli_stmt_fetch($requête)) {
  echo "$libelle - $prix<br />";
}
// Déconnexion.
$ok = mysqli_close($connexion);
?>
```

Résultat

```
Articles dont le prix est < 35
Fraises - 31.45
Pommes - 22.52
Oranges - 12.35
Articles dont le prix est < 30
Pommes - 22.52
Oranges - 12.35
```

2.6.8 Utiliser un résultat stocké

Dans le cas d'une requête de type `SELECT`, il est possible de stocker dans un buffer le résultat complet de l'exécution d'une requête préparée. Dans ce cas, les fonctions suivantes sont utiles :

`mysqli_stmt_store_result`	Stocke dans un buffer le résultat complet d'une requête préparée de type `SELECT`.

`mysqli_stmt_num_rows`	Retourne le nombre de lignes sélectionnées par une requête préparée de type `SELECT`, dont le résultat a été stocké au préalable avec `mysqli_stmt_store_result`.
`mysqli_stmt_free_result`	Libère le résultat d'une requête préparée de type `SELECT`, dont le résultat a été stocké au préalable avec `mysqli_stmt_store_result`.

Le seul intérêt de stocker le résultat est de pouvoir connaître immédiatement le nombre de lignes dans le résultat (avec la fonction `mysqli_stmt_num_rows`). Par contre, stocker le résultat d'une requête qui retourne un grand nombre de lignes consomme de la mémoire (côté client).

La fonction `mysqli_stmt_fetch` présentée précédemment permet de lire le résultat stocké (sans différence de syntaxe).

mysqli_stmt_store_result

La fonction `mysqli_stmt_store_result` stocke dans un buffer le résultat complet d'une requête préparée de type `SELECT` (`SELECT`, `SHOW`, `DESCRIBE`).

Syntaxe

```
booléen mysqli_stmt_store_result(objet requête)
```

`requête`	Ressource de requête préparée retournée par la fonction `mysqli_prepare` (ou `mysqli_stmt_init`).

La fonction `mysqli_stmt_store_result` retourne `TRUE` en cas de succès et `FALSE` en cas d'erreur.

mysqli_stmt_num_rows

La fonction `mysqli_stmt_num_rows` retourne le nombre de lignes sélectionnées par une requête préparée de type `SELECT`, dont le résultat a été stocké au préalable avec la fonction `mysqli_stmt_store_result`.

Syntaxe

```
entier mysqli_stmt_num_rows(objet requête)
```

`requête`	Ressource de requête préparée retournée par la fonction `mysqli_prepare` (ou `mysqli_stmt_init`).

La fonction `mysqli_stmt_bind_result` retourne toujours 0 si le résultat n'a pas été stocké au préalable avec la fonction `mysqli_stmt_store_result`.

mysqli_stmt_free_result

La fonction `mysqli_stmt_free_result` libère le résultat d'une requête préparée de type `SELECT`, dont le résultat a été stocké au préalable avec la fonction `mysqli_stmt_store_result`.

Syntaxe

`mysqli_stmt_free_result(`*objet* `requête)`

`requête`	Ressource de requête préparée retournée par la fonction `mysqli_prepare` (ou `mysqli_stmt_init`).

La fonction `mysqli_stmt_free_result` ne fait rien si le résultat n'a pas été stocké au préalable avec la fonction `mysqli_stmt_store_result`.

Exemple

```
<?php
// Connexion (utilisation des valeurs par défaut).
$connexion = mysqli_connect();
if (! $connexion) {
  exit('Echec de la connexion.');
}
// Sélection de la base de données.
$ok = mysqli_select_db($connexion,'diane');
if (! $ok) {
  exit('Echec de la sélection de la base de données.');
}
// Préparation de la requête.
$sql = 'SELECT libelle FROM articles WHERE prix < ?';
$requête = mysqli_prepare($connexion, $sql);
// Liaison des paramètres.
$ok = mysqli_stmt_bind_param($requête,'d',$prix_max);
// Exécution de la requête.
$prix_max = 30;
$ok = mysqli_stmt_execute($requête);
// Liaison des colonnes du résultat.
$ok = mysqli_stmt_bind_result($requête,$libelle);
echo '<b>Avant appel à mysqli_stmt_store_result</b><br />',
     'Nombre de lignes sélectionnées = ',
     mysqli_stmt_num_rows($requête),'<br />';
$ok = mysqli_stmt_store_result($requête);
echo '<b>Après appel à mysqli_stmt_store_result</b><br />',
     'Nombre de lignes sélectionnées = ',
     mysqli_stmt_num_rows($requête),'<br />';
// Lecture du résultat.
echo "<b>Articles dont le prix est < $prix_max </b><br />";
```

```
while (mysqli_stmt_fetch($requête)) {
  echo "$libelle<br />";
}
// Déconnexion.
$ok = mysqli_close($connexion);
?>
```

Résultat

```
Avant appel à mysqli_stmt_store_result
Nombre de lignes sélectionnées = 0
Après appel à mysqli_stmt_store_result
Nombre de lignes sélectionnées = 2
Articles dont le prix est < 30
Pommes
Oranges
```

2.6.9 Gérer les erreurs

Les fonctions `mysqli_stmt_errno` et `mysqli_stmt_error` permettent de récupérer des informations sur l'erreur éventuelle de la dernière exécution d'une requête préparée.

Syntaxe

```
entier mysqli_stmt_errno(objet requête)
chaîne mysqli_stmt_error(objet requête)
```

`requête`	Ressource de requête préparée retournée par la fonction `mysqli_prepare` (ou `mysqli_stmt_init`).

La fonction `mysqli_stmt_errno` retourne un numéro d'erreur (0 si aucune erreur) et la fonction `mysqli_stmt_error` le message associé (chaîne vide si aucune erreur).

Pour pouvoir utiliser ces deux fonctions, il faut passer en paramètre une ressource de requête préparée valide. Cela signifie que la requête doit avoir été préparée avec succès avec la fonction `mysqli_prepare`. Pour obtenir des informations sur une erreur de préparation, il faut utiliser les fonctions `mysqli_errno` et/ou `mysqli_error` présentées précédemment.

Exemple

```
<?php
// Connexion (utilisation des valeurs par défaut).
$connexion = mysqli_connect();
if (! $connexion) {
  exit('Echec de la connexion.');
```

```
}
// Sélection de la base de données.
$ok = mysqli_select_db($connexion,'diane');
if (! $ok) {
  exit('Echec de la sélection de la base de données.');
}
// Préparation d'une requête sur une table qui n'existe pas.
$sql = 'SELECT * FROM article';
$requête = mysqli_prepare($connexion, $sql);
// Utilisation de mysqli_errno et mysqli_error à ce stade.
echo '1 : ',mysqli_errno($connexion),' - ',
            mysqli_error($connexion),'<br />';
// Préparation d'une requête (sur une table qui existe).
$sql = 'INSERT INTO articles(identifiant,libelle) VALUES(?,?)';
$requête = mysqli_prepare($connexion, $sql);
// Liaison des paramètres.
$ok = mysqli_stmt_bind_param($requête,'is',$identifiant,$libelle);
// Exécution de la requête (viole une clé unique).
$identifiant = 1;
$libelle = 'Bananes';
$ok = mysqli_stmt_execute($requête);
echo '2 : ',mysqli_stmt_errno($requête),' - ',
            mysqli_stmt_error($requête),'<br />';
// Déconnexion.
$ok = mysqli_close($connexion);
?>
```

Résultat

```
1 : 1146 - Table 'diane.article' doesn't exist
2 : 1062 - Duplicate entry '1' for key 1
```

2.6.10 Fermer une requête préparée

La fonction `mysqli_stmt_close` ferme une requête préparée.

Syntaxe

booléen `mysqli_stmt_close(`*objet* `requête)`

`requête`	Ressource de requête préparée retournée par la fonction `mysqli_prepare` (ou `mysqli_stmt_init`).

La fonction `mysqli_stmt_close` retourne `TRUE` en cas de succès ou `FALSE` en cas d'erreur.

Remarque

Il est conseillé de fermer une requête préparée avant de réutiliser la variable pour une autre requête.

2.7 Utilisation de l'extension MySQL

Toutes les fonctions présentées précédemment dans l'extension MySQLi, à l'exception des fonctions relatives aux requêtes préparées, ont un équivalent direct dans l'extension MySQL ; il suffit de remplacer le préfixe `mysqli_` par `mysql_` :

MySQLi	MySQL	Syntaxe
`mysqli_connect`	`mysql_connect`	Voir remarque 1
`mysqli_close`	`mysql_close`	Voir remarque 2
`mysqli_select_db`	`mysql_select_db`	Voir remarque 3
`mysqli_query`	`mysql_query`	Voir remarque 3
`mysqli_num_rows`	`mysql_num_rows`	Identique
`mysqli_fetch_array`	`mysql_fetch_array`	Identique
`mysqli_fetch_object`	`mysql_fetch_object`	Identique
`mysqli_fetch_row`	`mysql_fetch_row`	Identique
`mysqli_affected_rows`	`mysql_affected_rows`	Voir remarque 2
`mysqli_insert_id`	`mysql_insert_id`	Voir remarque 2
`mysqli_errno`	`mysql_errno`	Voir remarque 2
`mysqli_error`	`mysql_error`	Voir remarque 2

Remarque

Les premiers paramètres de `mysql_connect` et `mysqli_connect` sont identiques (serveur, utilisateur, mot de passe) ; les paramètres suivants sont différents. La fonction `mysql_connect` ne permet pas de sélectionner la base de données à utiliser dès la connexion.

Remarque

L'extension MySQL permet d'utiliser une connexion par défaut dans les appels de fonctions (la dernière connexion ouverte). En conséquence, l'identifiant de connexion est optionnel dans les fonctions `mysql_close`, `mysql_affected_rows`, `mysql_insert_id`, `mysql_errno` et `mysql_error`.

Remarque

Pour les fonctions `mysql_select_db` et `mysql_query` la syntaxe est inversée : l'identifiant de connexion est passé en deuxième paramètre, et il devient facultatif (utilisation de la dernière connexion ouverte en cas d'omission).

Les fonctions `mysql_connect` et `mysql_query` retournent des ressources et non des objets. Dans la pratique, cela n'a aucune incidence car le résultat de ces fonctions est simplement passé en paramètre à d'autres fonctions.

L'extension MySQL n'offre pas de fonctions équivalentes aux fonctions `mysqli_connect_error` et `mysqli_connect_errno` qui permettent de récupérer des informations sur une éventuelle erreur de connexion. Par contre, les fonctions `mysql_error` et `mysql_errno` peuvent être appelées pour récupérer des informations sur une éventuelle erreur de connexion.

L'extension MySQL offre par ailleurs une fonction `mysql_unbuffered_query` qui propose la même syntaxe que la fonction `mysql_query`, et permet d'exécuter une requête mais sans placer le résultat dans un buffer. Le fonctionnement est identique à l'appel de `mysqli_query` en passant la constante `MYSQLI_USE_RESULT` comme troisième paramètre.

Exemple

```
<?php
// Définir quelques variables.
$serveur = 'localhost';
$utilisateur = 'root';
$mot_de_passe = '';
$base = 'diane';
// Connexion = mysql_connect
// Pas de sélection de la base dans cet appel.
$connexion =
  mysql_connect($serveur,$utilisateur,$mot_de_passe);
// Récupérer une erreur = mysql_errno & mysql_error
if (mysql_errno() != 0) {
  printf(
    'Erreur mysql_connect : %d - %s<br />',
    mysql_errno(),mysql_error());
  exit;
}
// Sélectionner la base = mysql_select_db
// Différences par rapport à mysqli_select_db :
//   > syntaxe inversée
//   > identifiant de connexion optionnel
$ok = mysql_select_db($base,$connexion);
if (! $ok) {
```

```
  printf(
    'Erreur mysql_select_db : %d - %s<br />',
    mysql_errno(),mysql_error());
  exit;
}
// Exécuter une requête = mysql_query
// Exemple avec SELECT.
// Différences par rapport à mysqli_query :
//   > syntaxe inversée
//   > identifiant de connexion optionnel
//   > pas de troisième paramètre
$sql = 'SELECT * FROM articles LIMIT 4';
$requête = mysql_query($sql, $connexion);
if (! $requête) {
  printf(
    'Erreur mysql_query : %d - %s<br />',
    mysql_errno(),mysql_error());
  exit;
}
// Déterminer le nombre de lignes du résultat = mysql_num_rows
// Identique à mysqli_num_rows.
printf("Nombre d'articles = %s<br />\n",
       mysql_num_rows($requête));
// Récupérer le résultat = mysql_fetch_*
// Différences par rapport à mysqli_fetch_* :
//   > constantes MYSQL_NUM, MYSQL_ASSOC, MYSQL_BOTH
// dans mysql_fetch_array
$ligne = mysql_fetch_array($requête, MYSQL_ASSOC);
printf(
  "Premier article = %s - %s<br />\n",
  $ligne['identifiant'],$ligne['libelle']);
// Exécuter une requête = mysql_query
// Exemple avec INSERT.
$sql = "INSERT INTO articles(libelle,prix) " .
       "VALUES('Kiwis',10)";
$requête = mysql_query($sql, $connexion);
// Récupérer l'identifiant généré = mysql_insert_id
// Différences par rapport à mysqli_insert_id :
//   > identifiant de connexion optionnel
printf(
  "Identifiant du nouvel article = %s<br />\n",
  mysql_insert_id($connexion));
// Exécuter une requête = mysql_query
// Exemple avec UPDATE.
$sql = "UPDATE articles SET prix = 12 " .
       "WHERE libelle = 'Kiwis'";
```

```
$requête = mysql_query($sql, $connexion);
// Récupérer le nombre de lignes mises à jour =
// mysql_affected_rows
// Différences par rapport à mysqli_affected_rows :
//   > identifiant de connexion optionnel
printf(
  "Nombre d'article(s) modifié(s) = %s<br />\n",
  mysql_affected_rows($connexion));
// Déconnexion = mysql_close
// Différences par rapport à mysqli_close :
//   > identifiant de connexion optionnel
mysql_close($connexion);
?>
```

Résultat

```
Deprecated: mysql_connect(): The mysql extension is
deprecated and will be removed in the future: use mysqli or
PDO instead in /app/scripts/index.php on line 10
Nombre d'articles = 4
Premier article = 1 - Abricots
Identifiant du nouvel article = 10
Nombre d'article(s) modifié(s) = 1
```

Comme le montre cet exemple, l'extension MySQL est dépréciée depuis la version 5.5 et une alerte de niveau `E_DEPRECATED` est affichée lors de l'appel à certaines fonctions (`mysql_connect` et `mysql_db_name` notamment).

3. Utilisation d'Oracle

3.1 Préambule

L'extension « Oracle OCI8 », contrairement à ce que son nom laisse penser, peut être utilisée pour accéder à n'importe quelle version d'Oracle (8i, 9i, 10g et 11g). Cette extension est très complète et très puissante ; elle permet notamment d'utiliser les types `LOB` et `ROWID` et d'établir des liaisons entre les variables PHP et des variables dans la requête SQL (processus de « bind variable »).

Remarque

En version 5, beaucoup de fonctions de cette bibliothèque ont été renommées ; au préfixe près, les fonctions portent maintenant des noms identiques aux fonctions similaires des autres bases de données. Les anciens noms peuvent toujours être utilisés pour des raisons de compatibilité ascendante, mais sont dépréciés. Cet ouvrage présente les fonctions avec leur nom de la version 5 mais rappelle l'ancien nom.

3.2 Environnement NLS

L'environnement NLS (*National Language Support*), utilisé lors de l'exécution des requêtes, est défini par les variables d'environnement habituelles positionnées sur le serveur qui exécute PHP :

- `NLS_LANG`
- `NLS_DATE_FORMAT...`

Si ces variables d'environnement ne sont pas positionnées, les paramètres par défaut du serveur Oracle sont pris en compte.

Cette situation peut conduire à des différences de fonctionnement d'un même programme entre deux environnements. Par exemple, si vous récupérez dans une requête une colonne de type `DATE`, une conversion en chaîne est automatiquement effectuée (car PHP ne supporte pas le type `DATE` en tant que tel) selon le paramètre `NLS_DATE_FORMAT` actif ; selon la configuration et l'environnement, la chaîne récupérée peut avoir des formats différents (DD/MM/YYYY, DD-MON-YY...).

Des problèmes analogues se produisent avec les données numériques qui sont, elles aussi, converties en chaîne avec un séparateur décimal et un séparateur de groupe qui peut varier selon l'environnement.

Si l'environnement n'est pas maîtrisé, il est possible d'agir au niveau du code PHP pour obtenir un code portable d'un environnement à l'autre :

- soit en effectuant systématiquement des conversions explicites dans les ordres SQL (`TO_CHAR(SYSDATE,'DD/MM/YYYY')`, `TO_DATE('31/08/2001','DD/MM/YYYY')`, `TO_CHAR(prix,'9999.99')`,`TO_NUMBER('123.45','999.99')` par exemple).
- soit en exécutant , après chaque ouverture de session, des requêtes `ALTER SESSION` (`ALTER SESSION SET NLS_DATE_FORMAT = 'DD/MM/YYYY'` et/ou `ALTER SESSION SET NLS_NUMERIC_CHARACTERS = ', '` par exemple).

3.3 Connexion et déconnexion

La fonction `oci_connect` (anciennement `ociLogon`) permet d'ouvrir une connexion avec une base Oracle.

Syntaxe simplifiée

```
ressource oci_connect(chaîne utilisateur, chaîne mot_de_passe,
[, chaîne nom_de_service [, chaîne jeu_caractères]])
```

Avec

`utilisateur`	Nom de l'utilisateur à employer pour établir la connexion.

mot_de_passe	Mot de passe à utiliser pour établir la connexion.
nom_de_service	Nom d'un service réseau valide, défini dans le fichier tnsnames.ora, sur lequel établir la connexion. La méthode de nommage Easy Connect apparue dans la version 10 d'Oracle peut aussi être utilisée ([//]hôto[:port][/nom_service]). Si non spécifié, la fonction oci_connect utilise la variable d'environnement ORACLE_SID pour la connexion à une instance locale, ou la variable TWO_TASK (Linux) ou LOCAL (Windows) pour la connexion à une instance distante.
jeu_caractères	Jeu de caractères utilisé pour la session (par défaut déterminé à partir de la variable d'environnement NLS_LANG).

La fonction oci_connect retourne un identifiant de connexion en cas de succès ou, en cas d'erreur, la valeur FALSE accompagnée d'un message d'alerte envoyé à l'affichage (cf. chapitre Gérer les erreurs dans un script PHP).

Dans le même script, appeler deux fois la fonction oci_connect avec les mêmes paramètres n'ouvre pas deux connexions différentes : lors du deuxième appel, l'identifiant de la connexion déjà ouverte est retournée (ce qui n'était pas le cas en version 5.0 et pouvait prêter à confusion). Ce point est important, car les ordres émis sur la première connexion et ceux émis sur la deuxième sont en fait exécutés dans la même transaction : un COMMIT ou ROLLBACK sur l'une des deux connexions agira en fait sur les deux.

En cas de besoin, la fonction oci_**new**_connect anciennement oci**n**logon peut être utilisée pour ouvrir deux connexions <u>indépendantes</u> dans le même script avec les mêmes paramètres. La syntaxe de la fonction oci_**new**_connect est la même que celle de la fonction oci_connect.

Exemple

```
<?php
// Connexion à un nom de service réseau.
$id1 = oci_connect('demeter','demeter','diane');
echo "\$id1 = $id1<br />\n";
// Nouvelle connexion avec les mêmes paramètres que 1.
$id2 = oci_connect('demeter','demeter','diane');
echo "\$id2 = $id2 (<b>= \$id1</b>)<br />\n";
// Nouvelle connexion avec les mêmes paramètres que 1,
// mais utilisation de oci_new_connect.
$id3 = oci_new_connect('demeter','demeter','diane');
echo "\$id3 = $id3 (<b><> \$id1</b>)<br />\n";
?>
```

Résultat

```
$id1 = Resource id #3
$id2 = Resource id #3 (= $id1)
$id3 = Resource id #4 (<> $id1)
```

Les connexions ouvertes dans un script sont automatiquement fermées à la fin du script, sauf déconnexion explicite avant avec la fonction `oci_close` (voir ci-après).

La fonction `oci_pconnect` (anciennement `ociPLogon`) permet d'obtenir une action différente et d'établir une connexion dite "permanente" qui ne sera pas fermée à la fin du script et pourra être réutilisée dans ce script ou dans un autre ultérieurement.

La syntaxe est identique à la syntaxe de la fonction `oci_connect`.

Lors de l'appel à la fonction `oci_pconnect` dans un script, PHP regarde si une connexion permanente a déjà été ouverte avec les mêmes paramètres (utilisateur, mot de passe et nom de service) : si oui, l'identifiant de cette connexion est retourné ; si non, une nouvelle connexion est établie (et cette connexion ne sera pas fermée à la fin du script, autorisant ainsi sa réutilisation ultérieure).

La fonction `oci_close` (anciennement `ocilogoff`) permet de fermer une connexion en cours de script.

Syntaxe

```
booléen oci_close(ressource connexion)
```

Avec

`connexion`	Identifiant de connexion retourné par les fonctions `oci_connect` ou `oci_new_connect`.

En théorie, la fonction `oci_close` retourne `TRUE` en cas de succès et `FALSE` (en fait `NULL`) en cas d'erreur (accompagné d'une alerte).

La fonction `oci_close` est sans effet sur une connexion permanente.

Remarque

Toutes les connexions non permanentes sont automatiquement fermées à la fin du script.

Exemple

```
<?php
// Connexion.
$connexion = oci_connect('demeter','demeter','diane');
echo "\$connexion = $connexion<br />\n";
// Déconnexion.
$ok = oci_close($connexion);
echo '$ok = ',var_dump($ok);
?>
```

Résultat

```
$connexion = Resource id #2
$ok = bool(true)
```

3.4 Lire des données

Lire des données dans une base nécessite trois opérations :

- Envoyer une requête (en l'occurrence un ordre `SELECT`) au serveur pour analyse (étape de "parse").
- Exécuter la requête.
- Récupérer la ou les lignes correspondant au résultat de la requête.

Analyser une requête

La fonction `oci_parse` (anciennement `ociparse`) permet d'envoyer une requête pour analyse au serveur.

Syntaxe

```
ressource oci_parse(ressource connexion, chaîne requête)
```

Avec

`connexion`	Identifiant de connexion retourné par la fonction `oci_connect` (ou `oci_new_connect` ou `oci_pconnect`).
`requête`	Texte de la requête à analyser.

La fonction `oci_parse` retourne un identifiant de curseur en cas de succès ou `FALSE` en cas d'erreur. La fonction retourne un identifiant de curseur même si le curseur est invalide pour cause de requête incorrecte ; un curseur invalide n'est détecté qu'au moment de l'exécution (voir ci-après).

Exemple

```
<?php
// Connexion.
$connexion = oci_connect('demeter','demeter','diane');
// Définition de la requête.
$requête = 'SELECT * FROM articles';
// Analyse de la requête.
$curseur1 = oci_parse($connexion,$requête);
echo "\$curseur1 = $curseur1<br />\n";
// Définition d'une mauvaise requête (table inexistante).
$requête = 'SELECT * FROM article';
// Analyse de la requête.
$curseur2 = oci_parse($connexion,$requête);
echo "\$curseur2 = $curseur2<br />\n";
?>
```

Résultat

```
$curseur1 = Resource id #3
$curseur2 = Resource id #4
```

Exécuter une requête

La fonction `oci_execute` (anciennement `ociexecute`) permet d'exécuter une requête précédemment envoyée pour analyse au serveur.

Syntaxe

```
booléen oci_execute(ressource curseur[, entier mode])
```

`curseur`	Identifiant du curseur à exécuter.
`mode`	Indique si un `COMMIT` automatique doit être exécuté ou pas (sans objet pour une requête `SELECT` (cf. section Utilisation d'Oracle - Mettre à jour des données)).

La fonction `oci_execute` retourne `TRUE` en cas de succès et `FALSE` en cas d'échec (accompagné d'une alerte).

Exemple

```
<?php
// Connexion.
$connexion = oci_connect('demeter','demeter','diane');
// Définition de la requête.
$requête = 'SELECT * FROM articles';
// Analyse de la requête.
$curseur1 = oci_parse($connexion,$requête);
echo "\$curseur1 = $curseur1<br />\n";
// Exécution de la requête.
```

```
$ok1 = oci_execute($curseur1);
echo '$ok1 = ',($ok1)?"TRUE":"FALSE","<br />\n";
// Définition d'une mauvaise requête (table inexistante).
$requête = 'SELECT * FROM article';
// Analyse de la requête.
$curseur2 = oci_parse($connexion,$requête);
echo "\$curseur2 = $curseur2<br />\n";
// Exécution de la requête.
$ok2 = oci_execute($curseur2);
echo '$ok2 = ',($ok2)?"TRUE":"FALSE","<br />\n";
?>
```

Résultat

```
$curseur1 = Resource id #5
$ok1 = TRUE
$curseur2 = Resource id #6
Warning: oci_execute() : ORA-00942:
table or view does not exist in /app/scripts/index.php on
line 18
$ok2 = FALSE
```

Nous allons voir dans le point suivant comment récupérer, dans le script, un code ou un message d'erreur.

Comme indiqué en introduction, la fonction `oci_execute` exécute la requête, indique si la requête s'est exécutée correctement mais ne renvoie aucune donnée. Il va falloir extraire les lignes du résultat.

Connaître le nombre de lignes dans le résultat

À la différence de MySQL, il n'y a aucun moyen, avant lecture, de connaître le nombre de lignes dans le résultat.

Par contre, en cours de lecture (voir section suivante), la fonction `oci_num_rows` (anciennement `ociRowCount`) permet de connaître le nombre total de lignes lues à ce stade.

Syntaxe

```
entier oci_num_rows(ressource curseur)
```

`curseur`	Identifiant du curseur dans lequel la requête a été exécutée.

Si l'exécution de la requête a échoué, la fonction `oci_num_rows` retourne zéro.

Lire le résultat de la requête

Le résultat de l'exécution (réussie) d'une requête `SELECT` peut être lu par les fonctions `oci_fetch_array`, `oci_fetch_assoc`, `oci_fetch_object`, `oci_fetch_row` et `oci_fetch_all`.

Les fonctions `oci_fetch_array`, `oci_fetch_assoc`, `oci_fetch_object` et `oci_fetch_row` lisent une ligne de résultat et font avancer le pointeur sur la ligne suivante ; ces fonctions diffèrent sur le type de données utilisé pour retourner le résultat. Elles sont apparues en version 5 et ont une syntaxe très proche des fonctions équivalentes de MySQL. Dans les versions précédentes, la fonction `ocifetchinto` peut être utilisée à la place ; cette dernière existe toujours pour des raisons de comptabilité ascendante mais est dépréciée.

Syntaxe

```
tableau oci_fetch_array(ressource curseur [, entier type])
tableau oci_fetch_assoc(ressource curseur)
objet oci_fetch_object(ressource curseur)
tableau oci_fetch_row(ressource curseur)
```

Avec

`curseur`	Identifiant du curseur précédemment exécuté.

`type`	Type de résultat défini par une combinaison des constantes suivantes :
	`OCI_BOTH`
	`OCI_ASSOC`
	`OCI_NUM`
	`OCI_RETURN_NULLS`
	`OCI_RETURN_LOBS`

La valeur par défaut est `OCI_BOTH+OCI_RETURN_NULLS`.

Les fonctions `oci_fetch_array`, `oci_fetch_assoc` et `oci_fetch_row` retournent la ligne courante du résultat sous la forme d'un tableau, chaque ligne du tableau correspondant à une colonne du résultat. La fonction `oci_fetch_object` retourne la ligne courante sous la forme d'un objet.

S'il n'y a plus de ligne à lire dans le résultat, ces fonctions retournent `FALSE`.

Pour la fonction `oci_fetch_assoc`, il s'agit d'un tableau associatif dont la clé est le nom de la colonne (en majuscules). Pour la fonction `oci_fetch_row`, il s'agit d'un tableau à indices entiers, l'indice 0 correspondant à la première colonne, l'indice 1 à la deuxième, etc.

Enfin pour la fonction `oci_fetch_array`, le type du tableau dépend du deuxième paramètre :

`OCI_NUM`	Tableau à indices entiers (comme la fonction `oci_fetch_row`).
`OCI_ASSOC`	Tableau associatif (comme la fonction `oci_fetch_assoc`).
`OCI_BOTH`	Les deux à la fois (c'est le cas par défaut). Chaque colonne est présente deux fois. Équivalent à `OCI_NUM+OCI_ASSOC`.

Par défaut, les quatre fonctions font figurer dans le résultat les colonnes ayant une valeur `NULL`. Ce comportement peut être modifié dans le cas de l'utilisation de la fonction `oci_fetch_array` en ne mettant pas la constante `OCI_RETURN_NULLS` dans la valeur passée au paramètre `type`. Dans ce cas, les colonnes ayant une valeur `NULL` ne figurent pas dans le résultat (mais les indices sont préservés dans le cas où un tableau à indices entiers est employé).

Les constantes peuvent être additionnées pour préciser plusieurs comportements. Par exemple, `OCI_ASSOC+OCI_RETURN_NULLS` permet d'obtenir un tableau associatif avec conservation des valeurs `NULL`.

Exemple

Requête	**SELECT * FROM articles**		
Colonnes	**identifiant**	**libelle**	**prix**
1re ligne du résultat	1	Abricots	

Résultat d'un appel à oci_fetch_array avec :

OCI_NUM + OCI_RETURN_NULLS		**OCI_ASSOC + OCI_RETURN_NULLS**		**OCI_BOTH + OCI_RETURN_NULLS**	
Indice/Clé	**Valeur**	**Indice/Clé**	**Valeur**	**Indice/Clé**	**Valeur**
0	1	IDENTIFIANT	1	0	1
1	Abricots	LIBELLE	Abricots	IDENTIFIANT	1
2		PRIX		1	Abricots
				LIBELLE	Abricots
				2	
				PRIX	

Remarque

Utiliser `OCI_RETURN_NULLS` *seul revient à employer* `OCI_BOTH+OCI_RETURN_NULLS`.

En cas d'utilisation d'un alias de colonne dans la requête `SELECT` (exemple `SELECT AVG(prix)` **`prix_moyen`** `FROM articles`), c'est l'alias de colonne (en majuscules, sauf s'il est spécifié entre guillemets, auquel cas la casse est respectée) qui est utilisé comme clé ou nom d'attribut.

Exemple

```
<?php
// Inclusion du fichier qui contient la définition de
// afficher_tableau.
include('fonctions.inc');
// Connexion.
$connexion = oci_connect('demeter','demeter','diane');
// Définition de la requête.
$requête = 'SELECT * FROM articles';
// Analyse de la requête.
$curseur = oci_parse($connexion,$requête);
// Exécution de la requête.
$ok = oci_execute($curseur);
// Premier fetch avec oci_fetch_row.
$ligne = oci_fetch_row($curseur);
afficher_tableau($ligne,'oci_fetch_row');
// Détermination du nombre de lignes lues à ce stade.
$nombre = oci_num_rows($curseur);
echo "<br />$nombre lignes lues à ce stade";
// Deuxième fetch avec oci_fetch_assoc.
$ligne = oci_fetch_assoc($curseur);
afficher_tableau($ligne,'oci_fetch_assoc');
// Détermination du nombre de lignes lues à ce stade.
$nombre = oci_num_rows($curseur);
echo "<br />$nombre lignes lues à ce stade";
// Troisième fetch avec oci_fetch_array :
// - sans deuxième paramètre = OCI_BOTH.
$ligne = oci_fetch_array($curseur);
afficher_tableau($ligne,'oci_fetch_array');
// Détermination du nombre de lignes lues à ce stade.
$nombre = oci_num_rows($curseur);
echo "<br />$nombre lignes lues à ce stade";
// Quatrième fetch avec oci_fetch_object.
$ligne = oci_fetch_object($curseur);
echo "<p><b>oci_fetch_object</b><br />";
echo "\$ligne->IDENTIFIANT = $ligne->IDENTIFIANT<br />";
echo "\$ligne->LIBELLE = $ligne->LIBELLE<br />";
```

```
echo "\$ligne->PRIX = $ligne->PRIX<br />";
// Détermination du nombre de lignes lues à ce stade.
$nombre = oci_num_rows($curseur);
echo "<br />$nombre lignes lues à ce stade";
// Cinquième fetch de nouveau sans paramètre :
//  - normalement, plus de ligne.
$ligne = oci_fetch_array($curseur);
if (! $ligne) {
  echo "<p><b>Cinquième fetch : plus rien</b><br />";
}
// Détermination du nombre de lignes lues à ce stade.
$nombre = oci_num_rows($curseur);
echo "<br />$nombre lignes lues à ce stade";
?>
```

Résultat (en supposant que la colonne prix est toujours renseignée)

```
oci_fetch_row
0 = 1
1 = Abricots
2 = 35,5
1 ligne lue à ce stade
oci_fetch_assoc
IDENTIFIANT = 2
LIBELLE = Cerises
PRIX = 48,9
2 lignes lues à ce stade
oci_fetch_array
0 = 3
IDENTIFIANT = 3
1 = Fraises
LIBELLE = Fraises
2 = 29,95
PRIX = 29,95
3 lignes lues à ce stade
oci_fetch_object
$ligne->IDENTIFIANT = 4
$ligne->LIBELLE = Pêches
$ligne->PRIX = 37,2
4 lignes lues à ce stade
Cinquième fetch : plus rien
4 lignes lues à ce stade
```

Cet exemple permet de voir :

- Les différents modes de récupération d'une ligne de résultat.
- Le fait qu'à chaque `fetch`, le pointeur interne avance, et que le `fetch` suivant retourne donc la ligne suivante, jusqu'à avoir parcouru toutes les lignes.

Les fonctions retournent `FALSE` et affichent une alerte dans les cas suivants :

- Curseur non analysé (pas d'appel à la fonction `oci_parse`).

```
Warning: oci_fetch_array() expects parameter 1 to be resource,
null given in /app/scripts/index.php on line 13
```

- Curseur non exécuté (pas d'appel à la fonction `oci_execute`).

```
Warning: oci_fetch_array(): ORA-24374: define not done before fetch or execute
and fetch in /app/scripts/index.php on line 13
```

- Curseur exécuté avec erreur.

```
Warning: oci_fetch_array(): ORA-24374: define not done before fetch or execute
and fetch in /app/scripts/index.php on line 13
```

La fonction `oci_fetch_all` (anciennement `ocifetchstatement`) lit toutes les lignes du résultat dans un tableau.

Syntaxe

```
entier oci_fetch_all(ressource curseur, tableau résultat, [entier ignorer[,
entier nombre[, entier type]]])
```

Avec

`curseur`	Identifiant du curseur précédemment exécuté.
`résultat`	Variable qui contiendra le résultat en retour. Le contenu initial de la variable est écrasé.
`ignorer`	Nombre de lignes du début du résultat à ne pas ramener. 0 par défaut : le résultat débute à la première ligne.
`nombre`	Nombre de lignes à retourner, à partir de la première ligne retournée. -1 par défaut : toutes les lignes sont retournées.

`type`	Type de résultat défini par une combinaison des constantes suivantes :
	`OCI_FETCHSTATEMENT_BY_ROW`
	`OCI_FETCHSTATEMENT_BY_COLUMN` (valeur par défaut)
	`OCI_ASSOC` (valeur par défaut)
	`OCI_NUM`

La fonction `oci_fetch_all` retourne le nombre de lignes du résultat ou `FALSE` si le résultat ne présente aucune ligne (ou en cas d'erreur).

Remarque

Attention ! Les lignes ignorées, même si elles ne sont pas présentes dans le résultat, sont quand même extraites (`fetch`). Or, la fonction `oci_num_rows` retourne le nombre total de lignes extraites. En conséquence, lorsque des lignes sont ignorées dans `oci_fetch_all`, le résultat retourné par `oci_fetch_all` et `oci_num_rows` est différent (la différence étant égale au nombre de lignes ignorées).

Le tableau retourné dans `résultat` par la fonction `oci_fetch_all` est un tableau multidimensionnel. Par défaut, le tableau principal est un tableau associatif contenant une ligne pour chaque colonne de la requête : la clé est égale au nom de la colonne, en majuscules, et la valeur est un tableau à indices entiers qui contient les valeurs de la colonne pour l'ensemble des lignes du résultat (indice 0 pour la 1re ligne, 1 pour la 2e, etc.).

La structure du tableau peut être modifiée en spécifiant une ou plusieurs des constantes suivantes pour le paramètre type :

`OCI_FETCHSTATEMENT_BY_ROW`	Le tableau principal contient une ligne pour chaque ligne de la requête ; ce tableau est forcément à indices entiers. Le tableau secondaire contient une ligne pour chaque colonne de la requête.
`OCI_FETCHSTATEMENT_BY_COLUMN` (valeur par défaut)	Le tableau principal contient une ligne pour chaque colonne de la requête. Le tableau secondaire contient une ligne pour chaque ligne de la requête ; ce tableau est forcément à indices entiers.
`OCI_ASSOC` (valeur par défaut)	Le tableau des colonnes est un tableau associatif.
`OCI_NUM`	Le tableau des colonnes est un tableau à indices entiers.

Il n'est pas possible de combiner entre elles les constantes `OCI_FETCHSTATEMENT_BY_ROW` et `OCI_FETCHSTATEMENT_BY_COLUMN`, ni `OCI_ASSOC` et `OCI_NUM`.

La fonction `oci_fetch_all` retourne les valeurs `NULL`.

En cas d'utilisation, d'un alias de colonne dans la requête `SELECT` (exemple `SELECT AVG(prix) **prix_moyen** FROM articles`), c'est l'alias de colonne (en majuscules, sauf s'il est spécifié entre guillemets, auquel cas la casse est respectée) qui est utilisé comme clé.

Exemple

```
<?php
// Inclusion du fichier qui contient la définition de
// afficher_tableau.
include('fonctions.inc');
// Connexion.
$connexion = oci_connect('demeter','demeter','diane');
// Définition de la requête.
$requête = 'SELECT * FROM articles';
// Analyse de la requête.
$curseur = oci_parse($connexion,$requête);
// Exécution de la requête.
$ok = oci_execute($curseur);
// Fetch de toutes les lignes :
// - paramètres par défaut.
$nombre = oci_fetch_all($curseur,$résultat);
afficher_tableau($résultat,
  'oci_fetch_all($curseur,$résultat)');
echo ($nombre)?"$nombre lignes dans le résultat":'FALSE';
// Autre détermination du nombre de lignes lues.
$nombre = oci_num_rows($curseur);
echo "<br />$nombre lignes dans le résultat";
// Exécution de la requête.
$ok = oci_execute($curseur);
// Fetch de toutes les lignes :
// - résultat partiel : ignorer la 1ère ligne
//                      deux lignes en tout.
$nombre = oci_fetch_all($curseur,$résultat,1,2);
afficher_tableau($résultat,
  'oci_fetch_all($curseur,$résultat,1,2)');
echo ($nombre)?"$nombre lignes dans le résultat":'FALSE';
// Autre détermination du nombre de lignes lues.
$nombre = oci_num_rows($curseur);
echo "<br />$nombre lignes dans le résultat";
// Exécution de la requête.
$ok = oci_execute($curseur);
// Fetch de toutes les lignes :
// - résultat partiel : deux lignes en tout.
// - présentation par ligne.
$nombre = oci_fetch_all($curseur,$résultat,
      0,2,OCI_FETCHSTATEMENT_BY_ROW);
afficher_tableau($résultat,
  'oci_fetch_all($curseur,$résultat,'.
    '0,2,OCI_FETCHSTATEMENT_BY_ROW)');
echo ($nombre)?"$nombre lignes dans le résultat":'FALSE';
// Autre détermination du nombre de lignes lues.
```

```
$nombre = oci_num_rows($curseur);
echo "<br />$nombre lignes dans le résultat";
// Exécution de la requête.
$ok = oci_execute($curseur);
// Fetch de toutes les lignes :
// - résultat partiel : deux lignes en tout.
// - présentation par ligne.
// - tableau numérique pour les colonnes.
$nombre = oci_fetch_all($curseur,$résultat,
      0,2,OCI_FETCHSTATEMENT_BY_ROW+OCI_NUM);
afficher_tableau($résultat,
  'oci_fetch_all($curseur,$résultat,'.
    '0,2,OCI_FETCHSTATEMENT_BY_ROW+OCI_NUM)');
echo ($nombre)?"$nombre lignes dans le résultat":'FALSE';
// Autre détermination du nombre de lignes lues.
$nombre = oci_num_rows($curseur);
echo "<br />$nombre lignes dans le résultat";
// Définition d'une requête qui ne retourne aucune ligne.
$requête = "SELECT * FROM articles WHERE 0=1";
// Analyse de la requête.
$curseur = oci_parse($connexion,$requête);
// Exécution de la requête.
$ok = oci_execute($curseur);
// Fetch de toutes les lignes :
// - paramètres par défaut.
$nombre = oci_fetch_all($curseur,$résultat);
afficher_tableau($résultat,'Pas de résultat : par colonne');
echo ($nombre)?"$nombre lignes dans le résultat":'FALSE';
// Autre détermination du nombre de lignes lues.
$nombre = ociRowCount($curseur);
echo "<br />$nombre ligne dans le résultat";
// Exécution de la requête.
$ok = oci_execute($curseur);
// Fetch de toutes les lignes :
// - présentation par ligne.
$nombre = oci_fetch_all($curseur,$résultat,0,-
1,OCI_FETCHSTATEMENT_BY_ROW);
afficher_tableau($résultat,'Pas de résultat : par ligne');
echo ($nombre)?"$nombre lignes dans le résultat":'FALSE';
// Autre détermination du nombre de lignes lues.
$nombre = ociRowCount($curseur);
echo "<br />$nombre ligne dans le résultat";
?>
```

Résultat

```
oci_fetch_all($curseur,$résultat)
IDENTIFIANT =
  0 = 1
  1 = 2
  2 = 3
  3 = 4
LIBELLE =
  0 = Abricots
  1 = Cerises
  2 = Fraises
  3 = Pêches
PRIX =
  0 = 35,5
  1 = 48,9
  2 = 29,95
  3 = 37,2
4 lignes dans le résultat
4 lignes dans le résultat
oci_fetch_all($curseur,$résultat,1,2)
IDENTIFIANT =
  0 = 2
  1 = 3
LIBELLE =
  0 = Cerises
  1 = Fraises
PRIX =
  0 = 48,9
  1 = 29,95
2 lignes dans le résultat
3 lignes dans le résultat
oci_fetch_all($curseur,$résultat,0,2,OCI_FETCHSTATEMENT_BY_ROW)
0 =
  IDENTIFIANT = 1
  LIBELLE = Abricots
  PRIX = 35,5
1 =
  IDENTIFIANT = 2
  LIBELLE = Cerises
  PRIX = 48,9
2 lignes dans le résultat
2 lignes dans le résultat
oci_fetch_all($curseur,$résultat,0,2,OCI_FETCHSTATEMENT_BY_ROW+OCI_NUM)
0 =
  0 = 1
  1 = Abricots
  2 = 35,5
1 =
```

```
  0 = 2
  1 = Cerises
  2 = 48,9
2 lignes dans le résultat
2 lignes dans le résultat
Pas de résultat : par colonne
IDENTIFIANT =
LIBELLE =
PRIX =
FALSE
0 ligne dans le résultat
Pas de résultat : par ligne
FALSE
0 ligne dans le résultat
```

Le deuxième exemple montre la différence de résultat entre `oci_fetch_all` et `oci_num_rows` lorsque des lignes sont ignorées dans `oci_fetch_all`.

Les deux derniers exemples montrent ce qui se passe lorsque la requête ne retourne aucune ligne. Lors d'une présentation par colonnes (par défaut), le tableau est initialisé avec la liste des colonnes. Lors d'une présentation par lignes, le tableau est vide.

La fonction `oci_fetch_all` se comporte comme les autres fonctions `oci_fetch_*` en cas d'erreur.

Quelle méthode utiliser ?

Pour lire une seule ligne, les fonctions `oci_fetch_array`, `oci_fetch_assoc`, `oci_fetch_object` et `oci_fetch_row` peuvent être utilisées indifféremment. C'est avant tout une affaire de goût personnel ; il n'y a aucune différence de performance entre les différentes fonctions. Personnellement, nous avons une petite préférence pour l'utilisation du tableau associatif.

Pour lire toutes les lignes, vous pouvez utiliser la fonction `oci_fetch_all` si vous souhaitez passer par un tableau et que la structure du tableau vous convienne. Si vous ne souhaitez pas passer par un tableau ou que la structure du tableau ne vous convienne pas, vous pouvez utiliser une des autres fonctions `oci_fetch_*` et une boucle.

Utiliser des requêtes paramétrées

Avec Oracle, il est possible d'employer des requêtes paramétrées, de les envoyer pour analyse au serveur puis d'associer un paramètre de la requête à une variable PHP (notion de "bind"). À chaque exécution, la valeur courante de la variable PHP est utilisée.

L'intérêt est de pouvoir réutiliser plusieurs fois la même requête, avec des valeurs différentes de paramètres, sans analyser de nouveau la requête. Par ailleurs, l'utilisation de variables "bind" améliore le partage des requêtes dans la mémoire Oracle (dans la "shared pool").

Au niveau de la requête, un paramètre est un identifiant précédé du caractère deux points (:).

Exemple

```
$requête = "SELECT * FROM articles WHERE identifiant = :p1";
```

Remarque

Un paramètre ne peut pas remplacer un nom de table, un nom de colonne ou toute une partie de la requête.

Exemples interdits

```
$requête = "SELECT * FROM :p1";
$requête = "SELECT * FROM articles WHERE :p1";
```

La fonction `oci_bind_by_name` (anciennement `OciBindByName`) permet, ensuite, d'établir la liaison entre un paramètre de la requête et une variable PHP.

Syntaxe

```
booléen oci_bind_by_name(ressource curseur, chaîne paramètre, mixte variable[,
entier longueur[, entier type]])
```

`curseur`	Identifiant du curseur précédemment analysé.
`paramètre`	Nom du paramètre dans la requête (avec le caractère `:`). Exemple : `:p1`
`variable`	Variable PHP associée.
`longueur`	Longueur maximum de l'espace utilisé pour la liaison. Valeur par défaut : -1 (voir les conséquences ci-après).

`type` Indique au serveur Oracle quel type de pointeur va être utilisé :
SQLT_BFILEE (ou OCI_B_BFILE), pour les BFILEs
SQLT_CFILEE (ou OCI_B_BFILE), pour les CFILEs
SQLT_CLOB (ou OCI_B_CLOB), pour les CLOBs
SQLT_BLOB (ou OCI_B_BLOB), pour les BLOBs
SQLT_RDD (ou OCI_B_ROWID), pour les ROWIDs
SQLT_NTY (ou OCI_B_NTY), pour les types de données nommés
SQLT_INT (ou OCI_B_INT), pour les entiers
SQLT_CHR (défaut), pour les VARCHAR
SQLT_BIN, pour les colonnes RAW
SQLT_LNG, pour les colonnes LONG
SQLT_LBI, pour les colonnes LONG RAW
SQLT_RSET (ou OCI_B_CURSOR), pour les curseurs

La fonction `oci_bind_by_name` retourne `TRUE` si l'association a pu s'effectuer et `FALSE` dans le cas contraire (accompagné d'une alerte).

L'unité du paramètre `longueur` n'est pas clairement définie dans la documentation ; à l'usage, il semble que ce soit un nombre de caractères (y compris pour les nombres). Si ce paramètre est égal à -1 (soit explicitement, soit par défaut lorsqu'il n'est pas renseigné), la longueur est définie par le contenu de la variable au moment de l'appel à la fonction ; si la variable n'est pas définie, la longueur est égale à 1.

Le paramètre `longueur` doit être positionné avec soin car une erreur risque de survenir au moment de l'appel à la fonction `oci_execute`, si la longueur de la variable à cet instant est supérieure à la longueur prise en compte au moment de l'appel à `oci_bind_by_name`.

Exemple de message

```
Warning: OCI_Execute(): ORA-01460: demande d'une conversion non implémentée
ou irréaliste in /app/scripts/index.php on line 15.
```

Une des solutions, pour éviter les problèmes, consiste à appeler systématiquement la fonction `oci_bind_by_name` sans paramètre juste avant chaque appel à la fonction `oci_execute`. De cette manière, vous êtes certain de prendre la longueur actuelle de la variable. Une autre approche consiste à placer une valeur avec une grande marge de sécurité.

Le paramètre `type` permet de gérer des types de données particuliers, en l'occurrence les différents types `LOB` (`BLOB`, `CLOB` et `BFILE`) et le type `ROWID`, les types de données définis par l'utilisateur et les curseurs. Si ce paramètre est spécifié, il faut mettre le paramètre `longueur` à -1.

Exemple

```
<?php
// Inclusion du fichier qui contient la définition de
// afficher_tableau.
include('fonctions.inc');
// Connexion.
$connexion = oci_connect('demeter','demeter','diane');
// Définition d'une première requête paramétrée.
$requête = 'SELECT * FROM articles WHERE identifiant = :p1';
// Analyse de la requête.
$curseur = oci_parse($connexion,$requête);
// Association entre le paramètre et la variable PHP
oci_bind_by_name($curseur,':p1',$identifiant,10,SQLT_INT);
// Exécution de la requête avec une première valeur
// de la variable.
$identifiant = 1;
$ok = oci_execute($curseur);
// Lire le résultat.
$ligne = oci_fetch_assoc($curseur);
echo "{$ligne['IDENTIFIANT']} - {$ligne['LIBELLE']}<br />";
// Exécution de la requête avec une deuxième valeur
// de la variable (utilisation du même curseur).
$identifiant = 2;
$ok = oci_execute($curseur);
// Lire le résultat.
$ligne = oci_fetch_assoc($curseur);
echo "{$ligne['IDENTIFIANT']} - {$ligne['LIBELLE']}<br />";
// Définition d'une requête qui sélectionne les ROWID.
$requête = 'SELECT ROWID FROM articles';
// Analyse de la requête.
$curseur = oci_parse($connexion,$requête);
// Exécution de la requête.
$ok = oci_execute($curseur);
// Récupération du premier ROWID.
$ligne = oci_fetch_assoc($curseur);
$rowid = $ligne['ROWID'];
// Définition d'une requête paramétrée utilisant le ROWID.
$requête = 'SELECT * FROM articles WHERE ROWID = :p1';
// Analyse de la requête.
$curseur = oci_parse($connexion,$requête);
```

```
// Association entre le paramètre et la variable PHP.
oci_bind_by_name($curseur,':p1',$rowid,-1,SQLT_RDD);
// Exécution de la requête avec le premier ROWID
//(actuellement dans $rowid).
$ok = oci_execute($curseur);
// Lire le résultat.
$ligne = oci_fetch_assoc($curseur);
echo "{$ligne['IDENTIFIANT']} - {$ligne['LIBELLE']}<br />";
?>
```

Résultat

```
1 - Abricots
2 - Cerises
1 - Abricots
```

Les types de données `BLOB`, `CLOB`, `BFILE` et `ROWID` se manipulent, en PHP, sous forme d'objets ; la fonction `oci_new_descriptor` (anciennement `OciNewDescriptor`) permet de créer ces objets en cas de besoin. À titre d'illustration, un exemple plus complet de l'utilisation du `ROWID` est donné dans la section Mettre à jour des données de ce chapitre. En cas de besoin, le `ROWID` peut être converti dans la requête en chaîne (fonction SQL `ROWIDTOCHAR`) et réciproquement (fonction SQL `CHARTOROWID`) ; il est alors plus facile à manipuler (par exemple, pour le placer dans une zone de formulaire cachée).

Exemple de code pour la lecture d'une ligne

Un premier type de lecture consiste souvent à lire une seule ligne d'information dans une table ou plusieurs tables avec jointure(s) : obtention d'informations sur l'utilisateur qui vient de se connecter, fiche de description d'un article...

Exemple

```
<?php
// Inclure un fichier qui contient les différentes fonctions générales.
require('fonctions.inc');
// Initialiser les variables.
$identifiant = '';
$libellé = '';
$prix = '';
$message = '';
// Tester comment le script est appelé.
if (! empty($_POST)) {
  // Traitement du formulaire...
  // Rappel : lorsqu'un formulaire n'a qu'une zone de texte
  // et que l'utilisateur tape return ou enter, le bouton de
  // validation n'est pas considéré comme cliqué. Pour savoir
  // si le formulaire a été soumis, il faut tester si
```

```
// $_POST (ou $_GET) est vide ou non.
// Récupérer les valeurs saisies.
$identifiant = $_POST['identifiant'];
// Contrôler les valeurs saisies.
if ($identifiant == '') {
  $message .= "L'identifiant est obligatoire.\n";
}
if (preg_match('/^[0-9]+$/',$identifiant) == 0) {
  $message .=
    "L'identifiant doit être un nombre.\n";
}
// Tester s'il y a des erreurs à ce stade.
if ($message == '') {
  // Pas d'erreur.
  // Connexion.
  $ok = ($connexion = oci_connect('demeter','demeter','diane'));
  if ($ok) {
    // Définition de la requête (paramétrée).
    $requête = "SELECT * FROM articles WHERE
        identifiant = :p1";
    // Analyse de la requête.
    $ok = ($curseur = oci_parse($connexion,$requête));
  }
  if ($ok) {
    // Association entre le paramètre et la variable.
    $ok = oci_bind_by_name
            ($curseur,':p1',$identifiant,10,SQLT_INT);
  }
  if ($ok) {
    // Exécution de la requête.
    $ok = oci_execute($curseur);
  }
  if ($ok) {
    // Fetch
    $article =
        oci_fetch_array($curseur,OCI_ASSOC+OCI_RETURN_NULLS);
  }
  // Tester le résultat.
  if (! $ok) { // requête pas OK
    $message .= "Erreur.\n";
  } elseif (! $article) { // résultat vide
    $message .=
      "Pas d'article pour cet identifiant.\n";
  } else { // OK
    // Récupérer les informations à afficher.
    $libellé = $article['LIBELLE'];
```

```
      $prix = $article['PRIX'];
      // Mise en forme.
      $libellé = vers_page($libellé);
      $prix = number_format($prix,2,',' ,' ');
      $prix = vers_page($prix);
    }
  }
  // Tester s'il y a des erreurs à ce stade.
  if ($message != '') {
    // Erreur.
    // Préparer le message pour l'affichage.
    $message = vers_page($message);
    // Bien s'assurer que les informations à
    // afficher sont vides.
    $libellé = '';
    $prix = '';
  }
}
// Affichage de la page...
?>
<!DOCTYPE html PUBLIC "-//W3C//DTD XHTML 1.0 Strict//EN"
  "http://www.w3.org/TR/xhtml1/DTD/xhtml1-strict.dtd">
<html xmlns="http://www.w3.org/1999/xhtml">
  <head><title>Consultation d'un article</title></head>
  <body>
    <!-- Formulaire de recherche (très simple !) -->
    <form action="consultation-article.php" method="post">
    <div>Identifiant de l'article :
    <input type="text" name="identifiant"
       value="<?php echo vers_formulaire($identifiant) ?>" />
    <input type="submit" name="ok" value="OK" /></div>
    </form>
    <!-- Résultat de la recherche -->
    <table border="0" cellpadding="4">
    <tr><td><u>Libellé :</u></td>
        <td><?php echo $libellé; ?></td></tr>
    <tr><td><u>Prix :</u></td>
        <td><?php echo $prix; ?></td></tr>
    </table>
    <div><?php echo $message; ?></div>
  </body>
</html>
```

Résultat (après saisie et clic sur le bouton OK)

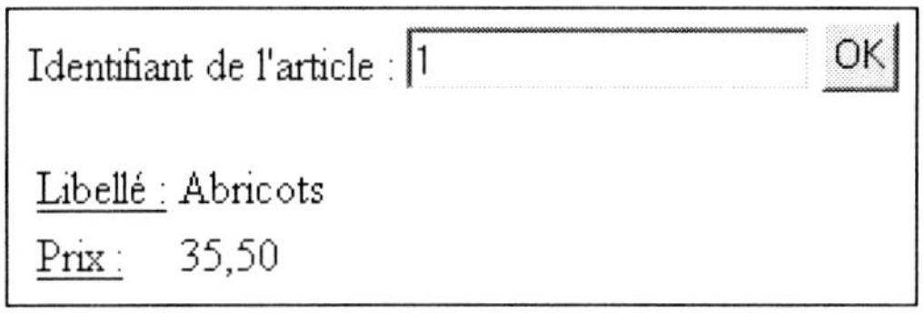

Il est relativement simple d'écrire une fonction générique permettant de lire une ligne.

Exemple

```
<?php
function db_lire_ligne($requête) {
  // Se connecter.
  $ok =($connexion =
          oci_connect('demeter','demeter','diane'));
  if ($ok) { // connexion OK
    // Analyser la requête.
    $ok = ($curseur = oci_parse($connexion,$requête));
  }
  if ($ok) { // analyse OK
    // Exécuter la requête.
    $ok = oci_execute($curseur);
  }
  if ($ok) { // exécution OK
    // Lire le résultat.
    $ligne =
        oci_fetch_array($curseur,OCI_ASSOC+OCI_RETURN_NULLS);
  }
  // Retourner $ligne ou FALSE en cas d'erreur.
  return ($ok)?$ligne:FALSE;
}
?>
```

Il est possible (souhaitable) d'améliorer la gestion des erreurs (cf. section Utilisation d'Oracle - Gérer les erreurs).

Exemple d'utilisation

```
<?php
// Inclure le fichier qui contient les différentes
// fonctions générales.
require('fonctions.inc');
// Définir la requête.
$requête = 'SELECT * FROM articles WHERE identifiant = 1';
// Lire le résultat.
$ligne = db_lire_ligne($requête);
```

```
if ($ligne) {
  // Bien noter les clés en majuscules.
  echo "{$ligne['LIBELLE']} - {$ligne['PRIX']}";
}
?>
```

Résultat (sauf erreur)

```
Abricots - 35.5
```

Exemple de code pour la lecture de toutes les lignes

Un deuxième type de lecture consiste souvent à afficher une liste d'éléments extraits de la base (liste d'utilisateurs, liste d'articles...).

Pour permettre à l'utilisateur d'agir sur la liste, il est possible d'imbriquer un formulaire ou des liens avec la table HTML.

Exemple

```
<?php
// Inclure un fichier qui contient les différentes fonctions générales.
require('fonctions.inc');
// Initialiser la variable de message.
$message = '';
// Connexion.
$ok =($connexion =
        oci_connect('demeter','demeter','diane'));
if ($ok) {
  // Définition de la requête.
  $requête = 'SELECT * FROM articles';
  // Analyse de la requête.
  $ok = ($curseur = oci_parse($connexion,$requête));
}
if ($ok) {
  // Exécution de la requête.
  $ok = oci_execute($curseur);
}
// Tester le résultat.
if (! $ok) { // requête pas OK
  // Message d'erreur.
  $message .= "Erreur.\n";
  // Préparer le message pour l'affichage.
  $message = vers_page($message);
}
// Affichage de la page...
?>
<!DOCTYPE html PUBLIC "-//W3C//DTD XHTML 1.0 Strict//EN"
  "http://www.w3.org/TR/xhtml1/DTD/xhtml1-strict.dtd">
```

```
<html xmlns="http://www.w3.org/1999/xhtml">
  <head><title>Liste des articles</title></head>
  <body>
    <!-- construction d'une table HTML à l'intérieur
    ++++ d'un formulaire -->
    <form action="liste-articles.php" method="post">
    <table border="1" cellpadding="4" cellspacing="0">
    <!-- ligne de titre -->
    <tr align="center">
    <th>Libellé</th><th>Prix</th><th>Case</th><th>Lien</th>
    </tr>
    <?php
    // Code PHP pour les lignes du tableau.
    if ($ok) { // S'il y a un résultat à afficher.
      // Boucle de fetch.
      while ($article = oci_fetch_array($curseur,
                          OCI_ASSOC+OCI_RETURN_NULLS)) {
        // Mise en forme des données.
        $article['LIBELLE'] = vers_page($article['LIBELLE']);
        $article['PRIX'] = vers_page(
          number_format($article['PRIX'],2,',' ,' '));
        // Génération de la ligne de la table HTML :
        // - une case à cocher dans une colonne
        // - un lien dans une autre colonne
        printf(
        '<tr><td>%s</td><td>%s</td><td>%s</td><td>%s</td></tr>',
        $article['LIBELLE'],
        $article['PRIX'],
        "<input type=\"checkbox\" name=\"choix[]\"
              value=\"{$article['IDENTIFIANT']}\" />",
        "<a href=\"javascript:alert({$article['IDENTIFIANT']})\">
              action<a>");
      } // while
      // Si le résultat est vide, préparer un message.
      // oci_num_rows donne le nombre de lignes lues...
      if (oci_num_rows($curseur) == 0) {
        $message = vers_page('Aucun article dans la base.');
      }
    } // if ($résultat)
    ?>
    </table>
    <p><input type="submit" name="action" value="Action" /></p>
    </form>
    <?php
    // Traitement du formulaire.
    // Simple affichage des identifiants cochés.
```

```
    if (isset($_POST['action'])) {
      if (isset($_POST['choix'])) {
        echo 'Identifiant(s) coché(s) : ',
              implode('+',$_POST['choix']);
      }
    }
    ?>
    <?php echo $message; ?>
  </body>
</html>
```

Résultat

– Affichage initial de la page :

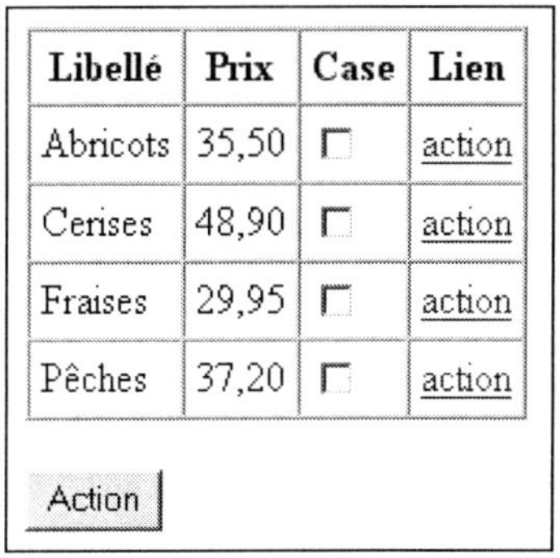

– Après clic sur un lien :

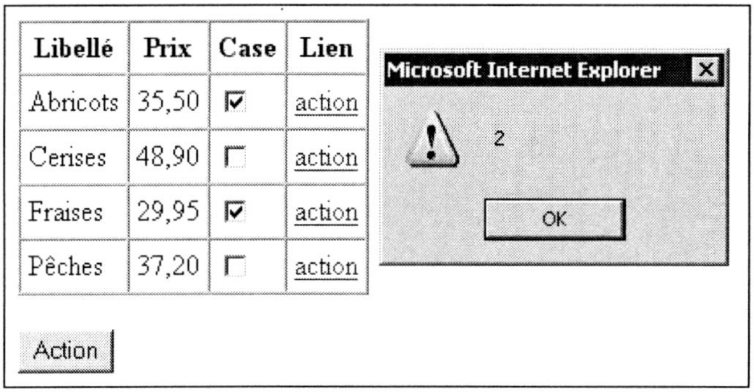

– Après clic sur le bouton **Action** :

Libellé	Prix	Case	Lien
Abricots	35,50		action
Cerises	48,90		action
Fraises	29,95		action
Pêches	37,20		action

Action

Identifiant(s) coché(s) : 1+3

Sur le lien, à la place du code JavaScript, il est possible de mettre une vraie URL et d'enchaîner sur une autre page (cf. chapitre Gérer les sessions pour comprendre comment mettre un paramètre dans l'URL et pouvoir ainsi passer une information, ici l'identifiant choisi, à une autre page).

En ce qui concerne le traitement du formulaire, tout est envisageable.

Là encore, pour la lecture de plusieurs lignes, une fonction générique peut être utilisée.

Exemple

```
<?php
function db_lire_lignes_dans_tableau($requête) {
  // Se connecter.
  $ok =($connexion =
         oci_connect('demeter','demeter','diane'));
  if ($ok) { // connexion OK
    // Analyser la requête.
    $ok = ($curseur = oci_parse($connexion,$requête));
  }
  if ($ok) { // analyse OK
    // Exécuter la requête. .
    $ok = oci_execute($curseur);
  }
  if ($ok) { // exécution OK
    // Lire le résultat.
    $nombre = oci_fetch_all($curseur,$tableau);
  }
  // retourner $tableau ou FALSE en cas d'erreur.
  return ($ok)?$tableau:FALSE;
}
?>
```

Utilisation

```
<?php
// Inclure le fichier qui contient les différentes fonctions générales.
require('fonctions.inc');
// Définir la requête.
$requête = 'SELECT * FROM articles';
// Lire le résultat dans un tableau.
$articles = db_lire_lignes_dans_tableau($requête);
// Afficher le premier article lu.
if ($articles) {
  echo count($articles['IDENTIFIANT'])." articles<br />";
  echo 'Premier article : ';
  echo "{$articles['LIBELLE'][0]} - {$articles['PRIX'][0]}";
}
?>
```

Résultat (sauf erreur)

```
4 articles
Premier article : Abricots - 35.5
```

À la différence de MySQL, le tableau n'est pas vide si le résultat est vide. Cependant, il est facile de modifier ce comportement, en cas de besoin, par appel à la fonction `array()`.

Cette fonction générique peut, par exemple, être utilisée pour construire une liste `<select>` dans un formulaire.

Exemple

```
<?php
// Inclure le fichier qui contient les différentes fonctions générales.
require('fonctions.inc');
// Chargement de la liste des fruits.
$requête =
  'SELECT identifiant,libelle FROM articles ORDER BY
libelle';
$fruits_du_marché = db_lire_lignes_dans_tableau($requête);
?>
<!DOCTYPE html PUBLIC "-//W3C//DTD XHTML 1.0 Strict//EN"
  "http://www.w3.org/TR/xhtml1/DTD/xhtml1-strict.dtd">
<html xmlns="http://www.w3.org/1999/xhtml">
  <head><title>Liste des articles</title></head>
  <body>
    <!-- construction du formulaire -->
    <form action="liste-select.php" method="post">
    <div>
    Fruits préférés :<br />
```

```
    <select name="fruits[]" multiple size="8">
    <?php
    // Code PHP générant la partie dynamique du formulaire.
    // Parcourir la liste à afficher.
    $nombre = count($fruits_du_marché['IDENTIFIANT']);
    for($i=0;$i<$nombre;$i++) {
      // Générer la balise 'option' avec l'identifiant
      // pour l'attribut 'value' et le libellé pour le texte
      // affiché dans la liste.
      echo "<option value=
               \"{$fruits_du_marché['IDENTIFIANT'][$i]}\">
                 {$fruits_du_marché['LIBELLE'][$i]}\n";
    }
    ?>
    </select>
    <input type="submit" name="ok" value="OK" /><br />
    </div>
    </form>
  </body>
</html>
```

Résultat

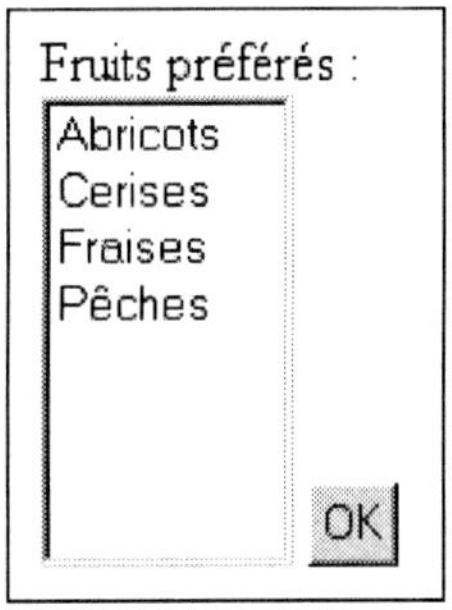

3.5 Mettre à jour des données

Mettre à jour des données consiste à exécuter des requêtes `INSERT` (création), `UPDATE` (modification) ou `DELETE` (suppression).

L'exécution de ce type de requête s'effectue avec les fonctions `oci_parse` et `oci_execute`, comme pour une requête `SELECT`, avec la même possibilité d'utiliser des requêtes paramétrées.

Une des différences fondamentales avec MySQL concerne la gestion des transactions.

Par défaut, la fonction `oci_execute` agit en "auto `COMMIT`" : si l'ordre de mise à jour a réussi, il est immédiatement `COMMIT`é. Pour gérer une transaction composée de plusieurs ordres SQL, il convient d'exécuter les ordres individuels sans le mode "auto `COMMIT`" et d'exécuter, à la fin, un ordre `COMMIT` ou `ROLLBACK`.

La fonction `oci_execute` accepte un deuxième paramètre qui permet d'indiquer le fonctionnement souhaité vis-à-vis du `COMMIT`.

Ce deuxième paramètre peut prendre deux valeurs :

`OCI_COMMIT_ON_SUCCESS` (valeur par défaut)	`COMMIT` automatique si l'ordre de mise à jour s'est correctement exécuté.
`OCI_DEFAULT`	Pas de `COMMIT` automatique.
`OCI_NO_AUTO_COMMIT`	`OCI_NO_AUTO_COMMIT` est apparu en version 5.3.2 et a rendu `OCI_DEFAULT` obsolète.

Pour exécuter un ordre `COMMIT` ou `ROLLBACK`, deux méthodes sont disponibles :

- La première consiste à exécuter ces ordres, comme les autres ordres SQL, à l'aide des fonctions `oci_parse` et `oci_execute`.
- La deuxième consiste à utiliser les fonctions `oci_commit` et `oci_rollback` (anciennement `ociCommit` et `ociRollback`).

Syntaxe

```
booléen oci_commit(ressource connexion)
booléen oci_rollback(ressource connexion)
```

`connexion`	Identifiant de la connexion sur laquelle exécuter l'ordre SQL `COMMIT` ou `ROLLBACK`.

Exemple

```
<?php
// Première méthode
$ok = oci_execute(oci_parse($connexion,'COMMIT'));
$ok = oci_execute(oci_parse($connexion,'ROLLBACK'));
// Deuxième méthode
$ok = oci_commit($connexion);
$ok = oci_rollback($connexion);
?>
```

La bibliothèque "Oracle OCI8" ne propose pas d'équivalent à la fonction `mysql_insert_id` mais il est possible d'utiliser la clause `RETURNING` des ordres SQL `INSERT`, `UPDATE` ou `DELETE` (voir ci-après).

En complément, la fonction `oci_num_rows`, étudiée précédemment, permet de connaître le nombre de lignes concernées par la dernière requête `INSERT`, `UPDATE` ou `DELETE` exécutée dans un curseur.

Dans les requêtes INSERT, UPDATE et DELETE, Oracle autorise (depuis la version 8i), de placer à la fin des requêtes INSERT, UPDATE et DELETE, une clause RETURNING qui permet de récupérer la valeur d'une ou plusieurs colonnes après l'insertion et la modification, ou avant la suppression. Pour récupérer ces valeurs dans le code PHP, il suffit d'utiliser des paramètres et de les associer à des variables avec la fonction oci_bind_by_name.

Syntaxe

```
RETURNING colonne[, ...] INTO :paramètre[, ...]
```

Exemple

```
<?php
// Inclusion du fichier qui contient la définition des
// fonctions générales.
include('fonctions.inc');
// Définition d'une petite fonction d'affichage de la liste
// des articles.
function AfficherArticles() {
  $requête = 'SELECT * FROM articles';
  $articles = db_lire_lignes_dans_tableau($requête);
  if ($articles) {
    echo '<b>Liste des articles :</b><br />';
    $nombre = count($articles['IDENTIFIANT']);
    for($i=0;$i<$nombre;$i++) {
      echo "{$articles['IDENTIFIANT'][$i]} -
              {$articles['LIBELLE'][$i]} -
                  {$articles['PRIX'][$i]}<br />";
    }
  } else {
    echo "<b>Plus d'articles.</b><br />";
  }
}
// Affichage de contrôle.
AfficherArticles();
// Connexion.
$connexion = oci_connect('demeter','demeter','diane');
// Requête INSERT (paramétrée).
$requête = 'INSERT INTO articles(libelle,prix)
            VALUES(:p1,:p2)
            RETURNING identifiant, ROWID, ROWIDTOCHAR(ROWID)
            INTO :r1,:r2,:r3';
// Analyse.
$curseur = oci_parse($connexion,$requête);
// Création d'une variable pour le rowid.
$rowid = oci_new_descriptor($connexion,OCI_D_ROWID);
```

```
// Association entre les variables et les paramètres.
oci_bind_by_name($curseur,':p1',$libellé,50);
oci_bind_by_name($curseur,':p2',$prix,32);
oci_bind_by_name($curseur,':r1',$identifiant,32);
oci_bind_by_name($curseur,':r2',$rowid,-1,SQLT_RDD);
oci_bind_by_name($curseur,':r3',$rowid_chaîne,32);
// Exécution de la requête.
$libellé = 'Poire'; // valeur du libellé (sans s)
$prix = 0; // valeur du prix (0 pour l'instant)
$ok = oci_execute($curseur); // COMMIT automatique
echo "Identifiant du nouvel article = $identifiant.<br />";
echo
  "ROWID du nouvel article = ",gettype($rowid)," (objet !).<br />";
echo "ROWID du nouvel article = $rowid_chaîne (chaîne).<br />";
// Requête UPDATE paramétrée utilisant le ROWID objet.
$requête = 'UPDATE articles SET prix = :p1
            WHERE ROWID = :p2';
// Analyse.
$curseur = oci_parse($connexion,$requête);
// Association entre les variables et les paramètres.
oci_bind_by_name($curseur,':p1',$prix,32);
oci_bind_by_name($curseur,':p2',$rowid,-1,SQLT_RDD);
// Exécution de la requête.
$prix = 29.9; // valeur du prix ($rowid déjà initialisé)
$ok = oci_execute($curseur); // COMMIT automatique
// Requête UPDATE paramétrée utilisant le ROWID chaîne.
$requête = 'UPDATE articles SET libelle = :p1
            WHERE ROWID = CHARTOROWID(:p2)';
// Analyse.
$curseur = oci_parse($connexion,$requête);
// Association entre les variables et les paramètres.
oci_bind_by_name($curseur,':p1',$libellé,50);
oci_bind_by_name($curseur,':p2',$rowid_chaîne,32);
// Exécution de la requête.
$libellé = 'Poires'; // valeur du libellé (avec un s)
                     // $rowid_chaîne déjà initialisé
$ok = oci_execute($curseur); // COMMIT automatique
// Requête UPDATE (non paramétrée).
$requête = 'UPDATE articles SET prix = prix * 1.1
            WHERE prix < 40';
// Analyse.
$curseur = oci_parse($connexion,$requête);
// Exécution de la requête.
$ok = oci_execute($curseur); // COMMIT automatique
$nombre = oci_num_rows($curseur);
echo "$nombre article(s) augmenté(s).<br />";
```

```
// Requête DELETE (non paramétrée).
$requête = 'DELETE FROM articles WHERE prix > 40';
// Analyse.
$curseur = oci_parse($connexion,$requête);
// Exécution de la requête.
$ok = oci_execute($curseur); // COMMIT automatique
$nombre = oci_num_rows($curseur);
echo "$nombre article(s) supprimés(s).<br />";
// Affichage de contrôle.
AfficherArticles();
?>
```

<u>Résultat</u>

```
Liste des articles :
1 - Abricots - 35.5
2 - Cerises - 48.9
3 - Fraises - 29.95
4 - Pêches - 37.2
Identifiant du nouvel article = 5.
ROWID du nouvel article = Object (objet !).
ROWID du nouvel article = AAAESgAACAAAEQCA (chaîne).
4 article(s) augmenté(s).
2 article(s) supprimés(s).
Liste des articles :
1 - Abricots - 39.05
3 - Fraises - 32.945
5 - Poires - 32.89
```

Cet exemple illustre les deux techniques d'utilisation du `ROWID` :

- Emploi d'un objet `ROWID` initialement créé avec la fonction `oci_new_descriptor`.
- Emploi sous forme d'une chaîne de caractères.

Créer des formulaires qui permettent de mettre à jour les données est très simple.

À titre d'exemple, nous allons construire un formulaire qui permet de réaliser une saisie en liste.

Présentation du formulaire

Identifiant	Libellé	Prix	Supprimer
1	Abricots	35,50	☐
2	Cerises	48,90	☐
3	Fraises	29,95	☐
4	Pêches	37,20	☐

Enregistrer

Le formulaire propose le contenu actuel de la table qui peut être modifié (saisie directe dans les zones) ou supprimé (par les cases à cocher), plus cinq lignes vides qui permettent de saisir de nouvelles valeurs. Dans tous les cas, l'identifiant n'est pas saisissable (c'est le serveur Oracle qui va l'attribuer).

Chaque ligne du tableau contient quatre zones de formulaire qui sont nommées (attribut `name` de la balise `<input>`) de la manière suivante :

Colonne	Nom
Identifiant	`saisie[i][modifier]`
Libellé	`saisie[i][libelle]`
Prix	`saisie[i][prix]`
Supprimer	`saisie[i][supprimer]`

L'indice `i` est l'identifiant de l'article pour les lignes qui existent, et un numéro compris entre -1 et -5 pour les lignes vides. La zone de la colonne **Identifiant** est une zone masquée (`type="hidden"`) qui va être utilisée pour identifier les lignes dans lesquelles l'utilisateur a effectué une modification.

Avec ce processus de nommage, toute la saisie est récupérée dans le script PHP sous la forme d'un tableau multidimensionnel nommé `$lignes`. Chaque ligne du tableau correspond à une ligne du formulaire avec la clé égale à l'identifiant (ou -1 à -5 pour les nouvelles lignes) et la valeur égale à un tableau associatif donnant les éléments saisis.

Pour identifier les lignes modifiées par l'utilisateur, les zones de saisie du libellé et du prix des lignes existantes contiennent le code JavaScript suivant :

```
onChange="document.formulaire[$n].value=1"
```

Ce code JavaScript a pour effet, à chaque fois que la zone en question est modifiée, de placer un 1 dans la zone masquée associée à la ligne. Le formulaire s'appelant `formulaire` (`<form name = "formulaire"...`), l'expression `document.formulaire[n]` désigne la énième zone du formulaire `formulaire` du document courant, la première zone du formulaire ayant le numéro 0. Dans le source, la variable `$n` est calculée pour chaque ligne `$i` du formulaire, par la formule `$n = 4 * ($i - 1)` : la zone cachée de la ligne 1 a le numéro 0 (c'est la première du formulaire), celle de la ligne 2 le numéro 4 et ainsi de suite.

Cet exemple peut (doit) être amélioré :

- Pour contrôler la saisie de l'utilisateur.
- Pour gérer les erreurs.

Exemple

```
<?php
// Inclusion du fichier qui contient les fonctions générales.
include('fonctions.inc');
// Se connecter.
$ok =($connexion =
          oci_connect('demeter','demeter','diane'));
// Traitement du formulaire.
if (isset($_POST['ok'])) {
  // Initialisation des variables utilisées pour les
  // curseurs paramétrés.
  $curINS = NULL;
  $curUPD = NULL;
  $curDEL = NULL;
  // Récupérer le tableau contenant la saisie.
  $lignes = $_POST['saisie'];
  foreach($lignes as $identifiant => $ligne) {
    // Nettoyage de la saisie.
    $libellé = trim($ligne['libelle']);
    // Pour le prix, remplacer la virgule par un point
    // et supprimer les espaces.
    $prix = str_replace(',','.',$ligne['prix']);
    $prix = str_replace(' ','',$prix);
```

```
// À ce stade, il faudrait vérifier la saisie...
// Définition de la requête à exécuter.
// Pour chaque action, nous allons utiliser une requête
// différente.
$curseur = NULL;
if ($identifiant < 0 and $libellé.$prix != '') {
  // Identifiant négatif et quelque chose de saisi
  // = création = INSERT.
  if ($curINS == NULL) {
    // La première fois, préparer la requête.
    $requête = 'INSERT INTO articles(libelle,prix)
                VALUES(:p1,:p2)';
    $curINS = oci_parse($connexion,$requête);
    oci_bind_by_name($curINS,':p1',$libellé,40);
    oci_bind_by_name($curINS,':p2',$prix,32);
  }
  $curseur = $curINS;
} elseif (isset($ligne['supprimer'])) {
  // Case "supprimer" cochée = suppression = DELETE.
  if ($curDEL == NULL) {
    // La première fois, préparer la requête.
    $requête = 'DELETE FROM articles
                WHERE identifiant = :p1';
    $curDEL = oci_parse($connexion,$requête);
    oci_bind_by_name($curDEL,':p1',$identifiant,32);
  }
  $curseur = $curDEL;
} elseif (! empty($ligne['modifier'])) {
  // Zone "modifier" non vide = modification = UPDATE.
  if ($curUPD == NULL) {
    // La première fois, préparer la requête.
    $requête = 'UPDATE articles
                SET libelle = :p1, prix = :p2
                WHERE identifiant = :p3';
    $curUPD = oci_parse($connexion,$requête);
    oci_bind_by_name($curUPD,':p1',$libellé,40);
    oci_bind_by_name($curUPD,':p2',$prix,32);
    oci_bind_by_name($curUPD,':p3',$identifiant,32);
  }
  $curseur = $curUPD;
}
// Si une requête a été déterminée, l'exécuter.
if ($curseur != NULL) {
  // Pas de COMMIT automatique.
  $ok = oci_execute($curseur,OCI_DEFAULT);
  // En cas d'erreur, interrompre le traitement.
  if (! $ok) {break;}
```

```
    }
  } // foreach
  // Tester $ok pour savoir s'il faut faire
  // un COMMIT ou un ROLLBACK.
  if ($ok) { // OK = COMMIT
    $ok = oci_commit($connexion);
  } else { // pas OK = ROLLBACK
    $ok = oci_rollback($connexion);
    // Préparer un message d'erreur (plutôt succinct !).
    $message = vers_page('Erreur lors de la mise à jour.');
  }
}
// Recharger les articles.
$requête = "SELECT * FROM articles";
$curseur = oci_parse($connexion,$requête);
$ok = oci_execute($curseur);
// À ce stade, il faudrait tester les erreurs...
// Affichage de la page...
?>
<!DOCTYPE html PUBLIC "-//W3C//DTD XHTML 1.0 Strict//EN"
  "http://www.w3.org/TR/xhtml1/DTD/xhtml1-strict.dtd">
<html xmlns="http://www.w3.org/1999/xhtml">
  <head><title>Gestion des articles</title></head>
  <body>
    <!-- construction d'une table HTML à l'intérieur
    ++++ d'un formulaire -->
    <form name="formulaire" action="gestion-articles.php"
          method="post">
    <table border="1" cellpadding="4" cellspacing="0">
    <!-- ligne de titre -->
    <tr align="center">
    <th>Identifiant</th><th>Libellé</th><th>Prix</th>
                <th>Supprimer</th>
    </tr>
    <?php
    // Code PHP pour les lignes du tableau.
    if ($ok) { // S'il y a un résultat à afficher
      // Initialisation d'un compteur de ligne.
      $i = 0;
      // Boucle de fetch.
      while ($ligne = oci_fetch_array
                        ($curseur,OCI_ASSOC+OCI_RETURN_NULLS)) {
        // Incrémentation du compteur de ligne.
        $i++;
        // Calcul du numéro d'ordre dans le formulaire de la
        // zone cachée correspondant à l'identifiant.
        $n = 4 * ($i - 1);
```

```
        // Mise en forme des données.
        $ligne['LIBELLE'] = vers_page($ligne['LIBELLE']);
        $ligne['PRIX'] =
          vers_page
            (number_format($ligne['PRIX'],2,',' ,' '));
        // Génération de la ligne de la table HTML.
        // Insertion des balises INPUT du formulaire.
        printf(
        "<tr><td>%s</td><td>%s</td><td>%s</td><td>%s</td></tr>",
        "$ligne[IDENTIFIANT]
         <input type=\"hidden\"
            name=\"saisie[$ligne[IDENTIFIANT]][modifier]\" />",
        "<input type=\"text\"
            name=\"saisie[$ligne[IDENTIFIANT]][libelle]\"
            value=\"$ligne[LIBELLE]\"
            onchange=\"document.formulaire[$n].value=1\" />",
        "<input type=\"text\"
            name=\"saisie[$ligne[IDENTIFIANT]][prix]\"
            value=\"$ligne[PRIX]\"
            onchange=\"document.formulaire[$n].value=1\" />",
        "<input type=\"checkbox\"
            name=\"saisie[$ligne[IDENTIFIANT]][supprimer]\"
            value=\"$ligne[IDENTIFIANT]\" />");
      } // while
      // Ajout de cinq lignes vides pour la création
      // (sans identifiant, sans case de suppression).
      for($i=1;$i<=5;$i++) {
        printf(
        "<tr><td>%s</td><td>%s</td><td>%s</td><td>%s</td></tr>",
        "",
        "<input type=\"text\"
            name=\"saisie[-$i][libelle]\"
            value=\"\" />",
        "<input type=\"text\"
            name=\"saisie[-$i][prix]\"
            value=\"\" />",
        "");
      } // for
    }
    ?>
    </table>
    <p><input type="submit" name="ok" value="Enregistrer" /></p>
    </form>
  </body>
</html>
```

3.6 Appeler une procédure stockée

La bibliothèque "Oracle OCI8" permet très facilement d'exécuter des blocs PL/SQL anonymes ou d'appeler des procédures ou des fonctions stockées et des packages. Les procédures, fonctions et packages peuvent avoir des paramètres en entrée (`IN`) et en sortie (`OUT`).

Le principe général consiste à soumettre un bloc PL/SQL pour analyse et exécution par l'intermédiaire des fonctions `oci_parse` et `oci_execute`. L'appel à la fonction `oci_bind_by_name` permet, en plus, d'associer des variables PHP aux éventuels paramètres du bloc PL/SQL.

Si l'un des paramètres est un curseur (au sens `REF CURSOR` Oracle), il faut utiliser une variable PHP d'un type adapté ; la fonction `oci_new_cursor` (anciennement `OciNewCursor`) permet de créer une telle variable.

Syntaxe

```
ressource oci_new_cursor(ressource connexion)
```

`connexion` Identifiant de la connexion sur laquelle le curseur doit être créé.

La fonction `oci_new_cursor` retourne un identifiant de curseur ou `FALSE` en cas d'erreur.

Pour associer un paramètre de type curseur et une variable de type curseur, il faut utiliser la constante `SQLT_RSET` (ou `OCI_B_CURSOR`) en dernier paramètre de la fonction `oci_bind_by_name` (avec une longueur égale à -1).

Après exécution du bloc, la variable de type curseur contient un identifiant de curseur qu'il faut exécuter (fonction `oci_execute`) avant de pouvoir lire les lignes (fonction `oci_fetch_*`).

Nous allons illustrer ces différentes fonctionnalités à l'aide du package Oracle suivant :

```
CREATE OR REPLACE PACKAGE pkg_articles IS
  TYPE curseur IS REF CURSOR;
  PROCEDURE creer(
             p_libelle IN VARCHAR2,
             p_prix IN NUMBER,
             p_identifiant OUT NUMBER);
  FUNCTION compter RETURN NUMBER;
  PROCEDURE lire(
             p_identifiant IN NUMBER,
             p_curseur OUT curseur);
END pkg_articles;
/
CREATE OR REPLACE PACKAGE BODY pkg_articles IS
```

```
  -- procédure d'insertion dans la table articles
  -- retourne l'identifiant du nouvel article
  -- dans p_identifiant
  PROCEDURE creer(
              p_libelle IN VARCHAR2,
              p_prix IN NUMBER,
              p_identifiant OUT NUMBER)
  IS
  BEGIN
    INSERT INTO articles(identifiant,libelle,prix)
    VALUES(s_articles.NEXTVAL,p_libelle,p_prix)
    RETURNING identifiant INTO p_identifiant;
    COMMIT;
  END;
  -- fonction de comptage des articles
  FUNCTION compter RETURN NUMBER
  IS
    v_nombre NUMBER(9) := 0;
  BEGIN
    SELECT COUNT(identifiant) INTO v_nombre
    FROM articles;
    RETURN v_nombre;
  END;
  -- procédure de lecture d'un article (si p_identifiant > 0)
  -- ou de tous les articles (si p_identifiant = 0)
  -- le résultat est retourné sous la forme d'un curseur
  PROCEDURE lire(
              p_identifiant IN NUMBER,
              p_curseur OUT curseur)
  IS
  BEGIN
      IF p_identifiant = 0 THEN
        OPEN p_curseur FOR
          SELECT * FROM articles;
      ELSE
        OPEN p_curseur FOR
          SELECT * FROM articles
          WHERE identifiant = p_identifiant;
      END IF;
  END;
END pkg_articles;
/
```

Source PHP

```
<?php
// Connexion.
$connexion = oci_connect('demeter','demeter','diane');
// Insertion à l'aide du package :
//    - la procédure est appelée dans un bloc PL/SQL.
$requête = 'BEGIN pkg_articles.creer(:p1,:p2,:r1); END;';
// Analyse.
$curseur = oci_parse($connexion,$requête);
// Association paramètres/variables.
oci_bind_by_name($curseur,':p1',$libellé,50);
oci_bind_by_name($curseur,':p2',$prix,32);
oci_bind_by_name($curseur,':r1',$identifiant,32);
// Exécution avec certaines valeurs.
$libellé = 'Pommes';
$prix = 10;
// Pas de COMMIT automatique de oci_execute (le package
// s'en charge).
$ok = oci_execute($curseur,OCI_DEFAULT);
// Affichage de l'identifiant du nouvel article.
echo "Identifiant du nouvel article = $identifiant.<br />";
// Comptage à l'aide du package :
//    - la procédure est appelée dans un bloc PL/SQL.
$requête = 'BEGIN :r1 := pkg_articles.compter; END;';
// Analyse.
$curseur = oci_parse($connexion,$requête);
// Association paramètres/variables.
oci_bind_by_name($curseur,':r1',$nombre,32);
// Exécution.
$ok = oci_execute($curseur,OCI_DEFAULT);
echo "$nombre article(s) dans la base.<br />";
// Lecture d'un article à l'aide du package :
//    - la procédure est appelée dans un bloc PL/SQL.
$requête = 'BEGIN pkg_articles.lire(:p1,:r1); END;';
// Analyse.
$curseur = oci_parse($connexion,$requête);
// Création d'un curseur pour le résultat.
$curseur_résultat = oci_new_cursor($connexion);
// Association paramètres/variables.
oci_bind_by_name($curseur,':p1',$identifiant,32);
oci_bind_by_name($curseur,':r1',$curseur_résultat,
                -1,SQLT_RSET );
// Exécution avec la valeur actuelle de $identifiant.
// => lecture de l'article inséré précédemment
$ok = oci_execute($curseur,OCI_DEFAULT);
// Exécution du curseur résultat.
```

```
$ok = oci_execute($curseur_résultat,OCI_DEFAULT);
// Fetch.
$article =
oci_fetch_array($curseur_résultat,OCI_ASSOC+OCI_RETURN_NULLS);
echo "Nouveau : {$article['LIBELLE']} - {$article['PRIX']}<br />";
// Lecture de tous les articles à l'aide du package :
//    - le curseur $curseur peut être réutilisé.
//    - par contre, $curseur_résultat est "grillé" : il faut
//      le recréer et le réassocier.
oci_free_cursor($curseur_résultat); // libération du premier
$curseur_résultat = oci_new_cursor($connexion);
oci_bind_by_name($curseur,':r1',$curseur_résultat,
                -1,SQLT_RSET);
// Exécution avec $identifiant = 0.
$identifiant = 0;
$ok = oci_execute($curseur,OCI_DEFAULT);
// Exécution du curseur résultat.
$ok = oci_execute($curseur_résultat,OCI_DEFAULT);
// Fetch de toutes les lignes.
echo "Liste : <br />";
while ($article = oci_fetch_array($curseur_résultat,
                                  OCI_ASSOC+OCI_RETURN_NULLS)) {
  echo "   {$article['LIBELLE']} - {$article['PRIX']}<br />";
}
?>
```

Résultat

```
Identifiant du nouvel article = 5.
5 article(s) dans la base.
Nouveau : Pommes - 10
Liste :
  Abricots - 35,5
  Cerises - 48,9
  Fraises - 29,95
  Pêches - 37,2
  Pommes - 10
```

Les ressources utilisées par les curseurs sont automatiquement libérées à la fin du script. En cas de besoin, les fonctions `oci_free_cursor` et `oci_free_statement` peuvent être appelées pour une libération anticipée.

Depuis la version 12c d'Oracle, une procédure stockée peut retourner un curseur implicitement, directement dans le code de la procédure à l'aide de la fonction `DBMS_SQL.RETURN_RESULT`, sans passer par un paramètre. Dans ce cas, il est possible d'utiliser la fonction `oci_get_implicit_resultset` pour récupérer le curseur ainsi retourné.

Syntaxe

ressource `oci_get_implicit_resultset(`*ressource* `curseur)`

`curseur`	Identifiant du curseur utilisé pour exécuter la procédure stockée. Ce curseur doit avoir au préalable été analysé (`oci_parse`) et exécuté (`oci_execute`).

La fonction retourne un identifiant de curseur ou `FALSE` s'il n'y a pas (ou plus) de curseur implicite à lire.

Une procédure stockée peut retourner plusieurs curseurs implicites ; dans ce cas, la fonction `oci_get_implicit_resultset` peut être appelée plusieurs fois pour récupérer tous les curseurs les uns après les autres, jusqu'à ce qu'elle retourne `FALSE`.

Nous allons illustrer cette nouvelle fonctionnalité d'Oracle 12c à l'aide de la procédure stockée suivante :

```
CREATE OR REPLACE PROCEDURE lire_curseur_implicite
-- procédure qui retourne un résultat sous la forme
-- d'un curseur implicite (nouveauté d'Oracle 12c)
-- cette procédure ne fonctionnera pas dans une
-- version antérieure à Oracle 12c
IS
  rc SYS_REFCURSOR;
BEGIN
  OPEN rc FOR
    SELECT * FROM articles;
  DBMS_SQL.RETURN_RESULT(rc);
END lire_curseur_implicite;
/
```

Source PHP

```
<?php
// Connexion.
$connexion = oci_connect('demeter','demeter','diane','UTF8');
// La procédure est appelée dans un bloc PL/SQL.
$requête = 'BEGIN lire_curseur_implicite(); END;';
// Analyse.
$curseur = oci_parse($connexion,$requête);
// Exécution.
$ok = oci_execute($curseur,OCI_DEFAULT);
// Récupération du curseur implicite.
$curseur_résultat = oci_get_implicit_resultset($curseur);
// Fetch de toutes les lignes.
while ($article = oci_fetch_array($curseur_résultat,
                                  OCI_ASSOC+OCI_RETURN_NULLS)) {
  echo "{$article['LIBELLE']} - {$article['PRIX']}<br />";
}
?>
```

Résultat

```
Abricots - 35.5
Cerises - 48.9
Fraises - 29.95
Pêches - 37.2
Pommes - 10
```

3.7 Illustration des problèmes liés à l'environnement NLS

Dans cette partie, nous allons illustrer la nature des problèmes qui peuvent se produire avec l'environnement NLS et étudier les différentes solutions pour résoudre ces problèmes.

Exemple

```
<?php
// Connexion.
$connexion = oci_connect('demeter','demeter','diane');
// Récupération de la date du serveur.
$requête = 'SELECT SYSDATE FROM dual';
$curseur = oci_parse($connexion,$requête);
$ok = oci_execute($curseur);
$ligne = oci_fetch_assoc($curseur);
echo "SYSDATE = {$ligne['SYSDATE']}<br />";
// Augmentation des prix à l'aide d'une requête paramétrée.
$requête = 'UPDATE articles SET prix = prix * :p1';
$curseur = oci_parse($connexion,$requête);
oci_bind_by_name($curseur,':p1',$coefficient,32);
$coefficient = 1.05; // 5% d'augmentation
$ok = oci_execute($curseur);
echo oci_num_rows($curseur),' lignes modifiées.';
?>
```

Résultat dans un certain environnement NLS

```
SYSDATE = 21-OCT-14
4 lignes modifiées.
```

Résultat dans un autre environnement NLS

```
SYSDATE = 21/10/14

Warning: oci_execute(): ORA-01722: Nombre non valide in /app/scripts/index.php
on line 16
0 lignes modifiées.
```

Que s'est-il passé entre les deux ?

Le paramètre `NLS_TERRITORY` a simplement été changé de `america` à `france`. Or, ce paramètre gouverne, entre autres, le comportement vis-à-vis des formats de date et des formats de nombre.

Deux problèmes peuvent se produire :

- Une donnée attendue selon un certain format, et manipulée dans le code selon ce format, peut changer de format en fonction de l'environnement et donc poser des problèmes dans le code.
- Une requête peut être exécutée avec succès dans un environnement et pas dans l'autre.

L'erreur sur la deuxième requête est liée au fait que, dans un environnement français, le séparateur décimal est la virgule (non le point) et que le coefficient d'augmentation passé en paramètre a un séparateur décimal égal au point. La bibliothèque semble passer les données numériques sous forme de chaîne, ce qui provoque un problème potentiel de conversion.

Dans le cas où l'environnement n'est pas maîtrisé et où vous souhaitez écrire un code portable, ces problèmes peuvent être traités de deux façons :

- au cas par cas, à chaque requête.
- globalement, en positionnant la session dans un environnement adapté.

Exemple avec la première solution

```
<?php
// Connexion
$connexion = oci_connect('demeter','demeter','diane');
// Récupération de la date du serveur :
//    - la mise en forme attendue est obtenue par une
//      conversion explicite.
$requête = "SELECT TO_CHAR(SYSDATE, 'DD/MM/YYYY') d
            FROM dual";
$curseur = oci_parse($connexion,$requête);
$ok = oci_execute($curseur);
$ligne = oci_fetch_assoc($curseur);
echo "SYSDATE = {$ligne['D']}<br />"; // utilisation de l'alias
// Augmentation des prix à l'aide d'une requête paramétrée :
//    - la chaîne implicitement passée en paramètre est
//      explicitement convertie à l'aide du bon format.
$requête = "UPDATE articles
            SET prix = prix * TO_NUMBER(:p1,'9.99')";
$curseur = oci_parse($connexion,$requête);
oci_bind_by_name($curseur,':p1',$coefficient,32);
$coefficient = 1.05; // 5% d'augmentation
```

```
$ok = oci_execute($curseur);
echo oci_num_rows($curseur),' lignes modifiées.';
?>
```

Résultat, quel que soit l'environnement

```
SYSDATE = 21/10/2014
4 lignes modifiées.
```

Exemple avec la deuxième solution

```
<?php
// Connexion.
$connexion = oci_connect('demeter','demeter','diane');
// Définition de l'environnement souhaité par
// deux requêtes ALTER SESSION.
$requête = "ALTER SESSION SET NLS_DATE_FORMAT='DD/MM/YYYY'";
$ok = oci_execute(oci_parse($connexion,$requête));
$requête = "ALTER SESSION SET NLS_NUMERIC_CHARACTERS='.,'";
$ok = oci_execute(oci_parse($connexion,$requête));
// Récupération de la date du serveur.
$requête = 'SELECT SYSDATE FROM dual';
$curseur = oci_parse($connexion,$requête);
$ok = oci_execute($curseur);
$ligne = oci_fetch_assoc($curseur);
echo "SYSDATE = {$ligne['SYSDATE']}<br />";
// Augmentation des prix à l'aide d'une requête paramétrée.
$requête = 'UPDATE articles SET prix = prix * :p1';
$curseur = oci_parse($connexion,$requête);
oci_bind_by_name($curseur,':p1',$coefficient,32);
$coefficient = 1.05; // 5% d'augmentation
$ok = oci_execute($curseur);
echo oci_num_rows($curseur),' lignes modifiées.';
?>
```

Résultat, quel que soit l'environnement

```
SYSDATE = 21/10/2014
4 lignes modifiées.
```

3.8 Gérer les erreurs

La fonction `oci_error` (anciennement `ociError`) permet de récupérer des informations sur l'erreur éventuelle de la dernière opération effectuée dans un curseur.

Syntaxe

```
tableau oci_error([ressource curseur])
```

`curseur`	Identifiant du curseur ou de la connexion.

La fonction `oci_error` retourne un tableau associatif si la dernière opération effectuée dans le curseur a généré une erreur : la ligne de clé `code` donne le numéro de l'erreur Oracle et la ligne de clé `message`, le message associé. Si la dernière opération effectuée dans le curseur n'a pas généré d'erreur, la fonction `oci_error` retourne `FALSE`.

Si la fonction `oci_error` est appelée sans paramètre, elle doit retourner l'erreur éventuelle, rencontrée sur la dernière opération réalisée (tout curseur confondu). Dans la pratique, cette syntaxe ne fonctionne qu'après un appel à `oci_connect` et permet de récupérer le message d'erreur éventuel, relatif à la connexion.

Exemple

```
<?php
// Mauvaise connexion.
$connexion = oci_connect('demeter','MotDePasseErroné','diane');
$e = oci_error(); // noter l'appel sans paramètre
echo '1 : ',($e?"${e['code']} - {$e['message']}":'OK'),'<br />';
// Connexion.
$connexion = oci_connect('demeter','demeter','diane');
// Une bonne requête pour commencer.
$requête = 'SELECT * FROM articles';
$curseur = oci_parse($connexion,$requête);
$ok = oci_execute($curseur);
$e = oci_error($curseur);
echo '<p>2 : ',($e?"${e['code']} - {$e['message']}":'OK'),'<br />';
// Requête sur une table qui n'existe pas.
$requête = 'SELECT * FROM article';
$curseur = oci_parse($connexion,$requête);
$e = oci_error($curseur);
echo '<p>3.a : ',($e?"${e['code']} - {$e['message']}":'OK'),'<br />';
$ok = oci_execute($curseur);
$e = oci_error(); // appel sans paramètre pour voir
echo '3.b : ',($e?"${e['code']} - {$e['message']}":'OK'),'<br />';
$e = oci_error($curseur);
echo '3.c : ',($e?"${e['code']} - {$e['message']}":'OK'),'<br />';
// Requête UPDATE qui viole une clé primaire.
$requête = 'UPDATE articles SET identifiant = 1';
$curseur = oci_parse($connexion,$requête);
$ok = oci_execute($curseur);
$e = oci_error($curseur);
echo '<p>4 : ',($e?"${e['code']} - {$e['message']}":'OK'),'<br />';
// Tentative de fetch sur un mauvais résultat.
$requête = 'SELECT * FROM article';
$curseur = oci_parse($connexion,$requête);
$ok = oci_execute($curseur);
```

```
$e = oci_error($curseur);
echo '<p>5.a : ',($e?"${e['code']} - {$e['message']}":'OK'),'<br />';
$ligne = oci_fetch_assoc($curseur);
$e = oci_error($curseur);
echo '5.b : ',($e?"${e['code']} - {$e['message']}":'OK'),'<br />';
?>
```

Résultat

```
Warning: oci_connect(): ORA-01017:
invalid username/password; logon denied in
/app/scripts/index.php on line 3
1 : 1017 - ORA-01017: invalid username/password; logon denied
2 : OK
3.a : OK
Warning: oci_execute(): ORA-00942:
table or view does not exist in /app/scripts/index.php on line 19
3.b : OK
3.c : 942 - ORA-00942: table or view does not exist
Warning: oci_execute(): ORA-00001:
unique constraint (DEMETER.ARTICLES$PK) violated in
/app/scripts/index.php on line 27
4 : 1 - ORA-00001: unique constraint (DEMETER.ARTICLES$PK) violated
Warning: oci_execute(): ORA-00942:
table or view does not exist in /app/scripts/index.php on line 33
5.a : 942 - ORA-00942: table or view does not exist
Warning: oci_fetch_assoc(): ORA-24374:
define not done before fetch or execute and fetch
in /app/scripts/index.php on line 36
5.b : 24374 - ORA-24374: define not done before fetch or execute and fetch
```

Quelle que soit l'erreur, une alerte est affichée (cf. chapitre Gérer les erreurs dans un script PHP pour supprimer l'affichage de ces alertes).

Le résultat 3 fournit deux informations :

- La fonction `oci_error`, sans paramètre, n'est d'aucune utilité, en dehors d'un appel après la fonction `oci_connect`.
- La fonction `oci_parse`, sur une mauvaise requête, ne génère jamais d'erreur : la fonction `oci_parse` ne retourne pas `FALSE` et la fonction `oci_error` retourne `FALSE` (donc pas d'erreur). L'erreur sera détectée uniquement lors de l'exécution.

Contrairement à MySQL, une erreur est retournée si une tentative de `fetch` est effectuée sur un curseur qui n'a pas été exécuté.

Dans la pratique, il convient d'appeler la fonction `oci_error()` après la fonction `oci_connect`, et `oci_error($curseur)` après la fonction `oci_execute`.

Ces fonctions peuvent être mises en œuvre, à titre d'exemple, sur une de nos fonctions génériques.

Exemple

```
<?php
function db_lire_ligne($requête, &$erreur) {
  // Dans cette nouvelle version, db_lire_ligne prend un
  // deuxième paramètre par référence dans lequel un numéro
  // et un message seront stockés en cas d'erreur (sous la
  // forme d'un tableau).
  // Initialiser $erreur : code = 0 - message vide.
  // Le tableau est conforme à la structure du tableau
  // retourné par oci_error.
  $erreur = array('code' => 0, 'message' => '');
  // Se connecter.
  $ok =($connexion =
          oci_connect('demeter','demeter','diane'));
  if ($ok) { // connexion OK
    // Analyser la requête.
    $ok = ($curseur = oci_parse($connexion,$requête));
  }
  if ($ok) { // analyse OK
    // Exécuter la requête.
    $ok = oci_execute($curseur);
  }
  if ($ok) { // exécution OK
    // Lire le résultat.
    $ligne =
        oci_fetch_array($curseur,OCI_ASSOC+OCI_RETURN_NULLS);
  }
  if (! $ok) { // erreur quelque part
    // Si connexion OK, récupérer l'erreur du curseur
    // sinon, récupérer l'erreur de la connexion.
    $erreur = $connexion?oci_error($curseur):oci_error();
  }
  // Retourner $ligne ou FALSE en cas d'erreur.
  return ($ok)?$ligne:FALSE;
}
?>
```

Utilisation

```
<?php
// Inclure le fichier qui contient les différentes
// fonctions générales.
require('fonctions.inc');
// Premier appel avec une erreur.
```

```
$requête = 'SELECT * FROM article WHERE identifiant = 1';
if (! ($ligne = db_lire_ligne($requête,$erreur)) ) {
  echo "{$erreur['code']} - {$erreur['message']}<br />";
} else {
  echo "{$ligne['LIBELLE']} - {$ligne['PRIX']}";
}
// Deuxième appel correct.
$requête = 'SELECT * FROM articles WHERE identifiant = 1';
if (! ($ligne = db_lire_ligne($requête,$erreur)) ) {
  echo "{$erreur['code']} - {$erreur['message']}<br />";
} else {
  echo "{$ligne['LIBELLE']} - {$ligne['PRIX']}";
}
?>
```

Résultat

```
Warning: oci_execute(): ORA-00942:
table or view does not exist in /app/scripts/index.php
on line 42
942 - ORA-00942: table or view does not exist
Abricots - 35.5
```

Remarque

Le tableau retourné par la fonction `oci_error` offre deux lignes supplémentaires avec les clés `offset` et `sqltext`. La ligne de clé `offset` donne la position de l'erreur dans le texte de la requête et la ligne de clé `sqltext` donne le texte de la requête.

4. Utilisation de SQLite

4.1 Préambule

SQLite est une librairie qui implémente un moteur de base de données SQL.

SQLite peut être utilisé pour stocker des données dans une base de données SQL, sans avoir à mettre en place la partie serveur de la base de données (comme c'est le cas avec MySQL, Oracle, etc.).

SQLite lit et écrit directement dans les fichiers de la base de données.

Pour plus d'informations sur SQLite, vous pouvez visiter le site web suivant : http://sqlite.org/

PHP propose deux extensions pour travailler avec une base de données SQLite :

- SQLite pour la version 2 de SQLite
- SQLite3 pour la version 3 de SQLite

Dans la version 5.4 de PHP, l'extension SQLite3 est activée par défaut et l'extension SQLite n'est plus disponible que par le biais de PECL (*PHP Extension Community Library*).

Dans cet ouvrage, nous présenterons uniquement l'extension SQLite3.

SQLite3 est une extension orientée objet qui propose 3 classes :

- `SQLite3` : connexion entre PHP et la base de données
- `SQLite3Stmt` : gestion des requêtes préparées
- `SQLite3Result` : gestion des résultats

4.2 Ouvrir et fermer une base

L'ouverture d'une base de données SQLite s'effectue lors de l'instanciation d'un objet de la classe `SQLite3`.

Syntaxe de la méthode constructeur de la classe SQLite3

```
SQLite3::__construct(chaîne fichier[,entier mode[, chaîne chiffrement]])
```

Avec

`fichier`	Chemin vers le fichier de la base de données.
`mode`	Mode d'ouverture de la base : `SQLITE3_OPEN_READONLY` : ouverture en lecture seule. `SQLITE3_OPEN_READWRITE` : ouverture en lecture/écriture. `SQLITE3_OPEN_CREATE` : création de la base de données si elle n'existe pas. La valeur par défaut est : `SQLITE3_OPEN_READWRITE|SQLITE3_OPEN_CREATE`.
`chiffrement`	Clé optionnelle utilisée pour le chiffrement et déchiffrement des données.

En cas d'erreur, une exception est levée.

Exemple

```
<?php
// Ouverture en lecture/écriture d'une base qui existe déjà.
$base = new SQLite3('/app/sqlite/diane.dbf');
var_dump($base);
?>
```

Résultat

```
object(SQLite3)#1 (0) { }
```

Les bases ouvertes dans un script sont automatiquement fermées à la fin du script, sauf fermeture explicite avant avec la méthode `SQLite3::close`.

La méthode `SQLite3::close` permet de fermer une base de données.

Syntaxe

```
SQLite3::close()
```

La méthode `SQLite3::close` retourne `TRUE` en cas de succès et `FALSE` en cas d'erreur.

Exemple

```
<?php
// Ouverture en lecture/écriture d'une base qui existe déjà.
$base = new SQLite3('/app/sqlite/diane.dbf');
// Fermeture de la base de données.
$ok = $base->close();
?>
```

Remarque

Il existe aussi une méthode `open()` qui permet d'ouvrir une base de données SQLite dans un objet déjà instancié ; cette méthode propose la même syntaxe que la méthode constructeur de la classe.

4.3 Lire des données

Lire des données dans une base nécessite deux opérations :

- Exécuter une requête (en l'occurrence `SELECT`) sur la base.
- Récupérer la ou les lignes correspondant au résultat de la requête.

Exécuter une requête

La méthode `SQLite3::query` permet d'exécuter une requête sur une base.

Syntaxe

```
SQLite3Result SQLite3::query(chaîne requête)
```

Avec

`requête`	Texte de la requête à exécuter

Dans le cas d'un ordre SELECT, la méthode SQLite3::query retourne un objet de la classe SQLite3Result (résultat de requête) en cas de succès et FALSE en cas d'échec (avec affichage d'un message d'alerte) ; pour les autres ordres SQL, cette méthode est censée retourner TRUE en cas de succès, mais elle retourne aussi un objet de la classe SQLite3Result.

Exemple

```
<?php
// Ouverture en lecture/écriture d'une base qui existe déjà.
$base = new SQLite3('/app/sqlite/diane.dbf');
// Définition de la requête.
$requête = 'SELECT * FROM articles';
// Exécution de la requête.
$résultat1 = $base->query($requête);
echo '$résultat1 = ',
     var_dump($résultat1),"<br />\n";
// Définition d'une mauvaise requête.
$requête = 'SELECT * FROM article';
// Exécution de la requête.
$résultat2 = $base->query($requête);
echo '$résultat2 = ',
     var_dump($résultat2),"<br />\n";
?>
```

Résultat

```
$résultat1 = object(SQLite3Result)#3 (0) { }
Warning: SQLite3::query(): Unable to prepare statement: 1, no such table: article
in /app/scripts/index.php on line 13
$résultat2 = bool(false)
```

Connaître le nombre de lignes dans le résultat

À la différence de MySQL, il n'y a aucun moyen, avant lecture, de connaître le nombre de lignes dans le résultat. Pour connaître le nombre de lignes dans le résultat, il faut extraire les lignes et les compter.

Lire le résultat de la requête

Le résultat de l'exécution (réussie !) d'une requête peut être lu par la méthode SQLite3Result::fetchArray.

Syntaxe

```
tableau SQLite3Result::fetchArray(entier type)
```

Avec

`type` Type de résultat égal à une des constantes suivantes : `SQLITE3_ASSOC`, `SQLITE3_NUM`, `SQLITE3_BOTH` (valeur par défaut).

La méthode `SQLite3Result::fetchArray` retourne la ligne courante du résultat sous la forme d'un tableau, chaque ligne du tableau correspondant à une colonne du résultat.

S'il n'y a plus de ligne à lire dans le résultat, la fonction retourne `FALSE`.

Le type du tableau (numérique ou associatif) dépend du deuxième paramètre :

`SQLITE3_NUM`	Tableau à indices entiers.
`SQLITE3_ASSOC`	Tableau associatif.
`SQLITE3_BOTH` (valeur par défaut)	Les deux à la fois. Chaque colonne est présente deux fois.

Exemple

Requête	`SELECT * FROM articles`		
Colonnes	`identifiant`	`libelle`	`prix`
1ère ligne du résultat	`1`	`Abricots`	`35.5`

Résultat d'un fetch avec :

`fetchArray (...,SQLITE3_NUM)`		`fetchArray (...,SQLITE3_ASSOC)`		`fetchArray (...,SQLITE3_BOTH)`	
Indice/Clé	**Valeur**	**Indice/Clé**	**Valeur**	**Indice/Clé**	**Valeur**
0	1	identifiant	1	identifiant	1
1	Abricots	libelle	Abricots	0	1
2	35.5	prix	35.5	libelle	Abricots
				1	Abricots
				prix	35.5
				2	35.5

En cas d'utilisation d'un alias de colonne dans la requête `SELECT` (par exemple `SELECT AVG(prix) **prix_moyen** FROM articles`), c'est l'alias de colonne qui est utilisé comme clé ou nom d'attribut.

Exemple

```
<?php
// Inclusion du fichier qui contient la définition de
// afficher_tableau.
include('fonctions.inc');
// Ouverture.
$base = new SQLite3('/app/sqlite/diane.dbf');
// Définition de la requête.
$requête = 'SELECT * FROM articles';
// Exécution de la requête.
$résultat = $base->query($requête);
// Premier fetch sans paramètre.
$ligne = $résultat->fetchArray();
afficher_tableau($ligne,'sans paramètre');
// Deuxième fetch avec SQLITE3_BOTH.
$ligne = $résultat->fetchArray(SQLITE3_BOTH);
afficher_tableau($ligne,'SQLITE3_BOTH');
// Troisième fetch avec SQLITE3_ASSOC.
$ligne = $résultat->fetchArray(SQLITE3_ASSOC);
afficher_tableau($ligne,'SQLITE3_ASSOC');
// Quatrième fetch avec SQLITE3_NUM.
$ligne = $résultat->fetchArray(SQLITE3_NUM);
afficher_tableau($ligne,'SQLITE3_NUM');
// Cinquième fetch de nouveau sans paramètre :
//  - normalement, plus de ligne
$ligne = $résultat->fetchArray();
if (! $ligne) {
  echo "<p><b>Cinquième fetch : plus rien</b>";
}
?>
```

Résultat

```
sans paramètre
0 = 1
identifiant = 1
1 = Abricots
libelle = Abricots
2 = 35.5
prix = 35.5
SQLITE3_BOTH
0 = 2
identifiant = 2
1 = Cerises
libelle = Cerises
2 = 48.9
prix = 48.9
```

```
SQLITE3_ASSOC
identifiant = 3
libelle = Fraises
prix = 29.95
SQLITE3_NUM
0 = 4
1 = Pêches
2 = 37.2
Cinquième fetch : plus rien
```

Cet exemple permet de voir :

- Les différents modes de récupération d'une ligne de résultat.
- À chaque fetch, le pointeur interne avance, et le fetch suivant retourne donc la ligne suivante, jusqu'à avoir parcouru toutes les lignes.

Exemple de code pour la lecture d'une ligne

Un premier type de lecture consiste souvent à lire une seule ligne d'information dans une table (ou plusieurs tables avec jointure) : informations sur l'utilisateur qui vient de se connecter, fiche d'information d'un article, etc.

Exemple

```
<?php
// Inclure un fichier qui contient les différentes fonctions
// générales
require('fonctions.inc ');
// Initialiser les variables.
$identifiant = '';
$libellé = '';
$prix = '';
$message = '';
// Tester comment le script est appelé.
if (! empty($_POST)) {
  // Traitement du formulaire...
  // Rappel : lorsqu'un formulaire n'a qu'une zone de texte
  // et que l'utilisateur tape return ou enter, le bouton de
  // validation n'est pas considéré comme cliqué. Pour savoir
  // si le formulaire a été soumis, il faut tester si
  // $_POST (ou $_GET) est vide ou non.
  // Récupérer les valeurs saisies.
  $identifiant = $_POST['identifiant'];
  // Contrôler les valeurs saisies.
  if ($identifiant == '') {
    $message .= "L'identifiant est obligatoire.\n";
  }
  if (preg_match('/^[0-9]+$/',$identifiant) == 0) {
```

```
      $message .=
        "L'identifiant doit être un nombre.\n";
    }
    // Tester s'il y a des erreurs à ce stade.
    if ($message == '') {
      // Pas d'erreur.
      // Ouverture de la base.
      $base = new SQLite3('/app/sqlite/diane.dbf');
      // Exécuter la requête de sélection.
      $requête = "SELECT * FROM articles " .
                 "WHERE identifiant = $identifiant";
      $résultat = $base->query($requête);
      // Fetch si la requête a bien été exécutée
      if ($résultat) {
        $article = $résultat->fetchArray();
      }
      // Tester le résultat.
      if (! $résultat) { // requête pas OK
        $message .= "Erreur.\n";
      } elseif (! $article) { // résultat vide
        $message .=
          "Pas d'article pour cet identifiant.\n";
      } else { // OK
        // Récupérer les informations à afficher.
        $libellé = $article['libelle'];
        $prix = $article['prix'];
        // Mise en forme.
        $libellé = vers_page($libellé);
        $prix = number_format($prix,2,',' ,' ');
        $prix = vers_page($prix);
      }
    }
    // Tester s'il y a des erreurs à ce stade.
    if ($message != '') {
      // Erreur.
      // Préparer le message pour l'affichage.
      $message = vers_page($message);
      // Bien s'assurer que les informations à
      // afficher sont vides.
      $libellé = '';
      $prix = '';
    }
  }
  // Affichage de la page...
  ?>
  <?php echo '<?xml version="1.0" encoding="UTF-8"?>',"\n"; ?>
```

```
<!DOCTYPE html PUBLIC "-//W3C//DTD XHTML 1.0 Strict//EN"
  "http://www.w3.org/TR/xhtml1/DTD/xhtml1-strict.dtd">
<html xmlns="http://www.w3.org/1999/xhtml">
  <head><title>Consultation d'un article</title></head>
  <body>
    <!-- Formulaire de recherche (très simple !) -->
    <form action="consultation-article.php" method="post">
    <div>Identifiant de l'article :
    <input type="text" name="identifiant"
       value="<?php echo vers_formulaire($identifiant) ?>" />
    <input type="submit" name="ok" value="OK" /></div>
    </form>
    <!-- Résultat de la recherche -->
    <table border="0" cellpadding="4">
    <tr><td><u>Libellé :</u></td>
        <td><?php echo $libellé; ?></td></tr>
    <tr><td><u>Prix :</u></td>
        <td><?php echo $prix; ?></td></tr>
    </table>
    <div><?php echo $message; ?></div>
  </body>
</html>
```

Résultat (après saisie et clic sur le bouton OK)

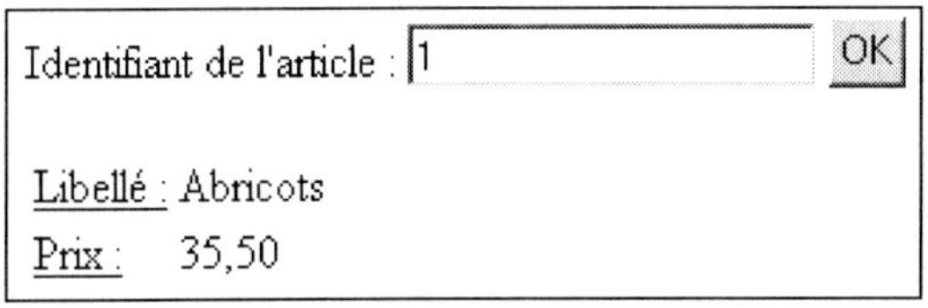

Il est relativement simple d'écrire une fonction générique permettant de lire une ligne.

Exemple

```
<?php
function db_lire_ligne($requête) {
  // La variable $ok est utilisée pour savoir
  // si tout se passe bien.
  // Ouvrir la base.
  $ok = (bool)($base = new SQLite3('/app/sqlite/diane.dbf'));
  // Exécuter la requête et tester le résultat pour
  // affecter la variable $ok.
  if ($ok) {
    $ok = ( ($résultat = $base->query($requête)) != FALSE );
  }
  // Lire la ligne.
```

```
  if ($ok) {
    $ligne = $résultat->fetchArray();
  }
  // Retourner $ligne ou FALSE en cas d'erreur
  return ($ok)?$ligne:FALSE;
}
?>
```

Il est possible (souhaitable) d'améliorer la gestion des erreurs (cf. section Utilisation de SQLite - Gérer les erreurs).

Exemple d'utilisation

```
<?php
// Inclure le fichier qui contient les différentes fonctions
// générales.
require('fonctions.inc');
// Définir la requête.
$requête = 'SELECT * FROM articles WHERE identifiant = 1';
// Lire le résultat.
$ligne = db_lire_ligne($requête);
if ($ligne) {
  echo "{$ligne['libelle']} - {$ligne['prix']}";
}
?>
```

Résultat (sauf erreur)

```
Abricots - 35.5
```

Exemple de code pour la lecture de toutes les lignes

Une deuxième type de lecture consiste souvent à afficher une liste d'éléments extraits de la base (liste d'utilisateurs, liste d'articles, etc.).

Pour permettre à l'utilisateur d'agir sur la liste, il est possible d'imbriquer un formulaire ou des liens avec la table HTML.

Exemple

```
<?php
// Inclure un fichier qui contient les différentes fonctions
// générales
require('fonctions.inc');
// Initialiser la variable de message.
$message = '';
// Ouvrir la base.
$ok = (bool) ($base = new SQLite3('/app/sqlite/diane.dbf'));
// Exécuter la requête de sélection :
$requête = 'SELECT * FROM articles';
$résultat = $base->query($requête);
```

```
// Tester le résultat.
if (! $résultat) { // requête pas OK
  // Message d'erreur.
  $message .= "Erreur.\n";
  // Préparer le message pour l'affichage.
  $message = vers_page($message);
}
// Affichage de la page...
?>
<?php echo '<?xml version="1.0" encoding="UTF-8"?>',"\n"; ?>
<!DOCTYPE html PUBLIC "-//W3C//DTD XHTML 1.0 Strict//EN"
  "http://www.w3.org/TR/xhtml1/DTD/xhtml1-strict.dtd">
<html xmlns="http://www.w3.org/1999/xhtml">
  <head><title>Liste des articles</title></head>
  <body>
    <!-- construction d'une table HTML à l'intérieur
    ++++ d'un formulaire -->
    <form action="liste-articles.php" method="post">
    <table border="1" cellpadding="4" cellspacing="0">
    <!-- ligne de titre -->
    <tr align="center">
    <th>Libellé</th><th>Prix</th><th>Case</th><th>Lien</th>
    </tr>
    <?php
    // Code PHP pour les lignes du tableau.
    if ($résultat) { // S'il y a un résultat à afficher.
      // Boucle de fetch.
      $nombre_lignes = 0;
      while ($article = $résultat->fetchArray()) {
        $nombre_lignes++;
        // Mise en forme des données.
        $article['libelle'] = vers_page($article ['libelle']);
        $article['prix'] = vers_page(
          number_format($article['prix'],2,',' ,' '));
        // Génération de la ligne de la table HTML
        // - une case à cocher dans une colonne
        // - un lien dans une autre colonne
        printf(
        '<tr><td>%s</td><td>%s</td><td>%s</td><td>%s</td></tr>',
        $article['libelle'],
        $article['prix'],
        "<input type=\"checkbox\" name=\"choix[]\"
              value=\"{$article['identifiant']}\" />",
        "<a href=\"javascript:alert({$article['identifiant']})\">
              action<a>");
      } // while
```

```
      // Si le résultat est vide, préparer un message.
      if ($nombre_lignes == 0) {
        $message = vers_page('Aucun article dans la base.');
      }
    } // if ($résultat)
    ?>
    </table>
    <p><input type="submit" name="action" value="Action" /></p>
    </form>
    <?php
    // Traitement du formulaire.
    // Simple affichage des identifiants cochés.
    if (isset($_POST['action'])) {
      if (isset($_POST['choix'])) {
        echo 'Identifiant(s) coché(s) : ',
              implode('+',$_POST['choix']);
      }
    }
    ?>
    <?php echo $message; ?>
  </body>
</html>
```

Résultat

– Affichage initial de la page :

Libellé	Prix	Case	Lien
Abricots	35,50	☐	action
Cerises	48,90	☐	action
Fraises	29,95	☐	action
Pêches	37,20	☐	action

Action

– Après clic sur un lien :

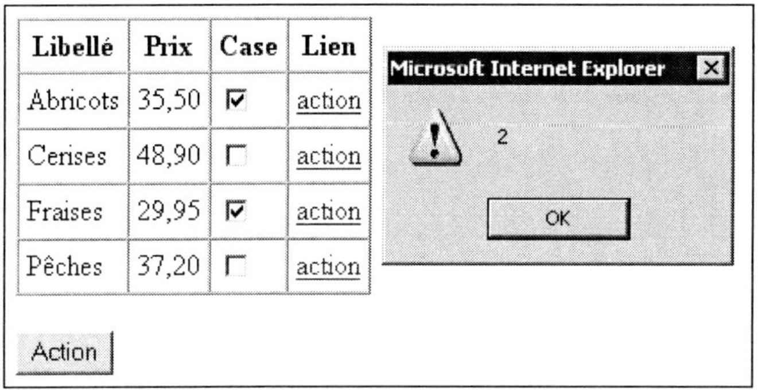

– Après clic sur le bouton **Action** :

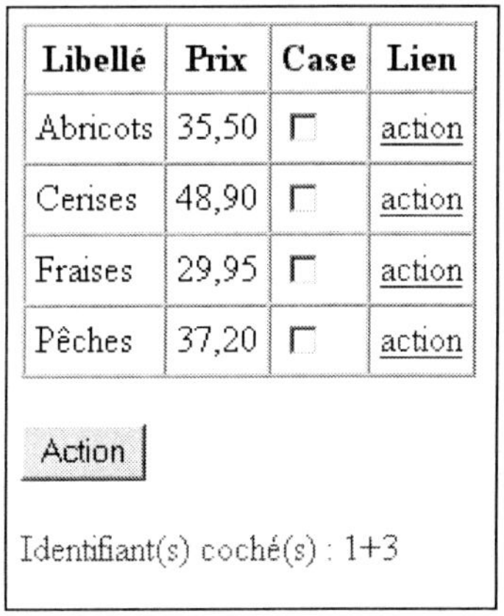

Sur le lien, à la place du code JavaScript, il est possible de mettre une vraie URL et d'enchaîner sur une autre page (cf. chapitre Gérer les sessions pour comprendre comment placer un paramètre dans l'URL et pouvoir ainsi passer une information, ici l'identifiant choisi, à une autre page).

En ce qui concerne le traitement du formulaire, tout est envisageable.

Là encore, pour la lecture de plusieurs lignes, une fonction générique est possible.

Exemple

```
<?php
function db_lire_lignes_dans_tableau($requête) {
  // La variable $ok est utilisée pour savoir
  // si tout se passe bien.
  // Ouvrir la base.
```

```
  $ok = (bool)($base = new SQLite3('/app/sqlite/diane.dbf'));
  // Exécuter la requête et tester le résultat pour
  // affecter la variable $ok.
  if ($ok) {
    $ok = ( ($résultat = $base->query($requête)) != FALSE );
  }
  // Lire le résultat et le stocker dans un tableau.
  if ($ok) {
    while ($ligne = $résultat->fetchArray()) {
      $tableau[] = $ligne;
    }
  }
  // Retourner $tableau ou FALSE en cas d'erreur
  return ($ok)?$tableau:FALSE;
}
?>
```

Utilisation

```
<?php
// Inclure le fichier qui contient les différentes fonctions
// générales.
require('fonctions.inc');
// Définir la requête.
$requête = 'SELECT * FROM articles';
// Lire le résultat dans un tableau.
$articles = db_lire_lignes_dans_tableau($requête);
// Afficher le premier article lu.
if ($articles) {
  echo count($articles),' articles<br />';
  echo 'Premier article : ';
  echo $articles[0]['libelle'],' - ',$articles[0]['prix'];
}
?>
```

Résultat (sauf erreur)

```
4 articles
Premier article : Abricots - 35.5
```

Cette fonction générique peut, par exemple, être utilisée pour construire une liste `<select>` dans un formulaire.

Exemple

```
<?php
// Inclure le fichier qui contient les différentes fonctions
// générales
require('fonctions.inc');
```

```
// Chargement de la liste des fruits
$requête =
  'SELECT identifiant,libelle FROM articles ORDER BY libelle';
$fruits_du_marché = db_lire_lignes_dans_tableau($requête);
?>
<?php echo '<?xml version="1.0" encoding="UTF-8"?>',"\n"; ?>
<!DOCTYPE html PUBLIC "-//W3C//DTD XHTML 1.0 Strict//EN"
  "http://www.w3.org/TR/xhtml1/DTD/xhtml1-strict.dtd">
<html xmlns="http://www.w3.org/1999/xhtml">
  <head><title>Liste des articles</title></head>
  <body>
    <!-- construction du formulaire -->
    <form action="liste-select.php" method="post">
    <div>
    Fruits préférés :<br />
    <select name="fruits[]" multiple size="8">
    <?php
    // Code PHP générant la partie dynamique du formulaire.
    // Parcourir la liste à afficher.
    foreach($fruits_du_marché as $fruit) {
      // Générer la balise 'option' avec la variable
      // l'identifiant pour l'attribut 'value' et le
      // libellé pour le texte affiché dans la liste.
      echo "<option value=\"{$fruit['identifiant']}\">
                {$fruit['libelle']}\n";
    }
    ?>
    </select>
    <input type="submit" name="ok" value="OK" /><br />
    </div>
    </form>
  </body>
</html>
```

Résultat

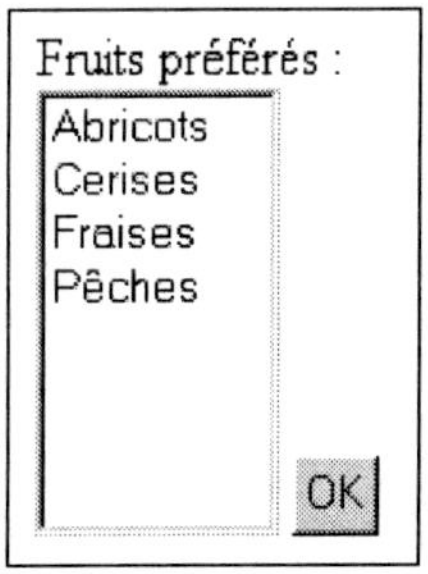

4.4 Mettre à jour des données

Mettre à jour des données consiste à exécuter des requêtes `INSERT` (création), `UPDATE` (modification) ou `DELETE` (suppression).

L'exécution de ce type de requête peut s'effectuer avec la méthode `SQLite3::query`, comme pour une requête `SELECT`. Cependant, il existe une autre méthode, `SQLite3::exec`, spécialement prévue pour exécuter une requête qui ne retourne pas de résultat, et qu'il est conseillé d'utiliser.

Syntaxe

```
Booléen SQLite3::exec(chaîne requête)
```

Avec

`requête`	Texte de la requête à exécuter.

La méthode `SQLite3::query` retourne `TRUE` en cas de succès et `FALSE` en cas d'échec (avec affichage d'un message d'alerte).

En complément, deux méthodes sont intéressantes : `SQLite3::changes` et `SQLite3::lastInsertRowId`.

La méthode `SQLite3::changes` permet de connaître le nombre de lignes concernées (insérées, modifiées ou supprimées) par la dernière requête `INSERT`, `UPDATE` ou `DELETE` exécutée sur une base.

Syntaxe

```
entier SQLite3::changes()
```

Si la dernière requête a échoué, la méthode `SQLite3::changes` retourne 0.

La méthode `SQLite3::lastInsertRowId` retourne la valeur du dernier identifiant généré par une requête `INSERT` sur une base, pour une colonne déclarée en `INTEGER PRIMARY KEY`.

Syntaxe

```
entier SQLite3::lastInsertRowId()
```

Si aucun identifiant n'a été généré automatiquement, la méthode `SQLite3::lastInsertRowId` retourne 0.

Remarque

La requête `INSERT` n'a pas besoin d'être la dernière requête exécutée sur la base.

Exemple

```
<?php
// Inclusion du fichier qui contient la définition des
// fonctions générales.
require('fonctions.inc');
// Définition d'une petite fonction d'affichage de la liste
// des articles.
function AfficherArticles() {
  $requête = 'SELECT * FROM articles';
  $articles = db_lire_lignes_dans_tableau($requête);
  if ($articles) {
    echo '<b>Liste des articles :</b><br />';
    foreach($articles as $a) {
      echo "$a[identifiant] - $a[libelle] - $a[prix]<br />";
    }
  } else {
    echo "<b>Plus d'articles.</b><br />";
  }
}
// Ouvrir la base.
$base = new SQLite3('/app/sqlite/diane.dbf');
// Affichage de contrôle.
AfficherArticles();
// Requête INSERT.
$requête = "INSERT INTO articles(libelle,prix) " .
           "VALUES('Poires',29.9)";
$résultat = $base->exec($requête);
$identifiant =
  $base->lastInsertRowID(); // récupérer l'identifiant
echo "Identifiant du nouvel article = $identifiant.<br />";
// Requête UPDATE.
$requête = 'UPDATE articles SET prix = prix * 1.1 ' .
           'WHERE prix < 40';
$résultat = $base->exec($requête);
$nombre = $base->changes();
echo "$nombre article(s) augmenté(s).<br />";
// Requête DELETE.
$requête = 'DELETE FROM articles WHERE prix > 40';
$résultat = $base->exec($requête);
$nombre = $base->changes();
echo "$nombre article(s) supprimé(s).<br />";
// Affichage de contrôle.
AfficherArticles();
?>
```

Résultat

```
Liste des articles :
1 - Abricots - 35.5
2 - Cerises - 48.9
3 - Fraises - 29.95
4 - Pêches - 37.2
Identifiant du nouvel article = 5.
4 article(s) augmenté(s).
2 article(s) supprimé(s).
Liste des articles :
1 - Abricots - 39.05
3 - Fraises - 32.945
5 - Poires - 32.89
```

Créer des formulaires qui permettent de mettre à jour les données est très simple. À titre d'exemple, nous allons construire un formulaire qui permet de faire une saisie en liste.

Présentation du formulaire

Identifiant	Libellé	Prix	Supprimer
1	Abricots	35,50	
2	Cerises	48,90	
3	Fraises	29,95	
4	Pêches	37,20	

Enregistrer

Le formulaire propose le contenu actuel de la table qui peut être modifié (saisie directe dans les zones) ou supprimé (par les cases à cocher), plus cinq lignes vides qui permettent de saisir de nouvelles valeurs ; dans tous les cas, l'identifiant n'est pas saisissable, c'est le moteur SQLite qui va l'attribuer.

Chaque ligne du tableau contient 4 zones de formulaire qui sont nommées (attribut `name` de la balise `<input>`) de la manière suivante :

Colonne	Nom
Identifiant	`saisie[i][modifier]`
Libellé	`saisie[i][libelle]`
Prix	`saisie[i][prix]`
Supprimer	`saisie[i][supprimer]`

L'indice `i` est l'identifiant de l'article pour les lignes qui existent et un numéro compris entre -1 et -5 pour les lignes vides. La zone de la colonne **Identifiant** est une zone masquée (`type="hidden"`) qui va être employée pour identifier les lignes dans lesquelles l'utilisateur a effectué une modification.

Avec ce processus de nommage, toute la saisie sera récupérée dans le script PHP sous la forme d'un tableau multidimensionnel nommé `$lignes`. Chaque ligne du tableau correspond à une ligne du formulaire avec la clé égale à l'identifiant (ou -1 à -5 pour les nouvelles lignes) et la valeur égale à un tableau associatif donnant les éléments saisis.

Pour identifier les lignes modifiées par l'utilisateur, les zones de saisie du libellé et du prix des lignes existantes contiennent le petit bout de code JavaScript suivant :

```
onChange="document.formulaire[$n].value=1"
```

Ce code JavaScript a pour effet, à chaque fois que la zone en question est modifiée, de mettre un 1 dans la zone masquée associée à la ligne. Le formulaire s'appelant `formulaire` (`<form name = "formulaire"...`), l'expression `document.formulaire[n]` désigne la énième zone du formulaire `formulaire` du document courant, la première zone du formulaire ayant le numéro 0. Dans le source, la variable `$n` est calculée pour chaque ligne `$i` du formulaire, par la formule `$n = 4 * ($i - 1)` : la zone cachée de la ligne 1 a le numéro 0 (c'est la première du formulaire), celle de la ligne 2 le numéro 4, et ainsi de suite.

Cet exemple peut (doit) être amélioré :

- Pour contrôler la saisie de l'utilisateur.
- Pour gérer les erreurs.

Source

```
<?php
// Inclusion du fichier qui contient les fonctions
// générales.
require('fonctions.inc ');
// Ouvrir la base.
```

```
$base = new SQLite3('/app/sqlite/diane.dbf');
// Traitement du formulaire.
if (isset($_POST['ok'])) {
  // Récupérer le tableau contenant la saisie.
  $lignes = $_POST['saisie'];
  foreach($lignes as $identifiant => $ligne) {
    // Nettoyage de la saisie.
    $libellé = trim($ligne['libelle']);
    // Pour le prix, remplacer la virgule par un point
    // et supprimer les espaces.
    $prix = str_replace(',','.',$ligne['prix']);
    $prix = str_replace(' ','',$prix);
    // À ce stade, il faudrait vérifier la saisie...
    // Définition de la requête à exécuter.
    // Pour chaque action, nous allons utiliser une requête
    // différente.
    $requête = '';
    if ($identifiant < 0 and $libellé.$prix != '') {
      // Identifiant négatif et quelque chose de saisi
      // = création = INSERT
      $requête = "INSERT INTO articles(libelle,prix) " .
                 "VALUES('$libellé',$prix)";
    } elseif (isset($ligne['supprimer'])) {
      // Case "supprimer" cochée = suppression = DELETE
      $requête = "DELETE FROM articles " .
                 "WHERE identifiant = $identifiant";
    } elseif (! empty($ligne['modifier'])) {
      // Zone "modifier" non vide = modification = UPDATE
      $requête = "UPDATE articles ".
                 "SET libelle = '$libellé', prix = $prix " .
                 "WHERE identifiant = $identifiant";
    }
    // Si une requête a été définie, l'exécuter.
    if ($requête != '') {
      $base->exec($requête);
      // À ce stade, il faudrait tester les erreurs...
    }
  }
}
// Recharger les articles.
$sql = 'SELECT * FROM articles';
$résultat = $base->query($sql);
// À ce stade, il faudrait tester les erreurs...
// Affichage de la page...
?>
<?php echo '<?xml version="1.0" encoding="UTF-8"?>',"\n"; ?>
```

```
<!DOCTYPE html PUBLIC "-//W3C//DTD XHTML 1.0 Strict//EN"
  "http://www.w3.org/TR/xhtml1/DTD/xhtml1-strict.dtd">
<html xmlns="http://www.w3.org/1999/xhtml">
  <head><title>Gestion des articles</title></head>
  <body>
    <!-- construction d'une table HTML à l'intérieur
    ++++ d'un formulaire -->
    <form name="formulaire" action="gestion-articles.php"
          method="post">
    <table border="1" cellpadding="4" cellspacing="0">
    <!-- ligne de titre -->
    <tr align="center">
    <th>Identifiant</th><th>Libellé</th><th>Prix</th>
                <th>Supprimer</th>
    </tr>
    <?php
    // Code PHP pour les lignes du tableau.
    if ($résultat) { // S'il y a un résultat à afficher
      // Initialisation d'un compteur de lignes.
      $i = 0;
      // Boucle de fetch.
      while ($ligne = $résultat->fetchArray()) {
        // Incrémentation du compteur de lignes.
        $i++;
        // Calcul du numéro d'ordre dans le formulaire de la
        // zone cachée correspondant à l'identifiant.
        $n = 4 * ($i - 1);
        // Mise en forme des données.
        $ligne['libelle'] = vers_page($ligne['libelle']);
        $ligne['prix'] =
          vers_page
            (number_format($ligne['prix'],2,',' ,' '));
        // Génération de la ligne de la table HTML.
        // Insertion des balises INPUT du formulaire.
        printf(
        "<tr><td>%s</td><td>%s</td><td>%s</td><td>%s</td></tr>",
        "$ligne[identifiant]
         <input type=\"hidden\"
            name=\"saisie[$ligne[identifiant]][modifier]\" />",
        "<input type=\"text\"
            name=\"saisie[$ligne[identifiant]][libelle]\"
            value=\"$ligne[libelle]\"
            onchange=\"document.formulaire[$n].value=1\" />",
        "<input type=\"text\"
            name=\"saisie[$ligne[identifiant]][prix]\"
            value=\"$ligne[prix]\"
```

```
          onchange=\"document.formulaire[$n].value=1\" />",
        "<input type=\"checkbox\"
            name=\"saisie[$ligne[identifiant]][supprimer]\"
            value=\"$ligne[identifiant]\" />");
      } // while
      // Ajout de 5 lignes vides pour la création
      // (sans identifiant, sans case de suppression).
      for($i=1;$i<=5;$i++) {
        printf(
        "<tr><td>%s</td><td>%s</td><td>%s</td><td>%s</td></tr>",
        "",
        "<input type=\"text\"
            name=\"saisie[-$i][libelle]\"
            value=\"\" />",
        "<input type=\"text\"
            name=\"saisie[-$i][prix]\"
            value=\"\" />",
        "");
      } // for
    }
    ?>
    </table>
    <p><input type="submit" name="ok" value="Enregistrer" /></p>
    </form>
  </body>
</html>
```

4.5 Gérer les erreurs

Les méthodes `SQLite3::lastErrorCode` et `SQLite3::lastErrorMsg` permettent de récupérer des informations sur l'erreur éventuelle de la dernière opération effectuée sur une base.

Syntaxe

```
entier SQLite3::lastErrorCode()
chaîne SQLite3::lastErrorMsg()
```

La méthode `SQLite3::lastErrorCode` retourne le numéro d'erreur de la dernière opération effectuée sur une base. La méthode `SQLite3::lastErrorMsg` retourne le message d'erreur de la dernière opération effectuée sur une base.

Exemple

```
<?php
// Ouvrir la base.
$base = new SQLite3('/app/sqlite/diane.dbf');
// Une bonne requête pour commencer.
```

```
$requête = 'SELECT * FROM articles';
$résultat = $base->query($requête);
$code = $base->lastErrorCode();
$message = $base->lastErrorMsg();
echo "1 : $code - $message<br />";
// Requête sur une table qui n'existe pas.
$requête = 'SELECT * FROM article';
$résultat = $base->query($requête);
$code = $base->lastErrorCode();
$message = $base->lastErrorMsg();
echo "2 : $code - $message<br />";
// requête INSERT qui viole une clé primaire.
$requête = "INSERT INTO articles(identifiant,libelle,prix) " .
           "VALUES(1,'Poires',29.9)";
$résultat = $base->query($requête);
$code = $base->lastErrorCode();
$message = $base->lastErrorMsg();
echo "3 : $code - $message<br />";
// Tentative de fetch sur un mauvais résultat.
$requête = 'SELECT * FROM article';
$résultat = $base->query($requête);
$code = $base->lastErrorCode();
$message = $base->lastErrorMsg();
echo "4 : $code - $message<br />";
$ligne = $résultat->fetchArray();
$code = $base->lastErrorCode();
$message = $base->lastErrorMsg();
echo "5 : $code - $message<br />";
?>
```

Résultat

```
1 : 0 - not an error
Warning: SQLite3::query(): Unable to prepare statement: 1,
no such table: article in /app/scripts/index.php on line 12
2 : 1 - no such table: article
Warning: SQLite3::query(): Unable to execute statement:
constraint failed in /app/scripts/index.php on line 19
3 : 19 - PRIMARY KEY must be unique
Warning: SQLite3::query(): Unable to prepare statement: 1, no such table:
article in /app/scripts/index.php on line 25
4 : 1 - no such table: article
Fatal error: Call to a member function fetchArray() on a non-object
in /app/scripts/index.php on line 29
```

Le point 5 illustre le fait que les erreurs liées à l'utilisation d'une ressource de résultat non valide n'est pas une erreur SQLite et génère une erreur fatale qui interrompt le script.

De même, une erreur d'ouverture de la base lors de l'instanciation d'un objet de la classe `SQLite3` lève une exception qu'il convient de traiter avec un bloc `try {}` (cf. chapitre Fonctions et classes).

Exemple

```
<?php
try {
  $base = new SQLite3('/mauvais/chemin/diane.dbf');
} catch (Exception $e) {
  echo 'ERREUR : ', $e->getMessage(),'<br />';
}
?>
```

Résultat

```
ERREUR : Unable to open database: unable to open database file
```

En pratique, les méthodes `SQLite3::lastErrorCode` et `SQLite3::lastErrorMsg` sont utilisées après l'exécution des requêtes mais ne sont d'aucune utilité sur l'ouverture de la base et sur les « fetch ».

Par ailleurs, nous verrons au chapitre Gérer les erreurs dans un script PHP comment supprimer l'affichage des alertes.

Ces fonctions peuvent être mises en œuvre à titre d'exemple sur une de nos fonctions génériques.

Source

```
<?php
function db_lire_ligne ($requête, &$erreur) {
  // Dans cette nouvelle version, db_lire_ligne prend un
  // deuxième paramètre par référence dans lequel un numéro
  // et un message seront stockés en cas d'erreur (sous la
  // forme d'un tableau).
  // Initialiser $erreur.
  $erreur = array(0,''); // numéro = 0 - message vide
  // Ouvrir la base et tester le résultat pour affecter
  // la variable $ok.
  try
  {
    $base = new SQLite3('/app/sqlite/diane.dbf');
    $ok = TRUE;
  } catch (Exception $e) {
    // En cas d'erreur, affecter $erreur.
    // Un code d'erreur fictif est utilisé.
    $erreur = array(-1,$e->getMessage());
    $ok = FALSE;
  }
```

```
  // Exécuter la requête et tester le résultat pour affecter
  // la variable $ok.
  if ($ok) {
    $ok = ( ($résultat = $base->query($requête)) != FALSE );
    // En cas d'erreur, récupérer les informations
    // sur l'erreur.
    if (! $ok) {
      $erreur =
        array($base->lastErrorCode(),$base->lastErrorMsg());
    }
  }
  if ($ok) { // exécution OK
    // Lire la ligne.
    $ligne = $résultat->fetchArray();
  }
  // Retourner $ligne ou FALSE en cas d'erreur.
  return ($ok)?$ligne:FALSE;
}
?>
```

Utilisation

```
<?php
// Inclure le fichier qui contient les différentes fonctions
// générales.
require('fonctions.inc');
// Premier appel avec un erreur.
$requête = 'SELECT * FROM article WHERE identifiant = 1';
if ( ! ($ligne = db_lire_ligne($requête,$erreur)) ) {
  echo "$erreur[0] - $erreur[1]<br />";
} else {
  echo "{$ligne['libelle']} - {$ligne['prix']}";
}
// Deuxième appel correct.
$requête = 'SELECT * FROM articles WHERE identifiant = 1';
if ( ! ($ligne = db_lire_ligne($requête,$erreur)) ) {
  echo "$erreur[0] - $erreur[1]<br />";
} else {
  echo "{$ligne['libelle']} - {$ligne['prix']}";
}
?>
```

Résultat

```
Warning: SQLite3::query(): Unable to prepare statement: 1,
no such table: article in /app/scripts/index.php on line 24
1 - no such table: article
Abricots - 35.5
```

5. PHP Data Objects (PDO)

PHP Data Objects (PDO) est une extension apparue en version 5.1 qui définit une interface uniforme pour accéder aux bases de données en PHP. L'accès à une base de données à travers PDO s'effectue par l'intermédiaire d'un driver qui expose les fonctionnalités de la base de données.

Il faut bien noter que PDO ne fournit pas une couche d'abstraction de la base de données mais une couche d'abstraction de l'accès aux bases de données. Les requêtes que vous écrivez doivent respecter la syntaxe de la base de données que vous utilisez ; PDO ne récrit pas les requêtes SQL et n'émule pas les fonctionnalités manquantes (à l'exception des requêtes paramétrées).

De nombreuses bases de données disposent d'un driver PDO parmi lesquelles MySQL, Oracle, Microsoft SQL Server et SQLite. À noter qu'en version 5.4, les drivers PDO pour Oracle et SQL Server sont encore expérimentaux.

PDO est une extension orientée objet qui est constituée de trois classes :

- `PDO` : connexion entre PHP et la base de données.
- `PDOStatement` : requête préparée, et, après exécution, résultat associé.
- `PDOException` : exception levée par PDO.

Dans ce chapitre, nous présenterons cette extension par l'intermédiaire d'un simple exemple commenté :

```
<?php
// Définition des paramètres de connexion.
// La syntaxe de la source (Data Source Name ou DSN)
// est spécifique à chaque driver.
// Modifier la valeur de la variable $test pour tester
// différentes bases de données.
$test = 3;
switch ($test) {
  case 1: // MySQL
    $source = 'mysql:host=localhost;dbname=diane';
    $utilisateur = 'root';
    $mot_de_passe = '';
    break;
  case 2: // Oracle
    $source = 'oci:dbname=diane';
    $utilisateur = 'demeter';
    $mot_de_passe = 'demeter';
    break;
  case 3: // SQLite (version 3.x)
    $source = 'sqlite:/app/sqlite/diane.dbf';
    $utilisateur = '';
    $mot_de_passe = '';
```

```
    break;
}
// Définition de deux requêtes de test.
// Noter que la requête d'insertion est paramétrée (c'est
// en fait la seule fonctionnalité qui est émulée par PDO,
// si elle n'est pas nativement supportée par la base de
// données).
$sql_select = 'SELECT * FROM articles ORDER BY identifiant';
$sql_insert = 'INSERT INTO articles(libelle,prix) VALUES(:p1,:p2)';
// Toutes les opérations sont effectuées dans un bloc
// 'try' afin de récupérer les exceptions levées par PDO.
try {
  // Connexion à la base de données.
  $db = new PDO($source, $utilisateur, $mot_de_passe);
  // Modification des paramètres de la connexion pour
  // demander que des exceptions soient levées en cas
  // d'erreur.
  $db->setAttribute(PDO::ATTR_ERRMODE,PDO::ERRMODE_EXCEPTION);
  // Préparer une requête pour l'insertion.
  $st = $db->prepare($sql_insert);
  // Lier les paramètres.
  $st->bindParam(':p1',$nom);
  $st->bindParam(':p2',$prix);
  // Affecter une valeur aux variables.
  $nom = 'Pommes';
  $prix = 30.5;
  // Exécuter la requête.
  // Pour les bases de données qui supportent les transactions,
  // les méthodes beginTransaction(), commit() et rollback()
  // des objets PDO peuvent être utilisées.
  $st->execute();
  // Préparer une requête pour la sélection.
  $st = $db->prepare($sql_select);
  // Exécuter la requête.
  $st->execute();
  // Récupérer le résultat.
  // Plusieurs méthodes sont disponibles pour récupérer
  // le résultat : fetch(), fetchObject(), fetchAll().
  // La méthode fetch() dispose d'un paramètre qui permet
  // de spécifier le type de résultat (tableau, objet, etc.).
  while ($ligne = $st->fetch()) {
    echo "$ligne[1] - $ligne[2]<br />\n";
  }
  // Libérer les ressources.
  $st = null;
  $db = null;
} catch (PDOException $e) {
```

```
    // Gérer les exceptions.
    echo 'Error!: ',$e->getMessage(),'<br />';
    die();
}
?>
```

Résultat

```
Abricots - 35.5
Cerises - 48.9
Fraises - 29.95
Pêches - 37.2
Pommes - 30.5
```

6. "Magic quotes" : le retour

6.1 Préambule

Nous avons vu dans le chapitre Gérer les formulaires que les versions précédentes de PHP proposaient une fonctionnalité, appelée "magic quotes", dont l'objectif principal était de résoudre un problème lié à l'enregistrement des données dans une base de données, en effectuant un encodage sur les données saisies dans un formulaire.

Exemple (insertion en base d'une donnée qui contient une apostrophe)

```
<?php
// Donnée qui pose problème (peut être saisie innocemment
// dans un formulaire).
$libellé = "Pomme d'api";
$prix = 10;
// Requête.
$requête = "INSERT INTO articles(libelle,prix) " .
           "VALUES('$libellé',$prix)";
echo "$requête<br />";
// Exécution avec MySQL.
echo "<p><b>MySQL</b><br />";
$connexion = mysqli_connect();
$ok = mysqli_select_db($connexion,'diane');
$résultat = mysqli_query($connexion,$requête);
echo mysqli_error($connexion),'<br />'; // MySQL ne génère pas d'alerte
// Exécution avec Oracle.
echo "<p><b>Oracle</b><br />";
$connexion = oci_connect('demeter','demeter','diane');
$résultat = oci_execute(oci_parse($connexion,$requête));
// Exécution avec SQLite.
echo "<p><b>SQLite</b><br />";
```

```
$base = new SQLite3('/app/sqlite/diane.dbf');
$résultat = $base->query($requête);
?>
```

Résultat

```
INSERT INTO articles(libelle,prix) VALUES('Pomme d'api',10)

MySQL
You have an error in your SQL syntax; check the manual that corresponds
to your MySQL server version for the right syntax to use near 'api',10)'
at line 1

Oracle
Warning: oci_parse(): ORA-01756: quoted string not properly terminated
in /app/scripts/index.php on line 19
Warning: oci_execute() expects parameter 1 to be resource,
boolean given in /app/scripts/index.php on line 19

SQLite
Warning: SQLite3::query(): Unable to prepare statement: 1,
near "api": syntax error in /app/scripts/index.php on line 23
```

En SQL, le délimiteur de chaîne de caractères est l'apostrophe : si une requête envoie la chaîne `'Pomme d'api'` à la base, cette dernière va interpréter `'Pomme d'` comme une chaîne et ne saura pas quoi faire du reste (`api'`).

Pour régler ce problème, il faut indiquer à la base que les apostrophes à l'intérieur de la chaîne ne sont pas les délimiteurs de la chaîne, généralement en faisant précéder l'apostrophe d'un caractère "magique" (d'échappement) : c'est le caractère antislash (\) pour MySQL ou apostrophe (') pour MySQL et d'autres bases comme Oracle, Sybase, Microsoft SQL Server ou SQLite.

Exemple

```
<?php
// Donnée corrigée (valable pour toutes les bases).
$libellé = "Pomme d''api";
$prix = 10;
// Requête.
$requête = "INSERT INTO articles(libelle,prix) " .
           "VALUES('$libellé',$prix)";
echo "$requête<br />";
// Exécution avec MySQL.
echo "<p><b>MySQL</b><br />";
$connexion = mysqli_connect();
$ok = mysqli_select_db($connexion,'diane');
$résultat = mysqli_query($connexion,$requête);
echo mysqli_error($connexion),'<br />'; // MySQL ne génère pas d'alerte
// Exécution avec Oracle.
```

```
echo "<p><b>Oracle</b><br />";
$connexion = oci_connect('demeter','demeter','diane');
$résultat = oci_execute(oci_parse($connexion,$requête));
// Exécution avec SQLite.
echo "<p><b>SQLite</b><br />";
$base = new SQLite3('/app/sqlite/diane.dbf');
$résultat = $base->query($requête);
?>
```

Résultat

```
INSERT INTO articles(libelle,prix) VALUES('Pomme d''api',10)
MySQL
Oracle
SQLite
```

En ce qui concerne MySQL, un encodage avec le caractère antislash (\) aurait aussi fonctionné (mais pas avec les autres bases).

```
$libellé = "Pomme d\'api";
```

Dans les versions précédentes de PHP, la fonctionnalité "magic quotes" d'encodage automatique répondait à cette problématique : si elle était active (directive de configuration `magic_quotes_gpc = on`), toutes les données issues d'un formulaire (méthodes `GET` ou `POST`), d'une URL (méthode `GET`) ou d'un cookie étaient automatiquement encodées avec le caractère antislash (\), ou apostrophe (') si la directive de configuration `magic_quotes_sybase` était à `on`.

En version 5.4, la fonctionnalité "magic quotes" a été définitivement supprimée car elle posait d'autres problèmes par ailleurs.

En conséquence, nous allons devoir effectuer l'encodage nécessaire au moment de l'enregistrement dans la base ; c'est ce que nous allons voir dans la section suivante.

6.2 Chargement des données en provenance d'une base

Avant la version 5.3, un encodage "magic quotes" automatique était possible sur les données lues dans une base, mais uniquement pour MySQL et SQL Server.

Pour cela, il suffisait d'affecter la valeur `on` à la directive de configuration `magic_quotes_runtime`.

Depuis la version 5.3, cette fonctionnalité était dépréciée et elle a été définitivement supprimée en version 5.4.

En conséquence, une donnée lue à partir d'une base de données ne subit aucun encodage "magic quotes" automatique, ce qui est une bonne chose pour la manipulation de cette donnée et notamment son affichage. Si la donnée lue est destinée à être de nouveau enregistrée dans la base de données, il faudra juste échapper correctement les apostrophes (voir le point suivant).

Exemple

```
<?php
// Requête.
$requête = "SELECT libelle FROM articles " .
           "WHERE libelle LIKE '%api%'";
// Exécution avec MySQL.
$connexion = mysqli_connect();
$ok = mysqli_select_db($connexion,'diane');
$résultat = mysqli_query($connexion,$requête);
$article = mysqli_fetch_array($résultat);
echo "$article[0]<br />";
?>
```

Résultat

```
Pomme d'api
```

6.3 Mise à jour des données dans la base

Pour la mise à jour des données dans la base, il faut s'assurer que toutes les données de type "texte" ont le caractère d'échappement adapté (\ ou ' pour MySQL, ' pour les autres bases) devant chaque apostrophe.

Les fonctions `addslashes` et `mysqli_real_escape_string` ainsi que la méthode `SQLite3::escapeString` peuvent être utilisées pour cela.

Syntaxe

```
chaîne addslashes(chaîne valeur)
chaîne mysqli_real_escape_string(objet connexion,chaîne valeur)
chaîne SQLite3::escapeString(chaîne valeur)
```

Avec

`connexion`	Identifiant de connexion retourné par la fonction `mysqli_connect`.
`valeur`	Chaîne de caractères à échapper.

La fonction `mysqli_real_escape_string` ajoute un antislash (\) devant tous les caractères apostrophe (`'`), guillemet (`"`), antislash (\), `NUL` (ASCII 0), retour à la ligne (`\n`) et retour chariot (`\r`) trouvés dans la chaîne `valeur`.

La fonction `addslashes` ajoute un antislash (\) devant tous les caractères apostrophe (`'`), guillemet (`"`), antislash (\) et `NUL` (ASCII 0) trouvés dans la chaîne `valeur`.

La méthode `SQLite3:escapeString` ajoute simplement un apostrophe devant tous les caractères apostrophe (`'`) trouvés dans la chaîne `valeur`.

Remarque

Le paramètre `valeur` ne doit pas déjà être échappé !

Exemple

```
<?php
$valeur = " ' \ \" "; // c'est pour tester...
// addslashes
echo addslashes($valeur),'<br />';
// mysqli_real_escape_string
$connexion = mysqli_connect();
echo mysqli_real_escape_string($connexion,$valeur),'<br />';
// SQLite3::escapeString
$base = new SQLite3('/app/sqlite/diane.dbf');
echo $base->escapeString($valeur),'<br />';
?>
```

Résultat

```
\' \\ \"
\' \\ \"
'' \ "
```

Si vous travaillez spécifiquement avec une base de données MySQL ou SQLite, il est recommandé d'utiliser la fonction ou méthode spécifique de cette base de données.

Si vous souhaitez avoir un code qui fonctionne avec toutes les bases de données, et notamment Oracle, la solution est d'écrire votre propre fonction.

Exemple

```
<?php
function vers_base($valeur) {
  // Le seul caractère qui pose vraiment problème est l'apostrophe (') ;
  // c'est donc le seul qui est échappé par cette fonction.
  // Une solution valable pour toutes les bases consiste à
  // l'échapper par lui-même => remplacement de ' par ''.
  return str_replace("'","''",$valeur);
}
$valeur = "Pomme d'api";
echo vers_base($valeur);
?>
```

Résultat

```
Pomme d''api
```

Une telle fonction peut facilement être appelée lors de la construction d'une requête.

Exemple

```
<?php
function vers_base($valeur) {
  // Le seul caractère qui pose vraiment problème est l'apostrophe (') ;
  // c'est donc le seul qui est échappé par cette fonction.
  // Une solution valable pour toutes les bases consiste à
  // l'échapper par lui-même => remplacement de ' par ''.
  return str_replace("'","''",$valeur);
}
$libellé = "Pomme d'api";
$prix = 10;
// L'utilisation du sprintf rend plus lisible la construction
// de la requête.
$requête = sprintf(
  "INSERT INTO articles(libelle,prix) VALUES('%s',%s)",
  vers_base($libellé),
  $prix);
echo $requête;
?>
```

Résultat

```
INSERT INTO articles(libelle,prix) VALUES('Pomme d''api',10)
```

Il est possible aussi d'écrire une fonction générique, dans le même esprit que la fonction `sprintf`, en marquant l'emplacement des paramètres par une séquence `%n`, `n` valant 1 pour le premier paramètre, 2 pour le deuxième... Cette fonction accepte un nombre variable de paramètres, le premier étant la structure de la requête et les suivants les valeurs des paramètres dans l'ordre de numérotation (cf. chapitre Variables, constantes, types et tableaux - section Quelques fonctions utiles sur les chaînes de caractères, les dates et les nombres).

Exemple

```
<?php
function construire_requête($sql) {
  // Récupérer le nombre de paramètres.
  $nombre_param = func_num_args();
  // Boucler sur tous les paramètres à partir du deuxième
  // (le premier contient la requête de base).
  for($i=1;$i<$nombre_param;$i++) {
    // Récupérer la valeur du paramètre.
    $valeur = func_get_arg($i);
    // Si c'est une chaîne, l'échapper.
    if (is_string($valeur)) {
      $valeur = str_replace("'","''",$valeur);
    }
    // Mettre la valeur à son emplacement %n (n = $i).
```

```
    $sql = str_replace("%$i",$valeur,$sql);
  }
  // Retourner la requête.
  return $sql;
}
// Des variables contiennent des valeurs venant de quelque part...
$libellé = "Pomme d'api";
$prix = 10;
// Construction de la requête.
$requête = construire_requête(
  "INSERT INTO articles(libelle,prix) VALUES('%1',%2)",
  $libellé,
  $prix);
echo $requête;
?>
```

Résultat

```
INSERT INTO articles(libelle,prix) VALUES('Pomme d''api',10)
```

Remarque

Il n'y a pas de problème de ce type lors de l'utilisation de requêtes paramétrées dans Oracle ou MySQL.

Exemple avec Oracle

```
<?php
// Connexion.
$connexion = oci_connect('demeter','demeter','diane');
// requête INSERT (paramétrée).
$requête = 'INSERT INTO articles(libelle,prix)
            VALUES(:p1,:p2)';
// Analyse.
$curseur = oci_parse($connexion,$requête);
// Association entre les variables et les paramètres.
oci_bind_by_name($curseur,':p1',$libellé,50);
oci_bind_by_name($curseur,':p2',$prix,32);
// Exécution de la requête.
$libellé = "Pomme d'api"; // pas de problème avec d'api
$prix = 10;
$ok = oci_execute($curseur); // COMMIT automatique
$nombre = oci_num_rows($curseur);
echo "$nombre article inséré.";
?>
```

Résultat

```
1 article inséré.
```

Chapitre 9
Gérer les sessions

1. Description du problème

Le protocole HTTP (*HyperText Transfer Protocol*) est un protocole "sans état" : rien ne permet d'identifier que c'est le même utilisateur qui était précédemment sur la page A et qui, maintenant, accède à la page B.

En ce qui concerne PHP, nous savons maintenant qu'une variable a une portée égale au script dans lequel elle est définie, et qu'elle existe uniquement le temps de l'exécution du script.

Exemple

– Page HTML de « connexion » :

```
<!DOCTYPE html PUBLIC "-//W3C//DTD XHTML 1.0 Strict//EN"
  "http://www.w3.org/TR/xhtml1/DTD/xhtml1-strict.dtd">
<html xmlns="http://www.w3.org/1999/xhtml">
  <head><title>Saisie</title></head>
  <body>
    <form action="accueil.php" method="post">
    <div>
    Nom : <input type="text" Name="nom" value= "" /><br />
    <input type="submit" name="ok" value="OK" />
    </div>
    </form>
  </body>
</html>
```

– Script PHP pour le traitement de la page :

```
<?php
// Traitement du formulaire.
if (! empty($_POST)) {
   // Récupérer l'information saisie.
   $nom = $_POST['nom'];
}
// Affichage de la page d'accueil.
?>
<!DOCTYPE html PUBLIC "-//W3C//DTD XHTML 1.0 Strict//EN"
  "http://www.w3.org/TR/xhtml1/DTD/xhtml1-strict.dtd">
<html xmlns="http://www.w3.org/1999/xhtml">
  <head><title>Accueil</title></head>
  <body>
     <div>
     Bonjour <?php echo isset($nom)?$nom:''; ?> !<br />
     <!-- lien vers une autre page -->
     <a href="action.php">Action</a>
  </body>
</html>
```

– Script PHP appelé par le lien :

```
<!DOCTYPE html PUBLIC "-//W3C//DTD XHTML 1.0 Strict//EN"
  "http://www.w3.org/TR/xhtml1/DTD/xhtml1-strict.dtd">
<html xmlns="http://www.w3.org/1999/xhtml">
  <head><title>Action</title></head>
  <body>
     <div>
     <!-- affichage du nom de l'utilisateur -->
     Bonjour <?php echo isset($nom)?$nom:''; ?> !<br />
     Action...
  </body>
</html>
```

Résultat

– Affichage initial et saisie :

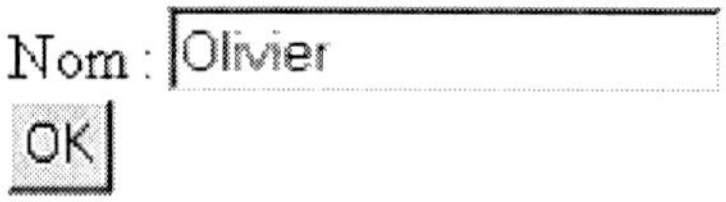

– Résultat du clic sur le bouton **OK** :

Bonjour Olivier !
Action

– Résultat du clic sur le lien :

Bonjour !
Action...

L'information saisie sur la première page est définie dans la deuxième page qui est justement appelée pour traiter la saisie du formulaire. La variable `$nom`, définie dans ce script, n'existe pas dans le script `action.php` (problème de portée).

Le problème est le même si le script `accueil.php` est appelé de nouveau par le lien.

Exemple

```
<?php
// Traitement du formulaire.
if (! empty($_POST)) {
   // Récupérer l'information saisie.
   $nom = $_POST['nom'];
}
// Affichage de la page d'accueil.
?>
<!DOCTYPE html PUBLIC "-//W3C//DTD XHTML 1.0 Strict//EN"
  "http://www.w3.org/TR/xhtml1/DTD/xhtml1-strict.dtd">
<html xmlns="http://www.w3.org/1999/xhtml">
  <head><title>Accueil</title></head>
  <body>
     <div>
     Bonjour <?php echo isset($nom)?$nom:''; ?> !<br />
     <!-- lien vers une autre page -->
    <a href="accueil.php">Accueil</a>
  </body>
</html>
```

Résultat

– Affichage dans la page d'accueil après l'identification :

Bonjour Olivier !
Accueil

– Résultat du clic sur le lien :

Bonjour !
Accueil

Le résultat est le même : la valeur de la variable à la fin de la première exécution du script n'est pas conservée à la fin du script (problème de durée de vie).

Or, un site interactif qui ne se contente pas d'afficher des pages les unes derrière les autres, a souvent besoin, du point de vue de la logique applicative, d'identifier un utilisateur d'une page à l'autre et de conserver des informations relatives à cet utilisateur d'une page à l'autre (typiquement, un panier électronique constitué par l'utilisateur sur une page doit toujours être défini sur la page permettant le paiement).

Le terme "session" désigne la période de temps correspondant à la navigation continue d'un utilisateur sur un site. "Gérer les sessions" signifie donc être en mesure d'identifier l'instant où un nouvel utilisateur accède à une page du site et de conserver des informations relatives à cet utilisateur jusqu'à ce qu'il quitte le site. L'utilisateur n'est pas forcément un utilisateur authentifié par un nom et un mot de passe mais peut très bien être un "anonyme", non référencé par le site, qui effectue un achat. De plus en plus, les sites interactifs proposent des fonctionnalités d'identification (membre, abonné...) car cela permet de conserver des informations sur l'utilisateur d'une visite à l'autre (préférences par exemple). Cette possibilité est également étudiée dans ce chapitre mais du point de vue de la notion de session, la visite de l'utilisateur le vendredi correspondra à une session différente de sa visite du lundi, même si certaines informations saisies le lundi sont susceptibles d'être restituées le vendredi.

Ce chapitre a pour objectif de présenter les différentes techniques qui vont permettre, d'une part d'identifier un utilisateur et, d'autre part, de "suivre" cet utilisateur et les données qui lui sont associées, d'une page à l'autre.

En préambule, nous allons voir comment authentifier un utilisateur et créer un identifiant unique.

Nous allons ensuite aborder pour la gestion des sessions, les méthodes "artisanales" puis les nouvelles fonctionnalités offertes par PHP depuis la version 4.

Enfin, nous allons terminer ce chapitre en évoquant les techniques permettant de conserver des informations d'une visite à l'autre.

2. Authentification

2.1 Vue d'ensemble

Certains sites ont besoin d'authentifier les utilisateurs qui accèdent au site afin de vérifier que ces derniers sont bien inscrits.

Cette authentification comprend généralement deux étapes :

- Saisie par l'utilisateur d'informations d'identification, typiquement un nom et un mot de passe.
- Vérification que l'identification saisie correspond bien à un utilisateur inscrit.

2.2 Saisie de l'identification

L'identification peut être saisie de deux manières :

- Par l'intermédiaire d'un formulaire prévu à cet effet.
- Par les fonctions d'authentification HTTP.

Formulaire

Il est très simple de créer un petit formulaire permettant à l'utilisateur de saisir un nom et un mot de passe.

Exemple de script PHP (login.php) qui affiche ce formulaire
(fonction de vérification utilisateur_existe, pour l'instant non définie)

```
<?php
// Inclusion du fichier contenant les fonctions générales.
include('fonctions.inc');
// Fonction qui vérifie que l'identification saisie
// est correcte.
function utilisateur_existe($identifiant,$mot_de_passe) {
   // Aléatoire, en attendant mieux...
   return (bool) rand(0,1);
}
// Initialisation des variables.
$identifiant = '';
$mot_de_passe = '';
$message = '';
// Traitement du formulaire.
if (isset($_POST['connexion'])) {
   // Récupérer les information saisies.
   $identifiant = $_POST['identifiant'];
   $mot_de_passe = $_POST['mot_de_passe'];
```

```
    // Vérifier que l'utilisateur existe.
    if (utilisateur_existe($identifiant,$mot_de_passe)) {
       // L'utilisateur existe...
       // Partir sur une autre page et interrompre
       // le script.
       header('location: accueil.php');
       exit;
    } else {
       // L'utilisateur n'existe pas...
       // Afficher un message et proposer de
       // nouveau l'identification.
       $message  = 'Identification incorrecte. ';
       $message .= 'Essayez de nouveau.';
       // Laisser le formulaire s'afficher de nouveau...
    }
}
?>
<!DOCTYPE html PUBLIC "-//W3C//DTD XHTML 1.0 Strict//EN"
  "http://www.w3.org/TR/xhtml1/DTD/xhtml1-strict.dtd">
<html xmlns="http://www.w3.org/1999/xhtml">
  <head><title>MonSite.com</title></head>
  <body>
    <form action="login.php" method="post">
    <table border="0">
    <tr>
      <td align="right">Identifiant :</td>
      <td><input type="text" Name="identifiant" value=
           "<?php echo vers_formulaire($identifiant); ?>" /></td>
    </tr>
    <tr>
      <td align="right">Mot de passe :</td>
      <td><input type="password" Name="mot_de_passe" value=
           "<?php echo vers_formulaire($mot_de_passe); ?>" /></td>
    </tr>
    <tr>
      <td></td>
      <td align="right"><input type="submit" name="connexion"
                         value="Connexion" /></td>
    </tr>
    </table>
    <?php echo $message; ?>
    </form>
  </body>
</html>
```

Résultat

– Affichage initial :

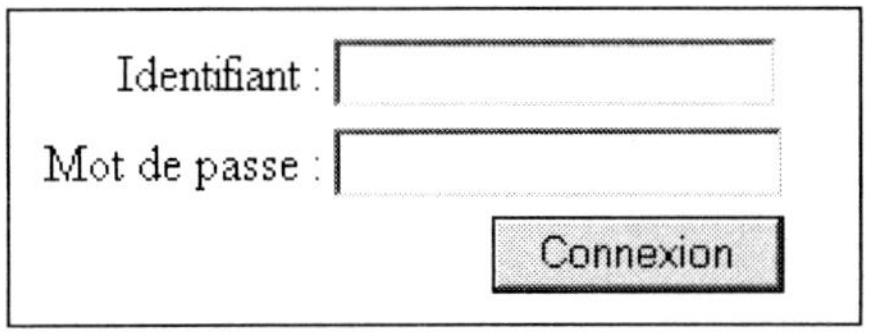

– Saisie :

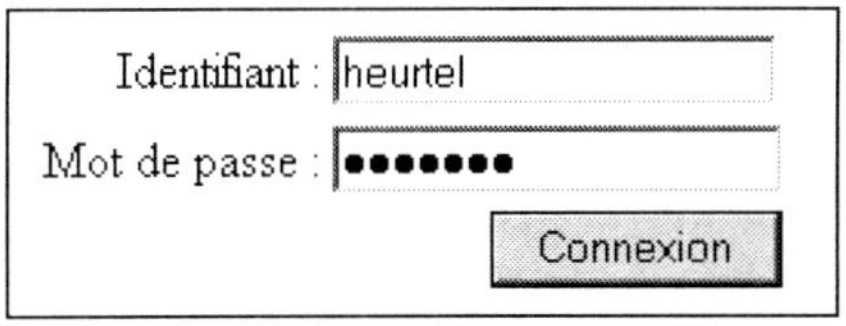

– Résultat si l'identification est erronée :

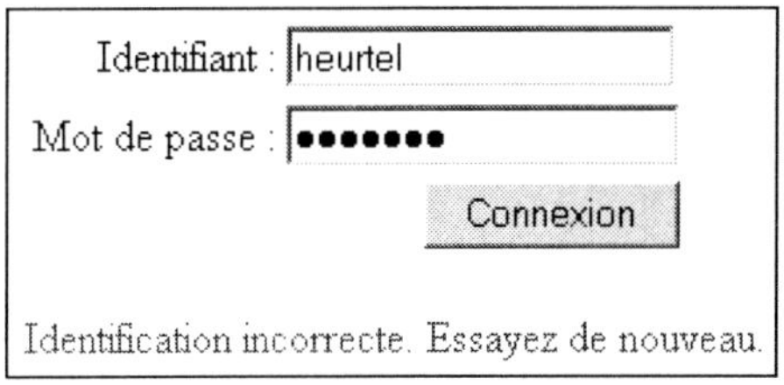

L'utilisation d'une zone de type `password` permet de masquer la saisie du mot de passe.

Si la saisie est incorrecte, la page est proposée de nouveau. Dans le cas contraire, une page d'accueil est affichée.

Authentification HTTP

À l'aide de la fonction `header`, il est possible de demander au navigateur d'afficher une fenêtre de dialogue invitant l'utilisateur à saisir un nom et un mot de passe. Le message d'en-tête à envoyer est :

```
WWW-Authenticate: Basic realm="xxxxx"
```

`xxxxx` = nom affiché (nom d'organisation par exemple)

Si l'utilisateur clique sur le bouton **OK**, le script est appelé de nouveau avec les valeurs saisies disponibles dans les variables prédéfinies `PHP_AUTH_USER` et `PHP_AUTH_PW` accessibles dans le tableau associatif `$_SERVER`.

Exemple (script login.php avec cette technique)

```
<?php
// Inclusion du fichier contenant les fonctions générales.
include('fonctions.inc');
// Fonction qui vérifie que l'identification saisie
// est correcte.
function utilisateur_existe($identifiant,$mot_de_passe) {
  // Aléatoire, en attendant mieux...
  return (bool) rand(0,1);
}
// Fonction qui affiche l'authentification HTTP.
function authentification($message) {
  header("WWW-Authenticate: Basic realm=\"$message\"");
  // Si l'utilisateur clique sur le bouton annuler,
  // les lignes suivantes s'exécutent (sinon, le script est
  // de nouveau appelé mais avec $PHP_AUTH_USER renseigné
  // et le script ne passera plus par ici).
  // Afficher un message et proposer à l'utilisateur
  // d'essayer de nouveau.
  echo 'Vous devez saisir un nom et un mot de passe ',
       'pour accéder au site.<br />';
  echo '<a href="login.php">Essayer de nouveau</a>';
  exit;
}
if (! isset($_SERVER['PHP_AUTH_USER'])) {
  // Pas de variable $PHP_AUTH_USER = premier appel du script.
  // Demande d'identification.
  authentification('MonSite.com');
} else {
  // Variable $PHP_AUTH_USER existe = appel après saisie.
  // Récupérer les information saisies.
  $identifiant = $_SERVER['PHP_AUTH_USER'];
  $mot_de_passe = $_SERVER['PHP_AUTH_PW'];
  // Vérifier que l'utilisateur existe.
  if (utilisateur_existe($identifiant,$mot_de_passe)) {
    // L'utilisateur existe...
    // Partir sur une autre page et interrompre le script.
    header('location: accueil.php');
    exit;
  } else {
    // L'utilisateur n'existe pas...
    // Essayer de nouveau.
    authentification('MonSite.com : identification incorrecte');
  }
}
?>
```

Résultat

– Affichage initial (Internet Explorer version 9) :

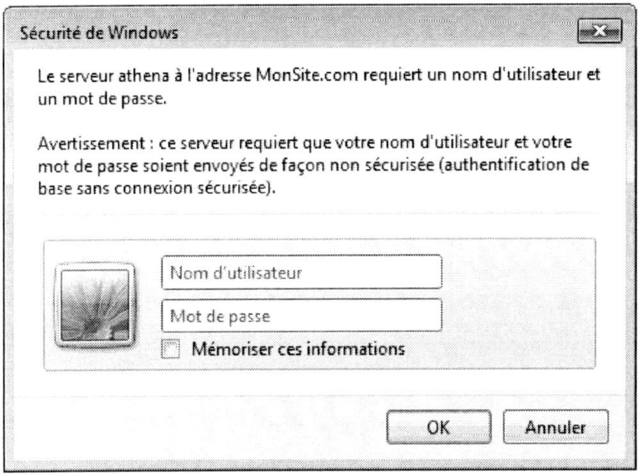

– Clic sur le bouton **Annuler** :

Vous devez saisir un nom et un mot de passe pour accéder au site.
Essayer de nouveau

– Nouvel affichage (par le lien) et saisie :

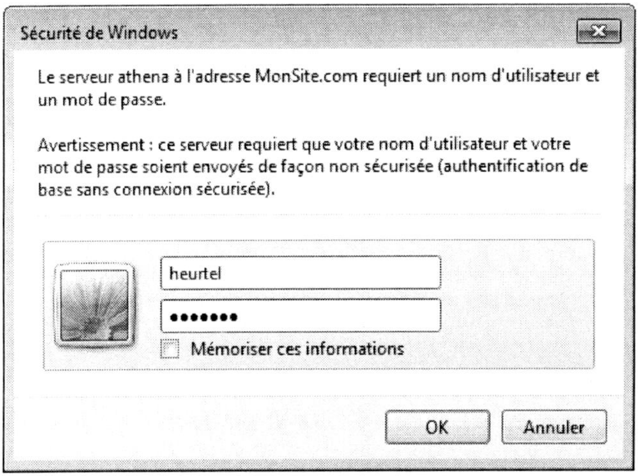

– Nouvel affichage si l'identification est incorrecte :

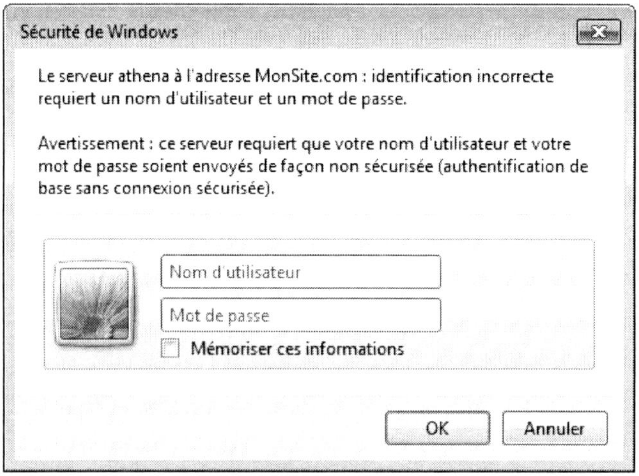

Si l'identification est correcte, une page d'accueil est affichée.

Remarque

Pour l'instant, sur les deux exemples, l'accès à la page d'accueil n'est pas protégé : un utilisateur qui demande cette page y accède sans problème.

2.3 Vérifier l'identification saisie

Quelle que soit la méthode d'identification utilisée au point précédent, il convient ensuite de vérifier que les informations saisies correspondent bien à un utilisateur "connu".

Typiquement, ce contrôle est réalisé à l'aide d'une base de données qui contient la liste des utilisateurs, ainsi que, sans doute d'autres informations.

Nous allons prendre comme hypothèse de travail, pour la suite, l'utilisation d'une base MySQL, et dans cette base, l'existence d'une table `utilisateurs` présentant deux colonnes, `identifiant` et `mot_de_passe`.

Exemple

```
<?php
// Fonction qui vérifie que l'identification saisie
// est correcte.
function utilisateur_existe($identifiant,$mot_de_passe) {
  // Connexion et sélection de la base de données.
  $connexion = mysqli_connect();
  mysqli_select_db($connexion,'diane');
```

```
  // Définition et exécution d'une requête préparée.
  $sql  = 'SELECT 1 FROM utilisateurs ';
  $sql .= 'WHERE identifiant = ? AND mot_de_passe = ?';
  $requête = mysqli_stmt_init($connexion);
  $ok = mysqli_stmt_prepare($requête,$sql);
  $ok = mysqli_stmt_bind_param
        ($requête,'ss',$identifiant,$mot_de_passe);
  $ok = mysqli_stmt_execute($requête);
  mysqli_stmt_bind_result($requête,$existe);
  $ok = mysqli_stmt_fetch($requête);
  mysqli_stmt_free_result($requête);
  // L'identification est bonne si la requête a retourné
  // une ligne (l'utilisateur existe et le mot de passe
  // est bon).
  // Si c'est le cas $existe contient 1, sinon elle est
  // vide. Il suffit de la retourner en tant que booléen.
  return (bool) $existe;
}
?>
```

D'autres méthodes d'authentification qui ne s'appuient pas sur une base de données sont envisageables (simple fichier par exemple).

3. Créer un identifiant unique

Dans de nombreuses situations, dont celles relatives à la gestion des sessions, il est nécessaire de générer des identifiants uniques.

En effet, dans le contexte de la gestion des sessions, cet identifiant est souvent utile car il permet, comme son nom l'indique, d'identifier les sessions, et donc de pouvoir les différencier.

PHP propose la fonction `uniqid` pour générer des identifiants uniques.

Syntaxe

`*chaîne* uniqid()([*chaîne* préfixe [, *booléen* plus_unique]])`

`préfixe` Préfixe à ajouter à l'identifiant.
Mettre une chaîne vide ou ne rien mettre si vous ne souhaitez pas de préfixe.

`plus_unique` Si ce paramètre est positionné à `TRUE`, des données supplémentaires sont ajoutées à la fin de la valeur retournée pour obternir un identifiant plus long et plus difficilement identifiable.

La fonction `uniqid` retourne une chaîne de treize caractères, ou vingt-trois si le paramètre `plus_unique` est à `TRUE` (sans compter le préfixe) calculée à partir de l'heure courante en microsecondes.

Exemple

```
<?php
echo uniqid(),'<br />';
echo uniqid(),'<br />';
echo uniqid('abc'),'<br />';
echo uniqid('',TRUE) ,'<br />';
?>
```

Résultat

```
46a441974c4b7
46a441974c4c3
abc46a441974c4c8
46a441974c4cb2.69830597
```

Cet exemple montre que l'identifiant généré est unique, même si la différence entre deux appels successifs est faible. Par contre, l'identifiant généré peut être jugé insuffisamment aléatoire et un peu trop facile à déterminer.

Une technique classique consiste alors à chiffrer l'identifiant généré. La fonction `md5` permet de le faire très facilement, en utilisant une méthode MD5.

Syntaxe

```
chaîne md5(chaîne valeur)
```

`Valeur`	Chaîne à chiffrer.

La fonction `md5` retourne la chaîne chiffrée.

Exemple

```
<?php
echo md5('olivier');
?>
```

Résultat

```
d3ca5dde60f88db606021eeba2499c02
```

La combinaison des fonctions `uniqid` et `md5` donne le code suivant :

```
<?php
echo md5(uniqid()),'<br />';
echo md5(uniqid()),'<br />';
?>
```

Résultat

```
d4ca38f2b9a349dd1138497046ceb15e
952afa792bfcbb08c94cd6dee357e590
```

Le nouvel identifiant comprend 32 caractères ; il est, maintenant, plus aléatoire et moins facile à déterminer.

Pour les paranoïaques de la sécurité, il est possible d'aller encore plus loin en utilisant, en plus, un préfixe aléatoire.

Exemple

```
<?php
echo md5(uniqid(rand())),'<br />';
echo md5(uniqid(rand())),'<br />';
?>
```

Résultat

```
afa8a8704dd18d9f61b726aceeb0a80b
06f7a56aeba14bc4ce70b7b5d66d4aa0
```

Une fonction générique peut être écrite pour définir un identifiant unique.

Exemple

```
<?php
function identifiant_unique() {
  // génération de l'identifiant
  return md5(uniqid(rand()));
}
?>
```

4. Passer des informations par l'URL

4.1 Principe

L'URL (*Uniform Resource Locator*) peut être utilisée pour passer des informations d'une page à une autre.

Syntaxe

```
url_classique?nom=valeur[&...]
```

Le point d'interrogation (?) introduit la liste des paramètres de l'URL séparés par le caractère esperluette (&) ; chaque paramètre est constitué par un couple nom/valeur sous la forme `nom=valeur`.

Exemples

```
www.monsite.com/info/accueil.php?prenom=Olivier
chercher.php?prenom=Olivier&nom=HEURTEL
```

En PHP, les paramètres passés à l'URL correspondant à un script sont disponibles dans ce script sous la forme de variables sans avoir besoin d'effectuer la moindre analyse de l'URL.

Les principes de récupération de la variables sont les mêmes que pour les valeurs saisies dans un formulaire (cf. chapitre Gérer les formulaires).

Tous les paramètres de l'URL sont automatiquement enregistrés dans le tableau associatif `$_GET` : la clé du tableau est égale au nom du paramètre.

Exemple

- Script `page1.php`

```
<?php
// Initialisation d'une variable.
$nom='Olivier';
?>
<!DOCTYPE html PUBLIC "-//W3C//DTD XHTML 1.0 Strict//EN"
  "http://www.w3.org/TR/xhtml1/DTD/xhtml1-strict.dtd">
<html xmlns="http://www.w3.org/1999/xhtml">
  <head><title>Page 1</title></head>
  <body>
    <div>
    <!-- lien vers la page 2 en passant la valeur de $nom
         dans l'URL -->
    <a href="page2.php?nom=<?php echo $nom; ?>">Page 2</a>
    </div>
  </body>
</html>
```

- Source de la page dans le navigateur

```
<!DOCTYPE html PUBLIC "-//W3C//DTD XHTML 1.0 Strict//EN"
  "http://www.w3.org/TR/xhtml1/DTD/xhtml1-strict.dtd">
<html xmlns="http://www.w3.org/1999/xhtml">
  <head><title>Page 1</title></head>
  <body>
    <div>
    <!-- lien vers la page 2 en passant la valeur de $nom
         dans l'URL -->
    <a href="page2.php?nom=Olivier">Page 2</a>
    </div>
  </body>
</html>
```

– Script page2.php

```
<?php
$nom = $_GET['nom'];
echo $nom;
?>
```

Résultat

– Affichage de la page 1 :

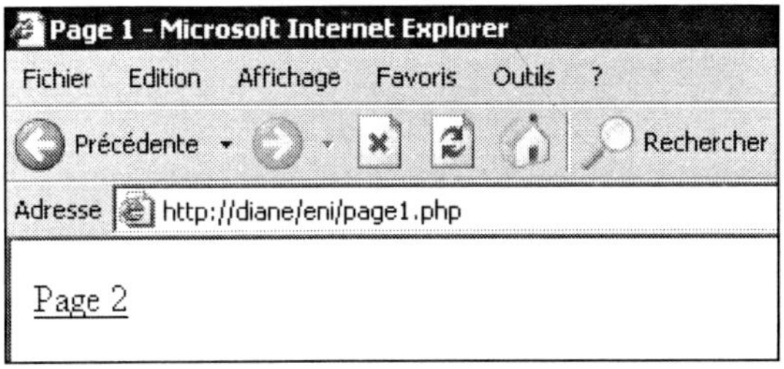

– Résultat du clic sur le lien :

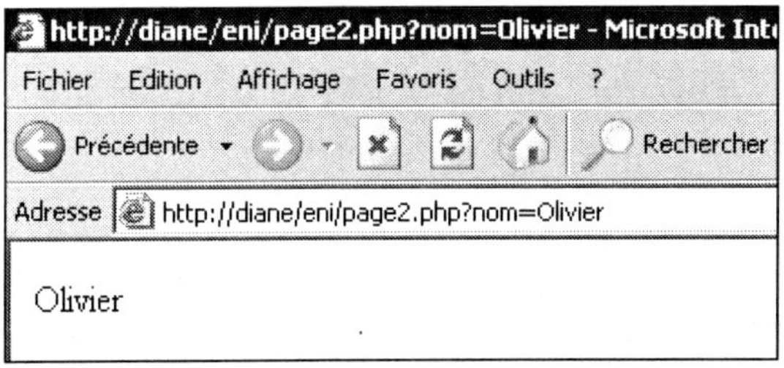

Ainsi, des variables définies dans un script peuvent être transmises à un autre script. C'est la valeur qui est transmise, pas la variable elle-même ; rien n'interdit dans le script cible de récupérer la valeur pour la mettre dans une variable portant un autre nom.

Si la valeur à transmettre ne contient pas de caractères spéciaux (espace, esperluette (&), point d'interrogation (?), etc.), elle peut être placée directement dans l'URL comme indiqué précédemment. Dans le cas contraire, il est nécessaire de l'encoder pour éviter que ces caractères particuliers soient mal interprétés.

Sur l'exemple précédent, si la variable contient "Olivier & Xavier", seul "Olivier" sera récupéré dans la variable `$nom` à l'arrivée car le `&` est interprété comme le séparateur de paramètre.

Cet encodage peut être réalisé très facilement grâce aux fonctions `urlencode` ou `rawurlencode`.

Syntaxe

```
chaîne urlencode(chaîne valeur)
chaîne rawurlencode(chaîne valeur)
```

`valeur` Chaîne à encoder.

Ces deux fonctions retournent la chaîne après encodage. L'encodage consiste à remplacer tous les caractères non alphanumériques par une séquence `%xy`, `xy` étant un nombre hexadécimal égal au code ASCII du caractère. La différence entre les deux fonctions est subtile et concerne juste le caractère espace : la fonction `urlencode` remplace les espaces par le caractère "plus" (+), le vrai caractère "plus" étant lui-même encodé, alors que la fonction `rawurlencode` remplace les espaces par la séquence `%20` (code ASCII 32 en hexadécimal). La fonction `urlencode` est conforme au type MIME application/x-www-form-urlencoded (type utilisé pour transmettre les valeurs des formulaires) alors que la fonction `rawurlencode` est conforme à la RFC1738 ; a priori, il faut plutôt employer la fonction `rawurlencode`.

Exemple

```
<?php
// Initialisation d'une variable.
$nom='Olivier & Xavier';
echo urlencode($nom),'<br />';
echo rawurlencode($nom),'<br />';
?>
```

Résultat

```
Olivier+%26+Xavier
Olivier%20%26%20Xavier
```

Le script `page1.php` peut être modifié de la manière suivante :

```
<?php
// Initialisation d'une variable.
$nom='Olivier & Xavier';
?>
<!DOCTYPE html PUBLIC "-//W3C//DTD XHTML 1.0 Strict//EN"
  "http://www.w3.org/TR/xhtml1/DTD/xhtml1-strict.dtd">
<html xmlns="http://www.w3.org/1999/xhtml">
  <head><title>Page 1</title></head>
  <body>
    <div>
    <!-- lien vers la page 2 en passant la valeur de $nom
         dans l'URL -->
    <a href="page2.php?nom=<?php echo rawurlencode($nom); ?>">
    Page 2</a>
    </div>
  </body>
</html>
```

Source de la page dans le navigateur

```
<!DOCTYPE html PUBLIC "-//W3C//DTD XHTML 1.0 Strict//EN"
  "http://www.w3.org/TR/xhtml1/DTD/xhtml1-strict.dtd">
<html xmlns="http://www.w3.org/1999/xhtml">
  <head><title>Page 1</title></head>
  <body>
    <div>
    <!-- lien vers la page 2 en passant la valeur de $nom
         dans l'URL -->
    <a href="page2.php?nom=Olivier%20%26%20Xavier">
       Page 2</a>
    </div>
  </body>
</html>
```

Résultat affiché à l'arrivée

```
Olivier & Xavier
```

La chaîne de la requête peut aussi être construite à l'aide de la fonction `http_build_query` apparue en version 5.

Syntaxe simplifiée

```
chaîne http_build_query(tableau données [, chaîne préfixe])
```

Avec

`données` Tableau contenant les données à utiliser pour construire la chaîne de la requête. L'indice ou la clé du tableau sont utilisés comme nom du paramètre pour la valeur associée.

`préfixe` Préfixe à utiliser pour le nom des paramètres, lorsqu'il s'agit d'un indice numérique. Permet d'avoir à l'arrivée un nom exploitable comme nom de variable (un nom de variable PHP ne peut pas commencer par un chiffre).

Cette fonction construit, puis encode, une chaîne de requête sous la forme `clé1=valeur1&clé2=valeur2&...` en utilisant les clés (ou indices) et valeurs trouvées dans le tableau `données`. S'il est saisi, le paramètre `préfixe` est ajouté devant les indices numériques.

Exemple

```
<?php
// Initialisation du tableau contenant les données.
$données=array('nom' => 'Olivier & Xavier','David + Thomas');
// Construction de la chaîne de la requête :
// - sans préfixe.
```

```
echo http_build_query($données),'<br />';
// - avec préfixe.
echo http_build_query($données,'v_'),'<br />';
?>
```

Résultat

```
nom=Olivier+%26+Xavier&0=David+%2B+Thomas
nom=Olivier+%26+Xavier&v_0=David+%2B+Thomas
```

Remarque

Il existe deux fonctions, `urldecode` et `rawurldecode`, qui permettent de décoder une chaîne préalablement encodée, respectivement par `urlencode` ou `rawurlencode`. Ces fonctions de décodage n'ont pas besoin d'être appelées lorsque des données encodées sont transmises par l'URL. En effet, ces données sont automatiquement décodées à l'arrivée.

4.2 "magic quotes" : le retour

Comme nous l'avons expliqué dans le chapitre Gérer les formulaires, dans les versions précédentes de PHP, la valeur récupérée dans le script d'arrivée pouvait subir l'encodage "magic quotes" si la directive de configuration `magic_quotes_gpc` était à `on`. En version 5.4, cette fonctionnalité a été définitivement supprimée et il n'y a plus aucun traitement à faire sur la donnée pour supprimer l'encodage éventuel.

4.3 Application à la gestion des sessions

Cette technique de transmission de données par l'URL peut être utilisée pour la gestion des sessions, en transmettant les informations de session dans l'URL.

Les principes sont les suivants :

- Chaque session est matérialisée par un identifiant unique.
- Cet identifiant de session est systématiquement intégré dans les URL qui permettent de naviguer entre les différentes pages du site.
- Dans chaque script (page) concerné par la gestion des sessions, commencez par tester si le script a été appelé avec une URL contenant un identifiant de session ; si ce n'est pas le cas, l'utilisateur n'a pas encore de session (c'est la première page qu'il visite) et il faut ouvrir la session. Cette ouverture de session peut se matérialiser par la simple attribution d'un identifiant unique ou par la redirection vers une page d'identification, si le site n'accepte pas les utilisateurs anonymes.

Exemple (avec deux pages)

- Script page1.php :

```
<?php
// Inclusion du fichier qui contient les
// fonctions générales.
include('fonctions.inc');
// Tester si la session est ouverte, c'est-à-dire si une
// variable "session" a été transmise par l'URL.
if (! isset($_GET['session']) ) {
  // Variable "session" vide = pas de session.
  // => ouvrir la session.
  // Pour cet exemple :
  //    - identifiant de session.
  $session = identifiant_unique();
  //    - date/heure d'ouverture de la session.
  $date = date('\l\e d/m/Y à H:i:s');
  //    - message.
  $message = "Nouvelle session : $session - $date";
} else {
  // Variable "session" non vide = session ouverte.
  // => récupérer les informations de l'URL.
  $session = $_GET['session'];
  $date = $_GET['date'];
  // Construire un message.
  $message = "Session déjà ouverte: $session - $date";
}
// Construction des paramètres de l'url : $session + $date.
// $session n'a pas besoin d'être encodé.
$url = "?session=$session&date=".rawurlencode($date);
// Détermination de la date et de l'heure actuelle (pas celle
// de l'ouverture de la session.
$actuel = 'Nous sommes le '.date('d/m/Y').
          ' ; il est '.date('H:i:s');
?>
<!DOCTYPE html PUBLIC "-//W3C//DTD XHTML 1.0 Strict//EN"
  "http://www.w3.org/TR/xhtml1/DTD/xhtml1-strict.dtd">
<html xmlns="http://www.w3.org/1999/xhtml">
  <head><title>Page 1</title></head>
  <body>
    <div>
    <b>Page 1 - <?php echo $actuel; ?></b><br />
    <?php echo $message; ?><br />
    <!-- lien vers la page 2 -->
    <a href="page2.php<?php echo $url; ?>">Page 2</a>
    </div>
  </body>
</html>
```

– Script page2.php (identique à l'exception de la partie HTML) :

```
<?php
...
?>
<!DOCTYPE html PUBLIC "-//W3C//DTD XHTML 1.0 Strict//EN"
  "http://www.w3.org/TR/xhtml1/DTD/xhtml1-strict.dtd">
<html xmlns="http://www.w3.org/1999/xhtml">
  <head><title>Page 2</title></head>
  <body>
    <div>
    <b>Page 2 - <?php echo $actuel; ?></b><br />
    <?php echo $message; ?><br />
    <!-- lien vers la page 1 -->
    <a href="page1.php<?php echo $url; ?>">Page 1</a>
    </div>
  </body>
</html>
```

Résultat

– Premier appel de l'URL http://.../page1.php :

```
Page 1 - Nous sommes le 21/10/2014 ; il est 10:46:18
Nouvelle session : 4d1f27549106035ef491dcce84ee1940 - le 21/10/2014 à 10:46:18
Page 2
```

– Résultat du clic sur le lien Page 2 :

```
Page 2 - Nous sommes le 21/10/2014 ; il est 10:46:54
Session déjà ouverte: 4d1f27549106035ef491dcce84ee1940 - le 21/10/2014 à 10:46:18
Page 1
```

– Résultat du clic sur le lien Page 1 :

```
Page 1 - Nous sommes le 21/10/2014 ; il est 10:47:38
Session déjà ouverte: 4d1f27549106035ef491dcce84ee1940 - le 21/10/2014 à 10:46:18
Page 2
```

– Résultat du clic sur le bouton **Précédente** du navigateur :

```
Page 2 - Nous sommes le 21/10/2014 ; il est 10:46:54
Session déjà ouverte: 4d1f27549106035ef491dcce84ee1940 - le 21/10/2014 à 10:46:18
Page 1
```

La page n'a pas été mise à jour car elle est dans le cache du navigateur. Une solution à ce problème est proposée dans la section Passer des informations par l'URL - Remarques et conclusion.

L'utilisation de cette technique peut être illustrée sur une gestion de sessions avec authentification des utilisateurs.

Exemple

– Script `login.php` pour l'authentification :

```
<?php
// Inclusion du fichier contenant les
// fonctions générales.
include('fonctions.inc');
function utilisateur_existe($identifiant,$mot_de_passe) {
  // Connexion et sélection de la base de données.
  $connexion = mysqli_connect();
  mysqli_select_db($connexion,'diane');
  // Définition et exécution d'une requête préparée.
  $sql  = 'SELECT 1 FROM utilisateurs ';
  $sql .= 'WHERE identifiant = ? AND mot_de_passe = ?';
  $requête = mysqli_stmt_init($connexion);
  $ok = mysqli_stmt_prepare($requête,$sql);
  $ok = mysqli_stmt_bind_param
        ($requête,'ss',$identifiant,$mot_de_passe);
  $ok = mysqli_stmt_execute($requête);
  mysqli_stmt_bind_result($requête,$existe);
  $ok = mysqli_stmt_fetch($requête);
  mysqli_stmt_free_result($requête);
  // L'identification est bonne si la requête a retourné
  // une ligne (l'utilisateur existe et le mot de passe
  // est bon).
  // Si c'est le cas $existe contient 1, sinon elle est
  // vide. Il suffit de la retourner en tant que booléen.
  return (bool) $existe;
}
// Initialisation des variables.
$identifiant = '';
$mot_de_passe = '';
$message = '';
// Traitement du formulaire.
if (isset($_POST['connexion'])) {
  // Récupérer les information saisies.
  $identifiant = $_POST['identifiant'];
  $mot_de_passe = $_POST['mot_de_passe'];
  // Vérifier que l'utilisateur existe.
  if (utilisateur_existe($identifiant,$mot_de_passe)) {
    // L'utilisateur existe...
    // => ouvrir la session
    $session = identifiant_unique();
    $date = date('\l\e d/m/Y à H:i:s');
    // Puis le rediriger vers page1 en fournissant les
    // informations dans l'URL.
```

```
    $url = "?session=$session&date=".rawurlencode($date).
           "&identifiant=".rawurlencode($identifiant);
    header("location: page1.php$url");
    exit;
  } else {
    // L'utilisateur n'existe pas...
    // Typiquement, afficher un message et proposer de
    // nouveau l'identification.
    $message = 'Identification incorrecte. Essayez de nouveau.';
    // Laisser le formulaire s'afficher de nouveau...
  }
}
?>
<!DOCTYPE html PUBLIC "-//W3C//DTD XHTML 1.0 Strict//EN"
  "http://www.w3.org/TR/xhtml1/DTD/xhtml1-strict.dtd">
<html xmlns="http://www.w3.org/1999/xhtml">
  <head><title>Login</title></head>
  <body>
    <form action="login.php" method="post">
    <table border="0">
    <tr>
      <td align="right">Identifiant :</td>
      <td><input type="text" Name="identifiant" value=
         "<?php echo vers_formulaire($identifiant); ?>" /></td>
    </tr>
    <tr>
      <td align="right">Mot de passe :</td>
      <td><input type="password" Name="mot_de_passe" value=
         "<?php echo vers_formulaire($mot_de_passe); ?>" /></td>
    </tr>
    <tr>
      <td></td>
      <td align="right"><input type="submit" name="connexion"
                        value="Connexion" /></td>
    </tr>
    </table>
    <?php echo $message; ?>
    </form>
  </body>
</html>
```

– Script `page1.php` pour une page du site :

```
<?php
// Inclusion du fichier qui contient les
// fonctions générales.
include('fonctions.inc');
// Tester si la session est ouverte, c'est-à-dire si une
// variable "session" a été transmise par l'URL.
if (! isset($_GET['session']) ) {
  // Variable "session" vide = pas de session.
  // => rediriger l'utilisateur vers la page de login.
  header('location: login.php');
  exit;
} else {
  // Variable "session" non vide = session ouverte.
  // => récupérer les autres informations de l'URL.
  // Pour cet exemple :
  // - identifiant de session.
  $session = $_GET['session'];
  // - date/heure d'ouverture de la session.
  $date = $_GET['date'];
  // - identifiant de l'utilisateur.
  $identifiant = $_GET['identifiant'];
  // Construire un message.
  $message = "Session : $session - $identifiant - $date";
}
// Construction des paramètres de l'url :
// $session + $date + $identifiant.
// $session n'a pas besoin d'être encodé.
$url = "?session=$session&date=".rawurlencode($date).
       "&identifiant=".rawurlencode($identifiant);
// Détermination de la date et de l'heure actuelle (pas celle
// de l'ouverture de la session).
$actuel = 'Nous sommes le '.date('d/m/Y').
          ' ; il est '.date('H:i:s');
?>
<!DOCTYPE html PUBLIC "-//W3C//DTD XHTML 1.0 Strict//EN"
  "http://www.w3.org/TR/xhtml1/DTD/xhtml1-strict.dtd">
<html xmlns="http://www.w3.org/1999/xhtml">
  <head><title>Page 1</title></head>
  <body>
    <div>
    <b>Page 1 - <?php echo $actuel; ?></b><br />
    <?php echo $message; ?><br />
    <!-- lien vers la page 2 -->
    <a href="page2.php<?php echo $url; ?>">Page 2</a>
    </div>
  </body>
</html>
```

Le premier appel de l'URL `http://.../page1.php` provoque la redirection de l'utilisateur vers la page d'identification. Après une identification réussie, l'utilisateur revient sur la page 1 qui affiche les informations suivantes :

```
Page 1 - Nous sommes le 21/10/2014 ; il est 10:55:18
Session : 5bca7a5262a907c23b3bda2be215d4ad - heurtel - le 21/10/2014 à 10:55:18
Page 2
```

L'accès aux pages du site est maintenant protégé, ou plutôt semble protégé (détail dans la section Remarques et conclusion qui suit).

Remarque

Le script `login.php` montre la possibilité de placer des paramètres derrière l'URL passée à la fonction header.

4.4 Remarques et conclusion

Les utilisateurs malins et/ou mal intentionnés

Pour les deux exemples donnés, un utilisateur (malin et/ou mal intentionné) qui appelle une URL `http://.../page1.php?session=abc` accède sans problème à la page demandée en outrepassant le mécanisme d'ouverture de session et, notamment, le passage par la page d'identification dans le deuxième exemple :

```
Page 1 - Nous sommes le 21/10/2014 ; il est 11:00:58
Session : abc -  -
Page 2
```

En effet, actuellement, le script se contente de tester l'existence d'une valeur pour le paramètre session dans l'URL, sans vérifier que la valeur en question correspond à une vraie session. Pour cela, il faut conserver, côté serveur, dans un fichier ou dans une base, la trace des sessions réellement ouvertes, c'est-à-dire la trace des identifiants de session réellement attribués par l'application. En complément, il faut prévoir un mécanisme de durée de vie (30 minutes , 1 heure, 6 heures...) qui fasse en sorte qu'un utilisateur n'emploie pas un identifiant de session attribué précédemment.

Ne pas tout transmettre dans l'URL

Le mécanisme employé pour conserver, côté serveur, la trace des sessions ouvertes, peut aussi être utilisé pour conserver des informations complémentaires sur la session et ne pas être obligé ainsi de passer toutes les valeurs par l'URL : seul l'identifiant de session peut l'être. Il suffit alors, au début de chaque script, d'utiliser l'identifiant de session pour récupérer les informations complémentaires de la session, et, en fin de script, de réenregistrer, côté serveur, les informations de session qui ont été modifiées.

Cas du traitement d'un formulaire

Lors du traitement d'un formulaire, le script n'est pas appelé par un lien `<a href...>` tel que nous venons de le voir mais par l'attribut `action` de la balise `<form>`.

La technique de transmission des informations de session par l'URL peut être utilisée dans l'URL de l'attribut `action`.

Exemple

```
<?php
...
$url = "?session=$session";
...
?>
...
<form action="page1.php<?php echo $url; ?>" method="post">
...
```

Le script appelé (`page1.php` sur notre exemple) peut récupérer l'identifiant de la session dans le tableau `$_GET` et les valeurs du formulaire dans le tableau `$_POST`.

Nous allons voir dans la section Passer des informations par une zone de formulaire cachée, que l'information de session peut aussi, dans ce cas, être transmise dans le formulaire.

Forcer le rafraîchissement d'une page

Pour résoudre le problème des pages non mises à jour car toujours présentes dans le cache du navigateur, il faut envoyer des en-têtes complémentaires dans la page HTML à l'aide de la fonction `header`.

Exemple

```
// HTTP 1.0
header("Pragma: no-cache");
// HTTP 1.1
header("Cache-Control: no-store, no-cache, must-revalidate");
```

Conclusion

Utiliser l'URL pour transmettre des informations de session est envisageable mais nécessite beaucoup de code pour construire quelque chose de solide.

Nous n'indiquons volontairement pas d'exemple plus complet pour la gestion des sessions avec cette technique car, depuis PHP 4, les fonctionnalités de gestion des sessions ont été introduites pour simplifier le développement et apporter des solutions simples aux différentes problématiques évoquées précédemment : autant les utiliser (cf. section Utiliser la gestion des sessions de PHP).

La technique présentée dans cette partie doit être vue comme une méthode permettant de transmettre des informations simples d'une page à une autre, sans chercher une sécurité importante.

5. Passer des informations par une zone de formulaire cachée

5.1 Principe

Nous avons vu dans le chapitre Gérer les formulaires que les informations saisies dans un formulaire étaient transmises au script chargé du traitement et pouvaient, ensuite, être affichées dans une nouvelle page.

Cette méthode peut être utilisée pour transmettre, au passage, d'autres informations non saisies par l'utilisateur, typiquement en les plaçant dans une zone de formulaire cachée.

Exemple

– Script `page1.php`

```
<?php
// Initialisation d'une variable.
$nom='Olivier';
?>
<!DOCTYPE html PUBLIC "-//W3C//DTD XHTML 1.0 Strict//EN"
  "http://www.w3.org/TR/xhtml1/DTD/xhtml1-strict.dtd">
<html xmlns="http://www.w3.org/1999/xhtml">
  <head><title>Page 1</title></head>
  <body>
    <!-- lien vers la page 2 avec un bouton de formulaire -->
    <form action="page2.php" method="post">
    <div>
    <!-- l'information à transmettre est cachée -->
    <input type="hidden" Name="nom" value= "<?php echo $nom; ?>" />
    <br /><input type="submit" name="page2" value="Page 2" />
    </div>
    </form>
  </body>
</html>
```

– Source de la page dans le navigateur

```
<!DOCTYPE html PUBLIC "-//W3C//DTD XHTML 1.0 Strict//EN"
  "http://www.w3.org/TR/xhtml1/DTD/xhtml1-strict.dtd">
<html xmlns="http://www.w3.org/1999/xhtml">
```

```
  <head><title>Page 1</title></head>
  <body>
    <!-- lien vers la page 2 avec un bouton de formulaire -->
    <form action="page2.php" method="post">
    <div>
    <!-- l'information à transmettre est cachée -->
    <input type="hidden" Name="nom" value= "Olivier" />
    <br /><input type="submit" name="page2" value="Page 2" />
    </div>
    </form>
  </body>
</html>
```

– Script page2.php

```
<?php
$nom = $_POST['nom'];
echo $nom;
?>
```

Résultat

– Affichage de la page 1 :

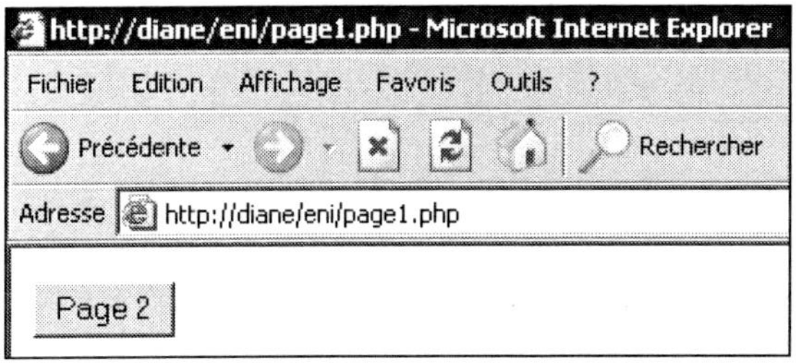

– Résultat du clic sur le bouton :

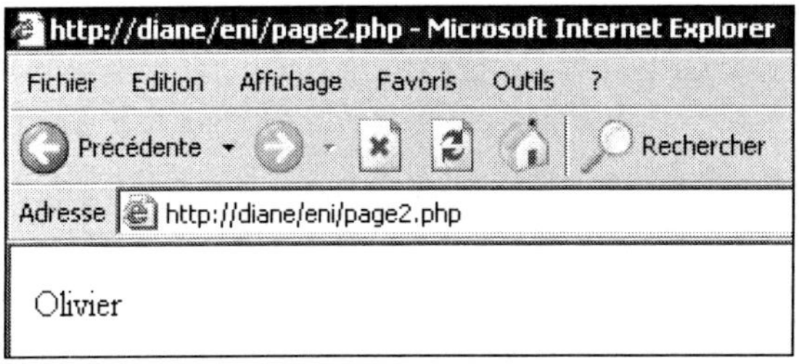

Avec le formulaire, il n'y a pas de problème d'encodage (effectué automatiquement).

5.2 Application à la gestion des sessions

Cette technique de transmission de données par un formulaire peut être utilisée pour la gestion des sessions, en transmettant les informations de session dans les zones cachées d'un formulaire.

Les principes mis en œuvre sont les mêmes qu'avec l'URL.

Exemple (avec deux pages)

– Script `page1.php` :

```
<?php
// Inclusion du fichier qui contient les
// fonctions générales.
include('fonctions.inc');
// Tester si la session est ouverte, c'est-à-dire si une
// variable "session" a été transmise par l'URL.
if (! isset($_POST['session']) ) {
  // Variable "session" vide = pas de session.
  // => ouvrir la session.
  // Pour cet exemple :
  //    - identifiant de session.
  $session = identifiant_unique();
  //    - date/heure d'ouverture de la session.
  $date = date('\l\e d/m/Y à H:i:s');
  //    - message.
  $message = "Nouvelle session : $session - $date";
} else {
  // Variable "session" non vide = session ouverte.
  // => récupérer les informations de l'URL.
  $session = $_POST['session'];
  $date = $_POST['date'];
  // Construire un message.
  $message = "Session déjà ouverte: $session - $date";
}
// Détermination de la date et de l'heure actuelle (pas celle
// de l'ouverture de la session).
$actuel = 'Nous sommes le '.date('d/m/Y').
          ' ; il est '.date('H:i:s');
?>
<!DOCTYPE html PUBLIC "-//W3C//DTD XHTML 1.0 Strict//EN"
  "http://www.w3.org/TR/xhtml1/DTD/xhtml1-strict.dtd">
<html xmlns="http://www.w3.org/1999/xhtml">
  <head><title>Page 1</title></head>
  <body>
    <div>
```

```
    <b>Page 1 - <?php echo $actuel; ?></b><br />
    <?php echo $message; ?><br />
    </div>
    <!-- lien vers les autres pages avec un formulaire -->
    <form action="page2.php" method="post">
    <div>
    <input type="hidden" Name="session"
           value= "<?php echo $session; ?>" />
    <input type="hidden" Name="date"
           value= "<?php echo $date; ?>" />
    <input type="submit" name="page2" value="Page 2" />
    </div>
    </form>
  </body>
</html>
```

– Script page2.php (identique à l'exception de la partie HTML) :

```
<?php
...
?>
<!DOCTYPE html PUBLIC "-//W3C//DTD XHTML 1.0 Strict//EN"
  "http://www.w3.org/TR/xhtml1/DTD/xhtml1-strict.dtd">
<html xmlns="http://www.w3.org/1999/xhtml">
  <head><title>Page 2</title></head>
  <body>
    <div>
    <b>Page 2 - <?php echo $actuel; ?></b><br />
    <?php echo $message; ?><br />
    </div>
    <!-- lien vers les autres pages avec un formulaire -->
    <form action="page1.php" method="post">
    <div>
    <input type="hidden" Name="session"
           value= "<?php echo $session; ?>" />
    <input type="hidden" Name="date"
           value= "<?php echo $date; ?>" />
    <input type="submit" name="page1" value="Page 1" />
    </div>
    </form>
  </body>
</html>
```

Résultat

– Premier appel de l'URL `http://.../page1.php` :

```
Page 1 - Nous sommes le 21/10/2014 ; il est 11:06:24
Nouvelle session : 3d810c655ebc95f343babbba1fe100f7 - le 21/10/2014 à 11:06:24
```

– Résultat du clic sur le bouton Page 2 :

```
Page 2 - Nous sommes le 21/10/2014 ; il est 11:07:05
Session déjà ouverte: 3d810c655ebc95f343babbba1fe100f7 - le 21/10/2014 à 11:06:24
```

– Résultat du clic sur le bouton Page 1 :

```
Page 1 - Nous sommes le 21/10/2014 ; il est 11:07:27
Session déjà ouverte: 3d810c655ebc95f343babbba1fe100f7 - le 21/10/2014 à 11:06:24
```

– Résultat du clic sur le bouton **Précédente** du navigateur :

```
Page 2 - Nous sommes le 21/10/2014 ; il est 11:07:05
Session déjà ouverte: 3d810c655ebc95f343babbba1fe100f7 - le 21/10/2014 à 11:06:24
```

La page n'a pas été mise à jour car elle est dans le cache du navigateur. Une solution à ce problème est proposée dans la section Remarques et conclusion qui suit.

L'ouverture de session, par passage dans une page d'identification, peut s'effectuer sur le même principe que dans la section Passer des informations par l'URL. La seule difficulté à résoudre concerne la redirection de la page d'identification vers une autre page du site, après une connexion réussie : l'utilisation de la fonction `header` ne permet pas de transmettre des informations par la méthode du formulaire. Le plus simple consiste, alors, à inverser légèrement la logique et à faire traiter le formulaire d'identification par le script de la page 1 ; ce dernier se chargeant de renvoyer l'utilisateur sur la page d'identification en cas d'échec de connexion. Dans la pratique, cette approche n'est pas très élégante du point de vue de l'organisation du code.

5.3 Remarques et conclusion

Les utilisateurs malins et/ou mal intentionnés

Un utilisateur (malin et/ou mal intentionné) peut construire une page avec son propre formulaire, comprenant une zone nommée "session", contenant une valeur quelconque et qui appelle le script `page1.php` ; il accède alors sans problème à la page 1, en outrepassant le mécanisme d'ouverture de session et, notamment, le passage par la page d'identification dans le deuxième exemple.

Comme dans la section Passer des informations par l'URL, la solution consiste à garder trace, côté serveur, des sessions réellement ouvertes.

Ne pas tout transmettre dans le formulaire

Comme dans la section Passer des informations par l'URL, le mécanisme utilisé pour conserver, côté serveur, la trace des sessions ouvertes, peut aussi être utilisé pour conserver des informations complémentaires sur la session et, ainsi, ne pas être obligé de passer toutes les valeurs dans le formulaire.

Cas de la navigation par balise <a href...>

La technique proposée dans cette section n'est pas facile à combiner avec la navigation par balise `<a href...>`.

Plusieurs solutions sont envisageables :

- Mettre en place une navigation uniquement à base de boutons ; ce n'est pas très élégant et, surtout, pas dans l'esprit de la navigation sur le Web.
- Utiliser les deux techniques ; cela risque d'alourdir la programmation, sauf si l'on utilise systématiquement la méthode `GET` pour le traitement des formulaires : que les données soient transmises par URL ou par formulaire, elle sont récupérables dans `$_GET`.

Conclusion

Utiliser les formulaires pour transmettre des informations de session est envisageable mais ceci nécessite beaucoup de code pour construire quelque chose de solide et peut conduire à une interface de navigation qui n'est pas dans l'esprit du Web.

Comme pour la gestion des sessions par l'URL, nous n'allons pas plus loin dans les exemples : autant utiliser les fonctionnalités de gestion des sessions de PHP (cf. section Utiliser la gestion des sessions de PHP).

La technique présentée dans cette partie doit être vue comme une technique permettant de transmettre ponctuellement des informations complémentaires dans un formulaire déjà présent. Par contre, créer un formulaire comprenant un bouton et quelques zones cachées, spécialement pour transmettre des informations, n'est pas très élégant du point de vue de l'organisation du code.

6. Utiliser des cookies

6.1 Principe

Un cookie est un petit fichier déposé par un site sur le poste de l'internaute et qui peut contenir des informations.

Les cookies sont automatiquement renvoyés au serveur web par le navigateur lorsque l'internaute navigue dans les pages du site en question.

PHP permet de récupérer très facilement, dans des variables, les données stockées dans le cookie.

La fonction `setcookie` permet de déposer un cookie sur le poste de l'internaute.

Syntaxe

```
booléen setcookie(chaîne nom [, chaîne valeur [, entier expiration [, chaîne chemin
[, chaîne domaine [, booléen securisé[, booléen http_uniquement]]]]]])
```

Avec

`nom`	Nom du cookie.
`valeur`	Valeur stockée dans le cookie.
`expiration`	Date d'expiration du cookie (*timestamp* Unix).
`chemin`	Chemin sur le serveur dans lequel le cookie est disponible. Mettre / pour rendre le cookie disponible sur le domaine entier ou `/rep/` pour rendre le cookie disponible dans le répertoire `/rep/` du domaine et tous ses sous-répertoires. Par défaut, égal au répertoire à partir duquel le cookie a été déposé.
`domaine`	Domaine auquel le cookie est renvoyé. `.monSite.com` (avec un point au début) permet par exemple de rendre le cookie disponible pour tous les sous-domaines de `monSite.com`.
`sécurisé`	Mettre `TRUE` pour indiquer que le cookie ne doit être transmis que sur une connexion sécurisée (`FALSE` par défaut).
`http_uniquement`	Mettre `TRUE` pour indiquer que le cookie ne doit être transmis que pour le protocole HTTP (`FALSE` par défaut). Ajouté dans la version 5.2.0.

Si la fonction n'est appelée qu'avec le paramètre `nom`, le cookie portant ce nom est supprimé du poste de l'internaute. Si les paramètres `domaine` et `chemin` avaient été spécifiés lors du dépot du cookie, il faut les spécifier à l'identique pour supprimer le cookie (mettre une date d'expiration dans le passé).

Si le paramètre `valeur` est spécifié, un cookie portant le nom `nom` et contenant la valeur `valeur` est envoyé sur le poste de l'utilisateur ; s'il existe déjà un cookie portant ce nom, ce dernier est mis à jour avec la nouvelle valeur.

Le paramètre `expiration` permet de déterminer la date d'expiration du cookie (et donc la date de sa suppression du poste de l'utilisateur) ; si ce paramètre est non spécifié (ou égal à 0) le cookie expire à la fin de la session, c'est-à-dire lorsque l'utilisateur quitte le site.

Les cookies sont envoyés dans l'en-tête de la page. À l'instar de la fonction `header`, la fonction `setcookie` doit donc être appelée avant toute instruction (PHP ou HTML), cette dernière ayant pour effet de commencer à construire la page HTML. En cas de problème, un message du type suivant est affiché :

```
Warning: Cannot modify header information - headers already sent
in /app/scripts/test.php on line 3
```

La fonction `setcookie` retourne `TRUE` si l'instruction a pu être exécutée (pas de données déjà transmises), et `FALSE` dans le cas contraire. Par contre, le code de retour de la fonction ne donne aucune information sur le fait que le cookie a réellement pu être déposé sur le poste de l'utilisateur : si ce dernier refuse les cookies, la fonction `setcookie` retourne quand même `TRUE` bien que le cookie n'ait pas été déposé.

Remarque

Les cookies sont gérés par site ; deux cookies de sites différents peuvent porter le même nom. Le cookie est déposé sur le poste de l'internaute par la fonction `setcookie` puis renvoyé ultérieurement lors de la visite de n'importe quelle page du site.

Exemple

```
<?php
// Dépôt d'un cookie nommé "nom" contenant
// la valeur "Olivier" et expirant à la fin de
// la session.
$ok = setcookie('nom','Olivier');
// Idem mais expirant à la date du jour (time() en secondes)
// plus 30 fois 24 fois 3600 secondes (soit 30 jours).
$ok = setcookie('nom','Olivier',time()+(30*24*3600));
// Suppression du cookie nommé 'nom'.
$ok = setcookie('nom');
?>
```

Lorsque le cookie est renvoyé au serveur web, par le navigateur, lors de la demande d'une page PHP, la valeur du cookie est accessible dans une variable PHP selon un mécanisme identique à celui mis en œuvre pour les formulaires et les URL.

La valeur de chaque cookie envoyé, par le navigateur, est automatiquement enregistrée dans le tableau associatif `$_COOKIE` : la clé du tableau est égale au nom du cookie.

Remarque

Les variables de cookie sont aussi disponibles dans le tableau associatif `$_REQUEST`.

Exemple

– Script page1.php qui dépose deux cookies :

```
<?php
// Premier cookie expirant à la fin de la session.
$ok1 = setcookie('prenom','Olivier');
// Deuxième cookie expirant dans 30 jours.
$ok2 = setcookie('nom','HEURTEL',time()+(30*24*3600));
// Résultat.
if ($ok1 and $ok2) {
   $message = 'Cookies déposés (du moins, a priori)';
} else {
   $message = 'L\'un des cookies n\'a pas pu être déposé';
}
?>
<!DOCTYPE html PUBLIC "-//W3C//DTD XHTML 1.0 Strict//EN"
  "http://www.w3.org/TR/xhtml1/DTD/xhtml1-strict.dtd">
<html xmlns="http://www.w3.org/1999/xhtml">
  <head><title>Page 1</title></head>
  <body>
    <div>
    <?php echo $message; ?><br />
    <!-- lien vers la page 2 -->
    <a href="page2.php">Page 2</a>
    </div>
  </body>
</html>
```

– Script page2.php qui affiche la valeur des deux cookies :

```
<!DOCTYPE html PUBLIC "-//W3C//DTD XHTML 1.0 Strict//EN"
  "http://www.w3.org/TR/xhtml1/DTD/xhtml1-strict.dtd">
<html xmlns="http://www.w3.org/1999/xhtml">
  <head><title>Page 2</title></head>
  <body>
    <div>
    <?php
    if ( isset($_COOKIE["prenom"]) ) {
      echo "\$_COOKIE[\"prenom\"] = {$_COOKIE['prenom']}<br />";
    } else {
      echo "\$_COOKIE[\"prenom\"] = <br />";
    }
    if ( isset($_COOKIE["nom"]) ) {
      echo "\$_COOKIE[\"nom\"] = {$_COOKIE['nom']}<br />";
    } else {
      echo "\$_COOKIE[\"nom\"] = <br />";
    }
    ?>
```

```
    </div>
  </body>
</html>
```

Résultat

– Affichage de la page 1 :

```
Cookies déposés (du moins, a priori)
Page 2
```

– Résultat du clic sur le lien :

```
$_COOKIE["prenom"] = Olivier
$_COOKIE["nom"] = HEURTEL
```

– Résultat d'un retour, avant trente jours, sur la page 2 du même site :

```
$_COOKIE["prenom"] =
$_COOKIE["nom"] = HEURTEL
```

Le cookie de durée de vie égale à la session n'existe plus à la sortie de la session et l'information est perdue ; l'information stockée dans l'autre cookie reste disponible (dans la limite de sa durée de vie).

Il est possible de stocker n'importe quelle chaîne dans le cookie sans avoir à se soucier d'un éventuel encodage/décodage : l'encodage et le décodage sont effectués automatiquement.

Le cookie est déposé sur le poste de l'internaute par la fonction `setcookie`, puis est renvoyé ultérieurement lors de la visite de n'importe quelle page du site (en fonction de la valeur des paramètres `chemin` et `domaine`) ; le cookie n'est pas disponible immédiatement dans la page qui le dépose.

Exemple

```
<?php
// Valeur du cookie avant.
$avant = (isset($_COOKIE ['heure']))?$_COOKIE ['heure']:'';
// Dépôt du cookie expirant à la fin de la session.
$ok = setcookie('heure',date('H:i:s'));
// Valeur du cookie après.
$après = (isset($_COOKIE ['heure']))?$_COOKIE ['heure']:'';
// Heure actuelle.
$actuel = date('H:i:s');
// Affichage.
echo "Actuel : $actuel<br />";
echo "Avant : $avant<br />";
echo "Après : $après<br />";
?>
```

Résultat du premier appel

```
Actuel : 14:53:18
Avant :
Après :
```

Lors du premier appel, le cookie n'existe pas avant (c'est normal) et n'existe toujours pas après, car il a simplement été envoyé mais n'est pas encore "revenu" (manière imagée de présenter les choses).

Résultat du deuxième appel (dans la même session)

```
Actuel : 14:53:30
Avant : 14:53:18
Après : 14:53:18
```

Lors du deuxième appel, la valeur du cookie est disponible dès le début du script (le cookie est revenu avec la requête pour la page), et a bien une valeur qui correspond à l'instant où il a été déposé ; par contre, sa valeur après ne reflète pas immédiatement la réalité (même principe que pour le dépôt initial : le cookie n'est pas encore "revenu").

Résultat du troisième appel (dans la même session)

```
Actuel : 14:53:41
Avant : 14:53:30
Après : 14:53:30
```

Lors du troisième appel, le cookie a bien une valeur qui correspond à sa mise à jour lors du deuxième appel.

Une des conséquences de ce mode de fonctionnement est qu'il n'est pas possible, tout de suite après avoir déposé le cookie, de tester si le cookie a été accepté ou non par le poste.

Pour savoir si un poste accepte les cookies, il faut déposer un cookie et recharger une page dans laquelle la présence ou non du cookie permettra de déterminer si le poste accepte les cookies.

Exemple de script tester_cookie.php qui permet de faire ce test

```
<?php
// Tester si c'est le deuxième appel de la page.
if (! isset($_GET['retour'])) {
  // Non...
  // Déposer le cookie.
  setcookie('test','test');
  // Et recharger la page avec une information dans
  // l'URL indiquant que c'est le deuxième passage.
  header('Location: tester_cookie.php?retour=1');
} else {
  // Oui...
  // Tester si le cookie est "revenu".
  if (isset($_COOKIE['test'])) { // oui...
```

```
    echo 'Cookie accepté';
  } else { // non...
    echo 'Cookie refusé';
  }
}
?>
```

Il est possible de récupérer un tableau comme valeur de cookie sous réserve d'utiliser une notation de type tableau lors du dépôt du cookie.

Exemple (basé sur l'exemple précédent)

```
<?php
// Inclusion du fichier qui contient les fonctions générales.
include('fonctions.inc');
// Tester si c'est le deuxième appel de la page.
if (! isset($_GET['retour'])) {
  // Non...
  // Déposer le cookie.
  setcookie('test[0]','zéro');
  setcookie('test[1]','un');
  // Et recharger la page avec une information dans
  // l'URL indiquant que c'est le deuxième passage.
  header('Location: tester_cookie.php?retour=1');
} else {
  // Oui...
  // Tester si le cookie est "revenu".
  if (isset($_COOKIE['test'])) { // oui...
    echo 'Cookie accepté<br />';
    afficher_tableau($_COOKIE['test']);
  } else { // non...
    echo 'Cookie refusé';
  }
}
?>
```

Résultat

```
Cookie accepté
0 = zéro
1 = un
```

Dans la pratique, il y a en fait plusieurs cookies déposés sur le poste de l'utilisateur, mais les valeurs sont bien récupérées dans le script PHP sous la forme d'un tableau. Pour déposer un seul cookie contenant plusieurs valeurs, vous pouvez procéder par concaténation, ou utiliser une fonction comme `implode` (et `explode` au retour du cookie).

6.2 "magic quotes" : le retour

Comme nous l'avons expliqué dans le chapitre Gérer les formulaires, dans les versions précédentes de PHP, la valeur récupérée dans le script d'arrivée pouvait subir l'encodage "magic quotes" si la directive de configuration `magic_quotes_gpc` était à `on`. En version 5.4, cette fonctionnalité a été définitivement supprimée et il n'y a plus aucun traitement à faire sur la donnée pour supprimer l'encodage éventuel.

6.3 Application à la gestion des sessions

Les cookies présentent l'immense avantage, par rapport aux techniques étudiées jusqu'à maintenant, d'être parfaitement indépendants à la fois de la navigation par balise `<a href=...>` et de la gestion des formulaires : gérer les sessions à l'aide des cookies permet donc de s'affranchir des inconvénients liés aux deux autres méthodes.

Ils présentent, par contre, un gros inconvénient : ils peuvent être refusés par les internautes.

Les principes de mise en œuvre sont les mêmes que pour la gestion par l'URL.

Nous allons illustrer ces principes à l'aide de deux pages (en émettant l'hypothèse que les cookies sont acceptés).

Exemple (avec deux pages et partant de l'hypothèse que les cookies sont acceptés)

– Script `page1.php` :

```
<?php
// Inclusion du fichier qui contient les
// fonctions générales.
include('fonctions.inc');
// Tester si la session est ouverte, c'est-à-dire si une
// variable "session" a été transmise par le cookie.
if (! isset($_COOKIE['session']) ) {
  // Variable "session" vide = pas de session.
  // => ouvrir la session.
  // Pour cet exemple :
  //    - identifiant de session.
  $session = identifiant_unique();
  //    - date/heure d'ouverture de la session.
  $date = date('\l\e d/m/Y à H:i:s');
  // Déposer deux cookies pour stocker ces informations.
  // Durée de vie = la session justement !
  setcookie('session',$session);
  setcookie('date',$date);
  //    - message.
  $message = "Nouvelle session : $session - $date";
```

```
} else {
  // Variable "session" non vide = session ouverte.
  // => récupérer les informations de l'URL.
  $session = $_COOKIE['session'];
  $date = $_COOKIE['date'];
  // Construire un message.
  $message = "Session déjà ouverte: $session - $date";
}
// Détermination de la date et de l'heure actuelle (pas celle
// de l'ouverture de la session).
$actuel = 'Nous sommes le '.date('d/m/Y').
          ' ; il est '.date('H:i:s');
?>
<!DOCTYPE html PUBLIC "-//W3C//DTD XHTML 1.0 Strict//EN"
  "http://www.w3.org/TR/xhtml1/DTD/xhtml1-strict.dtd">
<html xmlns="http://www.w3.org/1999/xhtml">
  <head><title>Page 1</title></head>
  <body>
    <div>
    <b>Page 1 - <?php echo $actuel; ?></b><br />
    <?php echo $message; ?><br />
    <!-- lien vers la page 2 -->
    <a href="page2.php<?php echo $url; ?>">Page 2</a>
    </div>
  </body>
</html>
```

– Script page2.php (identique à l'exception de la partie HTML) :

```
<?php
...
?>
<!DOCTYPE html PUBLIC "-//W3C//DTD XHTML 1.0 Strict//EN"
  "http://www.w3.org/TR/xhtml1/DTD/xhtml1-strict.dtd">
<html xmlns="http://www.w3.org/1999/xhtml">
  <head><title>Page 2</title></head>
  <body>
    <div>
    <b>Page 2 - <?php echo $actuel; ?></b><br />
    <?php echo $message; ?><br />
    <!-- lien vers la page 1 -->
    <a href="page1.php<?php echo $url; ?>">Page 1</a>
    </div>
  </body>
</html>
```

Résultat

– Premier appel de l'URL `http://.../page1.php` :

```
Page 1 - Nous sommes le 21/10/2014 ; il est 13:29:25
Nouvelle session : abcee2d3b8e2f40ca9eafae438cd7bf1 - le 21/10/2014 à 13:29:25
Page 2
```

– Résultat du clic sur le lien Page 2 :

```
Page 2 - Nous sommes le 21/10/2014 ; il est 13:30:05
Session déjà ouverte: abcee2d3b8e2f40ca9eafae438cd7bf1 - le 21/10/2014 à 13:29:25
Page 1
```

– Résultat du clic sur le lien Page 1 :

```
Page 1 - Nous sommes le 21/10/2014 ; il est 13:31:02
Session déjà ouverte: abcee2d3b8e2f40ca9eafae438cd7bf1 - le 21/10/2014 à 13:29:25
Page 2
```

En cas de clic sur le bouton **Précédente** du navigateur, la page n'est pas mise à jour car elle est dans le cache du navigateur. Une solution à ce problème est proposée dans la section Remarques et conclusion qui suit.

Remarque

Avec les cookies, il est possible de naviguer entre les pages et de gérer des formulaires sans se soucier des informations de session : elles sont transmises en parallèle.

L'utilisation de cette technique peut être illustrée sur une gestion de session avec authentification des utilisateurs.

Exemple

– Script `login.php` pour l'authentification :

```
<?php
// Inclusion du fichier contenant les
// fonctions générales.
include('fonctions.inc');
function utilisateur_existe($identifiant,$mot_de_passe) {
  // Connexion et sélection de la base de données.
  $connexion = mysqli_connect();
  mysqli_select_db($connexion,'diane');
  // Définition et exécution d'une requête préparée.
  $sql  = 'SELECT 1 FROM utilisateurs ';
  $sql .= 'WHERE identifiant = ? AND mot_de_passe = ?';
  $requête = mysqli_stmt_init($connexion);
  $ok = mysqli_stmt_prepare($requête,$sql);
  $ok = mysqli_stmt_bind_param
          ($requête,'ss',$identifiant,$mot_de_passe);
  $ok = mysqli_stmt_execute($requête);
  mysqli_stmt_bind_result($requête,$existe);
  $ok = mysqli_stmt_fetch($requête);
```

```
  mysqli_stmt_free_result($requête);
  // L'identification est bonne si la requête a retourné
  // une ligne (l'utilisateur existe et le mot de passe est bon).
  // Si c'est le cas $existe contient 1, sinon elle est
  // vide. Il suffit de la retourner en tant que booléen.
  return (bool) $existe;
}
// Initialisation des variables.
$identifiant = '';
$mot_de_passe = '';
$message = '';
// Traitement du formulaire.
if (isset($_POST['connexion'])) {
  // Récupérer les informations saisies.
  $identifiant = $_POST['identifiant'];
  $mot_de_passe = $_POST['mot_de_passe'];
  // Vérifier que l'utilisateur existe.
  if (utilisateur_existe($identifiant,$mot_de_passe)) {
    // L'utilisateur existe...
    // => ouvrir la session.
    $session = identifiant_unique();
    $date = date('\l\e d/m/Y à H:i:s');
    // Déposer trois cookies pour stocker ces informations.
    // Durée de vie = la session justement !
    setcookie('session',$session);
    setcookie('date',$date);
    setcookie('identifiant',$identifiant);
    // Puis le rediriger vers la page 1.
    header('location: page1.php');
    exit;
  } else {
    // L'utilisateur n'existe pas...
    // Typiquement, afficher un message et proposer de
    // nouveau l'identification.
    $message = 'Identification incorrecte. Essayez de nouveau.';
    // Laisser le formulaire s'afficher de nouveau...
  }
}
?>
<!DOCTYPE html PUBLIC "-//W3C//DTD XHTML 1.0 Strict//EN"
  "http://www.w3.org/TR/xhtml1/DTD/xhtml1-strict.dtd">
<html xmlns="http://www.w3.org/1999/xhtml">
  <head><title>Login</title></head>
  <body>
    <form action="login.php" method="post">
    <table border="0">
```

```
    <tr>
      <td align="right">Identifiant :</td>
      <td><input type="text" Name="identifiant" value=
         "<?php echo vers_formulaire($identifiant); ?>" /></td>
    </tr>
    <tr>
      <td align="right">Mot de passe :</td>
      <td><input type="password" Name="mot_de_passe" value=
         "<?php echo vers_formulaire($mot_de_passe); ?>" /></td>
    </tr>
    <tr>
      <td></td>
      <td align="right"><input type="submit" name="connexion"
                         value="Connexion" /></td>
    </tr>
    </table>
    <?php echo $message; ?>
    </form>
  </body>
</html>
```

– Script page1.php pour une page du site :

```
<?php
// Inclusion du fichier qui contient les
// fonctions générales.
include('fonctions.inc');
// Tester si la session est ouverte, c'est-à-dire si une
// variable "session" a été transmise par le cookie.
if (! isset($_COOKIE['session']) ) {
  // Variable "session" vide = pas de session.
  // => rediriger l'utilisateur vers la page de login.
  header('location: login.php');
  exit;
} else {
  // Variable "session" non vide = session ouverte.
  // => récupérer les informations des cookies.
  // Pour cet exemple :
  // - identifiant de session.
  $session = $_COOKIE['session'];
  // - date/heure d'ouverture de la session.
  $date = $_COOKIE['date'];
  // - identifiant de l'utilisateur.
  $identifiant = $_COOKIE['identifiant'];
  // Construire un message.
  $message = "Session : $session - $identifiant - $date";
}
```

```
// Détermination de la date et de l'heure actuelle (pas celle
// de l'ouverture de la session).
$actuel = 'Nous sommes le '.date('d/m/Y').
          ' ; il est '.date('H:i:s');
?>
<!DOCTYPE html PUBLIC "-//W3C//DTD XHTML 1.0 Strict//EN"
  "http://www.w3.org/TR/xhtml1/DTD/xhtml1-strict.dtd">
<html xmlns="http://www.w3.org/1999/xhtml">
  <head><title>Page 1</title></head>
  <body>
    <div>
    <b>Page 1 - <?php echo $actuel; ?></b><br />
    <?php echo $message; ?><br />
    <!-- lien vers la page 2 -->
    <a href="page2.php">Page 2</a>
    </div>
  </body>
</html>
```

Le premier appel de l'URL `http://.../page1.php` provoque la redirection de l'utilisateur vers la page d'identification ; après une identification réussie, l'utilisateur revient sur la page 1 qui affiche les informations suivantes :

Page 1 - Nous sommes le 21/10/2014 ; il est 13:34:23
Session : 8ca88eb27ec21263d50cca2144a72458 - heurtel - le 21/10/2014 à 13:34:23
Page 2

6.4 Remarques et conclusion

Les utilisateurs malins et/ou mal intentionnés

Bien que ce soit un peu plus complexe à mettre en œuvre, un utilisateur (malin et/ou mal intentionné) peut accéder à la page 1, en outrepassant le mécanisme d'ouverture de session et, notamment, le passage par la page d'identification dans le deuxième exemple.

Comme dans les deux autres cas (URL et formulaire), la solution consiste à garder trace, côté serveur, des sessions réellement ouvertes.

Ne pas tout transmettre dans les cookies

Les cookies possèdent leurs limites :

- Les navigateurs limitent le nombre de cookies par domaine.
- La taille d'un cookie est limitée.

Là encore, le mécanisme utilisé pour conserver, côté serveur, la trace des sessions ouvertes, peut aussi être employé pour conserver des informations complémentaires sur la session. Ainsi, vous n'êtes pas obligé de passer toutes les valeurs dans des cookies.

Conclusion

Les cookies sont très pratiques pour gérer les sessions mais ne sont pas forcément acceptés par tous les utilisateurs.

Pour un site destiné à des utilisateurs identifiés (abonnés, inscrits), il est possible d'imposer l'acceptation des cookies pour être membre du site, l'important étant de bien informer les utilisateurs que le cookie ne reste que le temps de la session.

Pour un site "grand public", il n'est sans doute pas acceptable de fonder une gestion des sessions sur les cookies.

De toutes les méthodes abordées jusqu'à présent, la technique "cookie" et la technique "URL" peuvent être considérées comme les moins contraignantes. Une gestion des sessions, dans laquelle seul l'identifiant de session doit être transmis d'une page à l'autre (les autres informations étant stockées sur le serveur) peut être mise en place relativement facilement en employant les cookies, si l'utilisateur les accepte et en utilisant l'URL dans le cas contraire. C'est exactement ce que propose la gestion des sessions de PHP que nous allons voir maintenant : ne nous amusons donc pas à redévelopper ce qui existe déjà !

Nous allons également voir dans ce chapitre (cf. section Conserver des informations d'une visite à une autre), que le cookie est un bon outil (sous réserve toujours de l'accord de l'utilisateur) pour stocker une information d'une session à l'autre (en utilisant donc un cookie ayant une durée de vie spécifiée à la création).

7. Utiliser la gestion des sessions de PHP

7.1 Principes

Depuis la version 4, PHP propose un ensemble de fonctions qui facilitent la gestion des sessions. Les principes sont les suivants :

- Un identifiant unique est automatiquement attribué à chaque session.
- Cet identifiant unique est transmis d'une page à l'autre, soit par cookie (si le poste accepte les cookies), soit par l'URL dans le cas contraire ; en tout état de cause, c'est PHP qui choisit automatiquement la bonne méthode et assure ce transfert (à quelques réserves près, liées à la configuration).
- Les variables, dont vous souhaitez conserver la valeur d'une page à l'autre pendant la durée de la session, sont indiquées à PHP qui se charge automatiquement de restituer leurs valeurs au début du script, et de les sauvegarder à la fin du script. Par défaut, la sauvegarde s'effectue sur disque, dans des fichiers temporaires, mais il est possible, moyennant un peu de développement, de faire sauvegarder ces valeurs par PHP dans une base. Ces variables sont désignées sous le terme "variables de session".

En bref, PHP se charge de toute la gestion.

7.2 Mise en œuvre

Les principales fonctions du module de gestion des sessions sont les suivantes :

Nom	Rôle
`session_start`	Ouvre une nouvelle session ou réactive la session courante.
`session_id`	Retourne (ou éventuellement modifie) l'identifiant de la session.
`session_name`	Retourne (ou éventuellement modifie) le nom de la variable utilisée pour stocker l'identifiant de la session.
`session_abort`	Annule les modifications apportées aux données de session et termine la session.
`session_reset`	Réinitialise les données de session à leurs valeurs initiales.
`session_unset`	Supprime l'enregistrement de toutes les variables de la session.
`session_destroy`	Supprime la session.
`session_status`	Retourne le statut actuel d'une session.

session_start

Syntaxe

booléen `session_start()`

La fonction `session_start` va interroger l'environnement pour détecter si une session a déjà été ouverte pour l'utilisateur actuel. Si oui, les variables enregistrées dans la session sont restituées. Autrement, une nouvelle session est ouverte avec attribution d'un identifiant.

La fonction `session_start` retourne `TRUE` si la session a pu être créée avec succès, et `FALSE` sinon.

Remarque

Avant la version 5.3, cette fonction retournait toujours `TRUE`.

Tout script concerné par la gestion des sessions doit appeler `session_start` pour avoir accès aux variables de session.

Si la session n'est pas encore ouverte, la fonction `session_start` va chercher à déposer un cookie, contenant l'identifiant de session, sur le poste de l'utilisateur : il est donc primordial, comme pour les fonctions `header` et `setcookie` que le début de la page n'ait pas encore été envoyé au navigateur. En cas de problème, un message du type suivant est affiché :

```
Warning: session_start(): Cannot send session cookie -
headers already sent in /app/scripts/index.php on line 3
Warning: session_start(): Cannot send session cache limiter -
headers already sent in /app/scripts/index.php on line 3
```

Exemple

```
<?php
// Ouvrir/réactiver la session.
session_start();
?>
```

session_id

Syntaxe

chaîne `session_id([`*chaîne* `nouvelle_valeur])`

`nouvelle_valeur`	Nouvelle valeur attribuée à l'identifiant de session.

Appelée sans paramètre, la fonction `session_id` retourne la valeur de l'identifiant de session. Cette valeur sera toujours vide si `session_start` n'a pas été appelée dans le script.

Appelée avec un paramètre, la fonction `session_id` modifie la valeur attribuée à l'identifiant de session. En pratique, dans la majorité des cas, cela ne présente pas un grand intérêt.

Exemple

```
<?php
// Récupérer la valeur de session_id avant.
$avant = session_id();
// Ouvrir/réactiver la session.
session_start();
// Récupérer la valeur de session_id après.
$après = session_id();
// Affichage.
$actuel = date("H:i:s");
echo "Heure : $actuel<br />";
echo "Avant : $avant<br />";
echo "Après : $après<br />";
?>
```

Résultat

– Premier appel :

```
Heure : 20:59:50
Avant :
Après : 20khscp2ae6b76cmsksof1tr37
```

– Deuxième appel sans quitter le site (même session) :

```
Heure : 21:00:24
Avant :
Après : 20khscp2ae6b76cmsksof1tr37
```

– Troisième appel après avoir quitté le site (nouvelle session) :

```
Heure : 21:01:39
Avant :
Après : 64pnn1n94k098el09iqoud61b0
```

Les trois exemples montrent qu'avant appel à la fonction `session_start`, la fonction `session_id` retourne une chaîne vide, même si la session a déjà été ouverte (cas du deuxième appel).

Sur le troisième appel, l'identifiant de session est nouveau car c'est une nouvelle session.

session_name

Syntaxe

`chaîne session_name([chaîne nouvelle_valeur])`

`nouvelle_valeur`	Nouvelle valeur attribuée au nom de la variable qui stocke l'identifiant de session.

Appelée sans paramètre, la fonction `session_name` retourne le nom de la variable dans laquelle l'identifiant de session est stocké. La fonction `session_name` retourne un résultat même si la fonction `session_start` n'a pas été appelée dans le script.

Appelée avec un paramètre, la fonction `session_name` modifie le nom de la variable. Dans ce cas, il faut appeler `session_name()` avant `session_start()`. En pratique, dans la majorité des cas, cela ne présente pas un grand intérêt (il est remis à sa valeur par défaut à la fin du script).

Exemple

```
<?php
// Récupérer la valeur de session_name avant.
$avant = session_name();
// Ouvrir/réactiver la session.
session_start();
// Récupérer la valeur de session_name après.
$après = session_name();
```

```
// Affichage.
echo "Avant : $avant<br />";
echo "Après : $après<br />";
?>
```

Résultat

```
Avant : PHPSESSID
Après : PHPSESSID
```

Le nom de la variable est défini par la directive de configuration `session.name`. Vous pouvez modifier cette directive pour utiliser un autre nom.

Manipuler les variables enregistrées dans la session

Après appel à la fonction `session_start`, les données de session peuvent être manipulées directement dans le tableau associatif `$_SESSION`. Toutes les entrées stockées dans le tableau `$_SESSION` sont automatiquement enregistrées en tant que données de session.

Pour enregistrer une nouvelle donnée dans la session, il suffit de stocker cette donnée dans le tableau `$_SESSION`, avec la clé de votre choix.

Pour lire ou modifier une donnée de session préalablement enregistrée, il suffit d'accéder au tableau `$_SESSION` en utilisant la bonne clé.

Remarque

N'oubliez pas d'appeler la fonction `session_start` pour pouvoir manipuler les données de session à l'aide du tableau `$_SESSION`.

Exemple

– Script `page1.php` qui ouvre une session et enregistre des données dans la session :

```
<?php
// Ouvrir/réactiver la session.
session_start();
// Enregistrer deux informations dans la session.
$_SESSION['prénom'] = 'Olivier';
$_SESSION['informations'] =  // c'est un tableau...
      array('prénom'=>'Olivier','nom'=>'HEURTEL');
?>
<!DOCTYPE html PUBLIC "-//W3C//DTD XHTML 1.0 Strict//EN"
  "http://www.w3.org/TR/xhtml1/DTD/xhtml1-strict.dtd">
<html xmlns="http://www.w3.org/1999/xhtml">
  <head><title>Page 1</title></head>
  <body>
    <div><a href="page2.php">Page 2</a></div>
  </body>
</html>
```

– Script page2.php qui affiche la valeur des variables de session :

```
<?php
// Appel à session_start.
session_start();
// Affichage.
echo '$_SESSION[\'prénom\'] = ',
     isset($_SESSION['prénom'])?$_SESSION['prénom']:'',
     '<br />';
echo '$_SESSION[\'informations\'][\'nom\'] = ',
     isset($_SESSION['informations']['nom'])?
                  $_SESSION['informations']['nom']:'',
     '<br />';
?>
```

Résultat sur la page 2 après affichage de la page 1 et clic sur le lien

```
$_SESSION['prénom'] = Olivier
$_SESSION['informations']['nom'] = HEURTEL
```

Remarque

Il n'y a aucun encodage sur les données enregistrées dans la session.

Le tableau `$_SESSION` est une variable "super-globale" : elle est disponible dans la totalité du script, même à l'intérieur des fonctions, sans devoir la déclarer globale (`global $_SESSION` est inutile).

Comme le montre l'exemple précédent, la fonction `isset` peut être utilisée pour tester si une donnée est enregistrée dans la session.

Si vous souhaitez supprimer une données de session, vous pouvez utiliser la fonction `unset` pour supprimer l'entrée dans le tableau `$_SESSION` : `unset($_SESSION ['prénom'])`.

Pour supprimer d'un seul coup toutes les données de session, vous pouvez affecter un tableau vide (`array()`) au tableau `$_SESSION`.

Remarque

Dans les deux cas, ne supprimez pas la totalité de la variable `$_SESSION` (`unset($_SESSION)`) !

Dans les versions précédentes, trois fonctions pouvaient être utilisées pour manipuler les données enregistrées dans la session : `session_register`, `session_is_registered` et `session_unregister`. Ces fonctions avaient été dépréciées en version 5.3 et ont été définitivement supprimées en version 5.4. Pour manipuler les données de session, il faut utiliser le tableau `$_SESSION`.

session_abort

Syntaxe

booléen `session_abort()`

La fonction `session_abort` annule les modifications apportées aux données de session depuis l'ouverture de la session et termine la session. Cette fonction est apparue en version 5.6.

La fonction `session_abort` est censée retourner `TRUE` si la session a été annulée avec succès et `FALSE` dans le cas contraire ; dans la pratique, cette fonction semble retourner `NULL` dans tous les cas.

Cette fonction n'annule pas les modifications immédiatement dans le script en cours. Pour annuler les modifications immédiatement dans le script en cours, vous pouvez appeler la fonction `session_reset`.

Exemple

– Script `page1.php` :

```
<?php
// Ouvrir/réactiver la session.
session_start();
// Enregistrer une information dans la session.
$_SESSION['nom'] = 'Olivier';
?>
<!DOCTYPE html PUBLIC "-//W3C//DTD XHTML 1.0 Strict//EN"
  "http://www.w3.org/TR/xhtml1/DTD/xhtml1-strict.dtd">
<html xmlns="http://www.w3.org/1999/xhtml">
  <head><title>Page 1</title></head>
  <body>
    <div>
    <b>Page 1</b><br />
    <?php
    // Afficher la donnée de session.
    echo 'nom = ',$_SESSION['nom'],'<br />';
    ?>
    <a href="page2.php">Page 2</a><br />
    </div>
  </body>
</html>
```

– Script `page2.php` :

```
<?php
// Ouvrir/réactiver la session.
session_start();
?>
<!DOCTYPE html PUBLIC "-//W3C//DTD XHTML 1.0 Strict//EN"
```

```
  "http://www.w3.org/TR/xhtml1/DTD/xhtml1-strict.dtd">
<html xmlns="http://www.w3.org/1999/xhtml">
  <head><title>Page 2</title></head>
  <body>
    <div>
    <b>Page 2</b><br />
    <?php
    // Afficher la donnée de session.
    echo 'nom = ',$_SESSION['nom'],'<br />';
    // Modifier la données de session.
    $_SESSION['nom'] = '?';
    // Annuler la session.
    session_abort();
    // Afficher la donnée de session.
    echo 'nom = ',$_SESSION['nom'],'<br />';
    ?>
    <a href="page3.php">Page 3</a><br />
    </div>
  </body>
</html>
```

– Script page3.php :

```
<?php
// Ouvrir/réactiver la session.
session_start();
?>
<!DOCTYPE html PUBLIC "-//W3C//DTD XHTML 1.0 Strict//EN"
  "http://www.w3.org/TR/xhtml1/DTD/xhtml1-strict.dtd">
<html xmlns="http://www.w3.org/1999/xhtml">
  <head><title>Page 3</title></head>
  <body>
    <div>
    <b>Page 3</b><br />
    <?php
    // Afficher la donnée de session.
    echo 'nom = ',$_SESSION['nom'],'<br />';
    ?>
    <a href="page3.php">Page 3</a><br />
    </div>
  </body>
</html>
```

Résultat

– Page 1

```
Page 1
nom = Olivier
Page 2
```

– Page 2

```
Page 2
nom = Olivier
nom = ?
Page 3
```

– Page 3

```
Page 3
nom = Olivier
```

Cet exemple montre bien que la donnée de session a été annulée (Page 3) mais pas immédiatement dans le script qui a effectué l'annulation (Page 2).

session_reset

Syntaxe

booléen `session_reset()`

La fonction `session_reset` réinitialise les données de session à leurs valeurs initiales. Cette fonction est apparue en version 5.6.

La fonction `session_reset` est censée retourner `TRUE` si la session a été annulée avec succès et `FALSE` dans le cas contraire ; dans la pratique, cette fonction semble retourner `NULL` dans tous les cas.

À la différence de la fonction `session_abort`, cette fonction annule les modifications immédiatement dans le script en cours.

Exemple

– Script `page1.php` :

```
<?php
// Ouvrir/réactiver la session.
session_start();
// Enregistrer une information dans la session.
$_SESSION['nom'] = 'Olivier';
?>
<!DOCTYPE html PUBLIC "-//W3C//DTD XHTML 1.0 Strict//EN"
  "http://www.w3.org/TR/xhtml1/DTD/xhtml1-strict.dtd">
<html xmlns="http://www.w3.org/1999/xhtml">
  <head><title>Page 1</title></head>
  <body>
    <div>
```

```
    <b>Page 1</b><br />
    <?php
    // Afficher la donnée de session.
    echo 'nom = ',$_SESSION['nom'],'<br />';
    ?>
    <a href="page2.php">Page 2</a><br />
    </div>
  </body>
</html>
```

– Script page2.php :

```
<?php
// Ouvrir/réactiver la session.
session_start();
?>
<!DOCTYPE html PUBLIC "-//W3C//DTD XHTML 1.0 Strict//EN"
  "http://www.w3.org/TR/xhtml1/DTD/xhtml1-strict.dtd">
<html xmlns="http://www.w3.org/1999/xhtml">
  <head><title>Page 2</title></head>
  <body>
    <div>
    <b>Page 2</b><br />
    <?php
    // Afficher la donnée de session.
    echo 'nom = ',$_SESSION['nom'],'<br />';
    // Modifier la données de session.
    $_SESSION['nom'] = '?';
    // Réinitialiser les données de session.
    session_reset();
    // Afficher la donnée de session.
    echo 'nom = ',$_SESSION['nom'],'<br />';
    ?>
    </div>
  </body>
</html>
```

Résultat

– Page 1

```
Page 1
nom = Olivier
Page 2
```

– Page 2

```
nom = Olivier
nom = Olivier
```

La donnée de session a été réinitialisée immédiatement.

session_unset

Syntaxe

`session_unset()`

Remarque

Cette fonction est conservée pour des raisons de compatibilité ascendante. À la place, il est conseillé d'utiliser la fonction `unset` pour supprimer les valeurs dans le tableau `$_SESSION`, ou de lui affecter un tableau vide (`array()`).

La fonction `session_unset` supprime l'enregistrement de toutes les variables de la session.

La fonction `session_unset` est sans effet si elle est appelée avant la fonction `session_start`.

session_destroy

Syntaxe

`booléen session_destroy()`

Après un appel à la fonction `session_destroy`, la session n'existe plus ; un appel à la fonction `session_id` retourne une chaîne vide, et un appel ultérieur à la fonction `session_start` va ouvrir une nouvelle session.

La fonction `session_destroy` retourne `TRUE` en cas de succès, et `FALSE` en cas d'échec.

La fonction `session_destroy` retourne `FALSE` et affiche une alerte, si elle est appelée avant la fonction `session_start`.

La fonction `session_destroy` ne supprime pas les données de session dans le script en cours. Pour supprimer immédiatement toutes les données de session, vous pouvez affecter un tableau vide à `$_SESSION`.

De même, cette fonction ne détruit pas le cookie de session éventuellement utilisé pour propager l'identifiant de session. Pour supprimer le cookie de session, vous pouvez utiliser la fonction `setcookie`.

Exemple

– Script `page1.php` :

```
<?php
// Ouvrir/réactiver la session.
session_start();
// Enregistrer une information dans la session.
$_SESSION['nom'] = 'Olivier';
?>
<!DOCTYPE html PUBLIC "-//W3C//DTD XHTML 1.0 Strict//EN"
```

```
  "http://www.w3.org/TR/xhtml1/DTD/xhtml1-strict.dtd">
<html xmlns="http://www.w3.org/1999/xhtml">
  <head><title>Page 1</title></head>
  <body>
    <div>
    <b>Page 1</b><br />
    <?php
    echo 'Bonjour ',$_SESSION['nom'],'<br />';
    echo 'session_id() = ',session_id(),'<br />';
    ?>
    <a href="page2.php">Page 2</a><br />
    </div>
  </body>
</html>
```

– Script `page2.php` :

```
<?php
// Ouvrir/réactiver la session.
session_start();
// Détruire la session.
session_destroy();
?>
<!DOCTYPE html PUBLIC "-//W3C//DTD XHTML 1.0 Strict//EN"
  "http://www.w3.org/TR/xhtml1/DTD/xhtml1-strict.dtd">
<html xmlns="http://www.w3.org/1999/xhtml">
  <head><title>Page 2</title></head>
  <body>
    <div>
    <b>Page 2</b><br />
    <?php
    echo 'Bonjour ',$_SESSION['nom'],'<br />';
    echo 'session_id() = ',session_id(),'<br />';
    ?>
    <a href="page3.php">Page 3</a><br />
    </div>
  </body>
</html>
```

– Script `page3.php` :

```
<?php
// Ouvrir/réactiver la session.
session_start();
?>
<!DOCTYPE html PUBLIC "-//W3C//DTD XHTML 1.0 Strict//EN"
  "http://www.w3.org/TR/xhtml1/DTD/xhtml1-strict.dtd">
<html xmlns="http://www.w3.org/1999/xhtml">
  <head><title>Page 3</title></head>
```

```
  <body>
    <div>
    <b>Page 3</b><br />
    <?php
    echo 'Bonjour ',$_SESSION['nom'],'<br />';
    echo 'session_id() = ',session_id(),'<br />';
    ?>
    </div>
  </body>
</html>
```

Résultat

– Page 1

```
Page 1
Bonjour Olivier
session_id() = 64pnn1n94k098el09iqoud61b0
Page 2
```

– Page 2

```
Page 2
Bonjour Olivier
session_id() =
Page 3
```

– Page 3

```
Page 3
Bonjour
session_id() = 64pnn1n94k098el09iqoud61b0
```

Dans la deuxième page, la donnée de session n'est pas encore supprimée. Par contre, dans la troisième page, la donnée est vide. C'est en fait une nouvelle session, mais le même identifiant a été réutilisé car le cookie de session n'avait pas été supprimé.

Il est possible de modifier le script `page2.php` pour qu'il détruise complètement la session.

Exemple

```
<?php
// Ouvrir/réactiver la session.
session_start();
// Effacer toutes les informations de session.
$_SESSION = array();
// Supprimer le cookie de session (si utilisé).
// Le cookie porte le nom de la variable qui stocke
// l'identifiant de session.
if (isset($_COOKIE[session_name()])) {
  setcookie(session_name(),'',time()-1,'/');
```

```
}
// Détruire la session.
session_destroy();
?>
<!DOCTYPE html PUBLIC "-//W3C//DTD XHTML 1.0 Strict//EN"
  "http://www.w3.org/TR/xhtml1/DTD/xhtml1-strict.dtd">
<html xmlns="http://www.w3.org/1999/xhtml">
  <head><title>Page 2</title></head>
  <body>
    <div>
    <b>Page 2</b><br />
    <?php
    echo 'Bonjour ',$_SESSION['nom'],'<br />';
    echo 'session_id() = ',session_id(),'<br />';
    ?>
    <a href="page3.php">Page 3</a><br />
    </div>
  </body>
</html>
```

Résultat

– Page 1

```
Page 1
Bonjour Olivier
session_id() = 89mt1vv683ifg5htc06g635ug1
Page 2
```

– Page 2

```
Page 2
Bonjour
session_id() =
Page 3
```

– Page 3

```
Page 3
Bonjour
session_id() = m7gttbpcbfbcoemijg1f7jhn66
```

La donnée de session est bien effacée dès la deuxième page, et un nouvel identifiant de session est utilisé sur la troisième page.

session_status

Syntaxe

entier `session_status()`

La fonction `session_status` retourne une constante donnant le statut actuel de la session :

`PHP_SESSION_DISABLED`	Les sessions sont désactivées.
`PHP_SESSION_NONE`	Les sessions sont activées mais aucune session n'est démarrée.
`PHP_SESSION_ACTIVE`	Les sessions sont activées et une session est démarrée.

Exemple

```
<?php
// Fonction qui affiche le nom de la constante
// de statut à partir de sa valeur.
function texte_statut($valeur) {
  switch ($valeur) {
    case PHP_SESSION_DISABLED:
        return 'PHP_SESSION_DISABLED';
    case PHP_SESSION_NONE:
        return 'PHP_SESSION_NONE';
    case PHP_SESSION_ACTIVE:
        return 'PHP_SESSION_ACTIVE';
  }
  return '?';
}
echo 'Avant session_start() : ',
     texte_statut(session_status()),'<br />';
session_start();
echo 'Après session_start() : ',
     texte_statut(session_status()),'<br />';
session_destroy();
echo 'Après session_destroy() : ',
     texte_statut(session_status()),'<br />';
?>
```

Résultat

```
Avant session_start() : PHP_SESSION_NONE
Après session_start() : PHP_SESSION_ACTIVE
Après session_destroy() : PHP_SESSION_NONE
```

7.3 Gérer soi-même la transmission de l'identifiant de session

Normalement, l'identifiant de session est automatiquement transmis par PHP, soit par cookie soit par l'URL (si l'utilisateur n'accepte pas les cookies).

Néanmoins, trois directives de configuration pilotent ce comportement :

- session.use_cookies
- session.use_trans_sid
- session.use_only_cookies

Si la directive session.use_cookies est égale à 0, PHP ne tente même pas d'utiliser les cookies pour transmettre l'identifiant de session. Par contre, si la directive est égale à 1 (valeur par défaut), PHP tente d'utiliser les cookies.

Si la directive session.use_trans_sid est égale à 0 (valeur par défaut), PHP n'utilise pas l'URL pour transmettre l'identifiant de session. Par contre, si la directive est égale à 1 et que l'identifiant de session ne puisse pas être transmis par cookie (du fait de la configuration ou d'un refus de l'utilisateur), alors PHP utilise l'URL pour transmettre l'identifiant de session.

Si la directive session.use_only_cookies est à 1, seuls les cookies sont utilisés pour transmettre l'identifiant de session. Par défaut, la directive est à 1 depuis la version 5.3.

La conséquence principale est la suivante : si la directive session.use_trans_sid est égale à 0 (valeur par défaut) et si l'identifiant de session ne peut pas être transmis par cookie (du fait de la configuration ou d'un refus de l'utilisateur), la gestion ne fonctionne plus.

En termes de sécurité, il est déconseillé de permettre la transmission de l'identifiant de session par l'URL. Il est préférable d'utiliser des cookies, mais cela nécessite que l'internaute les acceptent. Les valeurs par défaut des directives de configuration vont dans ce sens.

Exemple

- Script page1.php :

```
<?php
// Ouvrir/réactiver la session.
session_start();
// Récupérer l'identifiant de session.
$session = session_id();;
// Enregistrer une information dans la session.
$_SESSION['nom'] = 'Olivier';
?>
<!DOCTYPE html PUBLIC "-//W3C//DTD XHTML 1.0 Strict//EN"
  "http://www.w3.org/TR/xhtml1/DTD/xhtml1-strict.dtd">
```

```
<html xmlns="http://www.w3.org/1999/xhtml">
  <head><title>Page 1</title></head>
  <body>
    <div>
    <b>Page 1</b><br />
    <?php
    // Afficher l'ID de la session.
    echo 'session_id() = ',session_id(),'<br />';
    // Afficher la donnée de session.
    echo 'nom = ',
         isset($_SESSION['nom'])?$_SESSION['nom']:'','<br />';
    ?>
    <a href="page2.php">Page 2</a><br />
    </div>
  </body>
</html>
```

– Script page2.php :

```
<?php
// Ouvrir/réactiver la session.
session_start();?>
<!DOCTYPE html PUBLIC "-//W3C//DTD XHTML 1.0 Strict//EN"
  "http://www.w3.org/TR/xhtml1/DTD/xhtml1-strict.dtd">
<html xmlns="http://www.w3.org/1999/xhtml">
  <head><title>Page 2</title></head>
  <body>
    <div>
    <b>Page 2</b><br />
    <?php
    // Afficher l'ID de la session.
    echo 'session_id() = ',session_id(),'<br />';
    // Afficher la donnée de session.
    echo 'nom = ',
         isset($_SESSION['nom'])?$_SESSION['nom']:'','<br />';
    ?>
    </div>
  </body>
</html>
```

Résultat (premier cas)

– Affichage initial de la page 1 :

```
Page 1
session_id() = g3jfgkkcjf8nvg3u3utja51n86
nom = Olivier
Page 2
```

- Affichage de la page 2 après un clic sur le lien Page 2 (si l'utilisateur refuse les cookies et que **session.use_trans_sid = 0**) :

```
Page 2
session_id() = ghu6ctr1kbss9glcc7112kdgt7
nom =
```

Les informations de session n'ont pas été transmises et l'appel à la fonction `session_start` a ouvert une nouvelle session.

Résultat (deuxième cas)

- Affichage initial de la page 1 :

```
Page 1
session_id() = ukb4oquhoc19mq381hjdv88m14
nom = Olivier
Page 2
```

- Affichage de la page 1 après un clic sur le lien Page 2 (si l'utilisateur refuse les cookies mais que **session.use_trans_sid = 1** et **session.use_only_cookies = 0**) :

```
Page 2
session_id() = ukb4oquhoc19mq381hjdv88m14
nom = Olivier
```

Dans ce cas, la session est bien conservée.

Regardons le source HMTL de la première page pour comprendre ce qui s'est passé :

```
<!DOCTYPE html PUBLIC "-//W3C//DTD XHTML 1.0 Strict//EN"
  "http://www.w3.org/TR/xhtml1/DTD/xhtml1-strict.dtd">
<html xmlns="http://www.w3.org/1999/xhtml">
  <head><title>Page 1</title></head>
  <body>
    <div>
    <b>Page 1</b><br />
    session_id() = 0283b72fb608b8255874c4e9144f8d47<br />nom
= Olivier<br />
    <a href="page2.php?PHPSESSID=ukb4oquhoc19mq381hjdv88m14">Page
    2</a><br />
    </div>
  </body>
</html>
```

La balise `<a href>` a été automatiquement réécrite par PHP, pour intégrer la transmission de l'identifiant de session (nommé `PHPSESSID` par défaut). Si un paramètre avait été présent dans l'URL, PHP aurait ajouté le paramètre `PHPSESSID` dans l'URL (`&PHPSESSID=...`).

Par contre, un problème se pose en cas de retour sur la page 1, par le bouton **Précédente** du navigateur :

```
Page 1
session_id() = mi0c105o7uv4mdsslgf5vpj142
nom = Olivier
Page 2
```

Comme l'identifiant de session n'est pas retransmis lors de l'appel à cette page, une nouvelle session est ouverte.

De la même manière, si une page propose un formulaire, une zone cachée est automatiquement ajoutée par PHP, pour transmettre l'identifiant de session lors de la soumission du formulaire.

Exemple

```
<input type="hidden" name="PHPSESSID"
value="mi0c105o7uv4mdsslgf5vpj142" />
```

Par contre, l'information n'est pas transmise lors d'une redirection avec la fonction `header`.

Si l'identifiant n'est pas automatiquement transmis par PHP, il convient d'assurer soi-même cette transmission, le plus simple étant de le faire par l'URL (comme PHP le fait quand l'option est activée).

Le nom de l'identifiant de session est défini par une directive de configuration et utiliser "en dur" la valeur `PHPSESSID` peut conduire à du code non portable.

Une première possibilité consiste à employer les fonctions `session_name` et `session_id`, pour construire le paramètre à insérer dans l'URL sous la forme `nom_identifiant=valeur_identifiant`.

La deuxième possibilité (plus simple), consiste à utiliser une constante, nommée `SID`, qui est automatiquement initialisée par PHP, avec une chaîne `nom_identifiant=valeur_identifiant`.

Exemple

```
<?php
// Ouvrir/réactiver la session.
session_start();
// Construire la chaîne soi-même.
echo 'Mon SID : ',session_name(),'=',session_id(),'<br />';
// Afficher la constante SID.
echo 'SID : ',SID;
?>
```

Résultat

```
Mon SID : PHPSESSID=t4e1re53t1rv1d2a1ki4bgr6a6
SID : PHPSESSID=t4e1re53t1rv1d2a1ki4bgr6a6
```

Si le nom de la variable est modifié dans le fichier `php.ini`, la constante `SID` en tient compte.

Cette constante, telle qu'elle est définie, peut être utilisée directement pour construire une URL, transmettant la valeur de l'identifiant de session.

Exemples

- Dans une balise `<a href=...>` :

```
<a href="page2.php?<?php echo SID; ?>">Page 2</a>
```

- Dans l'attribut `action` de la balise `<form>` :

```
<form action="page2.php?<?php echo SID; ?>" method="post">
```

- Dans une redirection avec la fonction `header` :

```
header('Location: page2.php?'.SID);
```

Par contre, dans une zone cachée d'un formulaire, il faut utiliser les fonctions `session_name` et `session_id`.

Exemple

```
<input type = "hidden"
 name="<?php echo session_name(); ?>"
 value="<?php echo session_id(); ?>" />
```

Remarque

La constante `SID` n'est pas renseignée si le cookie est accepté, sauf dans le script qui vient juste d'ouvrir la session (car PHP ne sait pas encore si le cookie est accepté par le client). Intégrer un `SID` vide dans une URL n'est pas très élégant mais ne pose pas de problème (`<a href="page2.php?">` est valide). Si vous intégrez systématiquement le `SID` dans les URL et que la transmission automatique fonctionne (soit par cookie, soit par l'URL), ce n'est pas non plus très élégant mais cela ne pose pas de problème.

Pour écrire du code portable et élégant, il convient donc de n'intégrer, soi-même, le `SID` dans l'URL que lorsque cela est nécessaire.

Une fonction générique peut très bien se charger de cette tâche, en testant la directive de configuration et la constante `SID`.

Exemple

```
<?php
function url($url) {
// Si la directive de configuration session.use_trans_sid
// est à 0 (pas de transmission automatique par l'URL) et
// si SID est non vide (le poste a refusé le cookie) alors
```

```
// il faut gérer soi-même la transmission.
if ((get_cfg_var('session.use_trans_sid') == 0)
    and (SID != '')) {
   // Ajouter la constante SID derrière l'URL avec un ?
   // s'il n'y a pas encore de paramètre, ou avec un & dans
   // le cas contraire.
   $url .= ((strpos($url,'?') === FALSE)?'?':'&').SID;
   }
   return $url;
}
// Ouvrir/réactiver la session.
session_start();
// Quelques tests.
echo url('page2.php'),'<br />';
echo url('page3.php?nom=Olivier'),'<br />';
?>
```

Résultat

- Si `session.trans_id = 0` et cookie refusé :
  `page2.php?PHPSESSID=rnug67kreboecedi8r9ohfd4l4`
  `page3.php?nom=Olivier&PHPSESSID=rnug67kreboecedi8r9ohfd4l4`
- Si `session.trans_id = 0` et cookie accepté (mais 1er appel) :
  `page2.php?PHPSESSID=7hbp60dtuule20dllda1j45235`
  `page3.php?nom=Olivier&PHPSESSID=7hbp60dtuule20dllda1j45235`
- Si `session.trans_id = 0` et cookie accepté (mais 2ème appel) :
  `page2.php`
  `page3.php?nom=Olivier`
- Si `session.trans_id = 1` que le cookie soit refusé ou accepté :
  `page2.php`
  `page3.php?nom=Olivier`

Dans le dernier cas, lorsque le cookie est refusé, c'est PHP qui ajoute automatiquement le `SID` dans l'URL (car la directive `session.trans_id` est à `on`).

Cette fonction peut ensuite être appelée partout où il faut construire une URL susceptible de transmettre l'identifiant de session.

Remarque

Quelle que soit la configuration, cette fonction doit être utilisée lors d'une redirection avec la fonction header (car PHP ne réécrit jamais les URL appelées par cette fonction).

7.4 Quelques directives de configuration supplémentaires

En complément de celles déjà citées, il est bon de connaître les directives de configuration suivantes :

`session.save_path`	Répertoire dans lequel les fichiers temporaires contenant les informations de session sont enregistrés.
`session.auto_start`	Si elle est positionnée à 1, la fonction `session_start` est automatiquement appelée au début de chaque script (pour un code portable, il est préférable d'appeler explicitement la fonction `session_start`).
`session.cookie_lifetime`	Durée de vie des cookies déposés sur le poste de l'utilisateur. La valeur 0 proposée par défaut, est bien adaptée pour un cookie de session.
`session.cookie_path`	Chemin sur le serveur dans lequel le cookie de session est disponible (voir la fonction `setcookie`). / par défaut.
`session.cookie_domain`	Domaine auquel le cookie est renvoyé (voir la fonction `setcookie`). Vide par défaut.
`session.cookie_secure`	Indique si le cookie ne doit être transmis que via une connexion sécurisée (voir la fonction `setcookie`). `Off` par défaut.
`session.cache_limiter`	Détermine le comportement vis-à-vis du cache de toutes les pages concernées par la gestion des sessions envoyées au navigateur. Valeurs possibles : `nocache`, `private`, `public`. Cette information est transmise dans l'en-tête de la réponse du serveur web. `nocache` par défaut.
`session.cache_expire`	Durée de vie en minutes des pages dans le cache. 180 par défaut. Sans effet si la valeur `nocache` est spécifiée dans `session.cache_limiter`.

7.5 Application à la gestion des sessions

Les principes définis avec les autres techniques vont s'appliquer de manière similaire, lors de l'utilisation de la fonctionnalité de gestion des sessions de PHP.

Le principe essentiel est de systématiquement appeler la fonction `session_start` au début de chaque script, soit pour ouvrir une session lors d'une première visite, soit pour réactiver un contexte de session lors de la poursuite de la navigation.

Exemple (avec deux pages)

– Script `page1.php` :

```
<?php
// Inclusion du fichier qui contient les
// fonctions générales.
include('fonctions.inc');
// Ouvrir/réactiver la session.
session_start();
// Tester si la session est nouvelle (cad ouverte par
// l'appel session_start() ci-dessus) ou ancienne (cad ouverte
// par un appel antérieur à session_start()).
// Le mieux est de tester si une de nos variables de session
// est déjà enregistrée.
if (! isset($_SESSION['date']) ) {
  // Variable "date" pas encore enregistrée.
  // => nouvelle session.
  // => ouvrir la session au niveau applicatif.
  // Pour cet exemple :
  //   - déterminer la date/heure d'ouverture de la session.
  $date = date('\l\e d/m/Y à H:i:s');
  //   - enregistrer la date/heure d'ouverture de la session.
  $_SESSION['date'] = $date;
  //   - récupérer l'identifiant de la session (pour info).
  $session = session_id();
  //   - préparer un message.
  $message = "Nouvelle session : $session - $date";
} else {
  // Variable "date" déjà enregistrée.
  // => ancienne session.
  // => récupérer les variables de session utilisées
  //    dans ce script.
  // Pour cet exemple :
  //   - date/heure d'ouverture de la session.
  $date = $_SESSION['date'];
  //   - récupérer l'identifiant de la session (pour info).
  $session = session_id();
```

```
  //   - préparer un message.
  $message = "Session déjà ouverte: $session - $date";
}
// Détermination de la date et de l'heure actuelle (pas celle
// de l'ouverture de la session).
$actuel = 'Nous sommes le '.date('d/m/Y').
          ' ; il est '.date('H:i:s');
?>
<!DOCTYPE html PUBLIC "-//W3C//DTD XHTML 1.0 Strict//EN"
  "http://www.w3.org/TR/xhtml1/DTD/xhtml1-strict.dtd">
<html xmlns="http://www.w3.org/1999/xhtml">
  <head><title>Page 1</title></head>
  <body>
    <div>
    <b>Page 1 - <?php echo $actuel; ?></b><br />
    <?php echo $message; ?><br />
    <!-- lien vers les autres pages
         Utiliser notre fonction générique url() pour être
         certain que l'identifiant de session est transmis
         quelles que soient les conditions  -->
    <a href="<?php echo url('page2.php'); ?>">Page 2</a>
    </div>
  </body>
</html>
```

– Script `page2.php` (identique à l'exception de la partie HTML) :

```
<?php
...
?>
<!DOCTYPE html PUBLIC "-//W3C//DTD XHTML 1.0 Strict//EN"
  "http://www.w3.org/TR/xhtml1/DTD/xhtml1-strict.dtd">
<html xmlns="http://www.w3.org/1999/xhtml">
  <head><title>Page 2</title></head>
  <body>
    <div>
    <b>Page 2 - <?php echo $actuel; ?></b><br />
    <?php echo $message; ?><br />
    <!-- lien vers les autres pages -->
    <a href="<?php echo url('page1.php'); ?>">Page 1</a>
    </div>
  </body>
</html>
```

Résultat

– Premier appel de l'URL `http://.../page1.php` :

```
Page 1 - Nous sommes le 21/10/2014 ; il est 15:16:46
Nouvelle session : i177j8dbgg03h8ghrumnnmi833 - le 21/10/2014 à 15:16:46
Page 2
```

– Résultat du clic sur le lien Page 2 :

```
Page 2 - Nous sommes le 21/10/2014 ; il est 15:18:00
Session déjà ouverte: i177j8dbgg03h8ghrumnnmi833 - le 21/10/2014 à 15:16:46
Page 1
```

– Résultat du clic sur le lien Page 1 :

```
Page 1 - Nous sommes le 21/10/2014 ; il est 15:18:52
Session déjà ouverte: i177j8dbgg03h8ghrumnnmi833 - le 21/10/2014 à 15:16:46
Page 2
```

– Résultat du clic sur le bouton **Page Précédente** du navigateur :

```
Page 2 - Nous sommes le 21/10/2014 ; il est 15:19:27
Session déjà ouverte: i177j8dbgg03h8ghrumnnmi833 - le 21/10/2014 à 15:16:46
Page 1
```

Le fait que cette page soit mise à jour est lié à la directive de configuration `session.cache_limiter` qui est égale à `nocache` sur l'exemple : les pages concernées par la gestion des sessions ne sont pas mises dans le cache du navigateur et sont donc systématiquement rafraîchies.

Remarque

Le code commun à toutes les pages est bien entendu défini dans une fonction, appelée par les différents scripts.

L'utilisation de cette technique peut être illustrée sur une gestion de sessions avec authentification des utilisateurs.

Exemple

– Script `login.php` pour l'authentification :

```
<?php
// Inclusion du fichier contenant les fonctions générales.
include('fonctions.inc');
// Fonction qui vérifie que l'identification saisie
// est correcte.
function utilisateur_existe($identifiant,$mot_de_passe) {
  // Connexion et sélection de la base de données.
  $connexion = mysqli_connect();
  mysqli_select_db($connexion,'diane');
  // Définition et exécution d'une requête préparée.
  $sql  = 'SELECT 1 FROM utilisateurs ';
  $sql .= 'WHERE identifiant = ? AND mot_de_passe = ?';
```

```
  $requête = mysqli_stmt_init($connexion);
  $ok = mysqli_stmt_prepare($requête,$sql);
  $ok = mysqli_stmt_bind_param
          ($requête,'ss',$identifiant,$mot_de_passe);
  $ok = mysqli_stmt_execute($requête);
  mysqli_stmt_bind_result($requête,$existe);
  $ok = mysqli_stmt_fetch($requête);
  mysqli_stmt_free_result($requête);
  // L'identification est bonne si la requête a retourné
  // une ligne (l'utilisateur existe et le mot de passe
  // est bon).
  // Si c'est le cas $existe contient 1, sinon elle est
  // vide. Il suffit de la retourner en tant que booléen.
  return (bool) $existe;
}
// Initialisation des variables.
$identifiant = '';
$mot_de_passe = '';
$message = '';
// Traitement du formulaire.
if (isset($_POST['connexion'])) {
   // Récupérer les information saisies.
   $identifiant = $_POST['identifiant'];
   $mot_de_passe = $_POST['mot_de_passe'];
   // Vérifier que l'utilisateur existe.
   if (utilisateur_existe($identifiant,$mot_de_passe)) {
      // L'utilisateur existe...
      // Ouvrir une session et enregistrer les données
      // de session.
      session_start();
      $_SESSION['date'] = date('\l\e d/m/Y à H:i:s');
      $_SESSION['identifiant'] = $identifiant;
      // Puis rediriger l'utilisateur vers la page d'accueil
      // en appelant la fonction générique url() pour être
      // certain que l'identifiant de session est transmis
      // quelles que soient les conditions.
      header('location: '.url('page1.php'));
      exit;
   } else {
      // L'utilisateur n'existe pas...
      // Afficher un message et proposer de
      // nouveau l'identification.
      $message  = 'Identification incorrecte. ';
      $message .= 'Essayez de nouveau.';
      // Laisser le formulaire s'afficher de nouveau...
   }
```

```
}
?>
<!DOCTYPE html PUBLIC "-//W3C//DTD XHTML 1.0 Strict//EN"
  "http://www.w3.org/TR/xhtml1/DTD/xhtml1-strict.dtd">
<html xmlns="http://www.w3.org/1999/xhtml">
  <head><title>Login</title></head>
  <body>
    <form action="login.php" method="post">
    <table border="0">
    <tr>
      <td align="right">Identifiant :</td>
      <td><input type="text" Name="identifiant" value=
         "<?php echo vers_formulaire($identifiant); ?>" /></td>
    </tr>
    <tr>
      <td align="right">Mot de passe :</td>
      <td><input type="password" Name="mot_de_passe" value=
         "<?php echo vers_formulaire($mot_de_passe); ?>" /></td>
    </tr>
    <tr>
      <td></td>
      <td align="right"><input type="submit" name="connexion"
                          value="Connexion" /></td>
    </tr>
    </table>
    <?php echo $message; ?>
    </form>
  </body>
</html>
```

– Script page1.php pour une page du site :

```
<?php
// Inclusion du fichier contenant les fonctions générales.
include('fonctions.inc');
// Ouvrir/réactiver la session.
session_start();
// Tester si la session est nouvelle (ouverte par
// l'appel session_start() ci-dessus) ou ancienne (ouverte
// par un appel antérieur à session_start()).
// Le mieux est de tester si une de nos données de session
// est déjà enregistrée.
if (! isset($_SESSION['identifiant'])) {
  // Donnée "identifiant" pas encore enregistrée :
  // => l'utilisateur n'est pas connecté ;
  // => le rediriger vers la page de login.
  header('location: login.php');
```

```
  exit;
} else {
  // Donnée "identifiant" déjà enregistrée :
  // => l'utilisateur est connecté.
  // => récupérer les données de session utilisées dans
  //    le script.
  $date = $_SESSION ['date'];
  $identifiant = $_SESSION['identifiant'];
  // Récupérer l'identifiant de la session (pour l'exemple).
  $session = session_id();
  // Préparer un message.
  $message = "Session : $session - $identifiant - $date";
}
// Détermination de la date et de l'heure actuelle (pas celle
// de l'ouverture de la session).
$actuel = 'Nous sommes le '.date('d/m/Y').
          ' ; il est '.date('H:i:s');
?>
<!DOCTYPE html PUBLIC "-//W3C//DTD XHTML 1.0 Strict//EN"
  "http://www.w3.org/TR/xhtml1/DTD/xhtml1-strict.dtd">
<html xmlns="http://www.w3.org/1999/xhtml">
  <head><title>Page 1</title></head>
  <body>
    <div>
      <b>Accueil - <?php echo $actuel; ?></b><br />
      <?php echo $message; ?><br />
      <!-- Lien vers une autre page.
           Utiliser notre fonction générique url() pour être
           certain que l'identifiant de session est transmis
           quelles que soient les conditions.  -->
      <a href="<?php echo url('page2.php'); ?>">Page 2</a>
    </div>
  </body>
</html>
```

Le premier appel de l'URL `http://.../page1.php` provoque la redirection de l'utilisateur vers la page d'identification ; après une identification réussie, l'utilisateur revient sur la page 1 qui affiche les informations suivantes :

```
Accueil - Nous sommes le 21/10/2014 ; il est 15:25:49
Session : i177j8dbgg03h8ghrumnnmi833 - heurtel - le 21/10/2014 à
15:25:49
Page 2
```

7.6 Remarques et conclusion

Les utilisateurs malins ou mal intentionnés

Le passage de l'identifiant de session par l'URL peut poser des problèmes de sécurité.

Considérons le script `page.php` suivant :

```
<?php
// Ouvrir/réactiver la session.
session_start();
// Afficher l'id de session.
echo 'session_id = ',session_id();
?>
```

Si l'URL `http://_/page.php`**`?PHPSESSID=abc`** est appelée, et si la directive `session.use_only_cookie` est à 0, nous obtenons le résultat suivant :

```
session_id : abc
```

La valeur donnée à la variable `PHPSESSID` dans l'URL a été prise comme identifiant de session. Cela peut permettre à un utilisateur (malin et/ou mal intentionné) de faire croire à votre application qu'il a déjà une session ouverte, ou d'utiliser une session ouverte par un autre utilisateur.

Ce phénomène se produit même si la directive `session.use_trans_id` est à 0, ce qui interdit à PHP de transmettre l'identifiant de session dans l'URL, mais pas de le recevoir.

Pour empêcher ce phénomène, il faut mettre la directive de configuration `session.use_only_cookies` à 1, afin de forcer l'utilisation d'un cookie pour la transmission de l'identifiant de session. L'inconvénient est que l'utilisateur peut refuser les cookies et que cette méthode n'est, de toutes façons, pas complètement sécurisée ; la seule solution vraiment sûre consiste à utiliser une connexion sécurisée.

Indépendamment de cela, il est relativement simple de se prémunir contre l'emploi d'un faux identifiant de session, soit en mémorisant côté serveur les identifiants des sessions ouvertes, soit en testant l'existence d'une donnée de session dans `$_SESSION`.

Exemple

```
<?php
// Ouvrir/réactiver la session.
session_start();
if (! isset($_SESSION['identifiant'])) {
  // Si la donnée de session 'identifiant'
  // n'existe pas, c'est que la session n'a
  // pas été réellement ouverte par l'application.
  // Faire ce qu'il faut...
  // Pour cet exemple :
```

```
  // - afficher un message.
  echo 'Session non ouverte','<br />';
  // - simuler l'ouverture applicative de la session.
  $_SESSION['identifiant'] = '123';
} else {
  // Si la donnée de session 'identifiant' existe,
  // c'est que la session a réellement été ouverte
  // par l'application.
  echo 'Session ouverte','<br />';
  echo 'identifiant = ',$_SESSION['identifiant'],'<br />';
}
// Afficher l'id de session.
echo 'session_id = ',session_id(),'<br />';
?>
```

Résultat

– Premier appel du type `http://.../page.php`**`?PHPSESSID=abc`** :

```
Session non ouverte
session_id = abc
```

– Deuxième appel (sans fermer le navigateur) :

```
Session ouverte
identifiant = 123
session_id = abc
```

PHP a conservé l'identifiant de session initial. En cas de besoin, la fonction `session_regenerate_id` peut être appelée pour régénérer un identifiant de session.

Exemple

```
<?php
// Ouvrir/réactiver la session.
session_start();
if (! isset($_SESSION['identifiant'])) {
  // Si la donnée de session 'identifiant'
  // n'existe pas, c'est que la session n'a
  // pas été réellement ouverte par l'application.
  // Faire ce qu'il faut...
  // Pour cet exemple :
  // - régénérer un identifiant de session.
  session_regenerate_id();
  // - afficher un message.
  echo 'Session non ouverte','<br />';
  // - simuler l'ouverture applicative de la session.
  $_SESSION['identifiant'] = '123';
} else {
```

```
    // Si la donnée de session 'identifiant' existe,
    // c'est que la session a réellement été ouverte
    // par l'application.
    echo 'Session ouverte','<br />';
    echo 'identifiant = ',$_SESSION['identifiant'],'<br />';
}
// Afficher l'id de session.
echo 'session_id = ',session_id(),'<br />';
?>
```

Résultat

– Premier appel du type `http://_/page.php`**`?PHPSESSID=abc`** :

```
Session non ouverte
session_id = qkql5phlcn7lnu8ulcoll02di3
```

– Deuxième appel (sans fermer le navigateur) :

```
Session non ouverte
identifiant = 123
session_id = qkql5phlcn7lnu8ulcoll02di3
```

Cette technique ne met pas l'abri de l'utilisation abusive, par un internaute, d'un identifiant de session d'un autre internaute.

Résultat

– Un premier utilisateur effectue un appel du type `http://.../page.php` :

```
Session non ouverte
session_id = 4mm9h2r4nc54ls5h2d75iefae1
```

– Un deuxième utilisateur réussit à récupérer l'identifiant de session du premier utilisateur et effectue un appel du type :
  `http://.../page.php?`**`PHPSESSID=4mm9h2r4nc54ls5h2d75iefae1`**

```
Session ouverte
identifiant = 123
session_id = 4mm9h2r4nc54ls5h2d75iefae1
```

Remarque

Si vous avez besoin d'un haut niveau de sécurité, utilisez une connexion sécurisée.

Conclusion

Moyennant un peu de rigueur dans le code, la fonctionnalité de gestion des sessions de PHP est facile à mettre en œuvre et indépendante des techniques de navigation utilisée (liens, formulaires). Pour des besoins de sécurité avancée, elle peut être facilement employée dans le cadre d'une connexion sécurisée ; dans ce cas, il s'agit surtout d'une problématique de configuration du serveur web et il n'y a rien de particulier à faire au niveau de PHP.

8. Conserver des informations d'une visite à une autre

Si vous souhaitez conserver des informations sur un utilisateur d'une visite à l'autre (éventuellement très éloignées dans le temps), il existe deux solutions prédominantes :

- Déposer un cookie sur son poste (si possible avec son accord préalable).
- Stocker les informations côté serveur (le plus pratique étant d'utiliser une base de données), et associer ces informations à une identification (typiquement un nom et un mot de passe) que l'utilisateur devra saisir à chaque visite.

Une solution intermédiaire, élégante et respectueuse de l'utilisateur, est employée par certains sites ; cette solution consiste à proposer à l'utilisateur de déposer sur son poste un cookie qui ne contient qu'une ou deux informations permettant la connexion automatique au site (sans saisir de nom et de mot de passe), les informations complémentaires étant récupérées dans une base.

Nous allons illustrer cette solution à l'aide de deux pages :

- Une page de personnalisation (script `personnaliser.php`) qui permet à l'utilisateur d'activer ou de désactiver la connexion automatique.
- Une page d'identification (script `login.php`) qui, selon le cas, effectue la connexion automatique ou demande à l'utilisateur de se connecter.

Chaque connexion de l'utilisateur est une session.

Source

- Script `personnaliser.php` :

```
<?php
// Inclusion du fichier contenant les fonctions générales.
include('fonctions.inc');
// Ouvrir/réactiver la session.
session_start();
// Initialisation des variables.
$message = '';
// La session a-t-elle été ouverte au niveau applicatif ?
if (isset($_SESSION['identifiant'])) { // oui
  // Récupérer les informations de session.
  $identifiant = $_SESSION['identifiant'];
  $mot_de_passe = $_SESSION['mot_de_passe'];
  // Le script est-il appelé en traitement du formulaire ?
  if (isset($_POST['activer'])) { // oui
    // Activer la connexion automatique.
    // Déposer deux cookies d'une durée de vie de 30 jours,
    // un pour l'identifiant de l'utilisateur et un pour son
    // mot de passe.
    $expiration = time()+ (30 * 24 * 3600);
```

```
    setcookie('identifiant',$identifiant,$expiration);
    setcookie('mot_de_passe',$mot_de_passe,$expiration);
    // Préparer un message.
    $message = 'Connexion automatique activée';
  } elseif (isset($_POST['désactiver'])) { // oui
    // Désactiver la connexion automatique.
    // Supprimer les deux cookies.
    setcookie('identifiant');
    setcookie('mot_de_passe');
    // Préparer un message.
    $message = 'Connexion automatique désactivée';
  }
} else { // Session non ouverte au niveau applicatif.
  // Rediriger l'utilisateur vers la page de login.
  header('Location: login.php');
  exit;
}
?>
<!DOCTYPE html PUBLIC "-//W3C//DTD XHTML 1.0 Strict//EN"
  "http://www.w3.org/TR/xhtml1/DTD/xhtml1-strict.dtd">
<html xmlns="http://www.w3.org/1999/xhtml">
  <head><title>MonSite.com - Personnaliser</title></head>
  <body>
    <form action="personnaliser.php" method="post">
    <div>
    <input type="submit" name="activer"
           value="Activer la connexion automatique" /><br />
    <input type="submit" name="désactiver"
           value="Désactiver la connexion automatique" /><br />
    <?php echo $message; ?><br />
    </div>
    </form>
  </body>
</html>
```

– Script `login.php` (variante simple de la version précédente) :

```
<?php
// Inclusion du fichier contenant les fonctions générales.
include('fonctions.inc');
// Fonction qui vérifie que l'identification saisie
// est correcte.
function utilisateur_existe($identifiant,$mot_de_passe) {
  // Connexion et sélection de la base de données.
  $connexion = mysqli_connect();
  mysqli_select_db($connexion,'diane');
  // Définition et exécution d'une requête préparée.
```

```
  $sql  = 'SELECT 1 FROM utilisateurs ';
  $sql .= 'WHERE identifiant = ? AND mot_de_passe = ?';
  $requête = mysqli_stmt_init($connexion);
  $ok = mysqli_stmt_prepare($requête,$sql);
  $ok = mysqli_stmt_bind_param
        ($requête,'ss',$identifiant,$mot_de_passe);
  $ok = mysqli_stmt_execute($requête);
  mysqli_stmt_bind_result($requête,$existe);
  $ok = mysqli_stmt_fetch($requête);
  mysqli_stmt_free_result($requête);
  // L'identification est bonne si la requête a retourné
  // une ligne (l'utilisateur existe et le mot de passe
  // est bon).
  // Si c'est le cas $existe contient 1, sinon elle est
  // vide. Il suffit de la retourner en tant que booléen.
  return (bool) $existe;
}
// Initialisation des variables.
$identifiant = '';
$mot_de_passe = '';
$message = '';
$action = '';
// Le script est-il appelé en validation du formulaire ?
if (isset($_POST['connexion'])) { // oui
  // => connexion manuelle.
  // Récupérer les information saisies.
  $identifiant = $_POST['identifiant'];
  $mot_de_passe = $_POST['mot_de_passe'];
  // Indiquer l'action à effectuer pour la suite.
  $action = 'connexion';
  // Préparer un message en cas de problème.
  $message = 'Identification incorrecte. '.
             'Essayez de nouveau.';
// Sinon, existe-t-il un cookie "identifiant" ?
} elseif (isset($_COOKIE['identifiant'])) { // oui
  // => connexion automatique.
  // Récupérer les informations des cookies.
  $identifiant = $_COOKIE['identifiant'];
  $mot_de_passe =  $_COOKIE['mot_de_passe'];
  // Indiquer l'action à effectuer pour la suite.
  $action = 'connexion';
  // Préparer un message en cas de problème.
  $message = 'Identification automatique incorrecte. '.
             'Essayez manuellement.';
}
// Finalement, que fait-on ?
```

```
if ($action == 'connexion') { // tenter une connexion
  // Vérifier que l'utilisateur existe.
  if (utilisateur_existe($identifiant,$mot_de_passe)) {
    // L'utilisateur existe...
    // => ouvrir la session au niveau applicatif.
    session_start();
    session_regenerate_id(); // au cas où...
    $_SESSION['identifiant'] = $identifiant;
    $_SESSION['mot_de_passe'] = $mot_de_passe;
    // Rediriger l'utilisateur vers une autre page du site
    // (il n'y en a qu'une !).
    header('location: '.url('personnaliser.php'));
    exit;
  } // utilisateur_existe
} // $action == 'connexion'
// Si c'est le premier appel, ou si la connexion manuelle
// ou automatique a échoué, laisser le formulaire s'afficher.
?>
<!DOCTYPE html PUBLIC "-//W3C//DTD XHTML 1.0 Strict//EN"
  "http://www.w3.org/TR/xhtml1/DTD/xhtml1-strict.dtd">
<html xmlns="http://www.w3.org/1999/xhtml">
  <head><title>MonSite.com - Identification</title></head>
  <body>
    <form action="login.php" method="post">
    <table border="0">
    <tr>
      <td align="right">Identifiant :</td>
      <td><input type="text" Name="identifiant" value=
           "<?php echo vers_formulaire($identifiant); ?>" /></td>
    </tr>
    <tr>
      <td align="right">Mot de passe :</td>
      <td><input type="password" Name="mot_de_passe" value=
           "<?php echo vers_formulaire($mot_de_passe); ?>" /></td>
    </tr>
    <tr>
      <td></td>
      <td align="right"><input type="submit" name="connexion"
                         value="Connexion" /></td>
    </tr>
    </table>
    <?php echo $message; ?>
    </form>
  </body>
</html>
```

Résultat

– Premier appel :

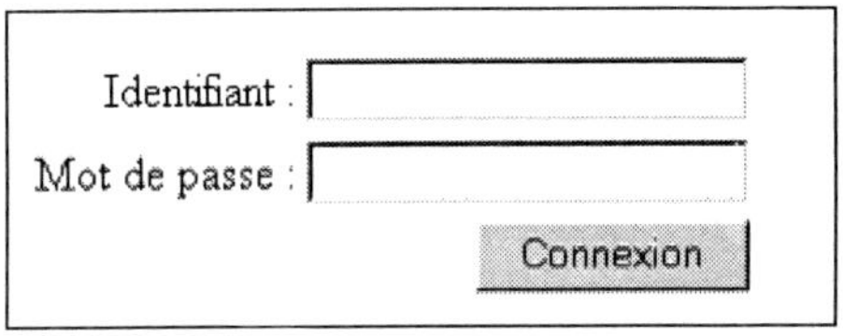

– Connexion manuelle erronée :

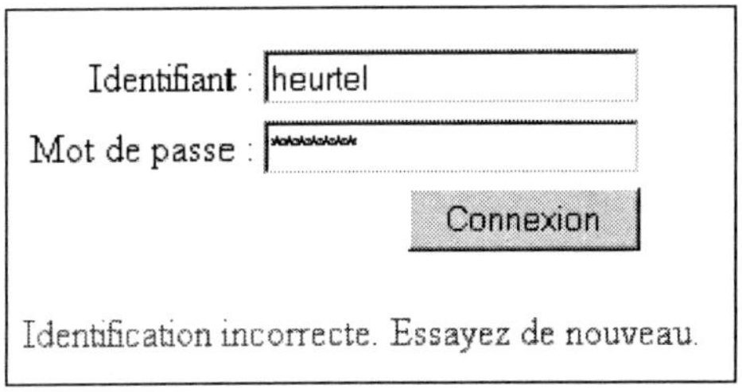

– Après une connexion réussie :

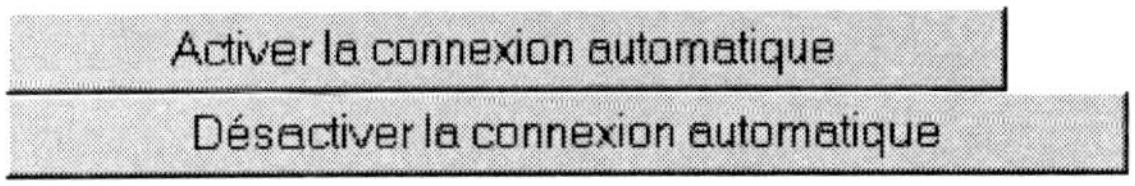

– Clic sur le bouton **Activer** :

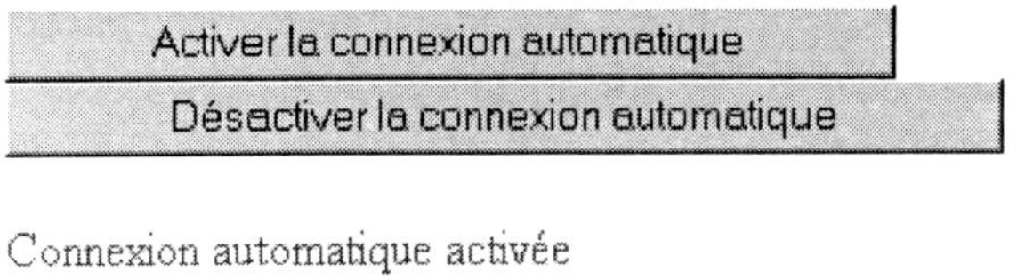

– Quitter puis revenir sur une des deux pages : arrivée directe sur la page de personnalisation (une connexion automatique s'est effectuée) :

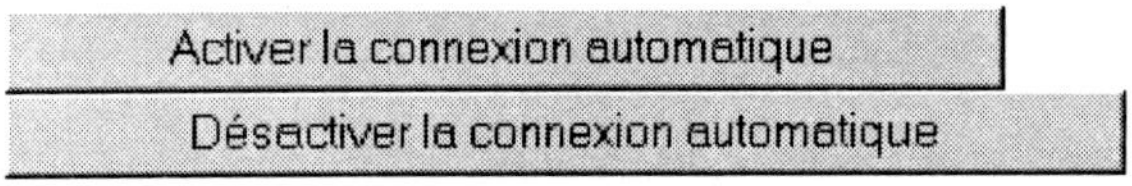

– Clic sur le bouton **Désactiver** :

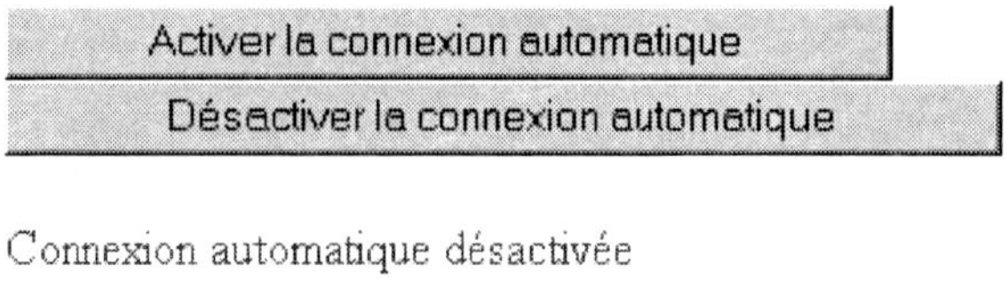

– Quitter puis revenir sur une des deux pages : la page d'identification est proposée (plus de connexion automatique) :

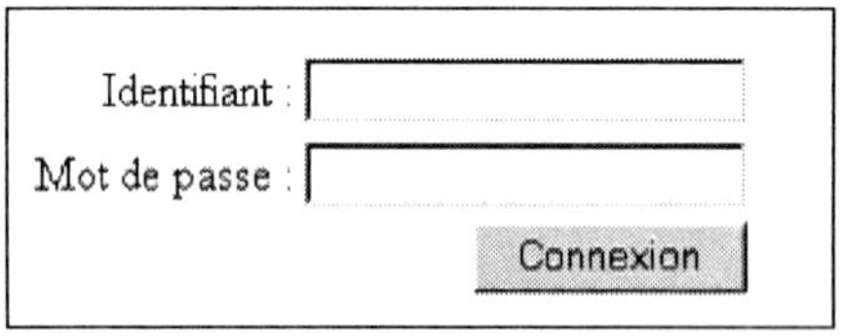

– Refaire la séquence d'activation puis revenir sur l'une des deux pages, après avoir supprimé le compte de l'utilisateur (la connexion automatique échoue) :

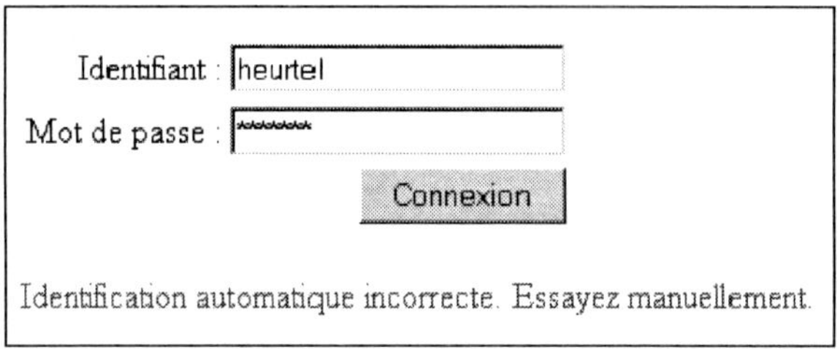

Remarque

Il est préférable de stocker le mot de passe de l'utilisateur sous forme cryptée ou d'utiliser un identifiant de connexion automatique associé à l'utilisateur. De cette manière, dans les deux cas, le mot de passe de l'utilisateur n'est pas exposé aux regards indiscrets.

9. Petite synthèse sur les variables Get/Post/Cookie/Session

Depuis le début de cet ouvrage, nous avons rencontré des variables "particulières", celles associées à des données de formulaire, à des données transmises par une URL, à des données d'un cookie ou encore, à des données de sessions.

Nous avons vu que ces variables fonctionnaient selon le même principe : elles sont accessibles par l'intermédiaire de tableaux associatifs `$_GET`, `$_POST`, `$_COOKIE` et `$_SESSION`. En complément, le tableau associatif `$_REQUEST` regroupe le contenu des tableaux `$_GET`, `$_POST` et `$_COOKIE`.

Le tableau `$_REQUEST` doit être utilisé avec précaution car il contient des données fournies au script par plusieurs mécanismes ; nous ne sommes donc pas forcément certain que l'information lue arrive bien par le moyen attendu.

Le fait que les tableaux `$_GET`, `$_POST` et `$_COOKIE` soient effectivement créés dépend de la directive de configuration `variables_order`.

Cette directive est une chaîne composée des caractères `G`, `P` et `C` correspondant aux types déjà évoqués, et de deux autres caractères, `E`, correspondant aux variables d'environnement, et `S` correspondant aux variables du serveur HTTP. Par défaut, la directive `variables_order` est égale à `EGPCS`.

Les variables d'environnement du système d'exploitation et les variables du serveur HTTP sont rendues disponibles dans l'environnement PHP à travers les tableaux associatifs `$_ENV` et `$_SERVER`.

Depuis la version 5.3, l'ordre dans lequel les variables *Get*, *Post* et *Cookie* sont définies dans le tableau `$_REQUEST` est conditionné par la directive de configuration `request_order`. Cette directive est une chaîne composée des caractères `G`, `P` et `C` correspondant aux types déjà évoqués. Si cette directive n'est pas définie, le contenu du tableau `$_REQUEST` est conditionné par la directive `variables_order` (comme dans les versions précédentes).

Exemple

– Script `page1.php` :

```
<?php
// Ouvrir une session et enregistrer une information de
// session nommée "x" de valeur "SESSION".
session_start();
$_SESSION['x'] = 'SESSION';
// Déposer un cookie nommé "x" de valeur "COOKIE".
setcookie('x','COOKIE');
?>
```

```
<!DOCTYPE html PUBLIC "-//W3C//DTD XHTML 1.0 Strict//EN"
  "http://www.w3.org/TR/xhtml1/DTD/xhtml1-strict.dtd">
<html xmlns="http://www.w3.org/1999/xhtml">
  <head><title>Page 1</title></head>
  <body>
    <!-- Dans un formulaire, mettre une variable donnée
         nommée "x" de valeur "GET" dans l'URL de
         l'attribut "action" -->
    <form action="page2.php?x=GET" method="post">
    <!-- Mettre aussi une zone nommée "x" de
         valeur "POST" -->
    <input type="hidden" name="x" value="POST" />
    <!-- Plus un bouton pour aller sur la page 2 -->
    <input type="submit" name="ok" value="Page 2">
    </form>
  </body>
</html>
```

– Script page2.php :

```
<?php
// Réactiver la session.
session_start();
// Afficher les valeurs de 'x' à partir des tableaux.
echo '$_GET[\'x\'] = ',
     isset($_GET['x'])?$_GET['x']:'','<br />';
echo '$_POST[\'x\'] = ',
     isset($_POST['x'])?$_POST['x']:'','<br />';
echo '$_COOKIE[\'x\'] = ',
     isset($_COOKIE['x'])?$_COOKIE['x']:'','<br />';
echo '$_SESSION[\'x\'] = ',
     isset($_SESSION['x'])?$_SESSION['x']:'','<br />';
echo '$_REQUEST[\'x\'] = ',
     isset($_REQUEST['x'])?$_REQUEST['x']:'','<br />';
?>
```

Dans le premier script, plusieurs informations différentes sont associées au même identifiant "x".

<u>Résultat de l'affichage de la page 1 puis du clic sur le bouton Page 2</u>

```
$_GET['x'] = GET
$_POST['x'] = POST
$_COOKIE['x'] = COOKIE
$_SESSION['x'] = SESSION
$_REQUEST['x'] = POST
```

Sur cet exemple, le tableau `$_REQUEST` contient la valeur "POST", car la directive `request_order` contient la valeur `GP`. La lettre `P` apparaît après la lettre `G` et la lettre `C` est omise : les variables *Post* sont donc prioritaires par rapport aux variables *Get* et les variables *Cookie* ne sont pas insérées dans le tableau.

Si la directive `request_order` est modifiée en `CPG`, nous obtenons le résultat suivant :

```
$_GET['x'] = GET
$_POST['x'] = POST
$_COOKIE['x'] = COOKIE
$_SESSION['x'] = SESSION
$_REQUEST['x'] = GET
```

Le tableau `$_REQUEST` contient dorénavant la valeur "GET".

Par ailleurs, si la directive `variables_order` est modifiée en `CP`, nous obtenons le résultat suivant :

```
$_GET['x'] =
$_POST['x'] = POST
$_COOKIE['x'] = COOKIE
$_SESSION['x'] = SESSION
$_REQUEST['x'] = POST
```

Le tableau `$_GET` n'est plus alimenté et le tableau `$_REQUEST` contient dorénavant la valeur "POST".

Remarque

Ce n'est pas une bonne habitude de programmation d'utiliser le même nom pour plusieurs informations ; un développeur sensé ne sera pas confronté à ce problème. Cette situation écartée, il faut avoir conscience qu'un utilisateur (malin et/ou mal intentionné) peut assez facilement fournir une valeur par un moyen donné (GPC en l'occurrence), à une variable dont vous pensez contrôler l'origine. Écrire du code dont le fonctionnement est lié à une certaine valeur de la directive `variables_order` *n'est sans doute pas non plus une bonne idée du point de la portabilité et de la maintenabilité. Le conseil avisé, donné par l'équipe de développement de PHP, est le suivant : récupérez les valeurs "EGPCS" par leurs tableaux associatifs respectifs pour éviter tout problème.*

Chapitre 10
Envoyer un courrier électronique

1. Vue d'ensemble

Un site interactif a souvent besoin d'envoyer des messages électroniques aux utilisateurs, par exemple pour confirmer un achat, une inscription ou envoyer une lettre d'information.

La fonction `mail`, proposée par PHP, permet de répondre simplement à ce genre de besoin. Cette fonction est détaillée dans ce chapitre, d'abord, pour envoyer des messages textes (sans pièce jointe), puis pour envoyer des messages au format MIME (*Multipurpose Internet Mail Extensions*).

En complément, PHP propose une bibliothèque puissante, mais plus complexe d'utilisation, pour gérer des messages selon le protocole IMAP (*Internet Message Access Protocol*). Cette bibliothèque ne sera pas abordée dans cette ouvrage car elle n'est pas indispensable pour répondre au besoin évoqué précédemment.

2. Envoyer un message texte sans pièce jointe

La fonction `mail` permet d'envoyer un message électronique.

Syntaxe

```
booleen mail(chaîne destinataire, chaîne objet, chaîne message
[, chaîne entête])
```

`destinataire` Adresse e-mail du destinataire. Des destinataires multiples peuvent être indiqués en les séparant par des virgules.

`objet`	Objet du message.
`message`	Texte du message.
`entête`	En-têtes supplémentaires.

La fonction `mail` envoie le message caractérisé par les différents paramètres à un serveur de messagerie défini par les directives de configuration suivantes :

Win32	`SMTP`	Adresse du serveur SMTP (*Simple Mail Transfer Protocol*) auquel envoyer le message. Exemple : `smtp.orange.fr`
	`sendmail_from`	Adresse e-mail de l'émetteur. Exemple : `webmaster@monsite.com` Cette directive doit être présente, même vide.
Unix	`sendmail_path`	Chemin d'accès vers l'exécutable du serveur de messagerie (peut comprendre des paramètres). Exemple : `sendmail -t -i`

La fonction `mail` retourne `TRUE` si le message a pu être envoyé au serveur (ce qui ne garantit pas que ce dernier a pu l'envoyer avec succès) et `FALSE` dans le cas contraire. Il n'y a aucun moyen de savoir si le message a été envoyé avec succès ; cette vérification doit être réalisée en dehors de PHP.

Le quatrième paramètre permet de spécifier des informations supplémentaires qui sont envoyées dans l'en-tête du message ; des informations multiples doivent être séparées par la séquence `\r\n`.

Remarque

La séquence à utiliser comme séparateur d'en-tête est souvent source de problème (et de débat dans les forums de discussion). Très souvent, la séquence `\n` seule fonctionne ; parfois, la séquence `\r\n` ne fonctionne pas.

Exemple de message simple

```
<?php
// Destinataire.
$destinataire = 'contact@olivier-heurtel.fr';
// Objet.
$objet = 'Inscription à monSite.com';
// Message.
$message =
'Monsieur Heurtel,
Nous vous remercions pour votre inscription sur note site
monSite.com.
```

```
Nous espérons que ce site répondra à vos attentes.
Le webmaster.';
// Envoi.
$ok = mail($destinataire,$objet,$message);
?>
```

Cet exemple montre que le message peut être directement écrit sur plusieurs lignes ; il est aussi possible de le construire par concaténation.

Exemple de message plus complexe

```
<?php
// Deux destinataires séparés par une virgule.
$destinataires = 'olivier@diane.com,xavier@zeus.fr';
// Objet.
$objet = 'Inscription au marathon';
// Message.
$message .= "Olivier, Xavier,\n";
$message .= "Nous vous confirmons votre inscription au\n";
$message .= "marathon le dimanche 11 avril.\n";
$message .= "Le départ sera donné à 8h45.\n\n";
$message .= "Les organisateurs.\n";
// En-têtes supplémentaires.
$entêtes .= "From: \"Inscription\" <contact@marathon.fr>\n";
$entêtes .= "Reply-To: \"Inscription\"
<contact@marathon.fr>\n";
$entêtes .= "X-Priority: 1\n";
// Envoi.
$ok = mail($destinataires,$objet,$message,$entêtes);
?>
```

Les en-têtes supplémentaires sont spécifiés sous la forme `mot_clé: valeur`.

Les en-têtes les plus courants sont les suivants :

`From:`	Origine du message sous la forme `["nom en clair"] <adresse e-mail>`.
	Exemples :
	`"Olivier HEURTEL" <contact@olivier-heurtel.fr>`
	`<contact@olivier-heurtel.fr>`

`To:`	Destinataire(s) (même format que l'en-tête `From`).
`Reply-To:`	Adresse de réponse (même format que l'en-tête `From`).

`X-Priority:`	Priorité du message. 1 = priorité la plus haute 2 = priorité haute 3 = priorité normale 4 = priorité basse

Remarque

Dans le paramètre destinataire, il n'est pas possible de spécifier une adresse sous la forme `["nom en clair"] <adresse e-mail>`. Par contre, il est possible d'indiquer des adresses sous cette forme en les envoyant dans l'en-tête `To:`, en doublon du paramètre destinataire.

3. Envoyer un message au format MIME

3.1 Préambule

Dans cette partie, nous allons étudier comment envoyer des messages au format MIME ou plus généralement au format Multipart MIME.

Le format MIME permet d'envoyer un message ayant un autre format que du texte : format HTML, image...

Le format Multipart MIME permet d'envoyer un message composé de plusieurs parties ayant chacune un format différent (du texte plus une image, par exemple), une des "parties" pouvant être une pièce jointe.

L'objectif de ce point, sans rentrer dans le détail du format MIME (les amateurs peuvent se pencher sur les nombreuses RFC qui traitent du sujet), est de montrer concrètement comment procéder sur deux cas typiques, l'envoi d'un message au format HTML et l'envoi d'un message avec une pièce jointe.

3.2 Message au format HTML

Le cas de l'envoi d'un message au format HTML permet d'illustrer l'utilisation du format MIME simple.

Exemple (source d'un message MIME au format HTML)

```
From: "Olivier" <olivier@diane.com>
To: "Xavier" <xavier@zeus.fr>
Subject: Bonjour !
Date: Mon, 10 Sep 2001 09:24:13 -0100
Message-ID: <3b9c6a403d9f000b@hermes.diane.com>
```

```
MIME-Version: 1.0
Content-Type: text/html; charset=utf-8
Content-Transfer-Encoding: 8bit

<html>
<head><title>Bonjour !</title></head>
<body>
<font color="green">Bonjour !</font>
</body>
</html>
```

Un message MIME simple comprend d'abord les en-têtes standards d'un message, puis, trois lignes d'en-têtes supplémentaires (en gras) indiquant que le message est au format MIME, et enfin, le corps du message proprement dit.

Les trois lignes d'en-têtes supplémentaires sont les suivantes :

`MIME-Version`	Indique que le message est au format MIME et précise la version.
`Content-Type`	Indique le type MIME du contenu.
`Content-Transfer-Encoding`	Indique le type d'encodage.

Quelques types MIME usuels :

`text/plain`	Texte simple. Le jeu de caractères utilisé peut être spécifié par l'option `charset` (par exemple iso-8859-1 ou UTF-8).
`text/html`	Document au format HTML. Le jeu de caractères utilisé peut être spécifié par l'option `charset` (par exemple iso-8859-1 ou UTF-8).
`image/jpeg`	Image au format JPEG.
`application/octet-stream`	Données binaires.

Quelques types d'encodages usuels :

`7bit`	Encodage du texte sur 7 bits.
`8bit`	Encodage du texte sur 8 bits (à utiliser pour conserver les caractères accentués).
`base64`	Encodage pour les données binaires (voir la fonction `base64_encode`).

Classiquement, pour les types MIME `text/*`, un type d'encodage `7bit` ou `8bit` est utilisé et le corps du message contient le texte en clair. Il est aussi possible d'employer un encodage `base64` et de placer dans le corps du message des données encodées en conséquence (voir la fonction `base64_encode` plus loin).

Pour les types MIME correspondant à des données binaires (image, son, document PDF...), un encodage `base64` est utilisé et le corps du message contient les données encodées en conséquence (voir la fonction `base64_encode` plus loin).

Envoyer un message au format HTML avec la fonction `mail` est relativement simple.

Il faut :

- Placer les lignes adéquates dans l'en-tête.
- Mettre les données HTML dans le corps du message.

Exemple

```
<?php
// Destinataires.
$destinataires = 'xavier@zeus.fr';
// Objet.
$objet = 'Bonjour !';
// En-têtes supplémentaires.
$entêtes .= "From: \"Olivier\" <olivier@diane.com>\n";
$entêtes .= "MIME-Version: 1.0\n";
$entêtes .= "Content-Type: text/html; charset=utf-8\n";
$entêtes .= "Content-Transfer-Encoding: 8bit\n";
// Message (HTML).
$message .= "<html>\n";
$message .= "<head><title>Bonjour !</title></head>\n";
$message .= "<body>\n";
$message .= "<font color=\"green\">Bonjour !</font>\n";
$message .= "</body>\n";
$message .= "</html>\n";
// Envoi.
$ok = mail($destinataires,$objet,$message,$entêtes);
?>
```

Si vous utilisez un encodage `base64`, vous pouvez appeler la fonction `base64_encode` pour effectuer l'encodage des données.

Syntaxe

```
chaîne base64_encode(chaîne données)
```

`données`	Données à encoder.

Cette fonction retourne les données encodées.

En complément, pour se conformer aux spécifications, il faut découper les données encodées en `base64` en morceaux de 76 octets séparés par une séquence `\r\n`.

Cette opération sera réalisée très simplement grâce à la fonction `chunk_split`.

Syntaxe

chaîne `chunk_split (`*chaîne* `données,` *entier* `longueur,` *chaîne* `séparateur)`

`données`	Données à découper.
`longueur`	Longueur des morceaux (76 par défaut).
`séparateur`	Séparateur des morceaux (`\r\n` par défaut).

La fonction `chunk_split` retourne la chaîne découpée.

Exemple d'utilisation pour l'envoi d'un message

```
<?php
// Destinataires.
$destinataires = 'xavier@zeus.fr';
// Objet.
$objet = 'Bonjour !';
// En-têtes supplémentaires.
$entêtes  = '';
$entêtes .= "From: \"Olivier\" <olivier@diane.com>\r\n";
$entêtes .= "MIME-Version: 1.0\r\n";
$entêtes .= "Content-Type: text/html; charset=utf-8\r\n";
$entêtes .= "Content-Transfer-Encoding: base64\r\n";
// Message (HTML).
$message .= "<html>\n";
$message .= "<head><title>Bonjour !</title></head>\n";
$message .= "<body>\n";
$message .= "<font color=\"green\">Bonjour !</font>\n";
$message .= "</body>\n";
$message .= "</html>\n";
// Encodage et découpage.
$message = chunk_split(base64_encode($message));
// Envoi.
$ok = mail($destinataires,$objet,$message,$entêtes);
?>
```

3.3 Message avec pièce jointe

Le cas de l'envoi d'un message avec pièce jointe permet d'illustrer l'utilisation du format Multipart MIME.

Exemple (source d'un message avec pièce jointe au format Multipart MIME)

```
From: "Olivier" <olivier@diane.com>
To: "Xavier" <xavier@zeus.fr>
Subject: Bonjour !
Date: Mon, 10 Sep 2001 09:24:13 -0100
Message-ID: <3b9c6a403d9f000b@hermes.diane.com>
MIME-Version: 1.0
Content-Type: multipart/mixed; boundary="=O=L=I=V=I=E=R="

--=O=L=I=V=I=E=R=
Content-Type: text/plain; charset=utf-8
Content-Transfer-Encoding: 8bit

Voir la pièce jointe.

--=O=L=I=V=I=E=R=
Content-Type: application/octet-stream; name="PJ.DOC"
Content-Transfer-Encoding: base64
Content-Disposition: attachment; filename="PJ.DOC"

0M8R4KGxGuEAAA...
AAAAAAAAAAAAAAAAAAAAAAAAAA==

--=O=L=I=V=I=E=R=--
```

Un message Multipart MIME contient d'abord les en-têtes standards d'un message, puis, deux lignes d'en-têtes supplémentaires (en gras) indiquant que le message est au format Multipart MIME, et enfin les différentes parties du message ; chaque partie possède son propre en-tête indiquant son format (type MIME et encodage).

Dans l'en-tête du message, nous retrouvons les deux lignes `MIME-Version` et `Content-Type`. Pour un message Multipart MIME, `Content-Type` est égal à `multipart/mixed` suivi d'une option `boundary` qui donne la chaîne utilisée pour marquer le début des différentes parties du message (`=O=L=I=V=I=E=R=` sur notre exemple).

Chaque partie du message commence par deux signes "moins" suivis de la chaîne donnée par `boundary` (`--=O=L=I=V=I=E=R=`, sur notre exemple).

Dans l'en-tête de chaque partie, nous retrouvons les deux lignes `Content-Type` et `Content-Transfer-Encoding` qui précisent le type MIME et l'encodage de la partie.

Les données de la partie viennent ensuite.

La fin du message est marquée par deux signes "moins", suivis de la chaîne donnée par `boundary` suivie de deux signes "moins" (`--=O=L=I=V=I=E=R=--`, sur notre exemple).

La chaîne donnée par `boundary` doit être choisie avec soin pour éviter d'être confondue avec des données, ce qui conduirait à une mauvaise interprétation du message.

Dans l'en-tête de chaque partie, il est possible d'indiquer une ligne d'en-tête supplémentaire (`Content-Disposition`) qui va suggérer au client de messagerie une manière de présenter les données correspondantes à l'utilisateur : les deux valeurs possibles sont `inline` (les données sont présentées directement dans le message) ou `attachment` (les données sont présentées en pièce-jointe) ; dans ce cas, un nom de fichier peut être suggéré grâce à l'option `filename`.

Exemple

```
Content-Disposition: attachment; filename="PJ.DOC"
```

Pour envoyer un message Multipart MIME avec la fonction `mail`, il faut construire les différentes parties du message dans le paramètre `message`, en respectant la structure indiquée précédemment ; le paramètre `entête` de la fonction `mail` contient les en-têtes standards, y compris l'en-tête indiquant qu'il s'agit d'un message au format Multipart MIME.

Remarque

Les différentes parties du message doivent être séparées par une ligne vide (`\r\n`). Au sein de chaque partie, il en est de même entre l'en-tête de la partie et les données. Voir la remarque dans la section Envoyer un message texte sans pièce jointe au sujet de la séquence `\r\n`.

Exemple d'envoi d'un message avec pièce jointe

```
<?php
// Destinataires.
$destinataires = 'xavier@zeus.fr';
// Objet.
$objet = 'Bonjour !';
// En-têtes supplémentaires.
$entêtes  = '';
// -> origine du message
$entêtes .= "From: \"Olivier\" <olivier@diane.com>\r\n";
// -> message au format Multipart MIME
$entêtes .= "MIME-Version: 1.0\r\n";
$entêtes .= "Content-Type: multipart/mixed; ";
$entêtes .= "boundary=\"=O=L=I=V=I=E=R=\"\r\n";
// Message.
```

```
$message  = "";
// -> première partie du message (texte proprement dit)
//    -> en-tête de la partie
$message .= "--=O=L=I=V=I=E=R=\r\n";
$message .= "Content-Type: text/plain; ";
$message .= "charset=utf-8\r\n ";
$message .= "Content-Transfer-Encoding: 8bit\r\n";
$message .= "\r\n";   // ligne vide
//    -> données de la partie
$message .= "Voir la pièce jointe.\r\n";
$message .= "\r\n";   // ligne vide
// -> deuxième partie du message (pièce-jointe)
//    -> en-tête de la partie
$message .= "--=O=L=I=V=I=E=R=\r\n";
$message .= "Content-Type: application/octet-stream; ";
$message .= "name=\"PJ.DOC\"\r\n";
$message .= "Content-Transfer-Encoding: base64\r\n";
$message .= "Content-Disposition: attachment; ";
$message .= "filename=\"pj.doc\"\r\n";
$message .= "\r\n";               // ligne vide
//    -> lecture du fichier correspondant à la pièce jointe
//       (s'assurer qu'il n'y a pas d'encodage magic quotes)
set_magic_quotes_runtime(0);
$données = file_get_contents('pj.doc');
//    -> encodage et découpage des données
$données = chunk_split(base64_encode($données));
//    -> données de la partie (intégration dans le message)
$message .= "$données\r\n";
$message .= "\r\n";               // ligne vide
// Délimiteur de fin du message.
$message .= "--=O=L=I=V=I=E=R=--\r\n";
// Envoi du message.
$ok = mail($destinataires,$objet,$message,$entêtes);
?>
```

Plusieurs pièces jointes peuvent être envoyées en répétant, autant de fois que nécessaire, les lignes de code correspondantes.

Remarque

En théorie, la totalité du message pourrait être construite dans l'en-tête (paramètre `message` *égal à une chaîne vide). Dans la pratique, et en règle générale, cela fonctionne sur plate-forme Linux, mais pas sur plate-forme Windows.*

Chapitre 11
Gérer les fichiers

1. Manipuler les fichiers sur le serveur

PHP propose un grand nombre de fonctions permettant de manipuler les fichiers sur le serveur.

Les fonctions les plus utiles sont les suivantes :

Nom	Rôle
`fopen`	Ouvrir un fichier
`fclose`	Fermer un fichier
`fread`	Lire le contenu d'un fichier (dans une chaîne)
`file`	Lire le contenu d'un fichier (dans un tableau)
`fwrite`	Écrire dans un fichier
`file_get_contents`	Ouvrir, lire et fermer un fichier
`file_put_contents`	Ouvrir, écrire et fermer dans un fichier
`copy`	Copier un fichier
`unlink`	Supprimer un fichier
`rename`	Renommer un fichier
`file_exists`	Tester l'existence d'un fichier
`filesize`	Lire la taille d'un fichier
`chdir`	Changer de répertoire courant

Nom	Rôle
`opendir`	Ouvrir un répertoire
`closedir`	Fermer un répertoire
`readdir`	Lire le contenu d'un répertoire
`scandir`	Liste le contenu d'un répertoire (dans un tableau)

Certaines de ces fonctions vont prendre comme paramètre un nom de fichier ou de répertoire. Sur une plate-forme Windows, pour spécifier un chemin d'accès dans une chaîne de caractères délimitée par des guillemets, vous devez échapper l'antislash (par un antislash = \\) ou vous pouvez utiliser une notation type "Unix", avec des slashs (/). Par exemple, le chemin `c:\temp\info.txt` peut être écrit `"c:\\temp\\info.txt"` ou `"c:/temp/info.txt"`. Si aucun chemin n'est indiqué, c'est le répertoire courant qui est utilisé. Des noms relatifs peuvent être spécifiés en utilisant le caractère `.` (point) pour désigner le répertoire courant, et `..` (deux points) pour désigner le répertoire supérieur.

La constante prédéfinie `DIRECTORY_SEPARATOR` donne le caractère de séparation utilisé dans les noms de répertoire pour la plate-forme sur laquelle PHP est installé. La constante prédéfinie `PHP_EOL` donne la séquence de caractères utilisée par la plate-forme pour représenter une nouvelle ligne.

Par ailleurs, plusieurs fonctions possèdent un paramètre (appelé `utiliser_inclusion` dans les syntaxes de cet ouvrage) qui permet de rechercher le fichier dans les répertoires spécifiés par la directive de configuration `include_path`.

fopen

La fonction `fopen` permet d'ouvrir un fichier.

Syntaxe

```
ressource fopen(chaîne nom_fichier, chaîne mode
[, entier utiliser_inclusion])
```

`nom_fichier`	Chemin d'accès au fichier à ouvrir.
`mode`	Mode d'ouverture du fichier `r` : lecture seule `r+` : lecture/écriture `w` : écriture seule (vide le fichier s'il existe, le crée s'il n'existe pas) `w+` : lecture/écriture (vide le fichier s'il existe, le crée s'il n'existe pas) `a` : écriture seule (en ajout ; crée le fichier s'il n'existe pas) `a+` : lecture/écriture (en ajout ; crée le fichier s'il n'existe pas) `x` : écriture seule avec création préalable du fichier (génère une erreur si le fichier existe déjà) `x+` : lecture/écriture avec création préalable du fichier (génère une erreur si le fichier existe déjà) `c` : écriture seule (si le fichier existe, positionne le pointeur au début du fichier sans le vider ni générer d'erreur ; crée le fichier s'il n'existe pas). `c+` : lecture/écriture (si le fichier existe, positionne le pointeur au début du fichier sans le vider ni générer d'erreur ; crée le fichier s'il n'existe pas). Sous Windows, ajouter un `b` pour manipuler les fichiers binaires (cette option, si présente, est ignorée sous Unix) ; utiliser un `t` à la place du `b` spécifie un mode texte (les séquences `\n` sont automatiquement remplacées par un `\r\n`).
`utiliser_inclusion`	Mettre `1` (ou `TRUE`) pour rechercher le fichier dans les répertoires spécifiés par la directive de configuration `include_path`.

La fonction `fopen` retourne un pointeur de fichier en cas de succès et `FALSE` en cas d'échec.

Remarque

Pour des raisons de portabilité, il est recommandé de toujours utiliser l'option `b` lorsque vous ouvrez des fichiers avec `fopen`.

fclose

La fonction `fclose` permet de fermer un fichier.

Syntaxe

`booléen fclose(ressource fichier)`

`fichier`	Pointeur de fichier préalablement ouvert.

La fonction `fclose` retourne `TRUE` en cas de succès et `FALSE` en cas d'échec.

fread

La fonction `fread` permet de lire le contenu d'un fichier (dans une chaîne).

Syntaxe

`chaîne fread(ressource fichier, entier longueur)`

`fichier`	Pointeur de fichier préalablement ouvert.
`longueur`	Nombre d'octets à lire dans le fichier.

La fonction `fread` retourne les données lues ou `FALSE` en cas d'échec.

file

La fonction `file` permet de lire le contenu d'un fichier (dans un tableau).

Syntaxe

`tableau file(chaîne nom_fichier [, entier indicateur])`

`nom_fichier`	Chemin d'accès au fichier à lire.
`indicateur`	Une ou plusieurs en les ajoutant aux constantes suivantes : `FILE_USE_INCLUDE_PATH` : rechercher le fichier dans les répertoires spécifiés par la directive de configuration `include_path`. `FILE_IGNORE_NEW_LINES` : ne pas ajouter la séquence de nouvelle ligne à la fin de chaque ligne du tableau. `FILE_SKIP_EMPTY_LINES` : ignorer les lignes vides.

La fonction `file` retourne les données lues ou `FALSE` en cas d'échec.

fwrite

La fonction `fwrite` permet d'écrire dans un fichier.

Syntaxe

```
entier fwrite(ressource fichier, chaîne données[, entier longueur])
```

`fichier`	Pointeur de fichier préalablement ouvert.
`données`	Données à écrire dans le fichier.
`longueur`	Si précisé, indique le nombre d'octets à écrire (toute la chaîne `données` par défaut).

La fonction `fwrite` retourne le nombre d'octets écrits ou `FALSE` en cas d'échec.

file_get_contents

La fonction `file_get_contents` permet de lire le contenu d'un fichier (dans une chaîne).

Syntaxe

```
chaîne file_get_contents(chaîne nom_fichier [, entier utiliser_inclusion])
```

Avec

`nom_fichier`	Chemin d'accès au fichier à lire.
`utiliser_inclusion`	Mettre `1` (ou `TRUE`) pour rechercher le fichier dans les répertoires spécifiés par la directive de configuration `include_path`.

La fonction `file_get_contents` ouvre le fichier dont le nom est passé en paramètre et retourne son contenu dans une chaîne. La fonction retourne `FALSE` en cas d'erreur.

Utiliser cette fonction se révèle plus performant qu'ouvrir le fichier (`fopen`), le lire (`fread`) et le refermer (`fclose`).

file_put_contents

La fonction `file_put_contents` permet d'écrire le contenu d'une chaîne dans un fichier. Cette fonction est apparue en version 5.

Syntaxe

```
entier file_put_contents(chaîne nom_fichier, chaîne données [, entier mode])
```

Avec

`nom_fichier`	Chemin d'accès au fichier à lire.
`données`	Données à écrire dans le fichier.

mode	Constante `FILE_USE_INCLUDE_PATH` pour écrire dans le premier répertoire spécifié dans la directive de configuration `include_path`. Constante `FILE_APPEND` pour ajouter les données à la fin du fichier, s'il existe déjà. Constante `LOCK_EX` pour obtenir un verrou exclusif sur le fichier pendant l'écriture. Spécifier la somme des constantes pour combiner plusieurs options.

La fonction `file_put_contents` ouvre le fichier dont le nom est passé en paramètre, écrit le contenu de la chaîne passée en paramètre puis ferme le fichier.

Si le fichier n'existe pas, il est créé. Si le fichier existe, son contenu est remplacé, sauf si la constante `FILE_APPEND` est spécifiée en troisième paramètre ; auquel cas les données sont ajoutées à la fin du fichier.

La fonction retourne le nombre d'octets écrits dans le fichier, ou `FALSE` en cas d'erreur.

copy

La fonction `copy` permet de copier un fichier.

Syntaxe

booléen `copy(`*chaîne* `source,` *chaîne* `destination)`

source	Emplacement du fichier source.
destination	Emplacement du fichier destination.

La fonction `copy` effectue la copie et retourne `TRUE` en cas de succès et `FALSE` en cas d'échec.

unlink

La fonction `unlink` permet de supprimer un fichier.

Syntaxe

booléen `unlink(`*chaîne* `nom_fichier)`

nom_fichier	Emplacement du fichier à supprimer.

La fonction `unlink` supprime le fichier, retourne `TRUE` en cas de succès et `FALSE` en cas d'échec.

rename

La fonction `rename` permet de renommer un fichier.

Syntaxe

`booléen rename(chaîne ancien_nom, chaîne nouveau_nom)`

`ancien_nom`	Emplacement du fichier à renommer.
`nouveau_nom`	Nouveau nom du fichier.

La fonction `rename` renomme le fichier et retourne `TRUE` en cas de succès et `FALSE` en cas d'échec.

file_exists

La fonction `file_exists` permet de tester l'existence d'un fichier.

Syntaxe

`booléen file_exists(chaîne nom_fichier)`

`nom_fichier`	Emplacement du fichier à tester.

La fonction `file_exists` retourne `TRUE` si le fichier existe et `FALSE` dans le cas contraire.

filesize

La fonction `filesize` permet de lire la taille d'un fichier.

Syntaxe

`entier filesize(chaîne nom_fichier)`

`nom_fichier`	Emplacement du fichier.

La fonction `filesize` retourne la taille du fichier ou `FALSE` en cas d'échec.

chdir

La fonction `chdir` permet de changer de répertoire courant.

Syntaxe

`booléen chdir(chaîne chemin)`

`chemin`	Répertoire souhaité.

La fonction `chdir` retourne `TRUE` en cas de succès et `FALSE` en cas d'échec.

opendir

La fonction `opendir` permet d'ouvrir un répertoire.

Syntaxe

```
ressource opendir(chaîne chemin)
```

`chemin` Répertoire à ouvrir.

La fonction `opendir` ouvre un répertoire en vue de lire ce qu'il contient et retourne un pointeur sur le dossier, ou `FALSE` en cas d'échec.

closedir

La fonction `closedir` permet de fermer un répertoire.

Syntaxe

```
closedir(ressource répertoire)
```

`répertoire` Pointeur de répertoire préalablement ouvert.

La fonction `closedir` ferme un pointeur de répertoire préalablement ouvert.

readdir

La fonction `readdir` permet de lire le contenu d'un répertoire.

Syntaxe

```
chaîne readdir(ressource répertoire)
```

`répertoire` Pointeur de répertoire préalablement ouvert.

La fonction `readdir` retourne le nom du fichier suivant dans le répertoire (sans ordre particulier), ou `FALSE` s'il n'y a plus de nom de fichier à lire dans le répertoire.

scandir

La fonction `scandir` liste le contenu d'un répertoire dans un tableau.

Syntaxe

```
tableau scandir(chaîne chemin[,entier tri])
```

`chemin` Répertoire concerné.

`tri` Tri souhaité :

`SCANDIR_SORT_NONE` : aucun.

`SCANDIR_SORT_ASCENDING` : ordre alphabétique (défaut).

`SCANDIR_SORT_DESCENDING` : ordre alphabétique inverse.

La fonction `scandir` retourne un tableau listant le contenu du répertoire concerné ou `FALSE` en cas d'erreur.

Exemples d'utilisation

Quelques opérations de base sur les fichiers

```
<?php
// Ouvrir un fichier en écriture.
$f = fopen('info.txt','wb');
// Ecrire dans le fichier.
fwrite($f, 'Olivier HEURTEL');
// Fermer le fichier.
fclose($f);
// Ouvrir un fichier en lecture.
$f = fopen('info.txt','rb');
// Lire dans le fichier.
$texte = fread($f, filesize('info.txt'));
// Fermer le fichier.
fclose($f);
// Afficher les informations lues.
echo $texte,'<br />';
// Plus simple : utiliser file_get_contents.
$texte = file_get_contents('info.txt');
// Afficher les informations lues.
echo $texte;
?>
```

Résultat

```
Olivier HEURTEL
Olivier HEURTEL
```

Affichage du contenu d'un répertoire

```
<?php
// Première méthode : opendir + readdir + closedir.
echo '<b>1) opendir + readdir + closedir</b><br />';
// Ouvrir le répertoire.
$dir = opendir('../documents');
// Parcourir le répertoire en lisant le nom d'un fichier
// à chaque itération.
while($fichier = readdir($dir)) {
  echo $fichier,'<br />';
}
// Fermer le répertoire.
closedir($dir);
// Deuxième méthode : scandir.
echo '<br /><b>2) scandir</b><br />';
```

```
// Lister le contenu du répertoire dans un tableau.
$fichiers = scandir('../documents');
// Parcourir résultat.
foreach ($fichiers as $fichier) {
  echo $fichier,'<br />';
}
?>
```

Résultat

```
1) opendir + readdir + closedir
.
..
cv.pdf
info.txt
logo.jpg
photo.gif
pj.doc

2) scandir
.
..
cv.pdf
info.txt
logo.jpg
photo.gif
pj.doc
```

Les fonctions `readdir` et `scandir` permettent de récupérer le nom des fichiers et des répertoires contenus dans un répertoire. Le répertoire courant et le répertoire supérieur sont aussi retournés avec les symboles `.` (point) et `..` (deux points).

2. magic quotes

Dans les versions précédentes de PHP, si la directive de configuration `magic_quotes_runtime` était à `on`, les données lues dans les fichiers subissaient un encodage "magic quotes". En version 5.4, la fonctionnalité "magic quotes" a été définitivement supprimée.

En conséquence, une donnée lue dans un fichier ne subit aucun encodage "magic quotes" automatique, ce qui est une bonne chose pour la manipulation de cette donnée et notamment son affichage. Si la donnée lue est destinée à être enregistrée dans la base de données, il faudra juste échapper correctement les apostrophes (cf. chapitre Accéder aux bases de données).

3. Télécharger un fichier à partir du client : "file upload"

Certains sites peuvent proposer aux utilisateurs de transférer des documents de leur poste vers le serveur web : déposer un CV sur un site (site de recherche d'emploi), mettre une pièce jointe dans un message (site de messagerie) ou simplement stocker le document sur le serveur (site de stockage).

Dans la terminologie anglo-saxonne, cette fonctionnalité s'appelle le "file upload" (à opposer au "download" qui permet de télécharger un document du serveur vers son poste).

Cette fonctionnalité, très simple à mettre en œuvre en PHP, présente deux exigences :

- dans un formulaire, proposer une zone permettant à l'utilisateur de désigner l'emplacement du fichier sur son poste.
- dans le script de traitement du formulaire, récupérer le fichier envoyé par l'utilisateur et en faire quelque chose.

Dans le chapitre Gérer les formulaires, nous avons évoqué la possibilité de mettre dans un formulaire une zone permettant d'indiquer l'emplacement d'un fichier sur son poste (`type="file"`) :

Mettre une zone de ce type n'est pas suffisant. Pour provoquer le transfert du fichier, il suffit d'ajouter l'attribut `enctype="multipart/form-data"` dans la balise `<form>` :

```
<form action="saisie.php" method="post"
    enctype="multipart/form-data">
```

Remarque

Cette technique ne fonctionne qu'avec les formulaires qui utilisent la méthode `POST`.

En complément, il est possible d'ajouter une zone cachée dans le formulaire afin de limiter la taille des fichiers qui peuvent être envoyés vers le serveur. Cette zone cachée, obligatoirement située <u>avant</u> la zone de type `file` doit s'appeler `MAX_FILE_SIZE` (attribut `name`) et préciser la taille maximum en octets dans l'attribut `value` :

<u>Exemple de zone cachée pour limiter la taille des fichiers à 10 Ko</u>

```
<input type="hidden" name="MAX_FILE_SIZE" value="10240">
```

La valeur précisée dans cette zone ne peut pas être supérieure à la valeur de la directive de configuration `upload_max_filesize` (2 Mo par défaut). Si la zone cachée n'est pas présente, c'est la taille spécifiée dans la directive `upload_max_filesize` qui s'applique.

Depuis la version 5.6, le téléchargement de fichiers de plus de 2 Go est autorisé. Il faut noter que le téléchargement de gros fichiers peut nécessiter d'augmenter la valeur de la directive memory_limit qui définit la quantité maximum de mémoire qu'un script peut allouer.

Par ailleurs, le téléchargement n'est possible que si la directive de configuration file_uploads est à on.

Exemple de formulaire complet

```
<form action="saisie.php" method="post"
                enctype="multipart/form-data">
<div>
  Fichier :
  <input type="file" name="fichier" value="" />
  <input type="submit" name="ok" value="OK" />
</div>
</form>
```

Lorsqu'un fichier est envoyé avec un formulaire, des informations sur ce fichier sont accessibles, dans le script PHP, grâce à la variable $_FILES ; et la valeur saisie par l'utilisateur n'est plus disponible dans $_POST.

$_FILES est un tableau associatif multidimensionnel ; la première clé est égale au nom de la zone de type file du formulaire (fichier sur notre exemple) et le tableau associatif correspondant présente cinq lignes :

Clé	Valeur
name	Nom du fichier (sans chemin d'accès)
type	Type MIME du fichier (fourni par le navigateur)
size	Taille du fichier en octets
tmp_name	Nom du fichier temporaire créé sur le serveur (chemin complet)

Clé	Valeur
`error`	Code d'erreur. Une des constantes suivantes : `UPLOAD_ERR_OK (0)` : pas d'erreur. `UPLOAD_ERR_INI_SIZE (1)` : taille du fichier supérieure à la taille définie par la directive de configuration `upload_max_filesize`. `UPLOAD_ERR_FORM_SIZE (2)` : taille du fichier supérieure à la taille définie par l'option `MAX_FILE_SIZE` du formulaire. `UPLOAD_ERR_PARTIAL (3)` : le fichier a été chargé partiellement. `UPLOAD_ERR_NO_FILE (4)` : aucun fichier saisi. `UPLOAD_ERR_NO_TMP_DIR (6)` : pas de répertoire temporaire. Introduit en version 5.0.3. `UPLOAD_ERR_CANT_WRITE (7)` : erreur lors de l'écriture du fichier sur disque. Introduit en version 5.1.0. `UPLOAD_ERR_EXTENSION (8)` : transfert stoppé par une extension. Introduit en version 5.2.0.

Remarque

Selon les versions, il existe un code erreur 5, sans nom de constante, en cas d'erreur dans le fichier saisi (nom, chemin). Ce code d'erreur n'existe plus depuis la version 5.2.

Sur le serveur, le fichier transféré est un fichier temporaire portant un nom du type `php*.tmp`, situé dans le répertoire défini par la directive de configuration `upload_tmp_dir`.

La structure de `$_FILES` permet d'avoir plusieurs zones de type `file` dans le formulaire et donc d'autoriser le chargement de plusieurs fichiers.

Exemple

Le formulaire contient deux zones de type file nommées fichier1 et fichier2.

fichier1	name	Photo.gif
	type	image/gif
	tmp_name	d:\temp\phpB.tmp
	size	2376
fichier2	name	cv.pdf
	type	application/pdf
	tmp_name	d:\temp\php12.tmp
	size	52147

Si le fichier temporaire créé sur le serveur n'est pas exploité (renommé/copié/déplacé) par le script PHP qui traite le formulaire, il est supprimé automatiquement à la fin du script. Dans le script PHP, il convient donc de manipuler le fichier temporaire selon les besoins de l'application.

Exemple complet

```
<?php
// Inclusion du fichier qui contient les fonctions générales.
include('fonctions.inc');
// Initialisation de la variable de message.
$message = '';
// Traitement du formulaire.
if (isset($_POST['ok'])) {
  // Récupérer les informations sur le fichier.
  $informations = $_FILES["fichier"];
  // En extraire :
  //    - son nom.
  $nom = $informations['name'];
  //    - son type MIME.
  $type_mime = $informations['type'];
  //    - sa taille.
  $taille = $informations['size'];
  //    - l'emplacement du fichier temporaire.
  $fichier_temporaire = $informations['tmp_name'];
  //    - le code d'erreur.
  $code_erreur = $informations['error'];
  // Contrôles et traitement.
  switch ($code_erreur) {
  case UPLOAD_ERR_OK :
    // Fichier bien reçu.
    // Déterminer sa destination finale.
    $destination = "/app/documents/$nom";
    // Copier le fichier temporaire (tester le résultat).
    if (copy($fichier_temporaire,$destination)) {
      // Copie OK => mettre un message de confirmation.
      $message  = "Transfert terminé - Fichier = $nom - ";
      $message .= "Taille = $taille octets - ";
      $message .= "Type MIME = $type_mime.";
    } else {
      // Problème de copie => mettre un message d'erreur.
      $message = 'Problème de copie sur le serveur.';
    }
    break;
  case UPLOAD_ERR_NO_FILE :
    // Pas de fichier saisi.
```

```
      $message = 'Pas de fichier saisi.';
      break;
    case UPLOAD_ERR_INI_SIZE :
      // Taille fichier > upload_max_filesize.
      $message  = "Fichier '$nom' non transféré ";
      $message .= ' (taille > upload_max_filesize).';
      break;
    case UPLOAD_ERR_FORM_SIZE :
      // Taille fichier > MAX_FILE_SIZE.
      $message  = "Fichier '$nom' non transféré ";
      $message .= ' (taille > MAX_FILE_SIZE).';
      break;
    case UPLOAD_ERR_PARTIAL :
      // Fichier partiellement transféré.
      $message  = "Fichier '$nom' non transféré ";
      $message .= ' (problème lors du tranfert).';
      break;
    case UPLOAD_ERR_NO_TMP_DIR :
      // Pas de répertoire temporaire.
      $message  = "Fichier '$nom' non transféré ";
      $message .= ' (pas de répertoire temporaire).';
      break;
    case UPLOAD_ERR_CANT_WRITE :
      // Erreur lors de l'écriture du fichier sur disque.
      $message  = "Fichier '$nom' non transféré ";
      $message .= ' (erreur lors de l\'écriture du fichier sur
disque).';
      break;
    case UPLOAD_ERR_EXTENSION :
      // Transfert stoppé par l'extension.
      $message  = "Fichier '$nom' non transféré ";
      $message .= ' (transfert stoppé par l\'extension).';
      break;
    default :
      // Erreur non prévue !
      $message  = "Fichier non transféré ";
      $message .= " (erreur inconnue : $code_erreur ).";
  }
}
?>
<!DOCTYPE html PUBLIC "-//W3C//DTD XHTML 1.0 Strict//EN"
  "http://www.w3.org/TR/xhtml1/DTD/xhtml1-strict.dtd">
<html xmlns="http://www.w3.org/1999/xhtml">
  <head><title>Upload</title></head>
  <body>
    <form action="upload.php" method="post"
```

```
                         enctype="multipart/form-data">
    <div>
      Fichier :
      <input size="100" type="file" name="fichier" value="" />
      <input type="submit" name="ok" value="OK" /><br />
      <?php echo vers_page($message); ?>
    </div>
    </form>
  </body>
</html>
```

Résultat

– Affichage initial du formulaire et sélection d'un fichier (à l'aide du bouton **Parcourir**) :

– Résultat du clic sur le bouton **OK** :

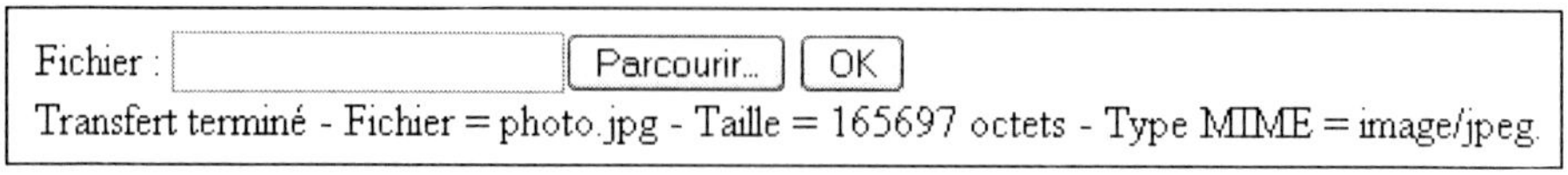

Sur cet exemple, le fichier est copié dans un répertoire sur le serveur.

4. Télécharger un fichier à partir du serveur : "download"

Pour télécharger un fichier à partir du serveur, il est possible d'utiliser la méthode classique qui consiste à utiliser un lien (balise <a>).

Exemple

```
<a href="cv.pdf">Télécharger</a>
```

Cette technique peut poser des problèmes :

– C'est le navigateur qui décide de proposer à l'utilisateur un dialogue d'enregistrement ou d'afficher directement le document s'il sait comment faire.

– Les fichiers qui sont interprétés par le serveur (`.php` par exemple) ou par le navigateur (`.htm` par exemple) ne peuvent pas être chargés de cette manière.

Une autre technique est utilisable, si vous souhaitez forcer le navigateur à proposer à l'utilisateur un dialogue d'enregistrement, et ce, pour n'importe quel type de document.

Cette technique consiste à envoyer certains en-têtes particuliers à l'aide de la fonction `header`, suivie du document proprement dit.

Remarque

Il n'est pas garanti que cette technique fonctionne correctement, ou de la même manière, avec tous les navigateurs. Il y a notamment des problèmes connus avec certaines versions anciennes d'Internet Explorer.

Les en-têtes minimums à envoyer sont les suivants :

`Content-Disposition: attachment; filename=...`	Cet en-tête suggère au navigateur de traiter le document comme une pièce jointe (`attachment`) et de proposer à l'utilisateur de l'enregistrer sous le nom défini par `filename`.
`Content-Type: ...`	Cet en-tête communique au navigateur le type MIME du document.

Quelques types MIME courants :

Type MIME	Nature du document
`application/msword`	Document Microsoft Word
`application/octetstream`	Générique
`application/pdf`	Document PDF
`application/vnd.ms-excel`	Document Microsoft Excel
`application/vnd.ms-powerpoint`	Document Microsoft PowerPoint
`application/zip`	Document Zip
`image/bmp`	Image au format bitmap
`image/gif`	Image au format GIF
`image/jpeg`	Image au format JPEG
`image/tiff`	Image au format TIFF
`image/png`	Image au format PNG
`text/html`	Document HMTL
`text/plain`	Document texte

En mettant n'importe quoi comme type MIME (`x/y` par exemple), le navigateur doit normalement se débrouiller avec l'extension du document.

Après l'envoi des en-têtes, il ne reste plus qu'à envoyer le document "directement" dans la page, soit par une lecture (`fread`) suivie d'un `echo`, soit plus simplement à l'aide de la fonction `readfile` qui lit un fichier et l'envoie directement vers la sortie.

Syntaxe

```
entier readfile(chaîne nom_fichier [, entier utiliser_inclusion])
```

`nom_fichier`	Chemin d'accès au fichier à lire.
`utiliser_inclusion`	Mettre `1` (ou `TRUE`) pour rechercher le fichier dans les répertoires spécifiés par la directive de configuration `include_path`.

La fonction `readfile` retourne le nombre d'octets lus ou `FALSE` en cas d'erreur.

Cette technique va être illustrée à l'aide d'un script `download.php` qui propose une liste de documents en téléchargement. Nous présenterons deux exemples : un exemple qui utilise un formulaire et un exemple qui utilise des liens.

Dans les deux cas, la liste des documents qui peuvent être téléchargés est codée en dur dans le script. Dans une vraie application, cette liste de document viendrait sans doute d'une base de données (cf. chapitre Accéder aux bases de données).

Utilisation d'un formulaire

Dans ce premier exemple, le script génère un formulaire qui comporte un bouton de type "image" (`type="image"`) pour chaque fichier proposé en téléchargement, le nom du bouton étant égal au numéro du document.

Comme nous l'avons vu dans le chapitre Gérer les formulaires, nous récupérerons dans `$_POST` deux variables `n_x` et `n_y` donnant respectivement la position relative horizontale et verticale du clic à l'intérieur de l'image (`n` étant le nom de l'image cliquée, dans notre cas un numéro).

Exemple

```
<?php
// Liste des documents (viendrait sans doute d'une
// base de données dans une vraie application).
$documents = array('cv.pdf','photo.gif');
// Traitement du formulaire si $_POST non vide.
if (! empty($_POST)) {
  // Récupérer le numéro du document.
  // Prendre la clé de la première ligne de $_POST
  // (normalement du type n_x, n étant le numéro du document).
  list($numéro) = each($_POST);
  // Convertir la chaîne en entier => seul le n° reste.
  $numéro = (integer) $numéro;
```

```
  // En déduire le nom du document.
  $nom_fichier = $documents[$numéro];
  // Envoyer l'en-tête d'attachement.
  $header  = "Content-Disposition: attachment; ";
  $header .= "filename=$nom_fichier\n" ;
  header($header);
  // Envoyer l'en-tête du type MIME (ici, "inconnu").
  header("Content-Type: x/y\n");
  // Envoyer le document.
  // Pas d'encodage magic quotes avant de lire le fichier.
  set_magic_quotes_runtime(0);
  readfile($nom_fichier);
}
?>
<!DOCTYPE html PUBLIC "-//W3C//DTD XHTML 1.0 Strict//EN"
  "http://www.w3.org/TR/xhtml1/DTD/xhtml1-strict.dtd">
<html xmlns="http://www.w3.org/1999/xhtml">
  <head><title>Download</title></head>
  <body>
    <form action="Download.php" method="post">
    <table border="1" cellpadding="4" cellspacing="0">
    <tr align="center">
      <th>document</th><th>télécharger</th>
    </tr>
    <?php
    // Un petit bout de code PHP pour générer les lignes du
    // tableau présentant la liste des documents.
    // Parcourir la liste des documents et utiliser le nom
    // pour l'affichage et le numéro comme nom de l'image.
    foreach($documents as $numéro => $document) {
      echo sprintf
          (
          "<tr><td>%s</td><td align=\"center\">%s</td></tr>\n",
          $document,
          "<input type=\"image\" name=\"$numéro\"
          src=\"download.gif\" />"
          );
    }
    ?>
    </table>
    </form>
  </body>
</html>
```

Résultat (dans Firefox)

– Affichage initial de la page :

document	télécharger
cv.pdf	
photo.gif	

– Après clic sur l'image associée au document `cv.pdf` :

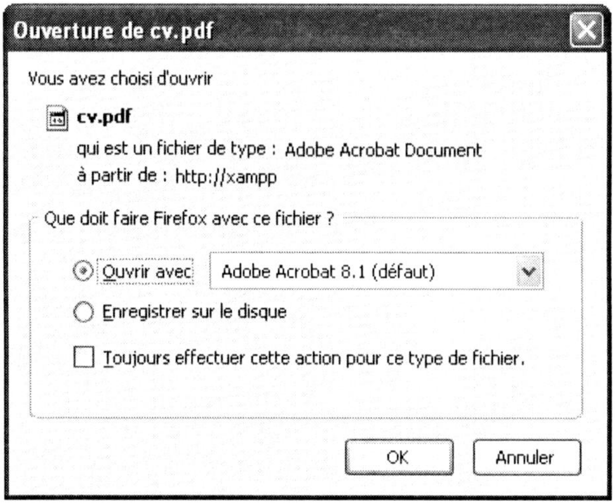

Utilisation de liens

Dans ce deuxième exemple, le script génère un tableau qui comporte un lien pour chaque fichier proposé en téléchargement. Le lien appelle de nouveau le script en passant le numéro du document en paramètre dans l'URL.

Exemple

```
<?php
// Liste des documents (viendrait sans doute d'une
// base de données dans une vraie application).
$documents = array('cv.pdf','photo.gif');
// Traitement du formulaire si $_GET non vide.
if (! empty($_GET)) {
  // Récupérer le numéro du document.
  $numéro = $_GET['no'];
  // En déduire le nom du document.
```

```
  $nom_fichier = $documents[$numéro];
  // Envoyer l'en-tête d'attachement.
  $header  = "Content-Disposition: attachment; ";
  $header .= "filename=$nom_fichier\n" ;
  header($header);
  // Envoyer l'en-tête du type MIME (ici, "inconnu").
  header("Content-Type: x/y\n");
  // Envoyer le document.
  // Pas d'encodage magic quotes avant de lire le fichier.
  set_magic_quotes_runtime(0);
  readfile($nom_fichier);
}
?>
<!DOCTYPE html PUBLIC "-//W3C//DTD XHTML 1.0 Strict//EN"
  "http://www.w3.org/TR/xhtml1/DTD/xhtml1-strict.dtd">
<html xmlns="http://www.w3.org/1999/xhtml">
  <head><title>Download</title></head>
  <body>
    <table border="1" cellpadding="4" cellspacing="0">
    <tr align="center"><th>document</th></tr>
    <?php
    // Un petit bout de code PHP pour générer les lignes du
    // tableau présentant la liste des documents.
    // Parcourir la liste des documents et utiliser le nom
    // pour l'affichage et le numéro dans l'URL.
    foreach($documents as $numéro => $document) {
      echo sprintf
          (
          "<tr><td>%s</td></tr>\n",
          "<a href=\"download.php?no=$numéro\">$document</a>"
          );
    }
    ?>
    </table>
  </body>
</html>
```

Résultat (dans Firefox)

– Affichage initial de la page :

document
cv.pdf
photo.gif

– Après clic sur le lien associé au document `cv.pdf` :

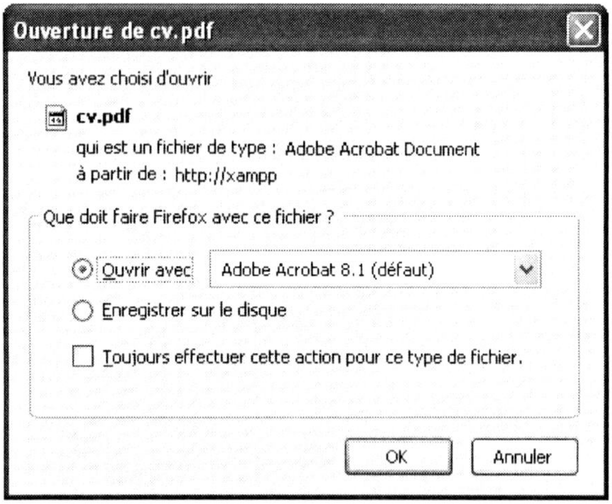

Chapitre 12
Gérer les erreurs dans un script PHP

1. Vue d'ensemble

Une erreur, dans un script PHP, peut se manifester de deux façons, éventuellement simultanées :

- par une valeur de retour particulière de la fonction PHP dans laquelle l'erreur est rencontrée.
- par un message envoyé directement dans la page.

Exemples

Fonction	Comportement en cas d'erreur
`require`	Si le fichier passé en paramètre n'existe pas, un message est affiché mais aucun code particulier n'est retourné par la fonction.
`mysqli_query`	Si le serveur MySQL retourne une erreur sur l'exécution d'une requête, aucun message n'est affiché mais la fonction retourne `FALSE` (la nature de l'erreur pouvant être récupérée par d'autres fonctions).
`oci_execute`	Si le serveur Oracle retourne une erreur sur l'exécution d'une requête, un message est affiché et la fonction retourne `FALSE` (la nature de l'erreur pouvant être récupérée par d'autres fonctions).

Gérer les erreurs dans un script PHP consiste donc, en général, à mettre en place un mécanisme permettant de détecter la génération d'une erreur afin d'afficher soi-même un message à la place du message directement affiché par PHP.

2. Les messages d'erreur PHP

Les messages d'erreur (ou d'alerte) affichés par PHP ont un niveau correspondant à leur gravité :

Valeur	Constante associée	Description
1	`E_ERROR`	Erreur fatale d'exécution (message "fatal error: ..."). Le script ne s'exécute pas. Exemples : appel à une fonction qui n'existe pas, fichier mentionné dans l'instruction `require` qui n'existe pas.
2	`E_WARNING`	Alerte d'exécution (message "warning: ..."). Le script se poursuit. Exemples : tentative d'ouverture (avec `fopen`), d'un fichier qui n'existe pas, ouverture d'une connexion MySQL qui échoue... Généralement, la poursuite du script provoque d'autres messages du même type.
4	`E_PARSE`	Erreur de compilation ("Parse error: ..."). Le script ne s'exécute pas. Exemples : oubli d'un point-virgule, d'une parenthèse fermante...
8	`E_NOTICE`	Avertissement lors de l'exécution (message "Notice: ..."). Par défaut, PHP est configuré pour ne pas afficher ces avertissements. Le script se poursuit. Exemple : utilisation d'une variable non initialisée.
16	`E_CORE_ERROR`	Erreur fatale lors de l'initialisation de PHP.
32	`E_CORE_WARNING`	Alerte lors de l'initialisation de PHP.
64	`E_COMPILE_ERROR`	Erreur fatale lors de la compilation.
128	`E_COMPILE_WARNING`	Alerte lors de la compilation.
256	`E_USER_ERROR`	Erreur générée par le développeur.

Valeur	Constante associée	Description
512	E_USER_WARNING	Alerte générée par le développeur.
1024	E_USER_NOTICE	Avertissement généré par le développeur.
2048	E_STRICT	Conseils lors de l'exécution. Autorise PHP à suggérer des modifications pour améliorer la portabilité du code, notamment vers les futures versions (utilisation d'une fonction dépréciée par exemple). Ce niveau est apparu en version 5.
4096	E_RECOVERABLE_ERROR	Erreur fatale récupérable. Si l'erreur n'est pas gérée par le développeur (voir plus loin), le script s'interrompt. Ajouté en version 5.2.0.
8192	E_DEPRECATED	Alertes lors de l'exécution. Permet d'afficher des alertes sur le code qui utilise des fonctionnalités dépréciées et qui pourrait ne plus fonctionner dans des versions futures. Ajouté en version 5.3.
16384	E_USER_DEPRECATED	Alerte de dépréciation générée par le développeur. Ajouté en version 5.3.
32767	E_ALL	Depuis la version 5.4, toutes les erreurs et avertissements (somme des niveaux précédents). Avant la version 5.4, E_ALL n'intégrait pas le niveau E_STRICT et valait donc 30719.

Exemple d'erreur fatale

```
<?php
$fichier = fope('/tmp/info.txt','r');
$texte = fread($fichier,100);
fclose($fichier);
?>
```

Résultat

```
Fatal error: Call to undefined function: fope() in
/app/scripts/index.php on line 2
```

Exemples d'alerte

```
<?php
$fichier = fopen('/tmp/infos.txt','r');
```

```
$texte = fread($fichier,100);
fclose($fichier);
?>
```

Résultat

```
Warning: fopen(/tmp/infos.txt): failed to open stream:
No such file or directory in /app/scripts/index.php on line 2
Warning: fread() expects parameter 1 to be resource, boolean given
in /app/scripts/index.php on line 3
Warning: fclose() expects parameter 1 to be resource, boolean given
in /app/scripts/index.php on line 4
```

Exemple d'erreur d'analyse

```
<?php
echo 'Bonjour !<br />'      // pas de point-virgule !
echo 'Bienvenue !<br />';
?>
```

Résultat

```
Parse error: syntax error, unexpected T_ECHO, expecting ','
or ';' in /app/scripts/index.php on line 3
```

3. Les fonctions de gestion des erreurs

PHP propose plusieurs fonctions permettant de gérer correctement les erreurs dans un script :

Nom	Rôle
error_reporting	Définit les niveaux d'erreur qui sont affichés par PHP.
error_log	Envoie un message d'erreur vers une destination (fichier par exemple).
set_error_handler	Indique le nom d'une fonction utilisateur à employer comme gestionnaire d'erreurs.
restore_error_handler	Réactive l'ancien gestionnaire d'erreurs.
trigger_error user_error	Déclenche une erreur définie par le développeur (user_error est un alias de trigger_error).
error_get_last	Retourne des informations sur la dernière erreur rencontrée dans le script.

En complément, l'opérateur @, placé devant le nom d'une fonction, permet de supprimer l'affichage des messages générés, en cas d'erreur, dans la fonction.

Exemple

```
<?php
$fichier = @fopen('/tmp/infos.txt','r');
$texte = @fread($fichier,100);
@fclose($fichier);
?>
```

Lors de l'exécution de ce script, aucun message n'est affiché bien que le fichier demandé n'existe pas.

Si l'erreur provoque l'arrêt du script, l'utilisation de l'opérateur @ n'y change rien ; la page affichée est alors vide ou incomplète, et aucun message n'est affiché à l'utilisateur. Il convient donc de tester le résultat des fonctions, ou d'utiliser un gestionnaire d'erreurs, afin de contrôler le déroulement du programme et de réaliser les traitements nécessaires.

error_reporting

La fonction `error_reporting` permet de définir les niveaux d'erreur pour lesquels le programme laisse PHP afficher les messages.

Syntaxe

```
entier error_reporting([entier niveaux])
```

`niveaux`	Niveaux d'erreur affichés par PHP, exprimés sous la forme d'une somme des valeurs affectées à chaque niveau.

La fonction `error_reporting` retourne l'ancienne valeur. Appelée sans paramètre, cette fonction se contente de retourner la valeur courante sans rien changer.

Afin de définir les niveaux souhaités, il est vivement conseillé, pour la compatibilité future, d'utiliser les constantes et de ne pas mettre les valeurs en dur dans le programme.

La constante `E_ALL`, égale à la somme de toutes les autres constantes, peut être utilisée pour demander l'affichage de tous les niveaux d'erreur.

Inversement, un niveau égal à 0 provoque la suppression de l'affichage de tous les messages ; c'est l'équivalent, pour l'ensemble du script, de l'opérateur @ qui peut être utilisé sur une fonction.

Telles que les valeurs de niveaux d'erreur sont définies, spécifier plusieurs niveaux se fait très simplement par des opérations arithmétiques sur les constantes.

Exemple

E_ERROR+E_WARNING

Niveaux E_ERROR et E_WARNING

E_ALL-E_USER_ERROR-E_USER_WARNING-E_USER_NOTICE

Tous les niveaux sauf E_USER_ERROR, E_USER_WARNING, et E_USER_NOTICE

La valeur par défaut (tout sauf E_NOTICE = E_ALL-E_NOTICE) est définie par la directive de configuration error_reporting.

En complément, la directive de configuration display_errors permet d'autoriser (on) ou d'interdire (off) l'affichage des messages d'erreur ; si display_errors est à off, donner une valeur quelconque à error_reporting (dans le fichier .ini ou dans un script) est sans effet.

En phase de développement, il est conseillé d'afficher toutes les erreurs (E_ALL), y compris les avertissements, afin d'écrire le code le plus propre possible.

Exemple

```
<?php
// Valeur courante de error_reporting.
echo '<b>error_reporting = ',error_reporting(),'</b><br />';
// Par défaut égal à tout sauf E_NOTICE = E_ALL - E_NOTICE.
echo '= E_ALL - E_NOTICE = ',(E_ALL-E_NOTICE),'<br />';
// Affichage d'une variable non initialisée.
echo "\$x (non initialisée) = $x => pas de message <br />";
// Passage de error_reporting à E_ALL (tout).
error_reporting(E_ALL);
echo '<b>error_reporting = E_ALL</b><br />';
// Affichage d'une variable non initialisée.
echo "\$x (non initialisée) = $x => message <br />";
// Lecture d'un fichier qui n'existe pas.
if (! readfile('/tmp/infos.txt')) {
   echo 'Erreur dans readfile => message<br />';
};
// Passage de error_reporting à 0 (rien).
error_reporting(0);
echo '<b>error_reporting = 0</b><br />';
// Lecture d'un fichier qui n'existe pas.
if (! readfile('/tmp/infos.txt')) {
   echo 'Erreur dans readfile => plus de message<br />';
};
?>
```

Résultat

```
error_reporting = 32759
= E_ALL - E_NOTICE = 32759
$x (non initialisée) = => pas de message
error_reporting = E_ALL
Notice: Undefined variable: x in /app/scripts/index.php on line 20
$x (non initialisée) = => message
Warning: readfile(/tmp/infos.txt): failed to open stream:
No such file or directory in /app/scripts/index.php on line 22
Erreur dans readfile => message
error_reporting = 0
Erreur dans readfile => plus de message
```

En général, une fois en production, il est conseillé de désactiver l'affichage des messages d'erreur (soit par une directive de configuration, soit par un appel à `error_reporting(0)` au début de chaque script pour être indépendant de la configuration). Cette inhibition des messages d'erreur, justifiée d'une part pour des raisons de sécurité (les messages d'erreur PHP révèlent des informations sur l'arborescence du serveur), permet également d'afficher soi-même des messages propres.

error_log

La fonction `error_log` permet d'envoyer un message d'erreur vers une destination donnée.

Syntaxe

```
entier error_log(chaîne message, entier type_destination, [chaîne destination[,
chaîne complément])
```

`message`	Message à envoyer.
`type_destination`	Type de destination : 0 : historique PHP 1 : adresse e-mail 2 : n'est plus une option (anciennement poste de déboggage) 3 : fichier 4 : gestionnaire d'identification SAPI
`destination`	Précise la destination pour les types 1 et 3 : 1 : adresse e-mail 3 : nom du fichier (créé automatiquement s'il n'existe pas)
`complément`	En-têtes complémentaire(s) à envoyer dans le message dans le cas 1 (voir la fonction `mail` dans le chapitre Envoyer un courrier électronique pour plus d'informations).

La fonction `error_log` retourne `TRUE` en cas de succès et `FALSE` dans le cas contraire.

Pour le type de destination 0 (historique PHP), le fichier de sortie est défini par la directive de configuration `error_log`.

Remarque

Si la directive de configuration `log_errors` est à `on`, les messages sont systématiquement écrits dans le fichier spécifié par la directive `error_log`, sans qu'il soit nécessaire d'appeler la fonction `error_log`.

Exemple

```
<?php
// Pas d'affichage des erreurs dans le script.
error_reporting(0);
// Lecture d'un fichier qui n'existe pas.
$nom_fichier = '/tmp/infos.txt';
if (! readfile($nom_fichier)) {
   // Écriture d'un message d'erreur dans un fichier de trace
   // spécifique à l'application.
   error_log("Impossible de lire le fichier $nom_fichier.\n",
             3,'/app/logs/monApplication.log');
   // Affichage d'un message pour l'utilisateur.
   echo 'Votre requête ne peut pas aboutir ; ',
        'essayez de nouveau plus tard.';
};
?>
```

Résultat dans le fichier monApplication.log

```
Impossible de lire le fichier /tmp/infos.txt.
```

Résultat dans le navigateur

```
Votre requête ne peut pas aboutir ; essayez de nouveau plus tard.
```

La fonction `error_log` est pratique, en phase de test ou de production, pour conserver la trace d'une erreur quelque part. Cependant, elle ne remplace pas l'affichage d'un message explicite pour l'utilisateur.

set_error_handler

La fonction `set_error_handler` permet de spécifier le nom d'une fonction utilisateur qui doit être appelée pour gérer les erreurs de façon centralisée.

Syntaxe

```
chaîne set_error_handler(chaîne fonction [, entier niveaux])
```

`fonction`	Nom de la fonction chargée de gérer les erreurs.
`niveaux`	Niveaux d'erreur concernés (apparu en version 5).

La fonction `set_error_handler` retourne le nom de l'ancienne fonction chargée de la gestion des erreurs (chaîne vide s'il n'y en avait pas) ou `FALSE` en cas d'erreur. Depuis la version 5.5, la valeur `NULL` peut être passée pour le paramètre `fonction` afin de réinitialiser le gestionnaire à sa valeur par défaut.

La fonction de gestion des erreurs doit accepter au minimum deux paramètres : le premier pour le niveau de l'erreur, et le deuxième pour le message d'erreur. Trois paramètres supplémentaires peuvent être spécifiés pour le nom du fichier dans lequel l'erreur est apparue, le numéro de la ligne où l'erreur a été générée et le contexte de l'erreur (tableau de toutes les variables qui existaient au moment de l'erreur).

Si la fonction de gestion des erreurs retourne `FALSE`, alors la gestion d'erreur normale de PHP se poursuit. Dans le cas contraire, à partir du moment où un gestionnaire d'erreurs est spécifié, plus aucun message n'est affiché par PHP, quelle que soit la valeur de `error_reporting`. De plus, par défaut, le gestionnaire d'erreurs est appelé pour toutes les erreurs, quel que soit leur niveau, et quelle que soit la valeur de `error_reporting`. Le paramètre `niveaux` permet de spécifier les niveaux concernés. Les niveaux `E_ERROR`, `E_PARSE`, `E_CORE_ERROR`, `E_CORE_WARNING`, `E_COMPILE_ERROR` et `E_COMPILE_WARNING` ne peuvent pas être gérés de cette façon.

Exemple

```
<?php
// Définir le gestionnaire d'erreurs.
function gestionnaire_erreurs
             ($niveau,$message,$fichier,$ligne) {
   // Afficher le fichier concerné, avec le numéro de ligne.
   echo "Fichier = $fichier<br />";
   echo "Ligne   = $ligne<br />";
   // Afficher le niveau et le message.
   echo "Niveau = $niveau <br />";
   echo "Message = $message<br />";
   // Ne pas exécuter le gestionnaire interne de PHP
   // (superflu, car c'est le cas si la fonction ne retourne
   // pas explicitement FALSE).
   return TRUE;
}
// Spécifier le gestionnaire à utiliser.
set_error_handler('gestionnaire_erreurs');
```

```
// Générer une erreur.
readfile('/tmp/infos.txt');
// Afficher un message de fin.
echo 'Fin';
?>
```

Résultat

```
Fichier = /app/scripts/index.php
Ligne = 19
Niveau = 2
Message = readfile(/tmp/infos.txt):
failed to open stream: No such file or directory
Fin
```

Cet exemple montre que si l'erreur ne provoque pas l'interruption du script, ce dernier se poursuit après l'appel au gestionnaire d'erreurs ; il est donc de sa responsabilité d'arrêter l'exécution du script, à l'aide de l'instruction `exit` ou de la fonction `die` (cf. chapitre Structures de contrôle - section Interrompre le script).

Exemple

```
<?php
// Définir le gestionnaire d'erreurs.
function gestionnaire_erreurs
            ($niveau,$message,$fichier,$ligne) {
   // Afficher le fichier concerné, avec le numéro de ligne.
   echo "Fichier = $fichier<br />";
   echo "Ligne   = $ligne<br />";
   // Afficher le niveau et le message.
   echo "Niveau = $niveau <br />";
   echo "Message = $message<br />";
   // Interrompre le script.
   exit;
}
// Spécifier le gestionnaire à utiliser.
set_error_handler('gestionnaire_erreurs');
// Générer une erreur.
readfile('/tmp/infos.txt');
// Afficher un message de fin.
echo 'Fin';
?>
```

Résultat

```
Fichier = /app/scripts/index.php
Ligne = 17
Niveau = 2
Message = readfile(/tmp/infos.txt):
failed to open stream: No such file or directory
```

Dans le gestionnaire d'erreurs, il est possible d'utiliser la fonction `header` (cf. chapitre Gérer les formulaires - section Aller sur une autre page à la fin du traitement) pour rediriger l'utilisateur vers une page HTML ou un script PHP chargé de l'affichage des messages d'erreur.

Cette technique est très pratique car elle permet de centraliser la gestion des erreurs (la fonction peut être définie dans un fichier inclus) et de séparer clairement le code chargé du traitement normal du code chargé de gérer les erreurs.

restore_error_handler

La fonction `restore_error_handler` permet de restaurer l'ancien gestionnaire d'erreurs après un changement effectué avec `set_error_handler`.

Syntaxe

```
restore_error_handler()
```

Exemple

```
<?php
// Définir un premier gestionnaire d'erreurs.
function gestionnaire1 ($numéro,$message) {
   // Affiche un simple message.
   echo '=> gestionnaire n° 1<br />';
}
// Définir un deuxième gestionnaire d'erreurs.
function gestionnaire2 ($numéro,$message) {
   // Affiche un simple message.
   echo '=> gestionnaire n° 2<br />';
}
// Définir une fonction qui génère une erreur.
function générer_erreur() {
   // Afficher un message.
   echo 'Générer une erreur<br />';
   // Lire un fichier qui n'existe pas.
   readfile('/tmp/infos.txt');
}
// Première séquence : pas de gestionnaire.
echo '<b>Pas de gestionnaire</b><br />';
générer_erreur();
// Deuxième séquence : gestionnaire numéro 1.
set_error_handler('gestionnaire1');
echo '<b>Utiliser le gestionnaire n° 1</b><br />';
générer_erreur();
// Troisième séquence : gestionnaire numéro 2.
set_error_handler('gestionnaire2');
echo '<b> Utiliser le gestionnaire n° 2</b><br />';
```

```
générer_erreur();
// Quatrième séquence : restaurer l'ancien gestionnaire.
restore_error_handler();
echo '<b>Premier restore_error_handler()</b><br />';
générer_erreur();
// Cinquième séquence : restaurer l'ancien gestionnaire.
restore_error_handler();
echo '<b>Deuxième restore_error_handler()</b><br />';
générer_erreur();
?>
```

Résultat

```
Pas de gestionnaire
Générer une erreur
Warning: readfile(/tmp/infos.txt): failed
to open stream: No such file or directory in
/app/scripts/index.php on line 17
Utiliser le gestionnaire n° 1
Générer une erreur
=> gestionnaire n° 1
Utiliser le gestionnaire n° 2
Générer une erreur
=> gestionnaire n° 2
Premier restore_error_handler()
Générer une erreur
=> gestionnaire n° 1
Deuxième restore_error_handler()
Générer une erreur
Warning: readfile(/tmp/infos.txt): failed
to open stream: No such file or directory in
/app/scripts/index.php on line 17
```

Cet exemple illustre la possibilité d'empiler et de désempiler les gestionnaires d'erreurs grâce aux fonctions `set_error_handler` et `restore_error_handler`.

Si une partie de script a besoin d'un gestionnaire différent de celui utilisé dans le reste du script, il suffit d'appeler `set_error_handler` au début de la section concernée pour définir le gestionnaire, puis `restore_error_handler` à la fin de la section, pour remettre l'ancien.

Par ailleurs, le gestionnaire par défaut, c'est-à-dire celui de PHP, est systématiquement replacé à la fin de l'exécution d'un script ; il n'est donc pas nécessaire d'appeler `restore_error_handler` en fin de script. Comme nous l'avons vu précédemment, depuis la version 5.5, pour restaurer le gestionnaire par défaut en cours de script, il est possible d'appeler la fonction `set_error_handler` en lui passant la valeur `NULL` comme nom de fonction.

trigger_error (ou son alias user_error)

La fonction `trigger_error` permet de déclencher une erreur définie par le développeur comme si cette erreur avait été déclenchée nativement par PHP.

Syntaxe

```
trigger_error(chaîne message, entier niveau)
```

`message`	Message de l'erreur.
`niveau`	Niveau de l'erreur parmi `E_USER_ERROR`, `E_USER_WARNING` et `E_USER_NOTICE` (toute autre valeur génère une erreur !).

L'erreur déclenchée par `trigger_error` est traitée par le gestionnaire interne de PHP (affichage du message), ou le gestionnaire éventuellement défini par `set_error_handler`. Dans le premier cas, le script est interrompu si le niveau de l'erreur est égal à `E_USER_ERROR` (sinon, il se poursuit). Dans le deuxième cas, le script se poursuit quel que soit le niveau de l'erreur (c'est au gestionnaire d'interrompre le script si besoin).

Exemple avec le gestionnaire interne

```
<?php
// Déclencher une erreur E_USER_NOTICE.
trigger_error('*** mon message ***',E_USER_NOTICE);
// Déclencher une erreur E_USER_WARNING.
trigger_error('*** mon message ***',E_USER_WARNING);
// Déclencher une erreur E_USER_ERROR.
trigger_error('*** mon message ***',E_USER_ERROR);
// Afficher un message de fin.
echo 'Fin';

?>
```

Résultat

```
Notice: *** mon message *** in /app/scripts/index.php on line 3
Warning: *** mon message *** in /app/scripts/index.php on line 5
Fatal error: *** mon message *** in /app/scripts/index.php on line 7
```

Cet exemple montre que les deux premières erreurs (niveaux `E_USER_NOTICE` et `E_USER_WARNING`) ne provoquent pas l'arrêt du script, à la différence de la troisième (niveau `E_USER_ERROR`).

Exemple avec un gestionnaire externe

```
<?php
// Définir le gestionnaire d'erreurs.
function gestionnaire_erreurs($niveau,$message) {
   // Afficher simplement le niveau et le message.
   echo "Niveau = $niveau <br />";
   echo "Message = $message<br />";
   // Ne pas interrompre le script (exit en commentaire).
   // exit;
}
// Spécifier le gestionnaire à utiliser.
set_error_handler('gestionnaire_erreurs');
// déclencher une erreur E_USER_NOTICE.
trigger_error('*** mon message ***',E_USER_NOTICE);
// déclencher une erreur E_USER_WARNING.
trigger_error('*** mon message ***',E_USER_WARNING);
// déclencher une erreur E_USER_ERROR.
trigger_error('*** mon message ***',E_USER_ERROR);
// afficher un message de fin.
echo 'Fin';

?>
```

Résultat

```
$niveau = 1024
$message = *** mon message ***
$niveau = 512
$message = *** mon message ***
$niveau = 256
$message = *** mon message ***
Fin
```

error_get_last

La fonction `error_get_last` retourne des informations sur la dernière erreur rencontrée dans le script. Cette fonction est apparue en version 5.2.3.

Syntaxe

```
tableau error_get_last()
```

La fonction `error_get_last` retourne un tableau associatif contenant les clés `type`, `message`, `file` et `line`.

Exemple

```
<?php
// Générer une erreur (sans l'afficher : @...).
@readfile('/tmp/infos.txt');
```

```
// Poursuivre le script.
echo 'suite...<br />';
// Afficher des informations sur la dernière erreur.
foreach (error_get_last() as $clé => $valeur) {
    echo "$clé => $valeur<br />";
}
?>
```

Résultat

```
suite...
type => 2
message => readfile(/tmp/infos.txt):
failed to open stream: No such file or directory
file => /app/scripts/index.php
line => 3
```

La variable $php_errormsg

Si la directive de configuration `track_errors` est à `on`, le message de la dernière erreur est disponible dans la variable `$php_errormsg`.

Si un gestionnaire d'erreurs personnalisé est utilisé (voir la fonction `set_erreur_handler`), `$php_errormsg` n'est défini que si la fonction de gestion d'erreurs retourne `FALSE`.

Exemple

```
<?php
// Générer une erreur (sans l'afficher : @...).
@readfile('/tmp/infos.txt');
// Afficher $php_errormsg.
echo '$php_errormsg = ',$php_errormsg;
?>
```

Résultat (si track_errors = on)

```
$php_errormsg = readfile(/tmp/infos.txt):
failed to open stream: No such file or directory
```

L'utilisation de cette variable, directement dans un script, est un substitut possible à la mise en place d'un gestionnaire d'erreurs.

Remarque

Il existe de nombreuses directives de configuration relatives aux erreurs, en plus de celles présentées dans ce chapitre. Pour plus d'informations, reportez-vous à la documentation de PHP.

Annexe

1. Variables PHP prédéfinies

PHP prédéfinit un grand nombre de variables relatives à son fonctionnement. Pour accéder à ces informations, il faut utiliser les tableaux associatifs proposés par PHP.

Les tableaux associatifs sont les suivants :

Nom	Contenu
`$GLOBALS`	Tableau associatif de toutes les variables disponibles dans la portée du script (cf. chapitre Fonctions et classes).
`$_COOKIE`	Tableau associatif des variables passées au script par les cookies (cf. chapitre Gérer les sessions).
`$_GET`	Tableau associatif des variables passées au script par une méthode `GET` (cf. chapitres Gérer les formulaires et Gérer les sessions).
`$_POST`	Tableau associatif des variables passées au script par une méthode `POST` (cf. chapitres Gérer les formulaires et Gérer les sessions).
`$_FILES`	Tableau associatif contenant les informations sur les fichiers téléchargés du poste de l'utilisateur vers le serveur web (cf. chapitre Gérer les fichiers).
`$_ENV`	Tableau associatif des variables d'environnement du système d'exploitation passées au script (cf. chapitre Gérer les sessions).
`$_SERVER`	Tableau associatif des variables du serveur passées au script (variable d'environnement et variables du serveur HTTP notamment).

Nom	Contenu
`$_REQUEST`	Tableau associatif regroupant les tableaux `$_GET`, `$_POST` et `$_COOKIE` (cf. chapitres Gérer les formulaires et Gérer les sessions).
`$_SESSION`	Tableau associatif des données de session accessible dans le script (cf. chapitre Gérer les sessions).

Ces tableaux associatifs sont des variables "super-globales" : ils sont disponibles dans la totalité du script, même à l'intérieur des fonctions, sans qu'il soit nécessaire de les déclarer globaux (`global $...` est inutile).

Exemple : affichage du contenu de $_SERVER

```
HTTP_HOST = athena
HTTP_USER_AGENT = Mozilla/5.0 (Macintosh; Intel Mac OS X 10.10; rv:25.0)
Gecko/20100101 Firefox/25.0
HTTP_ACCEPT = text/html,application/xhtml+xml,application/xml;q=0.9,*/*;q=0.8
HTTP_ACCEPT_LANGUAGE = fr,fr-fr;q=0.8,en-us;q=0.5,en;q=0.3
HTTP_ACCEPT_ENCODING = gzip, deflate
HTTP_CONNECTION = keep-alive
PATH = /usr/kerberos/sbin:/usr/kerberos/bin:/usr/local/sbin:/usr/local/bin:/
sbin:/bin:/usr/sbin:/usr/bin:/root/bin
SERVER_SIGNATURE =
SERVER_SOFTWARE = Apache/2.2.21 (Unix) PHP/5.6.1
SERVER_NAME = athena
SERVER_ADDR = 192.168.76.200
SERVER_PORT = 80
REMOTE_ADDR = 192.168.76.1
DOCUMENT_ROOT = /usr/local/apache2/htdocs
SERVER_ADMIN = you@example.com
SCRIPT_FILENAME = /app/script/eni/index.php
REMOTE_PORT = 59205
GATEWAY_INTERFACE = CGI/1.1
SERVER_PROTOCOL = HTTP/1.1
REQUEST_METHOD = GET
QUERY_STRING =
REQUEST_URI = /eni/index.php
SCRIPT_NAME = /eni/index.php
PHP_SELF = /eni/index.php
REQUEST_TIME_FLOAT = 1413897407.249
REQUEST_TIME = 1413897407
```

Quelques informations intéressantes apparaissent en gras.

La fonction `phpinfo` permet d'afficher ces différentes informations (entre autres).

2. Constantes PHP prédéfinies

PHP prédéfinit un grand nombre de constantes parmi lesquelles :

Nom	Contenu
`__FILE__ *`	Nom du fichier en cours d'exécution. Donne le nom du fichier inclus si elle est utilisée dans un fichier inclus.
`__LINE__ *`	Numéro de la ligne actuellement exécutée. Donne le numéro de ligne dans le fichier inclus si elle est utilisée dans un fichier inclus.
`__DIR__ *`	Dossier du fichier en cours d'exécution. Équivalent à `dirname(__FILE__)`. Ajouté en version 5.3.
`__NAMESPACE__`	Nom de l'espace de noms courant. Ajouté en version 5.3.
`PHP_VERSION`	Version de PHP.
`PHP_OS`	Système d'exploitation du serveur PHP. Exemples (non exhaustifs) : `AIX`, `Linux`, `SunOS`, `WINNT`.
`TRUE *`	Valeur booléenne vraie (`TRUE`).
`FALSE *`	Valeur booléenne fausse (`FALSE`).
`E_*`	Codes des erreurs (cf. chapitre Gérer les erreurs dans un script PHP).
`DIRECTORY_SEPARATOR`	Caractère de séparation utilisé dans les noms de répertoire pour la plate-forme sur laquelle PHP est installée.
`PHP_EOL`	Séquence de caractères utilisée par la plate-forme pour représenter une nouvelle ligne. Ajouté en version 5.0.2.
`PHP_INT_MAX`	Valeur du plus grand entier. Ajouté en version 5.0.5.
`PHP_INT_SIZE`	Taille des entiers (nombre d'octets). Ajouté en version 5.0.5.

Les constantes suivies d'une étoile sont insensibles à la casse (et peuvent être utilisées indifféremment en majuscules ou en minuscules).

3. Exemples complémentaires

3.1 Introduction

La puissance du langage PHP est renforcée par l'existence d'un grand nombre de bibliothèques qui étendent les fonctionnalités du langage : vérification d'orthographe, génération de documents PDF (*Portable Document Format*), manipulation de documents XML (*eXtensible Markup Language*), accès à des serveurs FTP (*File Transfer Protocol*), accès à des serveurs IMAP (*Internet Message Access Protocol*), accès à des annuaires LDAP (*Lightweight Directory Access Protocol*), cryptage, génération de documents Shockwave Flash, gestion du protocole SNMP (*Simple Network Management Protocol*), compression, etc. Certaines bibliothèques nécessitent des librairies complémentaires. Ces différentes bibliothèques correspondent à des besoins particuliers et ne sont pas décrites plus en détail dans cet ouvrage.

Dans cette partie de l'annexe, nous allons donner trois exemples commentés d'utilisation de ces bibliothèques correspondant à trois besoins fréquents :

- Lire un document XML.
- Générer un document PDF.
- Générer une image.

Pour plus d'informations sur les bibliothèques disponibles ou sur une fonction, reportez-vous à l'aide en ligne accessible sur le site officiel de PHP (www.php.net/manual/fr/).

3.2 Lire un document XML

Cet exemple illustre les possibilités de l'extension SimpleXML apparue en version 5.

Pour cet exemple, nous supposons qu'une liste d'articles est stockée dans un fichier nommé `articles.xml` :

```
<?xml version='1.0' encoding='UTF-8'?>
<articles>
  <article code="A1" couleur="jaune">
    <identifiant>1</identifiant>
    <libelle>Abricots</libelle>
    <prix>35.5</prix>
  </article>
  <article code="A2" couleur="rouge">
    <identifiant>2</identifiant>
    <libelle>Cerises</libelle>
    <prix>48.9</prix>
  </article>
  <article code="A3" couleur="rouge">
```

```
    <identifiant>3</identifiant>
    <libelle>Fraises</libelle>
    <prix>29.95</prix>
  </article>
  <article code="A4" couleur="jaune">
    <identifiant>4</identifiant>
    <libelle>Pêches</libelle>
    <prix>37.2</prix>
  </article>
</articles>
```

Code

```
<!DOCTYPE html PUBLIC "-//W3C//DTD XHTML 1.0 Strict//EN"
  "http://www.w3.org/TR/xhtml1/DTD/xhtml1-strict.dtd">
<html xmlns="http://www.w3.org/1999/xhtml">
  <head>
    <meta http-equiv="Content-type" content="text/html;charset=UTF-8" />
    <title>Lire un document XML</title>
  </head>
  <body>
  <div>

  <?php

  // Charger le document XML = simplexml_load_file() :
  // - retourne un objet de la classe simplexml_element
  //   ou FALSE en cas d'erreur (document XML mal formé par exemple).
  $xml = simplexml_load_file('articles.xml');
  if (! $xml) { exit; }

  // L'objet $xml a une structure qui correspond à la
  // structure de notre document :
  // - article (tableau d'objets) :
  //     - identifiant
  //     - libelle
  //     - prix

  // Parcours du noeud article (tableau).
  echo "<b>Parcours de \$xml->article</b><br />\n";
  foreach ($xml->article as $article) {
    printf("%s,%s,%s,%s,%s<br />\n",
           $article->identifiant,
           $article->libelle,
           $article->prix,
           $article['code'],
           $article['couleur']);
  }
```

```
// Accès à une information particulière.
echo "<b>Accès à une information particulière</b><br />\n";
printf("Avant - Prix de %s = %s (code = %s)<br />\n",
       $xml->article[2]->libelle,
       $xml->article[2]->prix,
       $xml->article[2]['code']);
$xml->article[2]->prix = 123;
$xml->article[2]['code'] .= '+';
printf("Après - Prix de %s = %s (code = %s)<br />\n",
       $xml->article[2]->libelle,
       $xml->article[2]->prix,
       $xml->article[2]['code']);

// Extraction des attributs d'un noeud = méthode attributes() :
// - retourne un objet de la classe simplexml_element.
// - sur notre exemple, récupération des attributs du 1er article.
$attributs = $xml->article[0]->attributes();

// Parcours des attributs ainsi récupérés.
echo "<b>Attributs du premier article</b><br />\n";
foreach($attributs as $nom => $valeur) {
  printf("%s = %s<br />\n",$nom,$valeur);
}

// Extraire les enfants d'un noeud = méthode children() :
// - retourne un objet de la classe simplexml_element.
echo "<b>Parcours de l'arborescence</b><br />\n";
echo "racine<br />\n";
foreach ($xml->children() as $nom1 => $niveau1) {
  printf("----%s (%s,%s)<br />\n",
         $nom1,$niveau1['code'],$niveau1['couleur']);
  foreach ($niveau1->children() as $nom2 => $niveau2) {
    printf("--------%s = %s<br />\n",$nom2,$niveau2);
  }
}

// Effectuer une recherche Xpath = méthode xpath() :
// - retourne un tableau d'objets de la classe simplexml_element.
echo "<b>Recherche Xpath : /articles/article</b><br />\n";
$résultat = $xml->xpath("/articles/article");
foreach ($résultat as $valeur) {
  printf("%s,%s<br />\n",$valeur->identifiant,$valeur->libelle);
}
echo "<b>Recherche Xpath : article/libelle</b><br />\n";
$résultat = $xml->xpath("article/libelle");
foreach ($résultat as $valeur) {
```

```
    printf("%s<br />\n",$valeur);
  }
  echo "<b>Recherche Xpath : //prix</b><br />\n";
  $résultat = $xml->xpath("//prix");
  foreach ($résultat as $valeur) {
    printf("%s<br />\n",$valeur);
  }

  // Générer une chaîne XML = méthode asXML().
  echo "<b>Chaîne XML</b><br />\n";
  file_put_contents ('les_articles.xml',$xml->asXML());
  file_put_contents ('un_article.xml',$xml->article[0]->asXML());
  echo "Voir les fichiers 'les_articles.xml' et 'un_article.xml'
<br />\n";

  ?>

  </div>
  </body>
</html>
```

Résultat à l'écran

```
Parcours de $xml->article
1,Abricots,35.5,A1,jaune
2,Cerises,48.9,A2,rouge
3,Fraises,29.95,A3,rouge
4,Pêches,37.2,A4,jaune
Accès à une information particulière
Avant - Prix de Fraises = 29.95 (code = A3)
Après - Prix de Fraises = 123 (code = A3+)
Attributs du premier article
code = A1
couleur = jaune
Parcours de l'arborescence
racine
----article (A1,jaune)
--------identifiant = 1
--------libelle = Abricots
--------prix = 35.5
----article (A2,rouge)
--------identifiant = 2
--------libelle = Cerises
--------prix = 48.9
----article (A3+,rouge)
--------identifiant = 3
--------libelle = Fraises
--------prix = 123
```

```
----article (A4,jaune)
--------identifiant = 4
--------libelle = Pêches
--------prix = 37.2
```
Recherche Xpath : /articles/article
```
1,Abricots
2,Cerises
3,Fraises
4,Pêches
```
Recherche Xpath : article/libelle
```
Abricots
Cerises
Fraises
Pêches
```
Recherche Xpath : //prix
```
35.5
48.9
123
37.2
```
Chaîne XML
```
Voir les fichiers 'les_articles.xml' et 'un_article.xml'
```

Contenu du fichier les_articles.xml

```
<?xml version="1.0" encoding="UTF-8"?>
<articles>
  <article code="A1" couleur="jaune">
    <identifiant>1</identifiant>
    <libelle>Abricots</libelle>
    <prix>35.5</prix>
  </article>
  <article code="A2" couleur="rouge">
    <identifiant>2</identifiant>
    <libelle>Cerises</libelle>
    <prix>48.9</prix>
  </article>
  <article code="A3+" couleur="rouge">
    <identifiant>3</identifiant>
    <libelle>Fraises</libelle>
    <prix>123</prix>
  </article>
  <article code="A4" couleur="jaune">
    <identifiant>4</identifiant>
    <libelle>Pêches</libelle>
    <prix>37.2</prix>
  </article>
</articles>
```

Contenu du fichier un_article.xml

```
<article code="A1" couleur="jaune">
    <identifiant>1</identifiant>
    <libelle>Abricots</libelle>
    <prix>35.5</prix>
  </article>
```

3.3 Générer un document PDF

L'extension PDF de PHP permet de générer des documents PDF. Cette extension utilise la librairie PDFlib qui nécessite une licence (http://www.pdflib.com/products/pdflib-family/).

Il existe plusieurs alternatives gratuites pour générer des documents PDF, dont la librairie FPDF (http://www.fpdf.org/). Cette librairie n'est pas installée par défaut avec PHP mais elle est présente dans le package XAMPP. C'est cette librairie que nous allons utiliser dans cet exemple.

Le code ci-après permet de générer le document PDF suivant :

Liste des articles

Libelle	Prix
Abricots	35,50
Cerises	48,90
Fraises	29,95
Pêches	37,20

Page 1

La liste des articles est lue dans le fichier XML `articles.xml` utilisé dans la section Lire un document XML.

Code

```
<?php

// Inclusion de la librairie.
include ('fpdf.php');

// Charger la liste des articles à partir du document XML.
$xml = simplexml_load_file('articles.xml');
if (! $xml) {
  exit('Erreur lors du chargement de la liste des articles.');
}

// Créer un nouveau document PDF = new FPDF() :
// - premier paramètre = orientation
//     > P = portrait - L = Paysage
// - deuxième paramètre = unité de mesure
//     > pt = point - mm = millimètre - cm = centimètre
// - troisième paramètre = format (A3, A4, etc.)
// Tous les paramètres sont optionnels. Défaut = P, mm, A4.
$pdf = new FPDF('P','mm','A4');

// Définir les sauts de page automatiques = SetAutoPageBreak() :
// - premier paramètre = automatique (true/false)
//     > P = portrait - L = Paysage
// - deuxième paramètre = marge
//     > distance par rapport au bas de la page qui déclenche
//       le saut (2 cm par défaut, si actif)
$pdf->SetAutoPageBreak(false);

// Créer une nouvelle page dans le document = AddPage() :
// - premier paramètre = orientation
//     > P = portrait - L = Paysage
//       Par défaut, celle du document.
$pdf->AddPage();

// Définir les informations de résumé du document = SetTitle(),
// SetAuthor(), SetSubject().
$pdf->SetTitle('Liste des articles');
$pdf->SetAuthor('Olivier HEURTEL');
$pdf->SetSubject('Fruits');

// Définir la police à utiliser = SetFont() :
// - premier paramètre = famille
```

```
//     > nom d'une famille standard (Courier, Helvetica ou Arial,
//       Times, Symbol, ZapfDingbats) ou d'un nom défini par
//       AddFont().
// - deuxième paramètre (optionnel) = style
//     > combinaison de : B = gras - I = italique - U = souligné
// - troisième paramètre (optionnel) = taille en points
// Voir aussi la méthode SetFontSize() pour modifier la taille.
$pdf->SetFont('Arial','B',16);

// Écrire du texte à partir de la position courante = Write() :
// - premier paramètre = hauteur de la ligne
// - deuxième paramètre = texte à écrire
// Utilise les caractéristiques actuelles de police, couleurs, etc.
// Le retour à la ligne est automatique lorsque la marge droite est
// atteinte (ou que le caractère \n est rencontré).
$pdf->Write(5, 'Liste des articles');

// Effectuer un saut de ligne = Ln() :
// - premier paramètre (optionnel) = hauteur de la ligne
// L'abscisse revient à la valeur de la marge gauche.
$pdf->Ln(10);

// Changer la taille de police = SetFontSize() :
// - premier paramètre = taille en points
$pdf->SetFontSize(12);

// Définir la couleur à utiliser pour le texte = SetTextColor() :
// - si un seul paramètre = niveau de gris (entre 0 et 255).
// - si 3 paramètres = composantes RGB (entre 0 et 255).
$pdf->SetTextColor(255,0,0); // rouge

// Définir la couleur à utiliser pour le fond = SetFillColor() :
// - si un seul paramètre = niveau de gris (entre 0 et 255).
// - si 3 paramètres = composantes RGB (entre 0 et 255).
$pdf->SetFillColor(255,255,140); // jaune pâle

// Ecrire une cellule = Cell() :
// - premier paramètre = largeur (0 = jusqu'à la marge droite)
// - deuxième paramètre = hauteur
// - troisième paramètre = texte à écrire
// - quatrième paramètre = bordure
//     > soit un nombre  : 0 = aucun bord - 1 = cadre
//     > soit une chaîne : combinaison de L (gauche), T (haut),
//                         R (droit), B (bas)
// - cinquième paramètre = position à la fin
//     > 0 = à droite - 1 = début ligne suivante - 2 = en dessous
```

```
// - sixième paramètre = alignement
//      > L ou chaîne vide = à gauche - C = centré - R = à droite
// - septième paramètre = remplissage
//      > 0 = non - 1 = oui
// Seul le premier paramètre est obligatoire.
$pdf->Cell(80,7,'Libellé',1,0,'C',1); // titre de colonne
$pdf->Cell(40,7,'Prix',1,1,'C',1); // titre de colonne

// Changer de couleur et de police.
$pdf->SetFont('Arial','',12); // '' = normal
$pdf->SetTextColor(0,0,0); // noir

// Dans une boucle, écrire les données du tableau.
foreach ($xml->article as $article) { // parcours du document XML
  $prix = number_format((float)$article->prix,2,',',' ');
  $pdf->Cell(80,7,$article->libelle,1);
  $pdf->Cell(40,7,$prix,1,1,'R'); // ligne suivante + à droite
}

// Se positionner à un endroit précis dans la page = SetXY() :
// - premier paramètre = abscisse (x)
// - deuxième paramètre = ordonnée (y)
// L'origine est le coin supérieur gauche.
// Si les valeurs sont négatives, l'origine est le coin
// inférieur droit.
// Voir aussi SetX() et SetY().
$pdf->SetXY(10,-10); // 1 cm à gauche, 1 cm du bas

// Afficher le numéro de page = PageNo() :
$pdf->SetFontSize(10);
$pdf->Cell(0,0,'Page '.$pdf->PageNo(),0,0,'R');

// Afficher une image = Image() :
// - premier paramètre = nom du fichier
// - deuxième paramètre = abscisse du coin supérieur gauche
// - troisième paramètre = ordonnée du coin supérieur gauche
// - quatrième paramètre (optionnel) = largeur de l'image
//      > 0 ou absent = calculée automatiquement
// - cinquième paramètre (optionnel) = hauteur de l'image
//      > 0 ou absent = calculée automatiquement
// - sixième paramètre (optionnel) = type
//      > JPG ou JPEG ou PNG
//      > Déduit de l'extension si absent
$pdf->Image('../images/logo.jpg',10,285,20);

// Définir la couleur à utiliser pour le dessin = SetDrawColor() :
```

```
// - si un seul paramètre = niveau de gris (entre 0 et 255).
// - si 3 paramètres = composantes RGB (entre 0 et 255).
$pdf->SetDrawColor(128); // niveau de gris
$pdf->line(10,15,200,15); // ligne horizontale en haut
$pdf->line(10,285-2,200,285-2); // ligne horizontale en bas

// Envoyer le document vers une destination = Output() :
// - premier paramètre (optionnel) = nom du fichier
// - deuxième paramètre (optionnel) = type de destination
//     > F = fichier sur le serveur
//       I = navigateur (en ligne)
//       D = navigateur (téléchargement)
// Si aucun paramètre : destination = I.
// Si un nom est spécifié : destination par défaut = F.
$pdf->Output(); // navigateur (en ligne)

?>
```

Remarque

La librairie FPDF ne supporte pas l'UTF-8. Par contre, la librairie tFPDF, version modifiée de la librairie FPDF, permet d'utiliser l'UTF-8. L'utilisation de cette librairie nécessite que l'extension mbstring soit installée dans PHP (voir la documentation PHP à ce sujet).

3.4 Générer une image

L'extension GD de PHP permet de créer et manipuler des images.

Le code ci-après permet de générer la page suivante :

Mon beau graphique

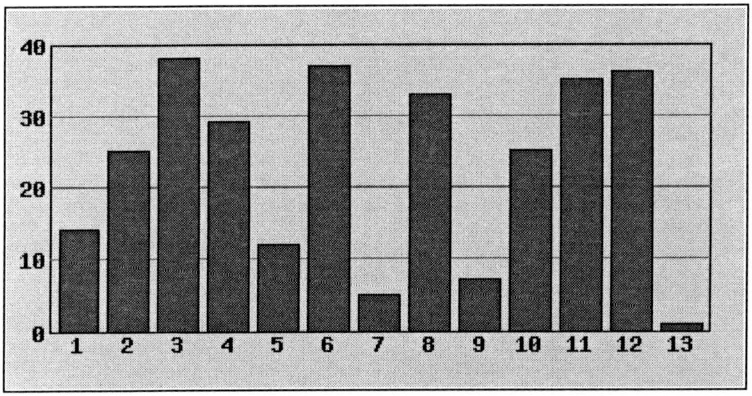

La génération du graphique est effectuée dynamiquement lors de l'appel à la page ; pour cet exemple, les données du graphique sont calculées aléatoirement.

Code

```
<!DOCTYPE html PUBLIC "-//W3C//DTD XHTML 1.0 Strict//EN"
  "http://www.w3.org/TR/xhtml1/DTD/xhtml1-strict.dtd">
<html xmlns="http://www.w3.org/1999/xhtml">
  <head>
    <meta http-equiv="Content-type" content="text/html;charset=UTF-8" />
    <title>Mon beau graphique</title>
  </head>
  <body>
    <div>
    <b>Mon beau graphique</b>
    <p>
    <img alt="Mon beau graphique" src="mon-beau-graphique.php" />
    </p>
  </body>
</html>
```

Notez que la source de l'image est un script PHP qui crée l'image dynamiquement lorsque la page est affichée. Cette technique peut aussi être utilisée pour afficher dans une page une image qui est stockée dans une base de données.

Script mon-beau-graphique.php

```
<?php

// Définir un en-tête indiquant qu'il s'agit d'une image (ici PNG).
header('Content-type: image/png');

/*

Les fonctions définies dans le script utilisent deux variables globales :
- $image         = ressource image en cours de création
- $hauteur_image = hauteur de l'image

Pour les coordonnées, l'origine de l'image est le coin supérieur gauche.
Pour le dessin de notre graphique, nous utilisons une origine dans le
coin inférieur gauche (plus pratique). Les fonctions effectuent la
conversion.

*/

// Fonction de dessin d'un rectangle
// - $x1,$y1          = point 1
// - $x2,$y2          = point 2
// - $bordure, $fond = couleurs de la bordure et du fond
//
```

```
function rectangle($x1,$y1,$x2,$y2,$bordure,$fond) {

  global $image;
  global $hauteur_image;

  // Conversion du système de coordonnées pour l'axe y.
  $y1 = $hauteur_image - 1 - $y1;
  $y2 = $hauteur_image - 1 - $y2;

  // Dessiner le bord d'un rectangle = imagerectangle
  imagerectangle($image,$x1,$y1,$x2,$y2,$bordure);

  // Remplissage (si demandé cad $fond renseigné).
  if ( ( $fond != NULL) and ($x1 != $x2) and ($y1 != $y2) ) {

    // Remplir un rectangle = imagefilledrectangle
    imagefilledrectangle($image,$x1+1,$y1-1,$x2-1,$y2+1,$fond);
  }
}

// Fonction de dessin d'une ligne :
// - $x1,$y1  = point 1
// - $x2,$y2  = point 2
// - $couleur = couleur
//
function ligne($x1,$y1,$x2,$y2,$couleur) {

  global $image;
  global $hauteur_image;

  // Conversion du système de coordonnées pour l'axe y.
  $y1 = $hauteur_image - 1 - $y1;
  $y2 = $hauteur_image - 1 - $y2;

  // Dessiner une ligne = imageline
  imageline($image,$x1,$y1,$x2,$y2,$couleur);

}

// Fonction de dessin d'un texte :
// - $police     = code de la police prédéfinie (1 à 5)
// - $x,$y       = point de référence
// - $texte      = texte
// - $couleur    = couleur
// - $horizontal = alignement horizontal par rapport au point
//                 de référence
//      > D = aligné à droite, C = centré, G = aligné à gauche
```

```
// - $vertical   = alignement vertical par rapport au point de référence
//      > H = texte en haut, C = centré, B = texte en bas
//
function texte($police,$x,$y,$texte,$couleur,$horizontal,$vertical) {

  global $image;
  global $hauteur_image;

  // Conversion du système de coordonnées pour l'axe y.
  $y = $hauteur_image - 1 - $y;

  // Calculer la largeur d'un caractère dans une police =
  // imagefontwidth
  $largeur = imagefontwidth($police) * strlen($texte);

  // Calculer la hauteur d'un caractère dans une police =
  // imagefontheight
  $hauteur = imagefontheight($police);

  // Calcul des coordonnées en fonction de l'alignement.
  switch ($horizontal) {
    case 'D':
      $x = $x - $largeur;
      break;
    case 'C':
      $x = $x - floor($largeur/2);
      break;
    case 'G':
      break;
  }
  switch ($vertical) {
    case 'H':
      $y = $y - $hauteur;
      break;
    case 'C':
      $y = $y - floor($hauteur/2);
      break;
    case 'B':
      break;
  }

  // Dessiner un texte = imagestring
  imagestring($image,$police,$x,$y,$texte,$couleur);
}

// Pour cet exemple, les données du graphique sont calculées de
// façon aléatoire :
```

```
// - unité, valeur min et valeur max pour l'axe y.
$axe_y_unite = 10;
$axe_y_min = 0;
$axe_y_max = 40;
// - nombre de barres : entre 5 et 15.
$nombre_barres = rand(5,15);
// - mettre les données dans le tableau.
$données = array();
for ($i = 1 ; $i <= $nombre_barres ; $i++) {
  $données[$i] = rand($axe_y_min,$axe_y_max);
}

// Dimensions du dessin (pixels).
$largeur_image = 400; // largeur de l'image
$hauteur_image = 200; // hauteur de l'image
$marge_blanche = 2;   // marge blanche
$marge_gauche = 25;   // marge gauche avec la zone de traçage
$marge_droite = 20;   // marge droite avec la zone de traçage
$marge_haute = 20;    // marge haute avec la zone de traçage
$marge_basse = 30;    // marge basse avec la zone de traçage
$écart_barres = 5;    // écart entre les barres

// En déduire la largeur et la hauteur de la zone de traçage.
$largeur_tracé = $largeur_image - $marge_droite - $marge_gauche;
$hauteur_tracé = $hauteur_image - $marge_haute - $marge_basse;

// En déduire la largeur des barres et l'échelle de l'axe y.
$largeur_barre = ($largeur_tracé-$écart_barres)/$nombre_barres -
$écart_barres;
$échelle_axe_y = ($hauteur_tracé-1) / $axe_y_max;

// Créer l'image = imagecreatetruecolor
$image = imagecreatetruecolor($largeur_image,$hauteur_image);

// Définir des couleurs en RGB = imagecolorallocate.
$blanc = imagecolorallocate($image, 255, 255, 255);
$noir = imagecolorallocate($image, 0, 0, 0);
$gris_clair = imagecolorallocate($image, 192, 192, 192);
$gris_foncé = imagecolorallocate($image, 100, 100, 100);
$vert = imagecolorallocate($image, 0, 128, 0);

// Coordonnées de l'image.
$ox1 = 0; $oy1 = 0;
$ox2 = $largeur_image - 1; $oy2 = $hauteur_image - 1;
// Dessiner le cadre extérieur.
rectangle($ox1,$oy1,$ox2,$oy2,$noir,$blanc);
```

```
// Coordonnées de l'image moins le bord blanc.
$mx1 = $ox1 + $marge_blanche; $my1 = $oy1 + $marge_blanche;
$mx2 = $ox2 - $marge_blanche; $my2 = $oy2 - $marge_blanche;
// Dessiner le fond gris clair.
rectangle($mx1,$my1,$mx2,$my2,$gris_clair,$gris_clair);

// Coordonnées de la zone de traçage.
$tx1 = $ox1 + $marge_gauche; $ty1 = $oy1 + $marge_basse;
$tx2 = $ox2 - $marge_droite; $ty2 = $oy2 - $marge_haute;
// Dessiner le cadre de la zone de traçage.
rectangle($tx1,$ty1,$tx2,$ty2,$noir,NULL);

// Dessin des lignes horizontales avec leur étiquette.
$x1 = $tx1;
$x2 = $tx2;
for ($axe = $axe_y_min ; $axe <= $axe_y_max ; $axe += $axe_y_unite) {
  $y1 = $ty1 + $axe * $échelle_axe_y;
  $y2 = $y1;
  // Ne pas dessiner la ligne en bas et en haut.
  if ( ( $axe > $axe_y_min ) and ( $axe < $axe_y_max ) ) {
    ligne($x1,$y1,$x2,$y2,$gris_foncé);
  }
  texte(3,$x1-2,$y1,$axe,$noir,"D","C");
}

// Dessin des barres.
$i = 0;
foreach($données as $clé => $valeur) {
  $i++;
  $x1 = $tx1 + $écart_barres + ($i-1)*($écart_barres+$largeur_barre);
  $x2 = $x1 + $largeur_barre;
  $y1 = $ty1;
  $y2 = $y1 + $valeur * $échelle_axe_y;
  rectangle($x1,$y1,$x2,$y2,$noir,$vert);
  texte(3,($x1+$x2)/2,$y1,$clé,$noir,"C","B");
}

// Générer l'image au format PNG = imagepng
// - soit à l'écran (pas de deuxième paramètre).
// - soit dans un fichier (deuxième paramètre = nom du fichier).
// Il existe des fonctions similaires pour d'autres formats.
imagepng($image /*, 'image.png' */);

// Supprimer l'image = imagedestroy
imagedestroy($image);

?>
```

!

A

B

C

D

E

F

G

H

I

M

N

O

P

R

S

T

U

V

W

X

Y